数智化时代
职业生命周期管理

虞梁 杨龙 ◎ 著

上海财经大学出版社

图书在版编目(CIP)数据

数智化时代职业生命周期管理 / 虞梁,杨龙著. —上海:上海财经大学出版社,2024.3
ISBN 978-7-5642-4295-4/F·4295

Ⅰ.①数… Ⅱ.①虞…②杨… Ⅲ.①人力资源管理 Ⅳ.①F243

中国国家版本馆CIP数据核字(2023)第232064号

策划编辑:王永长
责任编辑:王永长
封面设计:贺加贝

数智化时代职业生命周期管理

著　　者:虞梁　杨龙
出版发行:上海财经大学出版社有限公司
地　　址:上海市中山北一路369号(邮编200083)
网　　址:http://www.sufep.com
经　　销:全国新华书店
印刷装订:上海锦佳印刷有限公司
开　　本:710mm×1000mm　1/16
印　　张:26.5(插页:2)
字　　数:416千字
版　　次:2024年3月第1版
印　　次:2024年3月第1次印刷
定　　价:78.00元

前　言

习近平总书记在党的二十大报告中指出："加快发展数字经济,促进数字经济和实体经济深度融合,打造具有国际竞争力的数字产业集群。"总书记还指出："人才是第一资源。国家科技创新力的根本源泉在于人。"新时代新征程在召唤每一位奋发有为、孜孜不倦的追梦人,同时也对我们更加清醒地了解过去、认识现在、开创未来提出了更高的要求,这其中当然也包括经济与管理类人才。

回顾过去四十余年,我国改革开放取得了伟大成就,经济学与管理学的研究、工商业人才的培植、工商业文明的传播发挥了巨大的作用,其中商学研究也不断取得新的突破。第一,研究方法上更具开放性,尝试从结构主义方法对质性进行分析,加深对商业原理的再认识,以产生新的管理学理论。第二,理论构建上进一步夯实工商管理理论的微观基础。众所周知,组织层面所观察到的现象(如组织绩效、组织决策等)都是由组织中人的认知、价值观、动机、态度、偏好、行为以及人与人之间的交互影响所决定的。管理学研究的微观基础应建立在脑科学、认知科学、神经科学、认知心理学、认知神经学、认知学习学之上,通过深入分析个体的心脑(微观)反应,推导个体行为的选择和交互关系。第三,研究内容上更具多元性。除了已有的宏观分析和微观分析外,还要从市场、行业、地区等中观层面研究企业的实际问题和制定战略、优化策略。第四,研究目标与研究内容也更加务实——在总结海内外标杆企业发展现状和实践探索的基础上,深入剖析背后的底层逻辑和解决痛点问题的有效方案。第五,更加彰显价值引领,从传统商业"利益驱动"转向现代商业"价值创造"的新范式和"价值共享"的新理念,来表达当今的时代主题和主线。

新时代的商科教育和财经教育应是有情怀、有温度、有灵魂、有使命的教育,是工具理性与价值理性相得益彰的教育,是理论修养、实践能力和职业操守有机统一的教育,是注重商业伦理和社会责任的教育。当前,社会价值观念和价值取向呈现出复杂化和多样化,商业价值观错位,国家意识、集体意识、担当意识、市场经济道德意识不强。因此,做"有德的"儒商和"有品的"财经人成为时代呼唤和社会期盼。有德的儒商,除了强调国家意识、市场经济道德意识、利益相关者意识、担当意识、绿色环保意识等之外,在新时代还重点强调对 BE(商业道德,Business Ethics)、CSR(企业社会责任,Corporate-Social-Responsibility)和 ESG(环境、社会和公司治理,Environment-Social-Governance)的践行。

经济与管理类人才的成长与发展,离不开具体的微观环境、交互的中观环境,更离不开所处的宏观环境。"世界正处于百年未有之大变局时代,我国发展仍将长期处于重要战略机遇期。"这是党中央对世界发展大势和中国自身发展所作的重大判断,同时也为我们国家的未来发展指明了方向:我们要不断拓展战略远见、保持战略定力、强调战略运筹,为人类社会贡献更多的中国方案和中国智慧,在国际秩序的发展完善中彰显中国的责任和道义,并在世界百年未有之大变局时代把握好中国发展的战略机遇期。

"世界正处于百年未有之大变局"并不是一个特殊的名词阐述,而是党中央基于对全球大趋势的总结和判断。把握这个大的时代背景,对于中国职场人而言,具有非常深远的意义,因为我们每个人的职业生涯,都离不开对外部环境变化的适应。参与到中华民族的伟大复兴和人类命运共同体的建设,将为中国职场人未来职业发展带来巨大的成长想象空间。

"世界正处于百年未有之大变局"时代,世界各国之间的关系更加错综复杂,世界任何角落发生的事情都可能对全球产生影响。由于经济、贸易、投资、气候变化、全球安全等重大利益和重大事项,世界存在着可预见的和不可预见的各种矛盾和挑战,如全球性的地缘经济主导下的地缘政治大博弈,全球性的权力和资源的重新分配,全球性的秩序与规则的重置,全球性的可持续发展与环境保护,全球性的人口结构所面临的巨大变化,全球性的文化、价值观、意识形态和社会制度的冲突加剧,全球性的重大公共卫生危机对全球政治经济结构的长期影响,全球性的人民对社会公平、包容性和缩小贫富差距的诉求,全球化与逆全球化力量的长期博弈,全球性的突发事件对全球经济政治和商业环境的影响,全球性的数字经济变革对人们生产生活方式的影响,等等。

掌握"世界正处于百年未有之大变局"的深刻内涵和历史经纬,从深度和广度认识为何中国在大变局时代会处于长期的重大战略机遇期,有利于中国的职场人提前做好职业规划和能力升级,保持战略定力,并以更好的心态准备和迎接大变局时代的挑战和机遇。树立正确的历史观,就是要应用历史唯物主义,回顾过去、总结历史规律,展望未来、把握历史前进大势。树立正确的大局观,就是不仅要看到现象和细节怎么样,而且要把握事物本质和全局,抓住主要矛盾和矛盾的主要方面,避免在林林总总、纷纭多变的乱象中迷失方向、舍本逐末。树立正确的角色观,就是不仅要冷静分析各种国际现象,而且要把自己摆进去,在我国同世界的关系中看问题,弄清楚在世界格局演变中我国的地位和作用,科学制定我国对外方针政策。对个人来说,其要在日新月异的商业环境中,通过沉浸式体验、观察、实践、总结、反思,注重对内对外感知能力的提升,并逐渐明晰自己在职场的定位。

"百年未有之大变局"时代的总体特征,被定义为罗伯特·麦克唐纳所概括的VUCA特征,即Volatility(波动性)、Uncertainty(不确定性)、Complexity(复杂性)和Ambiguity(模糊性)。这不仅体现在全球经济、政治、社会、科技领域,也体现在人们生产与生活的方方面面。

VUCA既是挑战更是机遇。对于中国职场人而言,发展机遇可能蕴含在中国发起构建的基于"一带一路"的全球人类命运共同体的伟大进程之中,可能蕴含在数字经济的大发展之中,可能蕴含在双碳绿色环保的经济转型之中,还可能蕴含在追求全社会共同富裕的历史机遇之中,等等。

在所有的重大机遇中,具有长期性的、稳定的、积极的、进步的、革命性的大变量,无疑是构筑在数智科技基础上的数字经济,其将在未来很长的经济周期内,成为主导社会和商业变革,以及人们职业生涯的关键要素。数智化时代已然来临,其职场环境常常呈现出以下三个典型特征:

特征一：数字经济加速。

从时间维度看，数智化时代的各行各业的创新迭代与发展速度越来越快，与之相对应的，产品的生命周期、企业的生命周期以及个人的职业生命周期也呈现出越来越短的趋势。

随着大数据、人工智能、网络安全、物联网、云计算等数智科技基础设施的快速发展和日益完善，构筑在数智科技基础设施之上的数字经济得到了指数级的发展，几乎渗透到了人们生产生活的方方面面，并倒逼传统商业加速变革。数字经济从消费互联网的创新开始，消费者可选择的新产品越来越多，产品开发的更新换代速度日益加快，客户从下订单到拿到商品的订单履约周期越来越短，来自需求侧的诉求倒逼供应链中上游的供给侧也需要同步加快新产品开发和供应链履约的生命周期并缩短决策流程。小步快跑、快速试错和迭代式创新成为数智化时代的主流创新模式，并从根本上重塑了数智化时代的商业环境和职场环境。

特征二：两极分化加剧。

从空间维度看，职场上的两极分化现象主要体现为人才市场的两极分化与马太效应。一方面，某些领域的优秀人才供不应求，优秀人才成为企业竞相追逐的对象；另一方面，某些领域的人才又显得过剩，甚至有被其他生产要素替代的可能性。人才市场的两极化导致了收入水平的两极化。

数字经济与传统商业的两极分化。构筑在数智科技基础上的数字经济体与传统商业企业之间的发展，也呈现出两极化态势。数字经济体由于具有边际成本接近于零的优势，可以在突破临界点后以极低的成本快速实现规模化扩张，甚至获得市场支配地位，从而给行业监管和国家反垄断带来了挑战。与此同时，传统商业企业也出现了两极分化：一类企业由于坚决地拥抱数字化转型且找到了适合自己的转型路径图，从而脱胎换骨迎来新生；另一类由于数字化转型不坚决或实施路径不合理，逐渐走向没落乃至消亡。

个人的美好愿望与职场内卷化的两极分化。一方面，数智化时代的职场环境给了人们越来越多的个性化选择和实现梦想的机会，特别对于拥有一定的知识和技能，擅于在行动中学习和解决复杂问题的人，往往容易成为各个细分领域的佼佼者并收获高成长和高回报；另一方面，随着中国受过高等教育的人数越来越多以及经济发展面临更多的外部环境的约束,职场的内卷化程度也越来越深。这种两极化趋势,也给职场人士带来了很大的挑战。

特征三:利益再分配。

数智化时代也是知识经济的时代,更是创新的时代。数字经济领域的创新,通常需要具有不同知识和技能的跨领域和跨职能的人们共同完成创新任务,并分布式地解决各种复杂的商业问题。同时,保持敏捷自适应能力和进行信息处理能力,将理论与实践相结合并解决实际问题。利益再分配具有以下特征:

一是利益再分配的价值导向。一个人在职场上所获得的利益,除了与个人所拥有的职场力,即个人所能够为社会、客户或所服务的企事业单位解决的实际问题及创造的价值有关外,还与一个人所处的组织生态有关,即能否享受到该组织生态为其提供的雇主品牌、学习成长机会以及该组织自身所处的生命周期发展阶段、行业的成长性、市场地位等。

二是利益再分配的分布式特征。数智科技催生了越来越分布式的业务场景和精益化的运营流程,从而带来了职业分类和不同角色的精益化分工,通过分布式创新和工作模式改变,重构传统的业务价值链和利益分配价值链。对于那些擅长学以致用和创新解决复杂问题的人,把知识变现的机会和渠道也越来越多。

三是利益再分配的长远目标——共同富裕。共同富裕,是我国的长远奋斗目标,是从低层次到高层次的过程富裕,是从"有没有"到"好不好"的过程。显而易见,这也是一个消费升级的过程,同时也是蕴含无限致富机会的过程。数字经济必将为加速实现共同富裕和主导利益再分配提供新动能。

本书写作之际,正是基于上述国际国内政治经济大背景风云变幻之时,适逢国家发布多项有关建设和发展数字经济的规划纲要,其中包括《中华人民共和国国民经济和社会发展第十四个五年规划和2035年远景目标纲要》第五篇"加快数字化发展 建设数字中国",其强调举国上下要激活数据要素潜能,推进网络强国建设,加快建设数字经济、数字社会、数字政府,以数字化转型整体驱动生产方式、生活方式和治理方式的变革。《"十四五"数字经济发展规划》,即我国数字经济领域的首部国家级专项规划,强调数字经济是继农业经济、工业经济之后的主要经济形态,是以数据资源为关键要素,以现代信息网络为主要载体,以信息通信技术融合应用、全要素数字化转型为重要推动力,促进公平与效率更加统一的新经济形态。

全方位的数字化转型和由此引起的职业转型仍在持续深化,全球性的地缘经济政治大博弈、气候变化、流行疾病、量化宽松、粮食与能源安全、贸易保护主义、全球化与逆全球化等常态化的和偶然性的变量相互叠加,对全球和中国的宏观经济形势、商业和就业环境,以及个人的职业生涯发展均带来了一定的挑战和困难。当然,有些困难或挑战是暂时的和短期的,有些困难或挑战或将长期存在。挑战,主要体现在数字经济对传统经济模式构成冲击,甚至某些工作已被人工智能所替代,并对包括我国在内的世界各国的宏观经济、各行各业的景气度、企事业经营模式和收支平衡等均带来越来越严重的现实挑战,进而传导到每个职场人身上。机遇和挑战结伴而来,其主要体现为基于数据要素的分布式新商业层出不穷,给消费者带来极大便利和美好体验之际,也大大提升了企事业单位的运营效率,催生了新的岗位类别和新的就业机会。

对于个人来说,求职就业既与个人能力有关,又与职场环境有关,也与宏观大势有关。比如,后疫情时代各行各业经济复苏迟滞,全球性地缘政治经济冲突加剧,某些产业周期拐点来临,导致部分我国职场人,包括拟进入职场的大学生和处于"4050"年龄段的职场老兵面临就业压力和多重焦虑。在大变局时代,相同的情境对有些人来说是机会,而对另外一些人来说可能是威胁。这与人们所处的立场、拥有的知识和当下的情感有关,并影响人们的认知决策。因此,认知信息加工能力是职场人的核心能力,决定着一个人如何正确地看待自己、看待外界,以及是否能基于知己知彼得出最优决策,并且"知行合一"地实现既定目标。

我们两位作者虽然学习工作经历各有不同,但是二人都长期耕耘在职场前线,接触过约万名本硕博、MBA、EMBA以及职场中高层管理者,并为他们提供职业咨询,因而积累了大量研究案例。通过定期的交流切磋、复盘与总结,我们发现了很多共性的规律,这些规律并不受限于特定人群,即便脱离具体人的年龄、性别、所处行业、职能职位,这些规律依然高度共通。从本质上来看,这些规律都属于认知科学的范畴。通过研究分析,我们进一步达成了共识,即在数智科技主导的大变局时代,无论何种背景的职场人,如果把他们所面临的职场困境进行分类汇总,发现有六种情境最为普遍:缺乏战略性的职业定位、找不到职业突破的机会点、职业成长速度过于缓慢、职业发展面临天花板、职场力迭代乏力、成功转型第二曲线不畅。这些职业情境,在几乎所有年龄段和所有背景的人身上都有可能出现,并具有生命周期的典型特征。职业生命周期与职业生涯有着本质的区别,一个职业生涯中通常可能包含多个具有这六种典型情境的职业生命周期。

基于对职场的沉浸式体验以及深度思考,我们通过临床实践和归纳总结,以认知信息加工理论和金字塔模型作为主理论框架,进一步结合了工商管理、战略决策、六西格玛、设计思维、教练技术、行动学习与群策群力、产品生命周期等跨学科跨职能的知识体系,融会古今中外的哲学智慧,紧扣生命系统的活力和敏捷自适应外部环境变化的能力,成体系地研究和总结了作为复杂个体如何提升自我认知,如何分析与应对复杂多变的外部环境(包括宏观、中观和微观环境),最终得出系统化的、可持续发展的最优解决方案。

数智化时代的职场世界早已呈现出易变、不定、复杂、模糊等多重特性。如果不能看清事物的本质与背后逻辑,并且及时有效革新,那就容易陷入某种困境。随着ChatGPT等科技的兴起,墨守成规的传统职业部分已被加速取代,人与人之间的竞争也呈内卷加剧态势。任何实际困难的背后都隐藏着某种深层次问题,要克服实际困难,首先要能够正确地发现和定义问题。虽然每一个体具体情况各不相同,现实困难和解决方案也可能大相径庭,但是发现问题、定义问题、分析问题和解决问题的一整套认知、加工、决策的方法论和工具箱通常是有共性规律可循的。显然,认知能力的不同会导致策略的不同,不同的策略又影响着不同的执行,并最终导致不同的结果。

理论创新来自实践总结,反过来又能指导新实践。我们在前期研究的基础上,共同认可并采用认知信息加工理论作为主理论框架,同时又融合其他跨学科跨职能的方法与工具,其意义是要突出传统的经典理论,只要善于联系实际,无论是在认知和解决商业领域的问题,还是在认知和解决数智化时代职业生命周期的问题,二者之间能够存在可比性。经典理论的意义还使人们能够摆脱个案的束缚,用基于统计学的规律去解决重复出现的相似问题。

本书受众,包括尚未进入职场的大学生、研究生以及处于职业生涯不同阶段的职场人、职业导师、高校教师和研究者,尤其适用于经管类人才与复合型人才。本书总体结构如下:序章部分,介绍数字经济长周期的演变路径、机会和挑战;正文部分,由认知突破、商业敏感度、认知外界、认知自我、职业生命周期的挑战和对策共五章组成。本书主要理论框架围绕认知信息金字塔模型展开,并结合典型的实践案例,与读者一起研究探讨如何透过职场现象看本质,持之以恒地发展数智化时代的职场力,最终成为学以致用、出类拔萃的职场人。

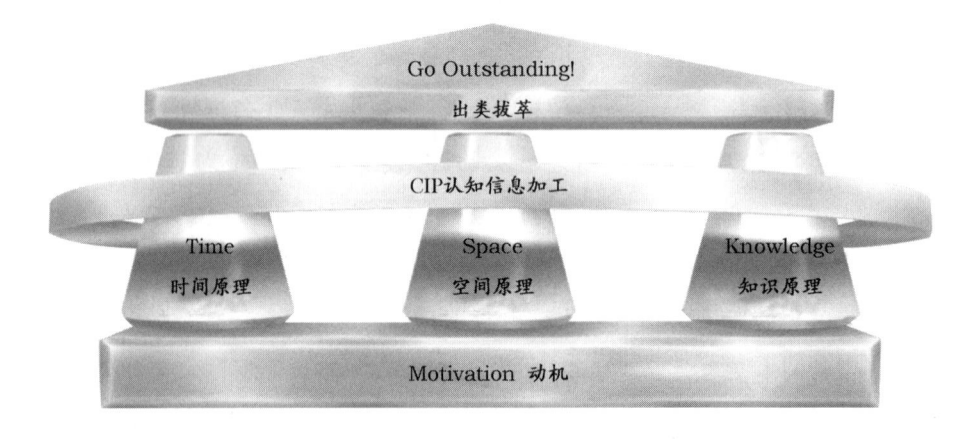

```
            Go Outstanding!
                出类拔萃

            CIP认知信息加工

   Time            Space           Knowledge
  时间原理         空间原理          知识原理

            Motivation  动机
```

本书主要理论框架

本书是一本以认知科学为基础的职场工具书,也可以作为经济管理类学生的职业发展学习教材,它填补了通识教育在职业生命周期管理方面的空白。我们国家要建设成社会主义现代化强国,实现共同富裕的愿景,离不开每个人的职业成长和社会贡献。按照中国传统文化强调的"修身、齐家、治国、平天下"的指导思想,我们需要首先经营好自己的职业生涯,然后才能更好地照顾家庭和服务公众。

在此,作者衷心希望本书能够帮到那些对自己的职业价值、人生价值有所思考和探究的广大读者,希望通过本书所提供的系统性认知策略与工具,以及每小节最后的实训与自测,助力相关读者走出舒适区、扩展擅长区,成为自己的职业导师,在守正出奇的征途中不断取得佳绩。

序 一

数智化时代职业发展与创新创业都蕴含着重要机遇,对于受过高等教育的青年而言,其要有在战略性新兴产业大展鸿图的抱负。但这份抱负并非一腔热血的孤勇,而是充分汲取前人研究成果与职场经验教训之后那种成功概率更高的智勇。职业发展与创业不仅需要热心肠也需要冷头脑,不仅需要"猎人"的敏锐还需要"工匠"的踏实,不仅需要过硬的本领更需要执着的坚持。

《数智化时代职业生命周期管理》是一本可供读者借鉴且助力青年成长的职业发展通识读本。通识是提升认知能力的重要手段,那些能够贯彻、超越具体学科内涵的,具有方法论、认识论、价值论意义的通用的知识,一般都属于"通识"的范畴。"通识"就像是工具箱里的(通用)工具,掌握这些工具的使用方法后,再深入掌握和驾驭各个学科/专业/领域具体的专用/专门方法,就相对容易得多,学专业知识就能事半功倍。概言之,通识是关于人的生活的各个领域知识和所有学科一般性知识,是把有关人类共同生活最深刻、最基本的问题作为教育要素的知识。任何事业打好通识的底色和地基,后面赋能叠加优化升级就有了底气。

实际上,常言中的"隔行不隔理"中的"理",就是具有共性、普遍性和通则性的"通识",掌握这个"理"就能触类旁通。因此,通识有助于实现从"学会"到"会学"的转变。一旦做到"会学",就会发现各学科能相互融通、彼此启发,知识间不再是机械、物理般地简单叠加堆砌或分拆组合,而是生物、化学般地融合化合、生化激荡,乃至自生长、自涌现。展言之,通识教育本身不是一个实用性、专业性、职业性的教育,也不直接以职业做准备为依归。通识教育的内容是观点性、思想性、理念性的,能促进学生养成正确的世界观、人生观、价值观和方法论,更关注行为背后的动机、价值和意义,思考专业知识层面之上的超越性问题和事关立命安身的终极性问题。

作为一本通识教材,《数智化时代职业生命周期管理》以"认知信息加工理论"为主线,采用诸多常用于市场营销、战略决策、产品管理或品牌管理等领域的经典工具,以及诸如如何认知外界、认知自我、认知加工与决策、元认知原理等方法论,站在职场人的立场,结合职业生命周期的典型情境,给青年学子提供全新的职业生涯规划和管理思路。此书强调要像经营品牌一样经营职业,要像管理产品生命周期一样管理职业生命周期。尤其要注重提升认知加工与决策能力,并将此作为一种重要的通识能力。同时,本书专注发展自我可迁移能力、专业能力、复合能力,持之以恒创造时间复利价值,从而实现成功的可再现性与可重复性,进而实现自己的人生梦想。

虞梁和杨龙两位老师,一位是上海财经大学商学院职业发展中心学养深厚的资深专家,另一位则是拥有丰富实战经验的行业翘楚。两位既具有扎实的理论功底,又拥有大量务实管用的实操心得,在各自知天命的年纪,联手奉献出这本倾注他们多年思考和积淀的职业发展的著作。我们有理由相信,这本力作可以帮助莘莘学子和职场青年人守正求新,在职业发展与创新创业中站得更高,看得更远,走得更稳。

本书从最初创意到反复打磨再到最终定稿历时5年。书中有经典的原理,也有最新的职场动态和研究动向,更有前沿的探索和辛勤的原创。20多万字笔墨飘香,凝聚着二位作者的心血,也离不开在成书过程中团队及众多友人的智慧与力量。在此,一并向他们的辛勤付出和贡献表示诚挚的感谢,对新书的出版表示由衷的祝贺。

是为序。

上海财经大学常务副校长 徐飞
2023年8月于上海

序 二

十多年前，我受虞梁老师之邀出任上海财经大学商学院公益性职业导师，从此和年轻人的成长结下不解之缘，辅导过许多本科、硕博、MBA学生，并跟国内一些领先商学院保持着较为紧密的合作。职业发展教育同我所做的兴业投资事业颇有异曲同工之处：一是赋能与帮扶同时可以实现自我启迪与进步，所以出任投资公司总裁后我压缩了很多社会活动，而学生职业咨询从未中断；二是在新环境、新形势下，如果只是照搬以往个体成功经验，可能会误导年轻人；三是无论规划、指导、实践、收获，几乎未见一蹴而就，多是量变到质变的持续奋进与复利所得。

在我看来，助力别人"知其然"是第一步，助力别人"知其所以然"是第二步，助力别人能够主动探索并能逐步掌握"如何知其然，如何知其所以然"才是最重要的最后一步。这一理念不仅体现在"简历修改—面试模拟—职位推介—误区纠偏—达道引领—生涯规划"等具体工作之中，也贯穿于学生入学前的面试观察员工作及毕业后的发展咨询师工作之中。由此，我特别乐意推荐分享一些经典读物与最新力作给广大青年学生。这次欣闻虞梁、杨龙两位老师合著《数智化时代职业生命周期管理》，并得以第一时间拜读初稿以及作此推荐序，深感荣幸。

职业发展是一个长期、连续、全面的系统工程，优质职业发展专家资源永远都稀缺。我们日常所接触到的职业指导和服务多是偏短期、偏波段、偏具象、偏实务、偏小群体，甚至有点碎片化。所有指导与帮扶再强也是外因与外力，而学生或职员本人的认知结构与认知能力、专业素养与综合素养、对周期对环境的理解与适应，才是更为本源的内因与内力。而内力的发掘与提升、外力的理解与借用，离不开高质量的职业发展工具书。《数智化时代职业生命周期管理》便是这样一本非常及时并且自成体系的职业发展优质教材。全书理论联系实际，原理可溯、案例可查、数据可信、工具可用。"数智化时代背景、认知突破、商业敏感度、认知外界、认知自己、职业生命周期的挑战与对策"等章节设置新颖而严谨，逻辑与内容层层推进，结论和启发水到渠成。相信很多同学都能做到开卷有益，建立起一个地基坚实并且方便加层的认知框架与发展框架，还可以进一步合理借助校内外相关课程与各类资源，制定适合自身的职业路径，更好地平衡工作与生活，逐步进入丰盛圆融的人生新境界。

大学老师当中，虞梁先生具有深厚的职场积淀；职场精英当中，杨龙先生具有扎实的理论功底。当今社会，懂宏观—懂产业—懂行业—懂企业—懂岗位—懂管理的人不在少数，但在此基础上同时懂教育—懂就业的不太多；反之同样如此，懂教育—懂就业的人不在少数，但在此基础上同时懂宏观—懂产业—懂行业—懂企业—懂岗位—懂管理的也不太多。虞老师和杨老师两人各自都是二者兼备，他俩自身的职业生涯值得借鉴，他俩合作的原创书籍更是值得期待。

本书是一本通识性与专业性兼具的教科书，但绝不是教条式的理论堆叠，而是饱含两位作者多年来的厚积薄发以及来自内心的热忱苦诣。每个章节后的小练习也是寓教于乐，通过良好的互动式、沉浸式的体验、总结与反思，让读者进一步加深对相关理论、相关知识的领悟，指导大家透过繁复的职场万花筒来发现人生的精华与本质。拜读本书之后，也激发了我的诸多思考，让我对很多原先在知名商学院以及知名咨询公司学习实践过的组织理论"温故而知新"，尤其对"产融密不可分""投资就是投人""终身学习秘籍"等也有了更新感悟。书中介绍的多个新理念、新方法、新工具，也能帮助我去探寻潜在创始人最为内核、最为稳定的世界观、人生观、价值观，更深入了解他们的商业敏感度与能力要素，以及他们对自我的认知及定位，让我更精准地筛选出最为匹配的投资创业伙伴。

书稿付梓之际，恰逢现象级应用 ChatGPT 等人工智能的横空出世。各种创新驱动、转型发展更加紧迫，全球经济社会也面临更严峻的挑战，对当下和未来的职场都将产生深远影响，人才培养的目标、方式、内容也须与时俱进，上海财经大学成立数字经济系便是一个积极而明确的信号。严酷的历史和现实告诉我们，面对百年未有之大变局，只有未雨绸缪，主动变革，同时保持自信与从容，学会与AI共存、共创，乃至共同进化，适时调整职业定位、重构知识与技能，在学习中积极实践、在实践中深度学习，完善商业洞察，持之以恒地提升核心竞争力，才能成为出类拔萃的职场人。最后，再次祝福勇于进取的各位职前学子与职场人士，再次恭喜"五年磨一剑"得以心想事成的两位原创作者，再次感谢所有为本书出版做出贡献的专家与朋友。

投资人　陈小刚
2023年8月于上海

目 录

序章　数智化时代背景　　1
第一节　数智化时代转型的探索与实践　　1
第二节　数智化驱动的新一轮经济周期　　14
第三节　科技、金融与人才　　24

第一章　认知突破　　33
第一节　认知信息加工　　33
第二节　职业生命周期　　55
第三节　职业定位　　69
第四节　职场力的测量　　79
第五节　可再现性与可重复性　　92
第六节　动机　　103

第二章　商业敏感度　　118
第一节　商业敏感度模型　　118
第二节　群策群力　　133
第三节　环境敏感度　　148
第四节　市场导向　　165
第五节　财务敏锐　　178
第六节　全局思维　　202

第三章　认知外界　212

第一节　业务场景　212
第二节　组织生态　221
第三节　岗位画像　229
第四节　核心挑战　237
第五节　社会化比较　244
第六节　岗位独特卖点　255

第四章　认知自己　268

第一节　自我突破的进取心　268
第二节　最有激情的领域　277
第三节　最有优势的领域　291
第四节　可邻界拓展的领域　303
第五节　最有回报的领域　315
第六节　面试成功的逻辑与攻略　324

第五章　职业生命周期的挑战与对策　345

第一节　如何校准职业定位　345
第二节　如何抓住机会窗口期　355
第三节　如何加速职业成长　363
第四节　如何突破成长瓶颈　371
第五节　如何持续迭代职场力　380
第六节　如何成功职业转型　389

结语　396

参考文献　400

后记　404

序章　数智化时代背景

第一节　数智化时代转型的探索与实践

随着 5G、大数据、人工智能、区块链、云计算、物联网、数字孪生、元宇宙等数智化基础设施的日益完善，数字经济已经成为中国高质量发展的重要引擎。2021 年 3 月颁布的《中华人民共和国国民经济和社会发展第十四个五年规划和 2035 年远景目标纲要》的第五篇"加快数字化发展　建设数字中国"，强调举国上下要激活数据要素潜能，推进网络强国建设，加快建设数字经济、数字社会、数字政府，以数字化转型整体驱动生产方式、生活方式和治理方式的变革。

随着 2021 年年底上海数据交易所成立暨上海全球数商大会隆重举行，启动全数字化交易系统，激活数据要素潜能，发挥数据资产价值，正在倒逼各行各业加快数字化转型的步伐，以分享数字经济的红利。

一、从信息技术(IT)到数据技术(DT)

数智化时代的政府、企事业单位和个人，都不可避免地要面对数字经济所带来的机遇和挑战。为了更好地把握数字经济的红利，首先应该清晰化几个容易混淆的术语：信息化、数字化、数智化、数治化等。

信息化，是在"数字化"出现之前人们最早接触到的一个词汇。"信息化"的中文并非来自英译，而是来自 20 世纪六七十年代的日本，在 80 年代传入我国，并逐渐被企业和政府所使用。1997 年，全国首届信息化工作会议给出的定义是："信息化是指培育、发展以智能化工具为代表的新的生产力并使之造福于社会的历史过程。"从国家产业政策的指导方针来看,当初所定义的信息化目标就已指向智能化工具和新生产力。

信息化的建设离不开信息系统的支撑。根据美国纽约大学特恩商学院劳东教授所著的《管理信息系统(全球版)》中的定义,信息系统(Information System)是管理者使用的重要工具,能够帮助企业实现卓越运营、开发新产品和提供新服务、知晓客户和供应商、提高决策水平、获得竞争优势、维持企业生存。信息系统,通过输入、处理和输出三大环节,将原始数据转换为有意义的信息形式呈现,为组织决策、运营控制、问题分析、新产品和新服务的研发提供支持。信息系统(IS)离不开信息技术(IT)的支撑,包括 IT 基础设施(如网络设备、计算资源、储存资源等)和应用软件[如企业资源计划(ERP)和应用信息系统等]。劳东教授在书中强调,如果没有信息系统方面的大量投入,新兴的数字化企业就不会出现,现代服务业将寸步难行。无论是零售业还是制造业的发展都离不开信息系统,21 世纪的商业活动离不开信息系统这一重要基石。管理信息系统学科从组织、管理、技术三个维度相结合的视角研究信息系统,以更好地助力企业解决问题和应对商业挑战。

我国信息化的建设有几个重要的里程碑:1999 年国家信息化工作领导小组成立,2001 年国家信息化领导小组国家信息化专家咨询委员会成立,2002 年党的十六大提出"坚持以信息化带动工业化,以工业化促进信息化",促进我国工业化与信息化的"两化融合"。从此,信息化建设成为我国各级政府开展工作的重要抓手,并成为数字赋能的前期基础,并进一步延展至"数 X 化"。

二、数 X 化的定义

上海财经大学常务副校长徐飞教授在《数智时代的创新创业再教育》一文中,对"数 X 化"的概念进行了定义:数字化(Digital)、数智化(Intelligence)、数治化(Governance)。

数字化,是构建在自动化和信息化基础之上的,继第一次工业革命的机械化、第二次工业革命的电气化后的第三次工业革命。近些年来,"数字化"一词出现和使用的频率越来越高,有些人把"数字化"等同于"信息化",有些人认为"信息化"已成为过去式,"数字化"正在替代信息化。

上海财经大学教授劳帼龄认为,并非"信息化"过时了,而是我们来到了"信息化"的真正出处"data""digital"上面,使用了国际通行的词汇。对于学界和业界而言,无论用早年熟悉的"信息化"还是用如今高频的"数字化"一词,结合国家首届信息化工作会议对信息化的定义和"十四五"规划的核心要求,努力去激活数据要素潜能才应该是其真正关心的重点。

回顾过去,人们所谈论的"信息化"本质上是属于"数字化"的一部分,是数字化的早期阶段,信息化建设是数字化进程的必经阶段。虽然"数字化"和"信息化"属于不同时代的热词,但广义上是趋同的,有一脉相承的特征。构筑在信息系统基础设施之上的数字化能力,通过进一步的数据挖掘、数据分析和数据建模,为人们的经营决策提供更科学化的辅助。

徐飞教授认为,人类已进入第四次工业革命,其突出特点是网络化和智能化,即数智化时代。数智化(Digital Intellectualization),可以简单理解为"数字化+智能化"(Digital+Intelligence),是满足人类在数字化基础上的更高诉求。数智化时代又称"ABC世纪",其中"A"指AI(人工智能)、"B"指Big Data(大数据)、"C"指Cloud Computing(云计算)。数智化时代的发展离不开算法(人工智能)、算力(量子计算)和相应基础设施(如5G)等关键要素的支撑。

信息化是数字化的起步阶段,数智化是数字化进程的高级阶段。我国首届信息化工作会议的定调"信息化是指培育、发展以智能化工具为代表的新的生产力并使之造福于社会的历史过程",已经勾勒了信息化的愿景就是要走向智能化,甚至成为新的生产力。

数智化,是在信息化和数字化基础上的升级。数智化的核心要素是智能工具(人工智能)的应用。人工智能(Artificial Intelligence),是一个以计算机科学(Computer Science)为基础,由计算机、心理学、哲学等多学科交叉融合的交叉学科、新兴学科,研究、开发用于模拟、延伸和扩展人的智能的理论、方法、技术及应用系统的一门新的技术科学。它企图了解智能的实质,并生产出一种新的能以人类智能相似的方式做出反应的智能机器。该领域的研究包括机器人、语言识别、图像识别、自然语言处理和专家系统等。AI系统通过感知、理解、行动和学习等技能,极大地拓展了人们的能力,助力商业的重大转型,迈向新时代。

在《人机协作：重新定义 AI 时代的工作》中，作者指出如今的企业运营规则可谓是日新月异。AI 系统不仅能够推动流程自动化，提高工作效率，更重要的是实现人机协作，从根本上改变工作的性质，从而彻底颠覆企业运营和员工管理方式，并进一步改变了传统的岗位画像和职业定义。

在传统的金融服务领域，数智科技也进入了业务创新的方方面面，如智能投顾、智能风控、智能客服等。在保险领域，AI 保险精算师也得到了广泛应用，并对传统保险精算师这种职业构成一定程度的替代。

咨询公司埃森哲对 1 500 家机构的专项研究结果表明，在各大行业中，只有约 9% 的行业领军企业成功抓住了数智化浪潮所带来的机遇。这些企业最大限度地实现了自动化，并着手开发新一代流程和技能，从而充分利用人机协作的优势。它们成功有五大关键的组织原则：思维模式、实验、领导力、数据和技能。

随着数智化进程的发展，徐飞教授还预测未来的第五次工业革命将实现智慧化和务联化。这里的"务"为服务的"务"，包括规则、规制、管理、标准等制度安排和治理体系，是一种利用数智技术实现治理的能力，并进入"数治化时代"。数治化（Data Governance），是指构建数据思维，通过实现万物互联采集大量的数据，在大数据的基础上加入人工智能的算法或运用数字技术管理人工智慧，最终发现问题并找到解决方法，实现"数据治理"。

三、与数字人共存共创

数智化时代下的生命体将迎来进化和重生，即向生命 3.0 迈进。迈克斯·泰格马克（Max Tegmark）认为，生命的组成部分分为软件和硬件，硬件包括器官、肢体、毛发等实体，而软件主要指意识、治理和感觉等非实体。生命 1.0，是指硬件、软件都要依靠进化获得。除了人类之外的其他生物基本属于 1.0 形式。生命 2.0，是指硬件靠进化但软件可以自己设计的生命体。人类属于典型的 2.0，即人类的身体靠进化而来，知识、情感和意志依靠后天的学习和训练获得。数智化时代，生命将出现 3.0 形态，脑机接口等新技术使人脑的数字化和电子化发展成为可能，进而产生"数字人"，即无论是硬件还是软件均可以逐步由自己设计及改造，人类成为命运的主人，从而摆脱进化的束缚。这也对未来的法律伦理以及职场环境产生重要影响。人类要学会与 AI 共生、共存、共创和共行，但也不可失去自我。

这样的"数字人"可能是真人的化身，也可能是由真人和信息组成的精神体。它会体现真人的意志，满足真人的需求，并成为彼此互动的统一体。"数字人"是具有数字化外形的虚拟人物，背后集成了多模态建模、语音识别、知识图谱、视觉技术等综合 AI 能力。相关技术如 VR/AR 等发展使得"数字人"的面部表情与声音的还原度更加逼真，实现"数字人"更为自然的相处体验。"数字人"在社交、传播、营销等领域的价值正在逐渐显现。未来"数字人"作为与虚拟世界相交互的重要载体，潜在市场非常广阔。

一段时间以来，人们通常认为 AI 科技和工具短期不会对创意类的技能和工作产生影响，即使有影响，也只会对简单重复的体能类工作产生冲击。但随着 2023 年的现象级应用 ChatGPT 的横空出世，人们的观点已发生改变。ChatGPT 已经具备了高级"数字人"的典型特征，并可能在不久成为某些职业的替代品，并冲击劳动力市场。

ChatGPT 是美国人工智能研究实验室 OpenAI 于 2022 年 11 月 30 日推出的自然语言处理工具，它由 GPT-3.5 模型提供支持。GPT 是一种基于互联网可用数据训练的文本生成深度学习模型，是 OpenAI 在谷歌的 Transformer 语言模型框架基础上构建的。

ChatGPT 通过学习和理解人类的语言进行对话，并能根据上下文与人互动。它不仅擅长分析型或机械式的计算，还擅长创造或生成全新的、有意义甚至具备美感的内容，比如写诗、设计产品、制作游戏与编写程序代码等。

ChatGPT，由 Chat 与 GPT 两部分组成。Chat 不重要，GPT 才重要。GPT，即 Generative Pre-trained Transformer，翻译成中文就是——生成式预训练的变形金刚，简单来说，就是用于自然语言处理（NLP）的神经网络架构。GPT 是基于 Transformer 架构的预训练语言模型，可以生成自然语言文本。Transformer 是基于自注意力机制的深度学习模型架构，它在自然语言处理领域中得到了广泛的应用，如机器翻译、文本分类和生成模型等。

GPT 是基于 Transformer 模型的改进版本，主要是针对生成任务进行优化，通过预训练学习自然语言的语义和语法规律，进而生成高质量的文本。因此，GPT

可以看作是Transformer模型在生成任务上的一个应用扩展。

Transformer架构使用了注意力机制,能够处理长序列的依赖关系。这让它与循环神经网络(RNN)和卷积神经网络(CNN)等相比具有明显优势:

(1)并行计算。由于自注意力机制的引入,Transformer可以实现并行计算,加快训练速度。

(2)长序列处理。Transformer可以处理更长的序列,这是由于自注意力机制可以学习到全局的序列信息。

(3)模块化结构。Transformer由编码器和解码器两部分组成,每部分都包含了多层相同的模块,这种模块化结构使得Transformer更易于扩展和调整。

Transformer在各种任务中的表现,也将不断得到改善和优化,发展日新月异。作为自然语言处理(NLP)的通用深度学习模型,Transformer的适用性非常强,根本原因在于它的自注意力机制(Self-attention Mechanism),可以更好地处理序列数据。

此外,Transformer在跨模态应用中,创造出了一个可以处理语言、文字、图片、视频的大统一模型:使用图像和文本特征作为输入信息,使用自注意力机制来处理两个模态之间的关系,使用多模态自注意力机制(Multi-modal Self-attention)来处理多个模态之间的关系。

Transformer在跨模态应用上也取得了巨大的成功:CLIP模型,通过使用图像和文本联合预训练模型,将自然语言描述和图像联系起来,在多个视觉推理任务上取得了非常出色的表现。DALL-E模型,通过预训练得到了非常强大的图像生成能力。

从技术谱系上来看,ChatGPT只是Transformer家族中的一员。其他谱系的成员,同样表现出色。

显而易见,ChatGPT所代表的数字人的普及应用,将不可避免地对现在的和未来的职场产生重要影响,并对部分传统职业形成替代。OpenAI的研究人员曾发文称"约80%的工作会被AI影响,大量工作会被ChatGPT替代"。

比尔·盖茨认为:"ChatGPT的意义不亚于PC或互联网的诞生。"马斯克认为:"ChatGPT的发明不亚于iPhone的出现。"ChatGPT技术,突破了以往弱人工智能的水平,使人类进入强人工智能,或者说通用人工智能时代,也是人工智能发展的一个重要拐点。ChatGPT 的智力已经超出一般的人类了,几乎无所不知,无所不晓。随着 ChatGPT 自我学习能力进一步加强,其算力和模型参数飞速增加,相当于人类大脑神经网络或者神经突触的连接增加,产生意识也是意料之中的事,人类可能面临一个巨大的转折点。

目前,ChatGPT 是个人助手,它在学习办公场景里有很好的应用,比如写大纲、写 PPT 报告、写文章、做题,甚至写代码,就算是编程的初学者也能在其帮助下写出高质量的代码,并且已经具备了一定的逻辑推理能力。

有些媒体甚至总结了当前或未来承受 ChatGPT 严重冲击的工作岗位:会计师、分析师、咨询师、律师、交易员、医师、编辑、策划、客服、程序员、设计师、培训师,以及各类服务中介与各类助理等等。

人类社会的发展,就是一部科技和生产力不断发展的历史。数智化时代已然到来,科技创新是不可逆的时代浪潮,每个职场人都要学会适应与 AI 共存,并要努力发展不易被 AI 所取代的职场竞争力。

美国未来学家丹尼尔·平克在 2006 年出版的《全新思维:决胜未来的 6 大能力》中预言和强调了人类不容易被机器所取代的六大能力,即要充分开发 6 种右脑的想象能力,以与左脑的逻辑能力相辅相成,在概念创新时代赢得未来。

(1)不仅要功能实用,还要有设计感。

产品、服务、体验或生活方式仅有实用价值是不够的,还要有美的外观,新颖独特而又有情感内涵的价值,才能在带来经济效益的同时满足个人成就感。

(2)不仅要讲论据,还要有故事力。

沟通,不仅需要鲜明的观点和强有力的论据,还需要有同理心,即能够换位思考、设身处地为他人着想,并有打动人心的叙事能力。

(3)不仅要专业,还要有交响力。

人类的大脑不仅要有分析解构能力,还要有把独立的各个因素整合在一起的综合能力,即所谓的"交响力"。未来社会最需要的不是分析能力,而是综合能力,即应有全局思维,具备跨越各领域界限,把迥然不同的因素整合成全新整体的能力。

(4) 不仅要有逻辑力和想象力，还要有共情力。

逻辑力，是基于规律解决问题的能力，它可以使我们从 A 点到 B 点；想象力，是在大脑中生成图像的能力，它可以使我们创造无限可能。共情力，是将逻辑力与想象力有机融合，并能够让彼此感同身受和共情的能力。

(5) 不仅要严肃，还要有娱乐感。

在保持严肃认真的处世态度的同时，还需要保持幽默感。好的产品或服务，需要带给人欢笑、愉悦的心情，这有益于身心健康和事业发展。无论工作还是生活，都需要拥有获得快乐的能力。

(6) 不仅要追求财富，还要追求意义感。

随着人们的物质财富越来越充裕，精神财富开始变得越来越重要，越来越多的职场人开始追求更有意义的理想，即人生目标、完美和精神满足感。

在数智化时代，设计感、故事力、交响力、共情力、娱乐感和意义感这六种能力将形成人工智能难以超越人类的屏障，并指引着职场人的生活和工作，甚至重塑未来的职场环境。

展望未来，职场人可以更多地把注意力放在如何与 AI 共存(Co-exist)、共创(Co-create)，乃至共同进化(Co-evolve)上，适时调整职业定位、重构知识与技能，在实践中深度学习，完善商业洞察，从而赢得职场力。

四、中国数字经济处于加速发展期

数字经济是继农业经济、工业经济之后的主要经济形态，是以数据资源为关键要素，以现代信息网络为主要载体，以信息通信技术融合应用、全要素数字化转型为重要推动力，促进公平与效率更加统一的新经济形态。经过长期持续的信息化和数字化建设，我国的数字经济正在进入加速发展期，并通过不断深化的数字化转型，成为驱动我国经济可持续发展的新动能。以下几个重要的时间节点和相关重要文件，是我国数字经济处于加速发展期的重要体现。

(一) 2016 年 9 月中国在 G20 峰会首次向全球提出数字经济倡议

中国作为二十国集团(G20)主席国，首次将"数字经济"列为 G20 创新增长蓝图中的一项重要议题。此次 G20 峰会通过了《G20 数字经济发展与合作倡议》(以下简称《倡议》),这是全球首个由多国领导人共同签署的数字经济政策文件。《倡议》敏锐地把握了数字化带来的历史性机遇,为世界经济摆脱低迷、重焕生机指明了新方向,提供了新方案,带来了新希望。

《倡议》阐述了数字经济的概念、意义和指导原则,认为数字经济是指以使用数字化的知识和信息作为关键生产要素,以现代信息网络作为重要载体,以信息通信技术的有效使用作为效率改善和经济结构优化的重要推动力的一系列经济活动。互联网、云计算、大数据、物联网、金融科技与其他新的数字技术应用于信息的采集、存储、分析和共享的过程中,改变了社会互动方式。数字化、网络化、智能化的信息通信技术使现代经济活动更加灵活、敏捷、智慧。

《倡议》还提出了创新、伙伴关系、协同、灵活、包容、开放和有利的商业环境、注重信任和安全的信息流动七大原则,明确了宽带接入、ICT投资、创业和数字化转型、电子商务合作、数字包容性、中小微企业发展等数字经济发展与合作的六大关键优先领域。中国中央网信办对《倡议》的评价是,其为世界经济创新发展注入了新动力。同时指出,中国高度重视数字经济的发展,大力实施网络强国战略、国家信息化发展战略、国家大数据战略、"互联网＋"行动计划、电子商务系列政策措施等一系列重大战略和行动,着力促进数字经济进一步创新发展,数字经济呈现出良好的发展态势。中国早些年的信息化发展战略、多年来的电子商务政策等都是数字经济发展的重要组成部分,只是在不同的时间段有着当时所侧重的名词表达。

(二)2021年3月国家"十四五"规划为数字化单独成篇

《中华人民共和国国民经济和社会发展第十四个五年规划和2035年远景目标纲要》第五篇"加快数字化发展 建设数字中国"的篇名和开篇点明了数字化、数字经济、数字化转型的关系。

第十五章"打造数字经济新优势"提出：充分发挥海量数据和丰富应用场景的优势,促进数字技术与实体经济深度融合,赋能传统产业转型升级,催生新产业、新业态、新模式,壮大经济发展引擎。落实到具体行动上分为三部分：加强关键数字技术创新应用、加快推动数字产业化、推进产业数字化转型。其明确数字经济的重点产业是云计算、大数据、物联网、工业互联网、区块链、人工智能、虚拟现实和增强现实,共七大领域。

第十六章"加快数字社会建设步伐"提出：适应数字技术全面融入社会交往和日常生活新趋势，促进公共服务和社会运行方式创新，构筑全民畅享的数字生活。落实到具体行动上，围绕提供智慧便捷的公共服务、建设智慧城市和数字乡村、构筑美好数字生活新图景来展开。

第十七章"加快数字政府建设水平"提出：将数字技术广泛应用于政府管理服务，推动政府治理流程再造和模式优化，不断提高决策科学性和服务效率。具体落实的行动包括：加强公共数据开放共享、推动政务信息化共建共用、提高数字化政务服务效能。

第十八章"营造良好数字生态"提出：坚持放管并重，促进发展和规范管理相统一，构建数字规则体系，营造开放、健康、安全的数字生态。政策给予的支持包括：建立健全数据要素市场规则、营造规范有序的政策环境、加强网络安全保护、推动构建网络空间命运共同体。

在上述基础上打造数字化应用场景，涵盖智能交通、智慧能源、智能制造、智慧农业及水利、智慧教育、智慧医疗、智慧文旅、智慧社区、智慧家居、智慧政务等共二十大领域。

(三)2021年6月国家统计局确定数字产业分类统计标准

自国家统计局令第33号《数字经济及其核心产业统计分类（2021）》发布，中国的数字经济发展有了国家权威的统计口径。作为衡量数字经济发展水平最重要的统计标准，该分类的制定是为了贯彻落实党中央、国务院关于数字经济和信息化发展战略的重大决策部署，科学界定数字经济及其核心产业统计范围，全面统计数字经济发展规模、速度、结构，满足各级党委、政府和社会各界对数字经济的统计需求。

从该分类的编制依据来看，其把握了需求导向，涵盖全面。该分类贯彻落实党中央、国务院关于数字经济发展战略的重大决策部署，依据G20峰会提出的《二十国集团数字经济发展与合作倡议》、"十四五"规划、《国家信息化发展战略纲要》等政策文件，从"数字产业化"和"产业数字化"两个方面，分别在经济社会全行业和数字产业化发展领域，确定数字经济及其核心产业的基本范围。

该分类将数字经济产业范围确定为：01数字产品制造业、02数字产品服务业、

03 数字技术应用业、04 数字要素驱动业、05 数字化效率提升业五个大类。其中，01~04 大类是数字产业化部分，即数字经济核心产业，是指为产业数字化发展提供数字技术、产品、服务、基础设施和解决方案，以及完全依赖于数字技术、数据要素的各类经济活动，是数字经济发展的基础。05 大类为产业数字化部分，是指应用数字技术和数据资源为传统产业带来的产出增加和效率提升，是数字技术与实体经济的融合。

(四)2021 年 10 月政治局第三十四次集体学习强调数字经济健康发展

习近平总书记主持学习并发表重要讲话。自党的十八大以来，党中央高度重视发展数字经济，实施网络强国战略和国家大数据战略，拓展网络经济空间，支持基于互联网的各种创新，推动互联网、大数据、人工智能和实体经济深度融合，建设数字中国、智慧社会，推进数字产业化和产业数字化，打造具有国际竞争力的数字产业集群。我国数字经济发展较快、成就显著。特别是新冠肺炎疫情爆发以来，数字技术、数字经济在支持抗击新冠肺炎疫情、恢复生产生活方面发挥了重要作用。

习近平总书记强调，发展数字经济是把握新一轮科技革命和产业变革新机遇的战略选择。一是数字经济健康发展有利于推动构建新发展格局。数字技术、数字经济可以推动各类资源要素快捷流动、各类市场主体加速融合，帮助市场主体重构组织模式，实现跨界发展，打破时空限制，延伸产业链条，畅通国内外经济循环。二是数字经济健康发展有利于推动建设现代化经济体系。数字经济具有高创新性、强渗透性、广覆盖性，不仅是新的经济增长点，而且是改造传统产业的支点，可以成为构建中国式现代化经济体系的重要引擎。三是数字经济健康发展有利于推动构筑国家竞争新优势。当今时代，数字技术、数字经济是世界科技革命和产业变革的先机，是新一轮国际竞争的重点领域，我们要抓住先机，抢占未来发展制高点。

(五)2022 年 1 月发布国家级转型规划《"十四五"数字经济发展规划》

这是我国数字经济领域的首部国家级专项规划。该规划强调，数字经济是继农业经济、工业经济之后的主要经济形态，是以数据资源为关键要素，以现代信息网络为主要载体，以信息通信技术融合应用、全要素数字化转型为重要推动力，促进公平与效率更加统一的新经济形态。

该规划从八个方面对"十四五"时期我国数字经济发展作出总体部署。一是优先升级数字基础设施。加快信息网络建设,推进云网融合、算网协同,有序推进基础设施智能升级。二是充分发挥数据要素作用。强化高质量数据要素供给,加快数据要素市场流通化,创新数据要素开发利用机制。三是大力推进产业数字化转型。加快企业数字化转型升级,全面深化重点行业、产业园区和集群数字化转型,培育转型支撑服务生态。四是加快推动数字产业化。增强关键技术创新能力,加快培育新业态新模式,营造繁荣有序的创新生态。五是提升数字化公共服务水平。提高"互联网+政务服务"效能,加强社会服务数字化普惠水平,推动数字城乡融合发展,打造智慧共享的新型数字生活。六是完善数字治理体系。强化协同治理和监管机制,增强政府数字化治理能力,推进完善多元共治新格局。七是强化数字经济安全体系。增强网络安全防护能力,提升重要数据安全保障水平,有效防范系统性风险。八是拓展数字经济国际合作。加快贸易数字化发展,推动"数字丝绸之路"深入发展,营造良好的国际合作环境。

归纳起来,该专项规划站在全球和国家层面对数字经济的具体落实进行了部署,将数据视为新的核心生产要素,落实到具体应用的行业、企业和社会层面,体现了国家推动数字经济发展和深化数字化转型的决心和行动计划。

五、全方位的数字化转型

《上财商学评论》[①]第二辑援引劳东教授的经典教科书《管理信息系统(精要版)》中所阐述的企业数字化转型的目的。劳东认为,以数字化为代表的新技术正在更加高频地改变着传统企业的商业模式与商业行为,改变企业设计、生产、销售产品服务的方式,改变企业的管理方式和管理流程。[②]企业数字化转型的出发点一是改善客户体验,二是开源节流增效,实现高质量可持续发展。

企业数字化转型是在数字思维引导下的全方位转型。数字化转型需要建立数字化思维,用数据思考、用数据说话、用数据管理、用数据决策。数据要以业务为核心,要为业务赋能,只有将数据置于特定的业务场景之中,数据才有意义和价值。

---

① 《上财商学评论》是由上海财经大学主管、上海财经大学商学院主办的一本刊物,以研究"海派商学"为办刊特色。该刊已出版四辑,主题分别是:百年商学、未来商学、元宇宙与全球化,不仅回顾了海派商学的历史,还展望了商学的未来,更关注当下的商业热点。
② [美]肯尼思·劳东、简·劳东.管理信息系统[M].劳帼龄译.北京:中国人民大学出版社,2016:544.

企业的数字化转型,不仅需要信息技术或数智技术的应用和升级,还需要组织治理和员工能力的持续升级和进化,并进而推动业务全方位的数字化转型和升级。对于大型企业来说,其通过数字化基础设施和数据赋能,可以为生态价值链上的上下游合作伙伴进行更高效的联合营销、联合开发、联合运营、联合风控等,加强企业整体运行效率和产业链上下游生态的协同效率。对于中小企业而言,其也可以通过数字化的赋能和创新,以点带线和以线带面,分步推进向全业务全流程数字化转型延伸拓展。

电子商务是助力产业数字化转型的重要推进器。根据《"十四五"数字经济发展规划》所制定的数字经济发展主要指标,2025年我国电子商务交易规模将达到46万亿元。作为数字经济的重要组成部分,电子商务不仅在数字经济发展指标中扮演了重要角色,同时也在产业数字化转型中起到了推进器作用。对于传统产业而言,数字化转型是指利用数字技术在生产、运营、管理和营销等环节进行全方位、多角度、全链条的产业升级改造,是推动中国经济高质量发展、适应消费结构优化、加快新旧动能转换的重要力量,也是推动双循环发展的重要抓手。电子商务从流通末端切入,以消费拉动为出发点,商品和服务并举,沿着供需链上溯,极大地推动了传统产业的数字化转型步伐。

数字化转型将走向全部社会经济领域。原工信部副部长杨学山在做客上海财经大学金融家俱乐部时,表示"进入21世纪,由于技术的进步,数字化的信息成为信息资源利用的主形态,信息经济的讨论转为数字经济,信息化变成数字化转型。这两者从技术、作用、业态等各个方面是高度重合的。联合国2017年度信息经济报告中,两个概念完全重合"。同时,杨先生认为,数字经济的主战场是产业数字化,并将带来全部社会经济领域的全方位数字化转型。从产业而言,数字化转型涉及工业、农业、服务业;从社会而言,涉及国家治理、教育、健康、文化、环境、安全、国防;从个人而言,涉及衣食住行、养老。

以上海这种超大城市的发展为例,全面推进数字化转型是面向未来塑造城市核心竞争力的关键之举,也是超大城市治理体系和治理能力现代化的必然要求。这一转型的终极目标是建立国际数字之都,其中经济数字化转型、生活数字化转型、治理数字化转型,就是其中三个最重要的抓手。

就职场而言，无论人工智能如何发展，人永远是最关键和最活跃的生产要素。任何的信息技术、数字技术、管理创新、流程创新、产品创新、商业模式创新等，其背后都是人在运作。数智化是百年未有之大变局的时代背景下的重要组成部分，对中国职场人来说也是一个非常难得的重大历史性机遇。我们应在全方位的数字化转型中，保持永不止步的探索、实践和反思，不断积累、完善、更新数智化时代的职场力。

第二节　数智化驱动的新一轮经济周期

在市场经济条件下，人们越来越多地关心宏观经济形势，也就是"经济大气候"的变化。企业的生产经营和个人的职业生涯状况，既受内部条件的影响，又受外部宏观经济环境和市场环境的影响。虽然人们无力决定外部环境，但可以通过内部条件的改善，来积极适应外部环境的变化，并充分利用外部环境，在一定范围内改变自己的小环境，以增强自身活力，实现长期的成长和回报。因此，职场人士有必要对经济周期的波动规律进行了解、把握，并制订相应的对策来适应周期性的波动，以免在波动中陷于困境。

在数智化时代，虽然外部环境的变化日益呈现波动性、不确定性、复杂性和模糊性等特征，但是从长期来看，还是有规律可以发现和遵循。从全球各国自20世纪90年代开启的信息化和数字化建设进程，以及近年来我国出台的各种鼓励发展数字经济的重要战略措施来看，可很明显地看出构筑在改革开放和数字经济基础上的中国全方位的崛起已然成为不可逆转的时代大势。

一、经济周期理论

经济周期（Business Cycle）也称商业周期、景气循环，是指经济活动沿着经济发展的总体趋势所经历的可重复出现的有规律的扩张和收缩的周期性波动变化，并体现在国民总产出、总收入和总就业的波动上，包括衰退、谷底、扩张和波峰等阶段，如图0-1所示。

经济周期理论，是对每隔一定时期反复出现的经济周期现象进行解释的理论。

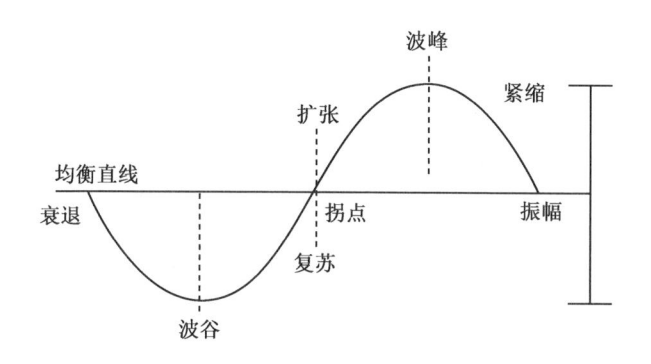

图 0—1 经济周期曲线

传统经济周期理论,包括但不限于凯恩斯主义经济周期理论、弗里德曼的货币经济周期理论、萨缪尔森的新古典经济周期理论、哈耶克的经济周期理论、熊彼特的创新经济周期理论、明斯基经济周期理论,以及按照重复现象发生的频率、幅度和持续时间长短划分的康德拉季耶夫周期(超长周期50~60年)、库兹涅茨周期(中长周期15~25年)、朱格拉周期(短中周期8~10年)和基钦周期(短周期3~4年)等。

凯恩斯的经济周期理论认为,宏观的经济趋向会制约个人的特定行为,人们对商品总需求的减少是导致经济衰退的主要原因。由此出发,他认为维持整体经济活动数据平衡的措施可以在宏观上平衡供给和需求。因此,凯恩斯的和建立在凯恩斯理论基础上的经济学理论也被称为宏观经济学,以与注重研究个人行为的微观经济学相区别。

熊彼特的创新经济周期理论,体现在《经济发展理论》和《经济周期:资本主义过程的理论、历史和统计分析》等著作中。他认为,资本主义之所以表现为生产技术经常有所改进,国民收入经常有所增长,其根本的动因,在于为数不多的、富有冒险精神的企业家率先进行的创新活动。所谓创新,是指采用新的生产技术,制造新的产品,发现和利用新的原料,开拓新的市场以及改变企业的组织形式。率先进行创新的企业家,借助融资所得的资金,创办新企业,开发新产品,改进产品的品质,降低产品的成本,从而获得企业利润。当一项创新成果被证明成功时,其他按陈规办事的经理人员群起仿效,造成经济高涨。每一次创新造成的经济高涨之所以必然继之以危机和萧条,是由于生产者和消费者被过度的乐观心理所支配。生产者过高估计了社会对产品的需求,从而过度地扩大了投资;消费者过高地估计了自己的收入,常常用抵押贷款方式购买耐用消费品;消费者的过度购买又促进了生产者的过度投资。因此,熊彼特把导致经济危机和萧条的根源,归结为人们错误的心理状态所引起的过度投资和过度举债。随着20世纪90年代以罗默等为主的内生增长学派将熊彼特的创新经济周期理论融入宏观经济理论,熊彼特的思想为更多人所熟知和认同。

康德拉季耶夫经济周期(简称康波)理论,是考察资本主义经济中历时50～60年的周期性波动的理论。康波周期,是1925年由苏联经济学家康德拉季耶夫在美国发表的《经济生活中的长波》中提出的。生产力发展的周期是由科学技术发展的周期所决定的。科学技术是完整的体系,对这个体系进行适当划分是分析的出发点。康德拉季耶夫通过对英、法、德、美等资本主义国家从18世纪末到20世纪初历时140年的批发价格、利率、工资、对外贸易等36个系列统计项目的加工分析,认为资本主义在长达140年的经济发展过程中可能存在3个长波,包括两个半的长周期,并以此得出经济发展包含平均为50～60年的长周期波动。

康波理论,把科学技术划分为科学原理、技术原理和应用技术三个层次。在这三个层次的关系上,科学原理的发展决定技术原理的发展,技术原理的发展不可能超越科学原理决定的限度;同样的,技术原理的发展决定应用技术的发展,而应用技术的发展又受到技术原理的限制。在科学原理促进技术原理、技术原理促进应用技术的发展过程中,又反过来促进科学原理的发展。

当一定的技术原理转化为应用技术并物化为生产力后,所采用的技术原理就会面临突破。技术原理的突破以可转化的应用技术及物化的生产力为基础,并以一定的科学原理为前提。同理,科学原理的发展也是这样一个过程。一定的科学原理在它的潜力基本发挥并转化为技术原理、应用技术和物化为生产力以后,也会得到突破。因此,科学技术的发展是一个辩证的、自我否定的、持续进化的过程。德国学者杰哈德·门施在20世纪70年代研究了110种技术创新,通过统计创新活动所花费的时间(从科学研究到最初商业化的时间),画出了创新时间-频率曲线,结果曲线呈波浪形的长期波动趋势。曲线表明18世纪60年代、1825年、1885年和1925年这4个技术创新的高峰时刻正是世界性经济萧条的中期。因此,他得出结论,经济萧条是技术创新迸发的前提,技术创新的结果表现为经济增长。英国学者弗利曼根据1920—1970年62项创新的发明时间和大规模商业应用时间得出结论:技术创新是按技术体系进行的,新技术体系中的各项技术在各自产业中的份额按S形曲线增长。所以,整个新技术体系对经济增长的作用表现为各种技术的S形曲线地叠加。他们的研究结论从应用技术和物化生产力方面反映了科学技术体系的辩证发展过程。

康德拉季耶夫的贡献在于用大量经验统计数据检验了长周期的设想,从而使之成为了一种比较系统的周期理论。康波周期的头15年是衰退期;接着20年是大量再投资期,在此期间新技术层出不穷,经济发展迅猛,显示出一派兴旺景象;其后10年是过度建设期,过度建设的结果是5~10年的混乱期,从而导致下一次大衰退的出现。熊彼特等人后来继承和发展了长波理论,并重新确定了资本主义经济三次长周期的起止时间。1939年经由熊彼特提议,世界经济学界都接受了用"康德拉季耶夫周期"这一术语指称经济成长过程中长周期的波动。熊彼特在1934年《经济发展理论》中对三次长周期的分期为:

(1)"长波"Ⅰ——从大约1783年到1842年,是所谓"产业革命时期"。这个周期的基本特征是手工制造或工厂制造的蒸汽机逐步推广到一切工业部门和工业国家。

(2)"长波"Ⅱ——从1842年到1897年,是所谓"蒸汽和钢铁时代"或"铁路化时代"。其特征是蒸汽机成为主要的动力机,并得到普及。

(3)"长波"Ⅲ——从1897年开始(当时这个"长波"尚未最后结束),是所谓"电气、化学和汽车时代"。其特征是电动机和内燃机在一切工业部门中的普遍应用。

康德拉季耶夫的理论用计量经济学方法确定了长周期的长短,从经验上描述了每个周期中上升和下降阶段的表现。不过,虽然康德拉季耶夫猜测长波的存在与科技革命浪潮有关,但对长波出现的原因却没有给出令人信服的解释,特别是20世纪80年代以来,许多人试图解释长周期存在的原因,提出的猜想五花八门,包括使用新数据和新技巧的计量经济学研究均无法解释长波出现的原因。这使得长波理论带有显著的经验假说性质。熊彼特也曾试图用他的创新理论对长周期进行解释,但还是无法解释长波周期出现的时间长短。

人们还观察到,不同国家的长周期的步调并不一致。随着全球经济一体化的加快,国家间的经济往来必然会增多,产品、服务、生产和数据要素会不停越过国界流动,使得国家间的长周期步调趋向一致,但趋向一致的过程又会被下一次技术革命的浪潮打破,因为技术革命最先会在一个国家出现,然后才向其他国家扩散。在大量的周期性因素和非周期性因素的共同作用下,不可能存在绝对稳定的长周期。周期性经济波动的一个指标是价格水平的波动。从理论上讲,如果存在相对稳定的长周期波动,那么从短期来看走势变化也还是有一定的不可预测性。正如预测股票市场走势的各种波浪理论一样,一旦人们知道了可预测的结果,就会有人进行套利活动,最终完全化解掉预测中的波动。

在熊彼特所总结的三个长周期之后,第 4 轮长波是自 1950 年以来的石油产品和汽车所带来的长周期。第 5 轮长波是自 20 世纪 90 年代以来,由信息技术和通信技术所带来的信息化和数字化时代的长周期,如图 0—2 所示。①

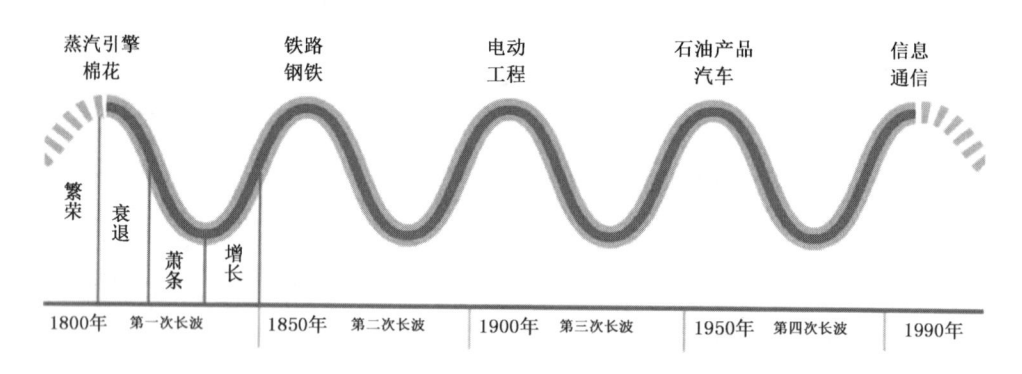

图 0—2 近现代商业经历的 5 轮康波周期

在一个超长的康波周期范围内,通常会再嵌套几个中周期和短周期。熊彼特用"创新理论"作为基础,以各个时期的主要技术发明和它们的应用,以及生产技术的突出发展,作为各个"长波"的标志。每个长周期中仍有中等创新所引起的波动,这就形成若干个中长周期和中周期;在每个中周期中还有小创新所引起的波动,形成若干个短周期。"中长周期"即"库兹涅茨周期";"中周期"即"朱格拉周期";"短

---

① 邵宇,陈达飞.创新的范式:康波、世界体系与大国兴衰[J].新财富,2019(12).

周期"即"基钦周期"。一个"长波"大约包括六个"中程周期",而一个中程周期大约包含三个"短波"。

库兹涅茨周期,是1930年美国经济学家库兹涅茨提出的一种为期15~25年、平均长度为20年左右的经济周期。由于该周期主要是以建筑业的兴旺和衰落这一周期性波动现象为标志加以划分的,所以也被称为"建筑周期"。

朱格拉周期,是1860年法国经济学家朱格拉提出的一种为期9~10年的经济周期。该周期是以国民收入、失业率和大多数经济部门的生产、利润和价格的波动为标志加以划分的中周期。

基钦周期,是1923年英国经济学家基钦提出的一种为期3~4年的经济周期。基钦认为经济周期实际上有主要周期与次要周期2种。主要周期即中周期,次要周期为3~4年一次的短周期,如图0—3所示。依此类推,一个康波中也会包含多个朱拉格周期和基钦周期。

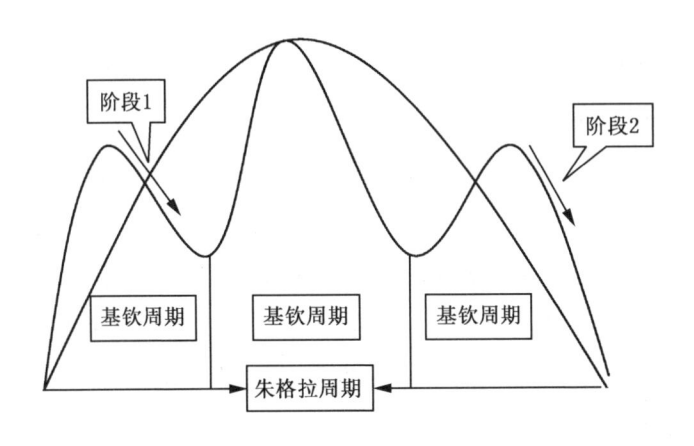

图0—3 朱格拉周期曲线

二、数智化驱动下的新一轮经济周期

上海市经济和信息化委员会副主任刘平在接受《上财商学评论》访谈时表示,在上海市战略性新兴产业和先导产业发展的"十四五"规划中,人工智能、生物医药、集成电路等被列为重点产业。这些产业都是近年以及接下来的几十年中,在经济发展中扮演重要角色的新兴领域。社会经济发展能否从上一个经济周期顺利过渡到下一个经济周期,很大程度上有赖于这些新技术、新产业的发展。

城市是数字化推行的主战场,企业是城市数字化转型的主体,市民是城市数字化转型的主人。城市数字化转型到底有没有体验感,关键还是要看主人能否享受到数字化转型带来的红利。特大城市为城市数字化转型提供了巨大的应用场景,包括从经济数字化、社会数字化和治理数字化三个维度来相互促进、相互赋能,这也是上海加快高质量发展的关键和建设国际数字之都的重要支撑。

我们目前所处的时代方位、经济周期,决定了数字化转型是大趋势,数字技术将成为本轮经济周期的一个重要驱动器。传统经济要素包括资本、土地、劳动力、企业家等,数据是有别于传统经济要素的新要素,将重新定义生产力和生产关系。从整个产业演进来看,我国经历过轻工业化、重工业化,再到现在的产业变革。产业的未来离不开数字化赋能,数字化更离不开广阔的产业应用前景,两者之间融合共进,相互成就。

从技术演进来看,数字化正在重新定义产业关系。新冠肺炎疫情虽然给我们带来了很大的影响,但同时也使我们的数字化进程加快了5～10年。数字化技术给各类产业带来了整体性转变、全方位赋能和革命性重塑的机会。整体性转变,不单指企业转变,也包括行业转变,甚至整个产业生态的转变。数字化转型对于企业来说可能只是一个点,对于行业来说是一条线,对于整个生态就是一个圈。全方位的数字化转型,就是点、线、圈的全方位转型,通过数字技术、数据要素,来实现整个生产资料和生产要素的高效流通。革命性重塑体现在运用知识图谱和激励模型,推动流程再造和业务协同。

基于产业演进和技术演进的逻辑,应顺应时代发展大势,抓住数字经济下的新一轮经济周期所带来的巨大红利,通过数字化技术重构产业体系,更好地释放数字化叠加和倍增的作用。

产业数字化转型,可以围绕"一个趋势""两轮驱动""三个转变"来开展。"一个趋势",就是通过数字化推动产业向高端化、智能化、绿色化、融合化方向发展;"两轮驱动",就是要坚持技术驱动和制度驱动;"三个转变",一是要从信息化向知识化转变,二是要从单点突破向全面赋能转变,三是要从物理空间向数字空间转变。

第一个转变，由信息化向知识化转变，是指要充分激活数据要素的潜能。数据不用或用错，就是消耗成本的负资产；反之，用好数据就是正资产。产业数字化转型，不能在万事俱备的前提下才开始行动，而应该是在实践中快速试错和改善的过程。要实现这个转变，就需要通过知识服务来优化设计路径，要充分发挥人的主观能动性和群体的智慧。

第二个转变，由单点突破向全面赋能转变，是指传统的产业升级改造，往往是首先从单点上取得突破，再逐步拓展到其他领域。单点突破的局限性，体现在容易导致数据孤岛和烟囱效应，不利于数字资产的沉淀和最大化激发数据要素的潜能。有条件的企业通过单点突破向产业链全链条去赋能转变，通过产业互联网平台来实现业务的集成和应用创新。

第三个转变，由物理空间向数字空间转变。通过数智科技，把物理世界的实体映射到虚拟数字世界，通过借助历史数据、实时数据、算法模型等，可用于对物理实体的仿真、模拟、验证、预测、控制等目的，从而更高效地用于产品创新、场景创新、生产制造创新等一系列创新活动。

基于上海市经济和信息化委员会所做的调研，制约产业数字化转型实施效果的主要影响因素体现在以下四个方面：

（1）企业的参与度不足。数字化转型通常不是一蹴而就的，需要长期实践，产生效益可能也比较慢。数字化转型必须是"一把手"工程，并且要从企业的整体和业务不同维度出发，建立一套完整的评估机制。受制于任期、组织结构、决策机制、核心资源和能力等因素，传统企业，无论是国企、外企还是民企，数字化转型尚无整体性突破。

（2）企业数字化转型的深度不足。大部分企业的数字化转型停留在表层的单点、单系统的集成。对于数字化转型的核心能力，比如产业数据、行业知识和智能算法等方面，企业还缺少全方位的布局、更深层次的业务流程再造和组织变革管理。

（3）技术储备不足。在技术创新方面，企业缺乏以深度领域知识为基础的数字孪生、工业大数据、人工智能等核心技术的融合创新。在软硬件产品开发方面，数智化工具受制于人的现象还比较普遍，包括高端数控机床、工业软件、计算机辅助技术软件等领域,过分依赖国外大厂。在相关产品开发的过程中,存在重应用、轻技术,重数据、轻算法,过度依赖进口成熟的产品和服务等现象。真正面向仿真、设计、制造等重要环节的工业软件严重匮乏。在开源社区创新方面,人工智能、操作系统、编程语言、数据库等核心环节仍严重依赖欧美企业和组织。我们的数字企业基本上是在原资源的基础上进行应用研发和二次创新,所以我们既缺乏话语权,也缺乏自身应用的布局,主动布局和深层次布局欠缺。

(4)数字化转型生态的承载不足。其一体现在缺乏多层次的标准体系,企业、行业数据的标准、评估、评价方面都缺乏相应布局;其二体现在产教融合欠缺,缺乏数字化转型人才培养和实训基地,包括数字化转型的引领型人才和项目落地的操作型人才,以及既懂IT又懂运营的复合型人才;其三体现在产品和服务的创新力度不够,缺少既懂行业又懂数字化转型的社会资本,所以数字化转型的投入模式也需要创新;其四是缺少国际组织、产业联盟等多层次机构的生态协同。

从数字化转型实践和探索来看,上海市构建了"1+1+3+3"的数字化转型顶层设计框架。所谓"1",是指出台了《关于全面推进上海城市数字化转型的意见》,并基于这个意见制定了《上海市全面推进城市数字化转型"十四五"规划》。在这两份文件的指导下,分别围绕"经济数字化、生活数字化、治理数字化"三大重点领域,出台了三年行动方案,并由市委市政府主要领导亲自参加现场推进会。最后一个"3",是形成了若干举措、数据条例和数据交易所,为产业在技术和数字创新方面打下基础。上海数据交易所的成立,将有助于进一步激活数据要素潜能,保护数据隐私安全,开展跨境数据正面清单和安全评估,推动国际数据流通和国际数据港建设。

上海社会科学院副院长干春晖教授在接受《上财商学评论》采访时,从数字经济的技术特征与政府规制的角度,总结了数字经济发展所带来的挑战:

(1)巨大规模的垄断。微观经济学有一条长期成本曲线和对应的最优经济规模(MES)。对于传统制造业来说,最优经济规模是有限的。但在数字经济领域,多服务一个用户,多增加一次信息的拷贝,边际成本几乎为0。数字经济企业的规模在突破一个临界点后,会呈现指数级的成长,会形成赢家通吃的局面。这也是数字领域的头部企业的巨型规模远超传统观念的实体经济的原因,甚至其容易利用市场支配地位形成垄断。

（2）信息不对称的加剧。数字平台利用信息技术和数字技术精准地匹配供需双方的需求、达成交易，畅通国民经济各个环节，提高市场组织效率，这是数字经济有利的一面。但其同时也会加剧信息的不对称：比如大数据杀熟，即一些平台通过用户信息、偏好信息等数据，更加精准地描绘出大数据用户画像并智能化推荐商品和服务，利用其所拥有的"价格歧视"的能力及平台的流量优势攫取超额利润。同时，有些平台还会利用推荐技术投用户所好，甚至推送激化用户情绪和造成社会分裂的信息，为政府的网络信息监管带来挑战。

（3）市场秩序的监管。大规模的数字型企业，由于拥有巨大的市场支配地位，在连接众多的消费者、物流企业、零售商、供货商和生产商时，本身就具备了市场组织者所具有的职能，包括制定平台交易规则，实现平台的功能，规范行业的市场秩序，保护消费者、厂商和其他相关市场参与主体的权益。如果滥用市场支配地位，就会出现诸如要求参与主体二选一、排他性交易等涉及反垄断的问题。此外，还存在数据隐私安全保护、数据产权治理、数据算法的伦理和公平性审查、海外上市及协议控制架构的监管、反欺诈和数据造假等一系列数字企业的管制问题。

虽然数字经济在发展过程中出现了各种有待规范和解决的问题，但其对经济和社会发展助益更多，包括推动新发展格局的形成，推动各类要素加速流动，让整个市场主体加速融合等。数字技术持续深入到社会经济的全方位领域，成为下一轮人类技术大突破的基础，推动经济从长周期的低谷中回升，进入新一轮经济周期的高速增长阶段。数据作为新的生产要素，它本身既是一个产业，同时也是改造传统产业和提高生产效率的新生产要素。

从国家竞争优势的角度，中国改革开放以后将近四十年的发展，都是以劳动力成本为代表的低成本作为国家竞争优势的，但这个优势正逐渐丧失。未来几十年，中国经济在全球的比较优势，将体现在中国共产党的领导、新型举国体制、浩瀚的数据资源、丰富的应用场景、超大规模的市场等方面。从个人职业生涯规划和管理的角度看，数智化驱动下的经济周期为每个人带来了历史性的机遇和挑战，能否抓住机遇，内因是关键。

三、结论与启发

数智化驱动下的新一轮经济长周期已经事实性地呈现在世人面前。在这一轮长周期中，同时嵌套和叠加不同阶段下的中周期和短周期。长周期有利于我们保持长期性的战略定力，不至于被各种表面现象和短期行为迷惑；中周期和短周期有助于我们更加脚踏实地，克服实际困难、解决实际问题，最终实现量变到质变的飞跃。

对于置身于数智化时代的职场人而言，最大的机会成本是时间。在进行职业生涯规划时，首先要能够从宏观出发，明确什么是驱动新一轮经济周期的主要引擎以及我们所处的阶段；其次要把握好个人的职业生涯与外部的周期性大环境之间的和谐共振；再次通过整体规划分步实施，把长周期分割成多个可落地的中周期和短周期，抓住短期机遇的窗口期，最终实现从量变到质变的过渡。

时势造英雄。我们很幸运地身处深刻改变人类技术和经济发展史的数智化时代和新一轮的经济周期，有机会面对各种已知的和未知的挑战和不确定性。这就要求我们必须具备快速学习的能力，在参与数字化转型的实践过程中不断突破传统思维的限制，通过创新地解决实际问题来加速进化和更新职场力，把握住数智化驱动下的新一轮经济周期中所蕴含的重大机遇，实现个人的高成长和高回报。

第三节 科技、金融与人才

作为新一轮经济周期的核心引擎和驱动全球经济发展的新动能，数字经济的发展离不开数智科技、金融和人才三位一体的支持系统。科技，这里重点是指从科学原理、技术原理和应用技术等不同层次出发，不断推陈出新的信息技术和数智技术；金融，这里重点是指为数字经济发展提供重要支撑的金融产品、服务和金融业；人才，是指参与到数字经济发展的人才，可能与数智科技创新、金融服务，或业务运营有关的人才。我国拥有世界上最多的人口、海量的数据、最丰富的用户场景和最完善的基础设施，这对我国数字经济人才的培养提供了广阔的平台。

一、金融业要助力数字经济发展

"十三五"时期,我国深入实施数字经济发展战略,数字经济对经济社会的引领带动作用日益凸显,特别是新冠肺炎疫情期间,新业态新模式快速发展。数据显示,从2005年至2020年,我国数字经济规模由2.6万亿元迅速增长为39.2万亿元,2020年中国数字经济同比增长9.6%,已高居全球第一。2020年,我国数字经济核心产业增加值占国内生产总值(GDP)比重达到7.8%,数字经济为经济社会持续健康发展提供了强大动力。同时,我国数字经济发展也面临一些问题和挑战,比如关键领域创新能力不足,产业链、供应链受制于人的局面尚未根本改变;不同行业、不同区域、不同群体间数字鸿沟未有效弥合,甚至有进一步扩大趋势;数据资源规模庞大,但价值潜力还没有充分释放;数字经济治理体系需进一步完善等。

《"十四五"数字经济发展规划》为我国数字经济发展定下基调:从国家层面看,以技术和数据为关键要素的数字经济蓬勃发展,数字经济具有高创新性、强渗透性、广覆盖性,不仅是新的经济增长点,而且是改造传统产业的支点,将成为中国经济高质量发展最为重要的推动力。从人民层面看,发展数字经济有利于更好地实现共同富裕。发展数字经济与共同富裕目标高度契合,实现共同富裕需要解决普遍增长和发展不平衡不充分的问题。而数字经济的高技术特征、分享性特征和普惠性特征,既有助于做好做强共同富裕的蛋糕,也有助于切好分好共同富裕的蛋糕,更好地助力全社会共同富裕。

二、金融业要围绕关键核心技术创新服务模式

金融是现代经济的核心,也是推动经济社会发展的重要力量。"十四五"规划鼓励银行业金融机构创新产品和服务,加大对数字经济核心产业的支持力度。金融业将围绕企业创新、转型升级、数字普惠、防控风险等方面助力我国数字经济,推动数字经济高质量发展。

第一,要增强关键技术创新能力。助力企业创新,打好关键核心技术攻坚战。要掌握数字经济发展主动权,保障网络安全、国家安全,就必须突破核心技术难题。瞄准传感器、量子信息、网络通信、集成电路、关键软件、大数据、人工智能、区块链、新材料等战略性前瞻性领域,提高数字技术基础研发能力;着力夯实基础软硬件、核心电子元器件、关键基础材料和生产装备的供给水平,强化关键产品自给保障能力。

银行业金融机构一方面要围绕量子信息、集成电路等关键核心技术积极创新金融服务模式,通过发起设立、参与产业引导基金、投贷联动、内外部合作等方式加大对卡脖子等关键技术的支持;另一方面,围绕科技创新企业的特殊金融需求,积极创新业务模式,打通科技企业融资"堵点",为数字经济新产业、新业态、新模式注入更多金融活水。

第二,大力推进产业数字化转型,助力转型升级,推动数字经济与产业经济融合。要更好地利用数字化手段赋能产业,推动数字经济与产业的深度融合。企业、园区、产业集群等作为数字经济和实体经济融合的主体,应进一步强化数字化思维,利用互联网新技术对传统产业进行全方位、全链条的改造,推动制造业、服务业、农业等产业数字化,做好数字经济和实体经济的融合。

金融业一方面充分发挥海量数据和丰富应用场景优势,以企业、园区、产业集群为重点,为其传统产业向数字化转型升级提供信贷支持,赋能传统产业转型升级;另一方面积极设立或参与市场化运作的数字经济细分领域基金,为数字经济企业提供多元投融资模式,助力数字经济和产业经济深度融合。

第三,助力数字普惠,补齐数字经济发展短板。只有健全完善数字经济治理体系,才能推动数字经济"行稳致远"。通过运用数字经济打造数字金融新业态、新应用、新模式,可以大幅提高金融服务的效率,延伸金融服务半径,扩大普惠金融的覆盖面和受益面,缩减数字经济中的行业、区域、群体差别。

金融业一方面要坚定拥抱新技术,深化数字化转型,持续提高金融服务水平、服务效率,补齐数字经济发展中的不足;另一方面,一些数字化布局起步较早、综合实力较强的金融机构,也要充分发挥"头雁"作用,加大对中小银行的科技输出,从而为整个行业的数字化转型赋能,更好地助力数字普惠。

第四,要着力强化数字经济安全体系,助力防控风险,构建好数字经济安全体系。经济安全是国家安全体系的重要组成部分,是国家安全的基础。对金融行业尤其提到要增强网络安全防护能力,切实有效防范各类风险。

金融业一方面要加强关键信息基础设施网络的安全防护能力和网络安全等级保护,加强网络安全的应急处置能力;另一方面,守住底线、明确红线,依法依规进行数字金融创新活动,与平台企业等外部机构开展合作时,要做好准入和审查,规范开展创新业务,严防衍生业务风险。此外,金融业企业要依法依规采集、传输和使用个人身份信息、隐私信息、生物特征信息,做好个人信息保护,促进数据安全保障水平。

三、金融的标准化

2022年2月8日,中国人民银行、市场监管总局、银保监会、证监会四部门印发《金融标准化"十四五"发展规划》,提出到2025年,与现代金融体系相适应的标准体系基本建成,金融标准化的经济效益、社会效益、质量效益和生态效益充分显现,标准化支撑金融业高质量发展的地位和作用更加凸显。

《金融标准化"十四五"发展规划》着重强调了金融服务业的标准化工作的重要作用,为我国金融领域未来在金融科技技术架构、应用标准以及围绕金融数据要素全生命周期各项活动都提出了相应的标准化目标和明确的标准化工作部署,为数字经济时代发挥金融要素的重要作用保驾护航。该规划引领了金融业数字生态建设,提出了稳妥推进法定数字货币标准研制、稳步推进金融科技标准建设、系统完善金融数据要素标准等内容。

(1)稳妥推进法定数字货币标准研制。在稳妥推进法定数字货币标准研制方面,该规划提出了数字货币五大标准建设,包括信息安全、应用标准、技术安全、数据规范及终端受理等,如明确指出,将综合考量安全可信基础设施、发行系统与存储系统、登记中心、支付交易通信模块、终端应用等,探索建立完善法定数字货币基础架构标准。

(2)稳步推进金融科技标准建设。在稳步推进金融科技标准建设方面,该规划提出要加强云计算、区块链、大数据、人工智能、生物识别、物联网等标准研制和有效应用,引领金融科技规范健康发展。深入实施金融科技发展指标评价标准,为自律组织实时发布发展指数提供支撑。推动金融领域科技伦理治理标准体系建设。此外,该规划还在金融科技标准建设方面提出了加快实施函证数据标准,促进函证数字化稳步发展。

(3) 系统完善金融数据要素标准。在系统完善金融数据要素标准方面，该规划指出要统筹金融数据开发利用、公共安全、商业秘密和个人隐私保护，加快完善金融数据资源产权、交易流通、跨境传输和安全保护等标准规范。同时，将完善金融大数据标准体系，探索制定金融大数据采集、清洗、存储、挖掘、分析、可视化算法等技术创新配套标准。制定金融数据质量、脱敏、分级分类等标准。制定金融数据应用建模、元数据、算法评价等标准。制定银行业客户交互行为数据采集等业务数据标准。

四、金融科技发展规划

中国人民银行分别在2019年9月6日和2022年1月4日，先后发布了《金融科技发展规划(2019—2021年)》和《金融科技发展规划2022—2025年》，为我国金融科技提供了指导思想、基本原则、发展目标、重点任务和保障措施。2019年发布的第一轮规划明确了金融科技的基本定义，肯定了金融科技的积极意义，主要目标是建立健全金融科技"四梁八柱"顶层设计。经过近3年的努力，上述目标基本实现，金融科技正在成为驱动金融变革的重要引擎。在此基础上，第二轮规划重在解决金融科技发展不平衡不充分等问题，推动金融科技健全治理体系，完善数字基础设施，促进金融与科技更深度融合、更持续发展，更好地满足数字经济时代提出的新要求、新任务。

金融机构的数字化转型是一项复杂的系统化工程，不仅涵盖金融机构的前、中、后台，还需要全公司在顶层设计战略规划、IT架构及数据治理、业务创新、经营管理变革等方面有更多的投入，并在开放生态建设方面寻求更大的突破。

银保监会数据显示，2020年银行机构和保险机构信息科技资金总投入分别为2 078亿元和351亿元，同比增长20%和27%。以数据作为新的生产要素，以数字技术作为新的发展引擎，金融机构在产品设计、客户营销、风险控制、内部管理等方面掀起了新一轮的数字"军备竞赛"。伴随着数字经济的蓬勃发展，金融科技的发展蓝图已然逐渐明晰，数字技术的快速演进更为金融数字化转型构筑了广阔的舞台。助力"数实融合"的跨越式发展、赋能传统产业数字化转型升级，将关系到金融体系整体运行的顺畅与否、效率高低,关乎到金融资源的合理配置。

作为中国数字经济的重要组成部分,数字金融基础设施的发展与科技的发展水平更是息息相关。《金融科技发展规划2022—2025年》提到,要让科技赋能金融资源更为精确地配置到经济社会发展的关键领域和薄弱环节,进一步增强金融服务实体经济能力。历经了过去数年的积累与沉淀,一些头部金融科技公司提供的解决方案,已在企业信贷需求方、金融服务供给方、基础设施提供方之间搭建了稳固的技术底座和便捷的链接桥梁,充分发挥AI等数字技术的"雷达"作用,捕捉中小企业更深层次的融资需求。

《金融科技发展规划2022—2025年》在简要回顾"十三五"时期金融科技发展的基础上,提出"十四五"时期金融科技发展愿景,明确金融科技发展的指导思想和4个基本原则、6个发展目标,确定了8项重点任务和5项保障措施。

《金融科技发展规划2022—2025年》的指导思想强调,金融科技是技术驱动的金融创新。稳妥发展金融科技,加快金融机构数字化转型。其按照"十四五"规划部署,从宏观层面对我国发展金融科技进行顶层设计和统筹规划,将进一步推动金融科技迈入高质量发展的新阶段,更充分发挥金融科技赋能作用,增强金融服务实体经济的能力和效率。

8项重点任务是第二轮规划的主体部分,从治理体系、数据要素、基础设施、核心技术、激活动能、智慧再造、审慎监管、发展基础等方面明确目标,具有较强的针对性和可行性;5项保障措施从试点示范、支撑保障、监测评估、营造环境、组织统筹等方面提出要求,为重点任务实施奠定基础、提供支持。

两轮规划相比,第二轮全面顺应数字经济发展的趋势,重点任务更加明确,关键技术更加前沿,实施方向更加清晰。在《金融科技发展规划2022—2025年》顶层设计指导下,金融管理部门应进一步完善相关的配套细则,金融机构应制定全方位数字化转型战略,推动金融科技深度应用,加快数字化转型。在发展金融科技的过程中,需要格外关注公平性和均衡性。比如,在进一步扩大金融科技创新监管试点范围中,在东北、西北地区以及农村地区选择相应的城市和场景进行试点应用;更加关注"数字鸿沟"和竞争失衡问题,强化反垄断和防止资本无序扩张,推动金融科技领域互联互通。同时,进一步发挥金融科技的普惠服务价值,在服务小微企业和个体工商户、服务乡村全面振兴中发挥更加突出的作用。

《新华财经》发布的研究报告也显示,随着中国全面进入数字经济时代,各行各业都在探索数字化转型中的新机遇。随着数据的流通和数字技术的深度利用,产业数字化正在带动金融数字化加速发展。随着科技公司以数字技术全面赋能金融机构转型升级,结合行业特点和政策引导来看,中国金融科技呈现出五大趋势:

趋势一:金融信创成果加速涌现。信创,即信息技术应用创新,已上升至国家战略,其中金融信创一直是行业建设的重点。

趋势二:数字技术驱动绿色金融发展。在"碳达峰、碳中和"背景下,国家出台多项政策支持绿色金融发展。

趋势三:金融机构数字化经营加速。金融机构素来对高效的产品推广和精准化的客户营销需求不减,近年来更加速线上拓客,数字化经营趋势凸显。

趋势四:产业金融深度融合。政策引导下,厂商瞄准产融结合趋势下的机遇。科技赋能金融机构,数字技术渗透到中小企业的各类生产经营场景。产业金融深度融合有效解决了中小企业"融资难、融资贵"问题,金融信贷支持助力中小企业实现长远发展。

趋势五:金融机构加快数字化组织管理变革。金融机构着力加强数据管理能力,加快打造轻型敏捷组织。

五、科技、金融与人才

《上财商学评论》第二辑的《金融科技在中国:真金成色几成几?》一文中,援引陈志俊教授和多位金融业嘉宾的对话,从金融科技定义、大数据基础上的金融信用、传统金融痛点、金融与科技融合、金融科创的动机、金融监管以及金融科技人才等不同维度进行了总结概括。

金融与科技的深度融合在创造便利的同时,同样会带来各种各样的信贷风险和社会问题。金融危机的爆发,归根结底都是市场交易中的人的问题。从金融监管层的视角来看,既要鼓励金融科技的发展,又要预防未来可能出现的系统性风险,特别是要防范宏观层面的风险。由于金融科技具有跨技术、跨国界、跨监管部门的特征,当下还没有行业的统一标准,也没有统一的法律法规,更没有统一的监管部门,这就迫切需要监管本身的完善。当然,金融科技本身的技术进步,也会为金融监管带来更加便利的工具。比如,香港金融监管部门利用区块链技术成功进行监管的案例就具有启发性。

国内有金融学教授指出,中国金融科技的发展已从科技推动金融转型的阶段到了两者深度融合的金融科技生态圈发展的新阶段。这个生态圈并不是要求金融与科技两者业务进行合并,而是通过各种不同的模式进行生态合作。比如,通过并购、交叉支付等合作方式,实现"1+1>2"的双赢生态,是金融和科技两大要素的深度融合。金融科技深度融合的重要基石,就是回归金融科技的初心:促进实体经济的发展。

上海财经大学商学院教授于研认为,传统金融业务主要集中在五个生态圈:消费升级对应的消费金融生态圈、中小微企业融资难对应的供应链金融生态圈、银行投资业务对应的投资银行生态圈、人口老龄化对应的养老金融生态圈、客户财富保值增值对应的财富管理生态圈。可通过金融科技助力传统银行业务的深入发展,通过激活数据要素解决困扰传统金融业的信用管理难的问题。金融与科技的开放式合作,不仅让最终客户受益,还提升了金融服务的效率和质量。

从目前中国社会融资结构来看,60%以上的社会融资来自银行,这与西方有很大差异。比如,美国86%以上的融资来自资本市场。所以不同的国家,金融科技运用在不同的金融领域的时候,侧重点不太一样。如果金融科技不能用来解决实体经济的发展问题,只是被人们用来避险或者是投机套利,就偏离了中国金融科技发展的初心。

金融科技跨界金融与科技两大前沿领域对人才的要求显然更高,这也是当前中国金融科技产业进一步发展面临的瓶颈。上海财经大学的研究报告指出,2018—2020年市场竞争及政策环境都在推动金融行业加快数字化转型,银行纷纷设立金融科技子公司,对数字化人才的需求占比持续提升。据公开数据,截至2021年,全国已有27所高校开设金融科技专业,其中大部分学校于2020年开始招生。

金融科技人才并不是简单的"金融+科技"人才,而是一种复合型人才。要成长为这样的人才,仅通过专业本科学习并不够,还需要在行业和产业中去深耕和实践,并在长期的实践中去思考金融科技如何赋能实体经济。从商业的本质来看,无论是金融人才,还是数智科技人才,其要想真正为实体经济赋能,都需要保持商业敏锐性,更精准地了解企业的商业模式、战略规划、发展阶段、业务场景、组织生态、竞争分析和核心挑战,如此才能持续不断地创造出有助于改善客户体验和实现可持续业务增长的金融科技解决方案。

从人才配置来看,从数字经济体延伸的科技金融企业与从传统金融延伸的金融科技企业,关键人才之间越来越呈现出双向流动的态势。科技金融企业需要一直开发满足细分客户需求的数字金融产品,往往需要从传统金融企业引入具备相关背景的业务专家,再和数智科技团队配合,共同开发出智能化的金融产品和解决方案。比如,某科技金融企业从传统的保险公司引入保险精算师,与内部算法团队联合开发和训练 AI 精算师。金融科技企业也需要一直深化组织生态的数字化转型,通过业务架构、数据架构和基础架构等不断重塑传统金融的数字化顶层设计和落地策略。科技金融企业可引入相关数字化转型专家,搭建和实施数字化转型战略。

数智化时代,作为新一轮经济周期中最关键要素的科技、金融和人才,目前还有很大的发展空间。纵观整个职场,那些拥有强大的自我驱动能力和与他人和谐共处能力,擅长在实践中通过行动学习并与时俱进的人,更有可能抓住时代机遇。

第一章 认知突破

第一节 认知信息加工

本节精要导读

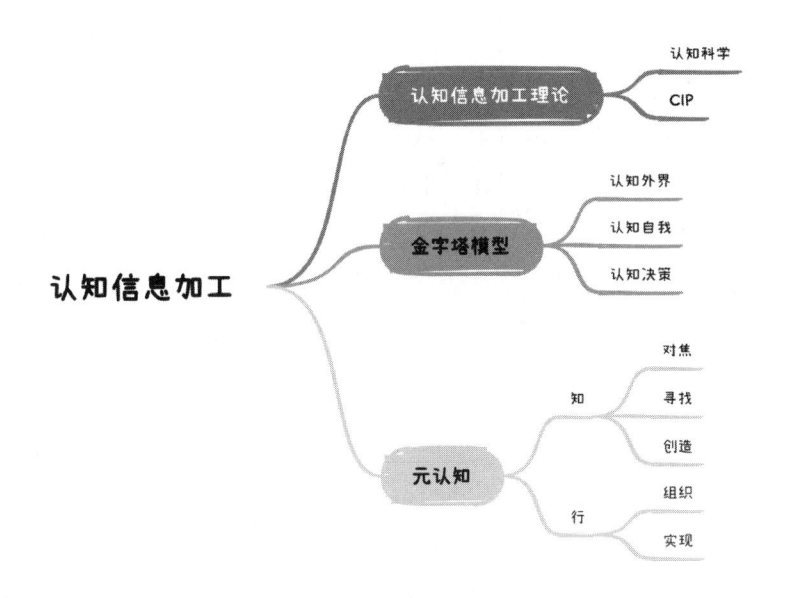

一、认知信息加工理论

根据认知信息加工理论,有关职业生涯的问题,本质上与认知有关。比如,当一个人对自己现在的工作状态感到不满意时,他(她)在过去某个时间段内的决策可能出了偏差；当一个人对未来的职业感到迷茫的时候，他（她）对外部环境变化的趋势和对自我的定位，以及在将二者综合在一起得出结论时可能出现了信息处理上的困难；当一个人面对具体的业务挑战，迟迟找不到解决方案而影响个人或团队业绩时，反映其无法正确定义这个挑战背后隐藏的焦点问题，进一步导致其无法输出适宜的解决方案。总之，所有上述困惑，都可以归为认知信息加工能力范畴。

认知（Cognition），根据科普中国①的定义，是指人们获得知识、应用知识，或信息加工的过程，加工要素包括感觉、知觉、记忆、思维、想象和语言等各大要素。认知信息加工能力，是人类在进化过程中因应外界环境的变化所形成的特殊能力，也是脑与心智的桥梁。心智是脑和神经的功能。

"认知科学"（Cognitive Science），1973 年由朗盖特·系金斯首先提出，1975 年美国学者将哲学、心理学、语言学、人类学、计算机科学和神经科学 6 大学科整合在一起，研究在认知过程中信息是如何传递的。这个研究计划的结果产生了一个新兴学科——认知科学。它是专门研究人脑和心智工作机制的理论和学说，涉及科学、心理学和哲学等多学科。

在出现各种精密的测量仪器和工具来辅助人们探究事物前，人们更多的是依靠自身的感知器官来认识自身和外界事物，或通过人与人之间的辩论来校准偏差或求同存异。数智化时代的外部环境更加复杂、快速波动，充满模糊性与不确定性，导致人们在解读自身和外界时面临越来越大的挑战，并因此影响人们的日常行为和决策。通过掌握适合自己的方法论与工具，可以帮助人们提升职场胜任力，实现更好的业绩。

认知信息加工理论（Cognitive Information Processing，CIP），是认知心理学的基本理论。CIP 从行为模式上将人脑与电脑进行了类比，把神经系统和人脑看作类似计算机的感知、传输、存储和加工计算等系统的综合，并由此建立心智活动的动力模型，包括人从感知、传输、投射、存储、确认、分类、汇总、接收和呈现信息，到对信息进行编码和计算，再到如何加工处理这些信息以便生成决策和行动程序等完整过程。心理学家们利用计算机科学、语言学和信息论的有关概念，阐明人的认

---

① 科普中国是中国科协为深入推进科普信息化建设而塑造的全新品牌，网址：https://www.kepuchina.cn/.

知信息加工过程及其适用行为,并推动心理学各个领域的理论和实验研究的发展,特别是在知觉、记忆、语言和问题解决的研究中取得了迅速发展。

二、认知信息加工金字塔

在 20 世纪 90 年代初期,桑普森(Sampson)、皮特森(Peterson)和里尔顿(Reardon)等人提出从认知信息加工取向解决职业生涯问题,并提出了应用于职业生涯的认知信息加工理论和信息加工金字塔模型,如图 1—1 所示。[①] 该理论假设:生涯选择以认知与情感的交互作用为基础;进行生涯选择是一种问题解决活动;生涯问题解决者的能力取决于知识和操作;生涯问题解决是一项记忆负担繁重的任务;生涯决策要求有动机;生涯发展包括知识结构的持续发展和变化;生涯认同取决于自我知识;生涯成熟取决于一个人解决生涯问题的能力;生涯咨询的目标是促进来访者信息加工技能的发展;生涯咨询的最终目的是增加来访者作为生涯问题解决者和决策制定者的能力。

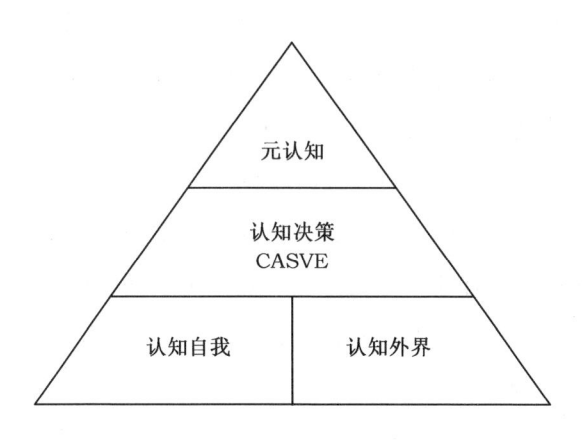

图 1—1 认知信息加工金字塔

该模型把职业生涯发展与咨询的过程视为学习信息加工能力的过程,并按照信息加工的特性构建了一个信息加工金字塔。位于塔底的是知识领域,包括认知自我和认知外界;中间层是决策,包括了沟通—分析—综合—验证—执行五个阶

---

① Peterson G W,Jr J P S,Reardon R C. Career development and services:A cognitive approach[M]. Thomson Brooks/Cole Publishing Co,1991:39—44.

段。最上层是执行领域，也称为元认知，即关于认知的认知。金字塔模型在职业生涯规划和咨询领域日益受到重视，它指导个人在职业生涯过程中获得与使用信息，优化职业生涯决策，解决职业生涯问题。

信息加工决策工具（CASVE 循环）是一套可用于职业咨询、诊断和解决职业生涯实际问题的决策工具，后续章节将根据六个主要的职场情境（定位期、窗口期、加速期、突破期、迭代期和转型期），通过基于真实案例的沟通和决策过程模拟，展示如何使用 CASVE 循环来帮助自己或他人定义和解决职业生命周期中的实际问题。

沟通（Communication），包括自我沟通和与他人沟通，通过沟通可使自己意识到自身职业生涯当前状态和情境，包括期望值与现实之间的差距。基于同理心的结构化沟通工具和技能，是觉察自我和觉察外界的重要手段，能够有效地帮助当事人从事实出发，发现、识别和定义问题。沟通的效果和决策质量，取决于背景、环境、参与者、策略、流程和工具。

分析（Analysis），是指从沟通记录中，通过研究分析，寻找感受好的或感受不好的记录，以及可能导致不好后果的影响因素，或者有助于增加成功的机会点，包括结合自身的兴趣、技能、价值观、职业定位、拓展领域、工作组织等方向的机会点。

综合（Synthesis），是指把分析过程所寻找的机会点进行分类汇总，最后综合成一个解决方案的概念或决策。综合加工的过程，通常采用先发散再收窄的信息处理漏斗，即先生成尽可能有助于解决生涯问题的可选项，再逐步缩小选择范围，对优先级进行排序，并最终聚焦于一个最重要的可选项。综合的输出，是可供测试验证的策略、行动程序，或任务清单。

验证（Verification），是指通过一定的验证工具对综合阶段输出的策略、行动程序或任务清单进行测试，并输出可落地的最有价值的行动指南。验证通常从重要性和容易度组成的二维矩阵出发，进行定性比较和进行优先级排序，或者通过"决策平衡单"等评估工具进行加权打分并排定路径图。

执行（Execution），是指知行合一，并在行动中把体验或数据反馈到前面的步骤并进行校准，以实现期望的结果。任何决策，如果没有执行落地，都无法证明其是否有效，也无法实现其价值。

成功地完成 CASVE 过程和实现积极有效的成果，有赖于每个步骤的信息加工质量。将这五个步骤进行分类汇总，前三个步骤属于"知"的部分，后两个步骤属于"行"的部分。从"知"到"行"的阶段性成果体现为策略、行动程序或任务，从"行"到"知"的循环，体现为校准反馈。研究表明，任一步骤的信息加工质量出现偏差，都会影响整体的决策质量。使用信息加工金字塔模型时，要注意这是一个永无止境的改善过程。信息加工金字塔模型为职业生涯咨询提供了一个基本理论框架，CASVE 循环通过沟通的方式来发现和解决生涯问题，并提供了可操作的方法论和工具。该模型能否达到预期的效果除了受到沟通者和被沟通者的信息加工过程影响外，还受到相关人员的知识结构和储备，以及元认知的影响。

桑普森等人的信息加工金字塔模型，给人们提供了一个基础分析框架：首先，要掌握一套底层的元认知逻辑。其次，通过 CASVE 的沟通策略与工具，把人们的多元感知进行记录、分析、综合、验证和实践，从而形成解决问题的策略性方案。除了沟通访谈之外，还可以结合实地观察、沉浸式体验和数据分析等手段。再次，自我和外界的变化是永无止境的，而且复杂性也常常超过人们现有的知识结构，甚至随着年龄和经验等因素的变化而变化。总之，该模型为职场人提供了一套诊断、分析和解决问题的系统框架。

本书以该金字塔模型作为基础理论，同时结合了中国职场的特点，配合了更多商业领域常用的分析模型与工具，并结合具体案例，分章节进行阐述。从职场习惯来看，人们习惯于用漏斗思维进行观察和归纳。对于自我和外界来说，职业生涯是无穷大的；对于分析决策来说，基于统计学规律且广被认可的方法论是有限的；对于元认知来说，归因到第一性原理更是有限的。本书的论述结构，采用如图 1—2 所示的倒金字塔模型，除了与人们漏斗式处理信息方式有关外，还体现了"象数理"的思考逻辑。

（1）元认知，是基础理论（理），属于底层逻辑或第一性原理，放在最底层更能凸显其支撑作用。

（2）认知加工决策，是关于方法论和工具的理论，即术或数层面，通常有两种策略：一是解构，即从所观察到的客观事实或表象出发，通过使用分析与拆解工具，推导出整体与部分，或者结果与过程的相关性；二是重构，通过特定的统计学规律或流程工具,把拆解后的各独立自变量重新连接起来,并通过设置检查点清单进行过程控制,从而通过控制自变量来控制未知量,或通过改变自变量来改变未知量。

(3)知己和知彼,永远是变化的、不确定性的、复杂的和模糊的。在变化越来越迅速的世界里,每个人穷尽一生都是在探索中不断获得智慧。这也说明了世界的奇妙和无限的可能。

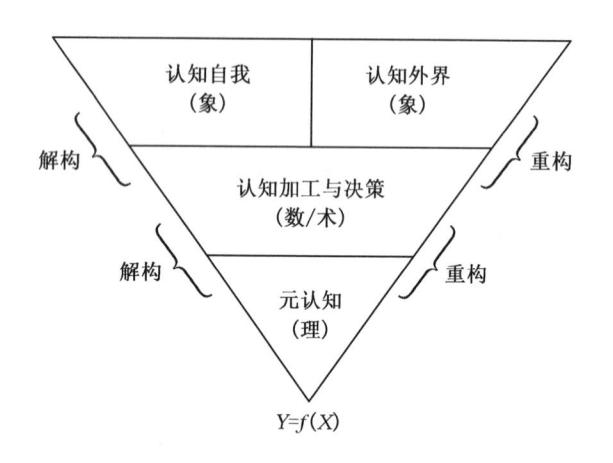

图 1—2　认知信息加工倒金字塔

本书最后的章节,将倒金字塔结构与职场人的常见的职业生命周期情境进行结合,并结合了典型案例,期望帮助职场人从多个维度分析决策,并为自己设计最合适的应对策略和路径图。

三、元认知

元认知概念,英文表达为 Metacognition,由弗拉维尔(Flavell)最初提出。元认知是 20 世纪 70 年代认知领域出现的一个新名词,对心理学研究的深刻意义在于它对传统的不同认知领域之间的界限提出了质疑。传统观点将认知活动人为地划分为知觉、记忆、思维、言语等范畴,在一定程度上割裂了这些现象之间的内在联系;而元认知研究则削弱了这种分离,它强调传统认知范畴之间的相似性而非区别,因此有助于传统认知领域的重新整合,有助于将人作为一个整体来研究。元认知研究在教育领域具有重要的实际意义。

美国心理学家弗拉维尔于20世纪70年代提出元认知这个概念,他将元认知定义为反映或调节认知活动的任一方面的知识或者认知活动。布朗(Brown)等人认为元认知是个人对认知领域的知识和控制。斯腾伯格(Sternberg)将元认知定义为关于认知的认知,认知包含对世界的知识以及运用这种知识去解决问题的策略,而元认知涉及对个人的知识和策略的监测、控制和理解。国内的研究者将元认知定义为,个体对自己认知系统的了解以及对自己如何进行认知系统信息的处理决策过程。

尽管在元认知的定义有不同的见解,但都认同其最根本的特征,即它是以认知过程本身为研究对象的一种理论。人们不只是对这个概念有多种说法,对其所包含的要素的认识也不尽相同。弗拉维尔认为,它是知识和体验,前者是个体所存储的既和主体有关又和各种任务、目标、活动及经验有关的知识片段,后者是伴随并从属于智力活动的有意识的理性体验或情感体验。布朗认为,它是知识和调节。萨尔瓦多(Salvador)认为,一方面是指关于自身知识、所使用的策略和策略的运用的知识;另一方面是指对自己学习过程的控制,包括对认知调节和控制的各种评价。萨拜娜(Sabina)认为,调节过程包括计划、执行(包括任务前选择和使用策略、分配资源等)、监控(对关键节点的控制以及在任务执行过程中理解和表现出的意识)、评价(在结束任务后对成绩进行评估并根据偏差做出改进的行动计划)。

国内研究者倾向三类要素:知识、体验和监控。知识,是主体通过经验积累起来的、关于认知活动的一般性知识,即影响决策的关键因子、各关键因子之间的相互作用,以及成果等方面的基本规律,包括主体、任务和策略三方面知识。体验,是主体在从事认知加工与决策的过程中所产生的理性和感性的体验。监控,是指将主体自己正在进行的认知活动作为研究对象,并对其进行积极而自觉地监视、控制和调节的过程。元认知的三大要素相互作用和相互影响。

关于元认知,除了心理学家们进行大量研究外,医学领域的科学家们也进行了很多探索。苏联为了选拔和训练宇航员,组建了跨文化跨领域的宇航医学科研团队,通过电子脉诊技术来研究人的信息加工与处理系统,并取得了一定成效。自1961年加加林首次进入太空后,有多位苏联宇航员也通过如图1—3所示的基于电子脉诊技术和跨文化的医学检测系统,被甄选和训练,并取得了不俗表现,促进了人类对元认知的理解,并在人才甄选与发展等方面做出了有意义的探索。

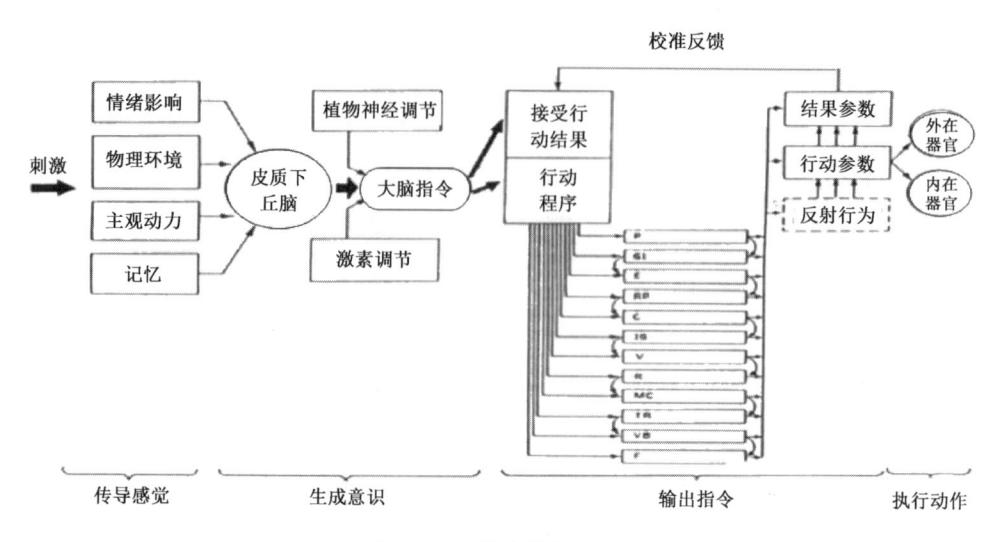

图 1－3　信息能量处理

综合各家关于元认知的探索与实践,可以概括为:一是从定义来看,它是解释人类如何进行认知信息加工的认知;二是从要素来看,它包括知识、体验和监控;三是从程序来看,它包括知(形成构思或计划的部分)和行(按照计划组织执行落地的部分)两大部分,每个部分又可以拆解成相互独立的步骤,各独立步骤之间通过关节监控控制节点质量。

(一)第一部分:知

知,是指人们利用自身的感知器官(人体与外部环境相接触的器官,如眼、耳、口、鼻、舌、皮肤等,或者人体内在的感知器官,如附着在五脏六腑等器官上的神经),或外部辅助的测量工具对来自外部的或内在的刺激进行感知,把感知到的信号通过神经系统传输至大脑,在经过大脑的思维加工和计算后,生成明确的意图、策略或任务,并经过校准和确认后,再形成可落地执行的行动程序的过程。

知,包括对焦、寻找和创造三个步骤;行,包括组织和实现两个步骤。

1. 对焦(Calibrate)

从中文语境看,对焦是指人们使用照相机的感知系统对被照物体进行聚焦和清晰成像的过程;从英文语境看,Calibrate 有校对和标定的意思,属于精准测量的范畴。人们使用智能设备进行拍照,可以分解成三个主要步骤:一是通过镜头感知被拍照的物体,二是对被拍照物体进行扫描和校准,三是最终确认。对焦,就是通过感知、校准和确认的过程。人们可以通过自身的内外部的感知器官或辅助的测量工具,描述特定人、事、物或客观现象的整体性特征。

(1)感知。人体通过感官(类似于传感器)来感知来自身体外部或内部的刺激,并把刺激信号传输至大脑并为信息加工提供输入信息的过程。外部刺激,通常来自外部环境的变化,比如时间、空间、人、物、气候等;内部刺激,通常来自人的情绪、思维和冲动等。由于每个人对刺激的敏感度不同,导致不同个体的感知能力存在客观上的差异。感知也有不同程度的感知,从很浅层到很深层。

被感知到的刺激信号,首先要从末梢神经通过围绕身体五脏六腑的神经网络传输到中枢神经系统(交感神经和副交感神经),最后再传输至大脑。在信息传输时,人体的脏腑器官会类似于变压器或基站,起到接收、放大和发送刺激信号的作用,避免由于阻力导致刺激信号衰减。由于个体生理上的差异,导致不同的人在感知和传输同一事物的时候会出现感知偏差。

信号暂时存储与计算机的缓存功能类似,刺激信号在传输至大脑前,首先要在皮质下丘脑进行暂时性的存储。皮质下丘脑是卵圆形灰质核团,位于第三脑室的两侧,左、右丘脑借灰质团块相连。与电脑类似,人脑记录、存储和读取信息的方式也符合分布式存储模式,即传输到丘脑的刺激信号是以分散方式存储到丘脑的多个不同位置,这样可以分担存储负荷,降低存储风险,方便大脑寻找和读取所存储的信息。

记忆的格式化,"记"相当于输入,"忆"相当于输出,即从存储信息的磁盘中存储和提取信息的时候,需要提前对所存储的磁盘进行格式化处理。磁盘的格式化,包括物理格式化和逻辑格式化。物理格式化是低级格式化,是指对存储盘的物理表面进行处理;逻辑格式化是高级格式化,是指在存储盘上建立一个有分类汇总逻辑的存储系统,包括引导记录区、文件目录区、文件分配表等。人脑与磁盘的格式化原理是一致的,包括物理格式化和逻辑格式化。

为了更好地理解大脑的格式化原理,我们借用如图1—4所示的衣柜。左边的衣柜没有隔板,右边的有隔板,有隔板就相当于进行了物理格式化的大脑。显然,如果人们使用没有隔板的衣柜,那么衣物就会被杂乱地堆在一起,除了不整洁外还会造成寻找费时费力。使用有隔板的衣柜时,由于人们的生活习惯不同,不同的人在相同的格子里就会摆放不同的衣物,并通过重复实践,形成独特的使用格子的习惯。使用习惯的不同,就相当于建立了目录区和分配表。这种基于用户体验和操作规范建立的格式化,就是逻辑格式化。

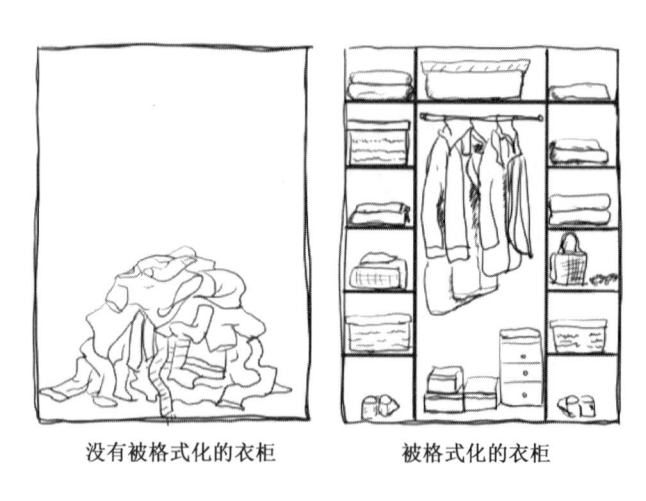

没有被格式化的衣柜　　　被格式化的衣柜

图 1-4　格式化示意图

皮质下丘脑的物理和逻辑格式化,有助于帮助人们快速且准确地把传输至丘脑暂存的信息进行分类存储,并在接下来的投射环节以更高的效率投射到大脑皮层所对应的位置。逻辑格式化越强的人,行为表现上为记忆力更强、反应更快,沟通更有逻辑。

投射,是指刺激信号从皮质下丘脑传输至大脑皮层的过程,有点类似于蓝牙的功能。人体最重要的刺激信号(除嗅觉外)均在丘脑内更换神经元,然后再投射到大脑皮质。丘脑与下丘脑、纹状体之间通过纤维互相联系,三者成为许多复杂的非条件反射的皮层下中枢,并构成物理格式化的核心架构。丘脑在对存储的刺激信号进行粗略的分析与综合后,通过特异性投射系统和非特异性投射系统投射到对应的大脑皮层分区。显然,丘脑的逻辑格式化和大脑皮层的逻辑格式化越一致,投射的效率就会越高。实践证明,大脑的投射能力受到人的体能和脑能的影响。投射系统,包括特异性投射系统和非特异性投射系统。

特异性投射系统（Specific Projection System）是指丘脑通过发出纤维,把信号投射到大脑皮层的相对应区域并产生特定的感觉。典型的感觉传导路通常由三级神经元接替完成,但特殊感觉（视觉、听觉、嗅觉）的传导路比较复杂。

- 第一级神经元,位于脊神经节或有关的脑神经感觉神经节内;
- 第二级神经元,位于脊髓背角或脑干的有关神经核内;
- 第三级神经元,在丘脑腹后外侧核。

非特异性投射系统（Unspecific Projection System）,又叫脑干网状结构上行激动系统（Ascending Activating System）,是指当特异性投射系统的第二级神经元的纤维通过脑干时,许多错综复杂并交织在一起的神经元之间产生相互作用,因而失去了各种刺激的特异性,投射到大脑皮层后就不再产生特定的感觉。这时非特异性投射系统发挥两大作用:其一,刺激大脑皮层的兴奋性,使机体处于醒觉状态;其二,调节各感觉区的兴奋性,使敏感度提高或降低。

（2）校准。它是指当投射的刺激信号被大脑皮层接收到后,大脑皮层会对刺激信号进行再次感知,并通过大脑中所存储的知识（相当于密码本）对刺激信号进行扫描、比对和解码,再将新投射过来的信息与大脑皮层中已存储的标准值进行比较,再将之进行准确的分类和定义,这个过程称为校准。

（3）验证。它是指大脑皮层对已经被校准的信息,通过进一步的仿真模拟进行测试和验证。比如,一个人在拍照时,首先会打开照相机镜头去感知被照物体,其次会通过自动对焦或手动对焦对被照物体的清晰度与大脑中留存的"标准"之间进行校准,再次会通过调节图片或镜头来验证是否为最佳效果,最后才按下快门或确认按钮。

（4）确认。它是指大脑皮层对经过验证的信息进行确认,并对其整体性特征和类别进行分类和定义,并最终确认和描述的过程。对于简单信息,确认过程会很短或很简单,甚至有时通过直觉就能快速定义和确认;但对于复杂信息,确认过程可能会很复杂或很困难,甚至需要反复权衡利益得失才能最终确认决策。通常人们在对复杂且重要事项确认前,需要对背景（如环境分析和上下文等）有足够清晰和完整的知识和决策依据,才能确认最优决策。

2. 寻找（Explore）

Explore，可以翻译为探究或寻找，是指通过分析和探索，在大脑中寻找有助于解决问题、改善现状或实现特定目标的机会点。机会点，也可以称为因素、自变量或已知量。人们在使用方程式 $Y=f(X)$ 求解的时候，通常会把 Y 称为未知量，把 $X_1,X_2,\cdots,X_n$ 称为已知量或自变量。X 是因，Y 是果。X 有两种存在形式，包括直接和间接。直接的 X，是指其特征是可以直接观察到的；间接的 X，是指其特征所隐含的，需要通过推导才能得出来。人的大脑中存储着太多信息，能够快速精准地寻找到适合的 X，也直接影响人们的信息处理效率和最终能否实现目标。

对焦关注的是"果"，即整体性特征。寻找关注的是"因"，即影响结果的未知量或自变量。以终为始，从 Y 出发寻找 X，是高效能人士的普遍习惯（可参考《高效能人士的七个习惯》）。当然，寻找 X 的方法论和工具有很多，包括思维导图、矩阵分析、价值链分析、流程图、鱼骨图、质量屋等。下面我们举例介绍几种常用工具。

(1) 焦点呈现法（ORID）。焦点呈现法，是指针对一个特定的主题，通过观察、访谈、沉浸式体验等方式，基于实事求是原则，从客观事实出发看清其背后本质的方法论。它可应用于发现、定义和验证问题，并给出解决问题的指向。

焦点呈现法，是布莱恩·斯坦菲尔德（Brian Stanfield）在《聚焦式会话艺术》一书中所介绍的一种结构化思考和沟通的工具，如图1—5所示。它的沟通顺序按照图中从上到下的漏斗顺序分步骤进行，每个步骤的沟通包括发散和集中两部分。发散，相当于做加法，要尽可能罗列出所有可选项；集中，相当于做减法，要尽可能通过分类、汇总、排序优先级，综合得出最高优先级。

使用焦点呈现法时，首先，要保持结构与逻辑的严谨性，要层层递进不可跳步。从上一层到下一层的转换，需要有一定假设提供支持，要经得起辩论和推敲。如果假设站不住脚，说明上下层之间的信息转换可能存在逻辑错误，就必须重新思考推导过程是否存在失误。其次，由于个体差异，使用焦点呈现法时，最佳策略是采用多人的头脑风暴，当然参与者的人群构成应尽可能与聚焦的主题高度相关且具有完整性。真理越辩越明，最终推导的焦点问题或焦点议题，需要经过验证进行再次或多次的确认。再次，要聚焦的主题，颗粒度越细，越有利于改善沟通效率和增加成果产出。

焦点呈现法，需要发挥人的逻辑力和想象力。爱因斯坦认为：逻辑力是通过规

☐ 客观的(Objective)

☐ 反映的(Reflective)

☐ 说明的(Interpretive)

☐ 决定的(Decisive)

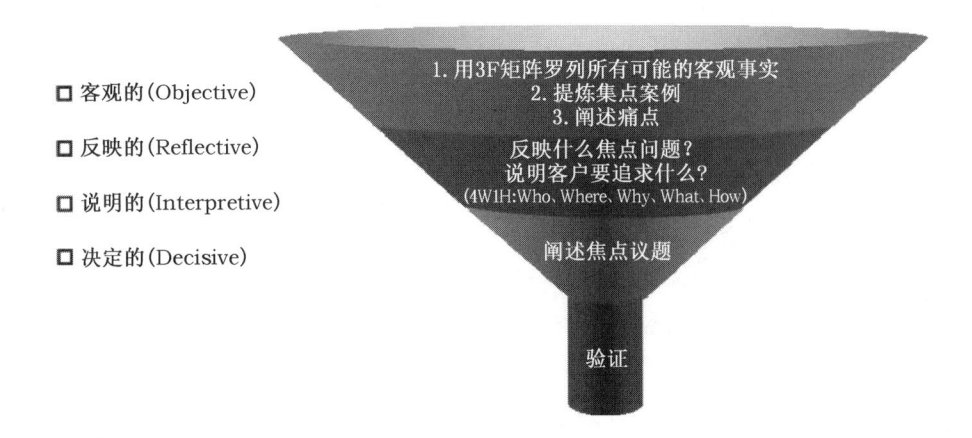

1. 用3F矩阵罗列所有可能的客观事实
2. 提炼集点案例
3. 阐述痛点

反映什么焦点问题？
说明客户要追求什么？
(4W1H:Who、Where、Why、What、How)

阐述焦点议题

验证

图1—5 焦点呈现法

律解决问题的能力,它可以帮助我们从 A 点到 B 点;想象力,是在大脑中生成图像的能力,它可以帮助我们创造无限可能。

● 客观的(Objective)

客观事实,是指人们所看到的和听到的客观存在的事实,它有别于人们的主观感受、判断、猜测。客观事实,可以按照体验好的和体验不好的进行分类,从体验好的事实中总结出最佳实践,从体验不好的事实中挑选出困难事项或痛苦,并生成典型事例。典型事例的阐述应调动自己或受众的同理心,阐述客观事实的方式可以参考 STAR 工具。

● 反映的(Reflective)

反映的,是指能够反应典型事例的焦点问题或与事实有关联的关键成功要素。如果是体验好的事实,那么是哪个关键要素导致的;如果是体验不好的事实,那么是什么焦点问题导致的。从客观事实转换到所反映的问题或影响要素,需要参与者的常识和所认定的假设。所反映出的焦点问题或影响要素是否具有足够的准确度和精确度,将直接关系未来是否能够创造出真正可落地的解决方案,或者是否能够使成功具备可复制性;否则,后续所要继续投入的人力、物力和财力都可能会被浪费。

古希腊哲学家苏格拉底的六问法,有助于帮助人们在从客观事实到定义问题

时,对所得出的问题进行有效的验证。苏格拉底六问法如下:

问题一,这项困难是由什么问题导致的?

问题二,这个结论是基于什么假设?

问题三,为什么会有这个假设?

问题四,如果问题不解决会导致什么后果?

问题五,是否还有其他的可能选项?

问题六,是否需要重新定义问题?

● 说明的(Interpretive)

说明的,是指基于所反映的焦点问题或成功要素,说明可以支持解决问题的道理或假设是什么,以及说明自己或客户在追求什么,包括基于 Who(自己或客户是谁? 有什么特征? 期望值是什么? 期望值是如何产生的?)、Where(当前处于哪种场景或背景,包括面对的机会、威胁,或战略聚焦点等)、Why(为什么要改变? 改变是基于什么假设? 该假设是怎么生成的?)、What(已做过什么? 遇到了什么问题? 如果问题不解决有什么后果?)、How(如何做才能实现期望值?)等组成的 4W1H 进行说明和验证。该部分强调道理或假设,与人们所掌握的知识有关,也包括直接经验或间接经验,即要解释清楚,为何 A 发生就会有 B 发生的道理或假设是什么。

● 决定的(Decisive)

决定的,是指基于已被认可的道理,一个人决定要做什么,包括策略、任务、行动计划等。如果一群人能够从客观事实出发,透过现象看清本质并获得启发,再通过假设验证得出结论,那么未来的成功落地就有了保障。

(2)鱼骨图(Fishbone)。在对某些特别复杂的事实进行分析和寻找关键 X 时,有时也可以同时借助其他辅助因果图[比如鱼骨图(Fishbone)和质量功能展开图(QFD)等],从 Y 出发来寻找 X,并对不同的 X 进行分类和汇总。

鱼骨图如图 1-6 所示,其右端的鱼头部分,可以是事物的整体性特征、期望值,或焦点问题;左侧类似于鱼骨架部分,为分类汇总后的因子。如果不考虑多种因子以及各因子之间的因果关系,要解决复杂问题显然是很困难的,因此,需要定义并列出那些因果关系。鱼骨图工具可以帮助人们在对复杂问题对焦的基础上,寻找直接已知量和间接已知量,并通过分类汇总,展现出结果(或事实)和影响因素

(问题)之间的关系。

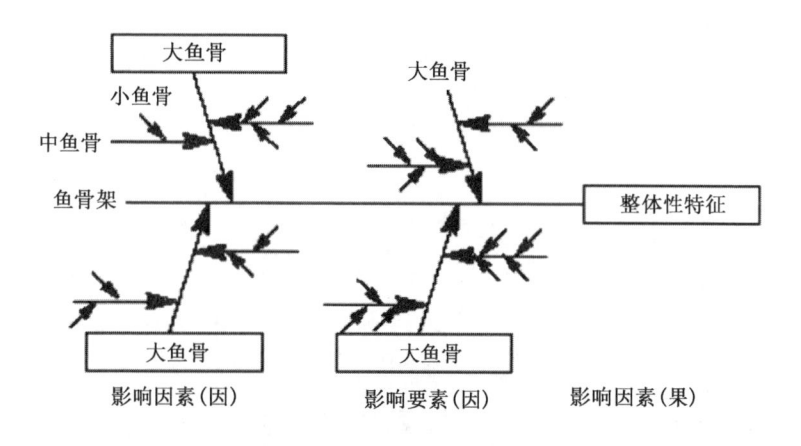

图 1-6 鱼骨图

(3)质量功能展开图(Quality Function Deployment,QFD)。质量功能展开图,也称为质量屋。它是一种将事物的整体性特征或客户的期望值转化为关键变量因子的方法。QFD 有助于人们看待复杂事物,解决复杂问题,理清各功能流程之间的相关作用关系并突出揭示主要的风险和性能问题。QFD 在应用的时候,可以从整体出发,按照功能、流程或用途进行层层分解,并最终寻找彼此相关性的工具,如图 1-7 所示。

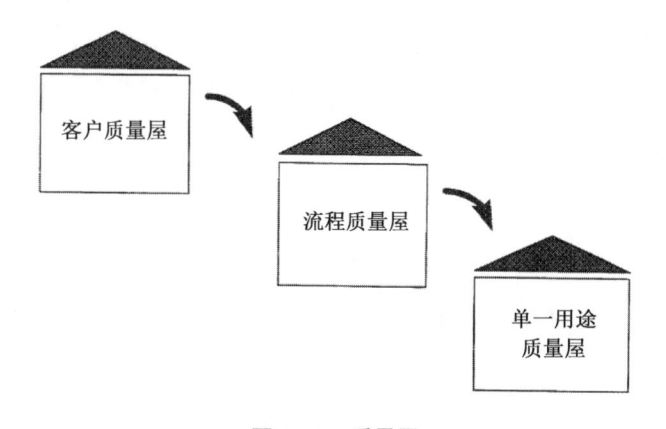

图 1-7 质量屋

一个完整的质量屋的结构如图 1-8 所示,共分为九个部分:(1)客户想要什么;(2)对客户需求的重要性进行排序;(3)哪些影响因子和满足客户需求有关;(4)评估影响因子与客户各项需求之间的强弱关系;(5)对影响因子进行功能的重要性打分;(6)列出影响因子的目标值和计量单位;(7)完整性检查;(8)关于趋势的判断依据;(9)各因子之间的相互关系。

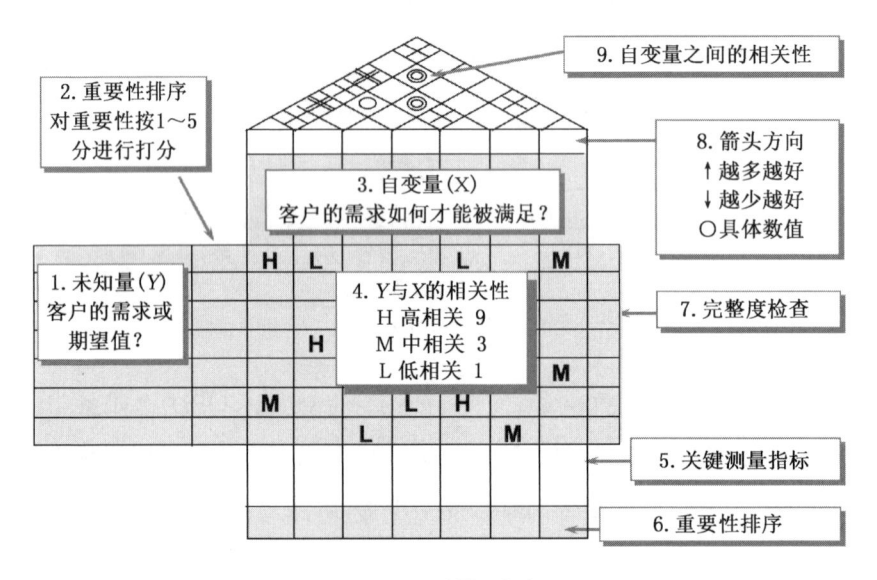

图1—8 质量屋拆解

通过基于因果图分析工具的沟通推理过程,人们在以实事求是为基本原则的基础上,通过摆事实和讲道理,输出高质量(准确度、精确度和认可度)的"寻找"内容,为后续创造高质量的策略和执行效果打下重要的基础。

3. 创造(Create)

创造,是指把对焦阶段对事物整体的定义 Y 和寻找阶段所加工的影响要素 X 通过大脑所特有的思维活动,对所有信息进行综合加工处理的过程。创造的输入是寻找阶段的输出成果,创造的输出包括意图、策略、概念性的解决方案或原型、任务清单或行动程序等。创造的成果还应体现出,对焦步骤所呈现的客户(或自身)期望值 Y 与寻找步骤所呈现的影响因子 X 之间的相互关系,甚至可以通过 $Y=f(X_1,X_2,\cdots,X_n)$ 的映射函数关系加以呈现。创造,是大脑思维能力的体现,是对各种信息进行综合和求解的过程,以解决问题为导向。

思维,即思考的维度。我们通常所说的世界观、人生观和价值观等,体现的是人脑的思考维度。诺贝尔经济学奖得主、行为科学家丹尼尔·卡内曼(Daniel Kahneman),通过研究人的行为与大脑的关系,总结出了大脑的思维有快捷和高能两种模式。大脑默认的思维模式是快捷思维。这是一种相对简单的思维,即通过简单的记忆搜索快速地对输入大脑的信息进行加工处理。快捷模式通常不需要耗费太多的时间和精力。相比之下,高能模式则需要耗费大量的时间、注意力和精力,通过更专注和更深度的学习和思考,对客观事物进行更加准确更加精细的思维加工,并在与他人的辩论或验证中不断进行校准、反馈和迭代。高能思维模式所加工出的信息质量通常更经得起实践的检验。如果大脑默认的快捷模式无法解释或解决复杂问题,反射行为会将困难传递回大脑,大脑的思维模式就会自动升级到高能模式。高能模式对大脑的记忆库中所存储的知识有更高的要求,并随着人的自身经历和外部环境的变化而变化,这也是职场力必须与时俱进的原因所在。

人脑的思维方式包括逻辑思维、抽象思维、形象思维、顿悟思维等。

逻辑思维,是指基于客观规律,将思维处理的内容联结、组织在一起,并通过规律来解决问题。逻辑思维,包括归纳法和演绎法。归纳,是从个别现象中萃取和提炼普遍性规律的一种思维方式,即从人们所观察到的个别现象或典型事例出发,通过逻辑思维归纳出个别现象背后所普遍适用的规律或原理。演绎,是从普遍原理或规律出发,通过类比法,从过去演绎未来,或从一个事物的运行仿真或模拟另一个事物的运行。

抽象思维,又称词的思维,是指用词进行判断、推理并得出结论的过程。抽象思维以词为中介来反映现实。抽象思维属于理性认识阶段,凭借科学的抽象概念对事物的本质和客观世界发展的深远过程进行反映,使人们通过认识活动获得远远超出靠感觉器官直接感知的知识,是人的思维的最本质特征,也是人和动物的根本区别。

形象思维,是以直观形象和表象为支柱的思维过程。例如,作家塑造一个典型的文学人物形象,画家创作一幅图画,都要在头脑里先构思出这个人物或这幅图画的画面,这种构思的过程是以人或物的形象为素材的,所以叫形象思维。形象思维体现的是一个人的想象力,即在大脑中生成图像的能力,它可以帮助人们实现无限可能。

顿悟思维也称灵感思维,有顿然领悟的意思。它体现了人的思维从打破旧的逻辑格式化到创建新的逻辑格式化的过程中,有从量变到质变的突变可能。顿悟思维,与人们平时的总结反思习惯有关。

大脑的思维加工,经常会受到常识、情绪和立场的影响,如图1—9所示。

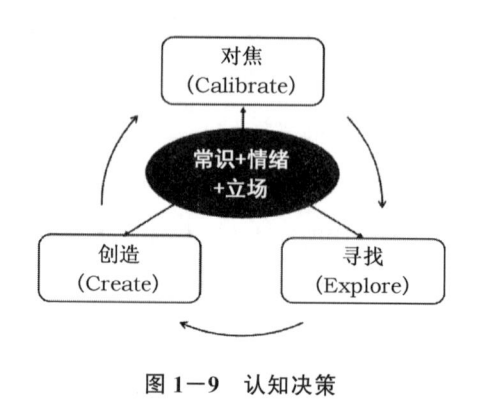

图1—9 认知决策

常识,是指人们经过学习和人生体验,总结出自己最认可的且根深蒂固的观念,包括世界观、人生观、价值观、科学规律和方法论等,并存储在大脑中。常识,通常会影响人们的思维,而思维影响行为,行为影响结果。

世界观,反映的是人们如何看待大自然运行规律或世界趋势的基本观点;人生观,反映的是人们如何看待自己和生命的态度;价值观,是建立在世界观和人生观基础之上的,反映的是人们如何看待和处理关系和判断是非的标准。方法论,反映的是人们解决具体问题时可以借鉴的总结性规律、策略或工具。成年人的世界观、人生观、价值观相对已经定型,除非由于顿悟导致的重大改变,否则处于相对稳定的状态。古希腊的哲学家苏格拉底说:人最大的智慧是认识到自己的无知。就宇宙之广袤和粒子之无底而言,人类的理性认知和常识仍极为有限,这也是导致不同的人,对相同事物会有不同感知的重要原因。

情绪属于化学物质,是指人体在接收到内外部刺激信号时,分泌不同的激素/荷尔蒙,并催化出不同的情绪。按照医学观点,心理与生理相互依存、相互影响、密不可分。同样,在不同情绪之间,也存在相互转换和相互克制的关系。人脑的思维过程,通常是直觉感受在前而理性思维在后。英国哲学家赫斯宾塞说:太多的意见最终决定于感情而非理智。情绪,有积极的一面,也有消极的一面。

情绪无论对于个人还是组织,都是产生内在驱动力的引擎,是促使人们主动发起思维活动和行为的内在动力。从理性和计算来看,人工智能超过人类已无争议。但是,人类所独有的情绪价值,是无法被人工智能替代的根本要素。擅于觉察和管理自己和他人的情绪,特别是通过调动群体智慧来应对复杂的困难或挑战,将有助于人类在未来人机混合的职场立于不败之地。

恩格斯说:"运动本身就是矛盾。"矛盾存在于一切事物的发展过程之中,每一事物的发展过程中都存在自始至终的矛盾运动。矛盾的永恒性和普遍性决定了人类社会始终存在各种各样的矛盾,从而导致了认识事物不同的立场。

立场,是指一个人在面对矛盾时的态度。世界处于百年未有之大变局时代,随着全球地缘经济和地缘政治的冲突加剧,以及数智化时代数字经济对传统商业的变革,职场人的生产生活方式发生了很多改变,促使人们看待同一事物时由于立场不同而产生不同的看法。

人们在实践中发现,基于换位思考的同理心,能够帮助人们有效地对冲立场不同所导致的决策偏差,并有助于形成最优的团队组合。组织通常根据组织架构或业务流程,可划分成代表不同人群的利益相关方。由于立场和激励的不同,导致人们会基于自身立场做出带有利益倾向性的决策。

构筑在常识、情绪和立场基础之上的思维加工和创造过程,输出的结果应是能够综合各方面需求和利益的最佳解决方案策略组合,即从对焦步骤所定义的客户需求或期望的结果 Y 出发,与寻找步骤所发现的关键影响因素 X 之间,通过如图 1-10 所示的实验设计或回归分析,创造出相应的函数关系 $Y=f(X)$。这种思维方式,也非常符合数智化时代职场人需要的数字思维以及创新解决问题的能力要求。

将对焦、寻找和创造三大步骤汇总在一起,就是认知信息加工过程的"知"的部分。数智化时代也是知识经济时代,人们要通过实践加强深度思考和深度学习的能力,并最终获得职业成就感。

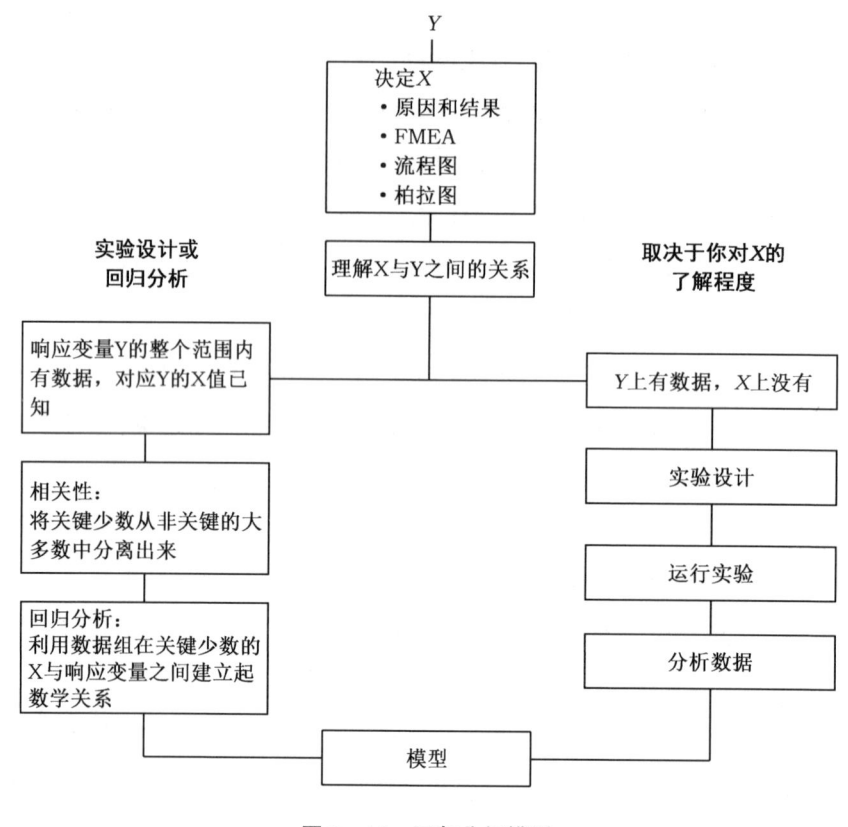

图 1－10　回归分析模型

(二)第二部分:行

1. 组织

组织,从个人的行动而言,是指大脑把"知"的部分所形成的意图、策略、任务或行动程序,通过中枢神经系统传输到动作执行器官,并组织人体内外部的脏腑、五官、肌肉、手脚等器官产生协调一致的动作。从职场的行动而言,其包括把策略和计划拆解成不同的标准化运营流程和监控节点,组织内外部利益相关者协同实施落地,并基于校准反馈进行改进的行动组合。

组织执行的过程伴随着反射行为,包括非条件反射和条件反射。非条件反射是指先天就有的行为,是人类进化的结果;条件反射是人们后天习得的反射行为,与经验熟练程度有关。在职场上,条件反射体现在特定的情境下,人们在执行一个标准化的行动程序时的质量一致性和精准度。行动总会有偏差，这是由于大脑和心智的连接包含一系列内外部器官组成的信息系统。由于个体存在生理或心理上的差异，导致信息在感知、传输和加工处理的各个环节都有可能存在耗损或传导不一致的情况。

执行校准，是指在组织执行的过程中，记录实际参数并和所设定的标准进行测量和比对，并确认执行误差是否在可接受的范围之内。执行校准的目的，是要保证"行"与"知"的质量一致性，或至少确保组织执行的过程参数与决策所形成的行动程序或规范保持在允许的偏差范围之内，其本质是使一个人的行为处于可控状态。当 $Y=f(X)$ 函数关系已定的前提下，通过在组织执行过程中控制变量 X 的偏差范围，就为实现 Y 提供了质量保证。

反馈机制，是指人们对执行过程中所测量的参数进行反馈的模型，既包括理性的参数，也包括感性的体验。反馈机制，有助于帮助人们及时地通过复盘、总结和反思，快速地积累经验，更新知识和技能，增强信息加工的过程能力和提升输出质量，并逐渐内化为灵敏的商业感觉。复盘、总结和反思，也是职场人常用的校准反馈机制。

2. 实现

实现，是指人们完成一项任务后最终所收获的成果，体现形式包括财务回报、客户满意度、运营效率、成就感、幸福感、认可度等。实现，是可以通过测量来体现的成果，包括定性的或定量的测量。实现的成果，应与对焦步骤所设定义的客户需求或期望值(Y)一致。

综合以上五大步骤，如图 1—11 所示，前三步侧重于"知"，后两步侧重于"行"。"知"和"行"框架内的每个步骤，都要通过特定的校准和监控机制，进行信息的测量、传递、交互和反馈。知，为行动提供了指令或行动程序；行，为知提供了实践和验证机会。"知行合一"是实现价值和财富的关键路径。

认知信息加工理论，本身也是一个在认知上需要与时俱进的理论。随着数智化时代的深入，人们可以借助大数据分析丰富我们的知识，以及更精细地观察和测量事物，从而寻找到分布式的创新机会点。学会使用金字塔模型，有助于职场人按照结构化的信息加工系统进行自我诊断和规划。

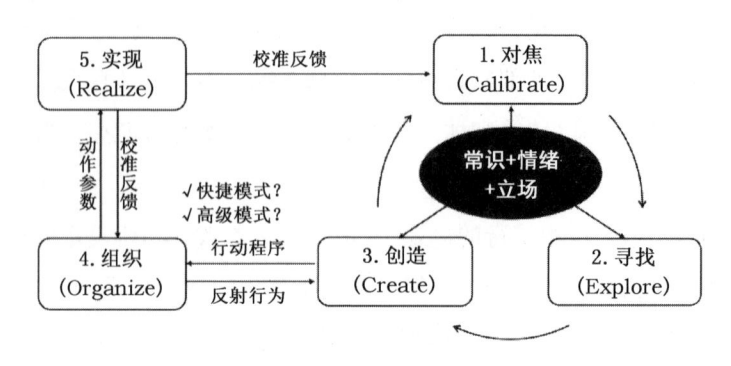

图 1—11 知行合一

实训与自测

1. 总结你职业生涯中的职业体验。如果你还没有进入职场,请采访你的父母或前辈,帮他们总结一下他们的职业体验并记录在表格中(要尽可能地陈述客观事实,而非个人的主观判断或推论)。

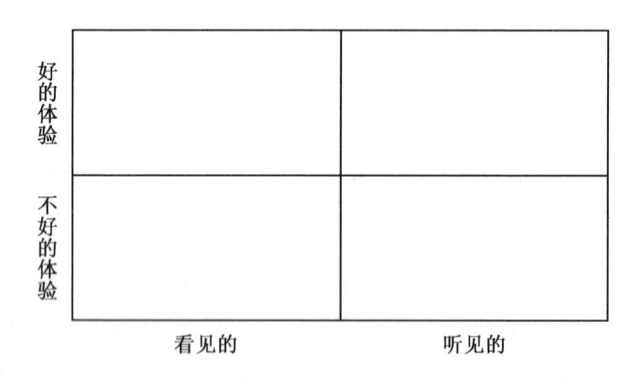

	看见的	听见的
好的体验		
不好的体验		

2. 请从职业体验中挑出一个困难事项,并用 STAR 结构生成典型事例。
3. 请寻找该典型事例所反映的焦点问题是什么。
4. 你得出这个结论是基于什么假设?
5. 为什么你会有这样的假设?
6. 该问题如果不解决会导致什么后果?
7. 是否还有其他可能的选项?

第二节　职业生命周期

本节精要导读

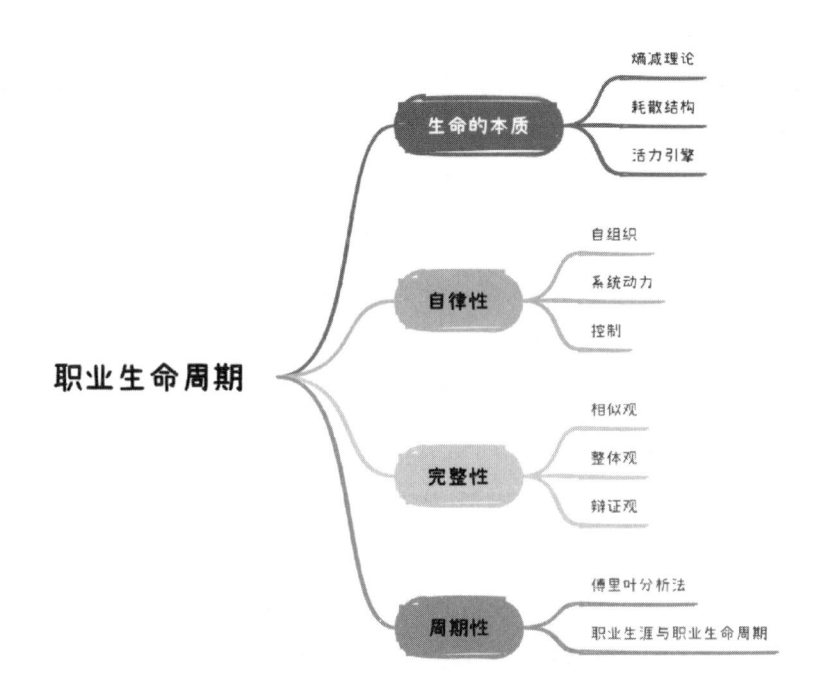

职业生命周期
- 生命的本质
  - 熵减理论
  - 耗散结构
  - 活力引擎
- 自律性
  - 自组织
  - 系统动力
  - 控制
- 完整性
  - 相似观
  - 整体观
  - 辩证观
- 周期性
  - 傅里叶分析法
  - 职业生涯与职业生命周期

一、生命的本质

生命,是宇宙中最神奇的现象。各种生命系统都按照特定的规律在自我运行和自我调节中达到动态平衡。生命,包括自然生命和社会生命。自然生命系统就是指大自然界的各种生物,社会生命系统就是指各种社会组织和商业现象。一个人的职业生涯,是指人的自然生命所投射到职场上的阶段,人们对待职业生涯的态度,反映了人们对待自身生命的态度。人类对待自然界的生命,包括自己生命的态度,就是生命观。从人类历史发展来看,生命观反映了一个社会的文明程度和人类对生命的认识程度。经营职业生涯,要树立正确的生命观。

生命周期,是指生物在运动和变化的过程中,某些特征多次重复出现,其中连续两次相同特征重复出现所经历的时间长度为一个"周期"。生命周期有广义与狭义之分。狭义的生命周期为生命科学术语,是指包括人类在内的一切生物由出生到死亡经历的生命全程。广义的生命周期,是指自然界与人类社会客观事物的重复性变化及规律,如企业生命周期、产品生命周期、经济周期、职业生涯等。

关于生命的定义,现代分子生物学和量子力学的奠基人埃尔温·薛定谔(Erwin Schrödinger)在1944年出版的《生命是什么?》一书中,首次用物理学和化学来阐释生物学,开辟了多学科融合解释生命的先河并为现代进化论打下基础。通过跨学科的研究,薛定谔确信生命的主体与客体是整体性的和不可分割的,并总结出了如下观点:

(1)生命以负熵为生,它是需要从外部环境获得能量,并使系统由无序状态变为有序状态的组织和进化过程;

(2)物理学和化学原则上可以诠释生命现象;

(3)物质是意识的基础;

(4)基因(DNA)是遗传的密码本,基因长期稳定且可以用量子论加以说明;

(5)突变论是物理学中的量子论。

薛定谔提出的"生命以负熵为生"的观点通常也被称为熵减理论。它使人们从一个崭新的角度来测量和解释生命现象,并在此基础上发展出有助于展现生命活力的一系列理论和工具。

熵(希腊语:entropia,英语:entropy)由德国物理学家克劳修斯于1865年提出,是指反映一个系统内在混乱程度的度量。热力学第二定律也被称为熵增原理,阐述的是孤立的封闭系统的运行规律。

(1)热量总是从高温物体传到低温物体;

(2)功可以全部转化为热;

(3)在孤立系统中整个系统的熵值趋向于增大;

(4)熵增的自然倾向是导致系统从有序走向混乱和无序,直至灭亡。

耗散结构论,是普利高津(Prigogine)基于熵减理论所发展的有关生命系统结构的理论体系。它以熵减为目标,是在不违背热力学第二定律的前提下,就生命系统自身的进化过程所提出的新概念。普利高津因提出该理论而获得了1977年诺贝尔化学奖。耗散结构，是指生命系统需要建立和保持一个远离平衡的开放系统。它通过连续不断与外界进行物质和能量的交换，在耗散的过程中产生负熵流，使系统由趋向无序的自然状态转向有序状态的耗散结构。普利高津认为，耗散结构是一个生命系统保持生命力的重要过程，是为了避免熵增导致系统死亡的方法之一。与孤立的封闭系统不同，耗散结构强调的是系统的开放性，即系统越开放，越有利于生命的新陈代谢。

人们保持健康饮食，锻炼身体，学习知识，属于熵减和保持耗散结构的过程。这个过程使人们把身体的多余脂肪和能量耗散掉，转变成肌肉，这样有利于血液循环，减少糖尿病和高血压等疾病。同时人们还需要保持体形苗条、精力充沛，这些都是耗散结构的直观体现。

活力，体现的是一个生命系统的生命状态。人们通过持续地熵减和保持耗散结构，使机体保持在有序状态，最大化生命的长度和提升生命的质量。从职场实践来看，无论是组织还是个人，都可基于熵减理论和耗散结构论打造属于自己的生命系统的活力引擎。

华为企业大学出版的《熵减：华为活力之源》一书中，介绍了华为如何对"熵增""熵减"和"负熵"等科学术语与企业和个人的行为特征进行解读，并将熵减和耗散结构称为企业和个人的活力之源。[①]

表1-1　　　　　　　　熵增、熵减和负熵的特征与解读

	特　征	解　读
熵增	混乱无效的增加，导致功能减弱失效	人的衰老、组织的滞怠是自然的熵增，表现为功能逐渐丧失
熵减	更加有效，导致功能增强	通过摄入食物、建立效用机制，人和组织可以实现熵减，表现为功能增强
负熵	带来熵减效应的负熵因子	物质、能量、信息是人的负熵，新成员、新知识、简化管理等是组织的负熵

华为把熵减理论和耗散结构论作为华为活力引擎模型的理论基础，并发展出

---

① 华为大学.熵减:华为活力之源[M].北京:中信出版集团,2019:57.

宏观活力引擎模型和微观活力引擎模型。如图1—12所示的华为宏观活力引擎，其中心是以"客户为中心"，入口是从外部持续输入能量，出口是吐故纳新和扬弃糟粕，反映了该组织的经营理念。右侧的"熵增"，列举了企业和个人自然走向的行为表现，包括懒惰懈怠、安逸享乐、缺乏使命感、缺乏责任感、流程僵化、技术创新乏力、业务固定守成等。熵增会导致无序和死亡，是竭力要避免的行为。左侧所列举的是熵减的行为特征，包括开放性、远离平衡、持续地打造开放的耗散结构。

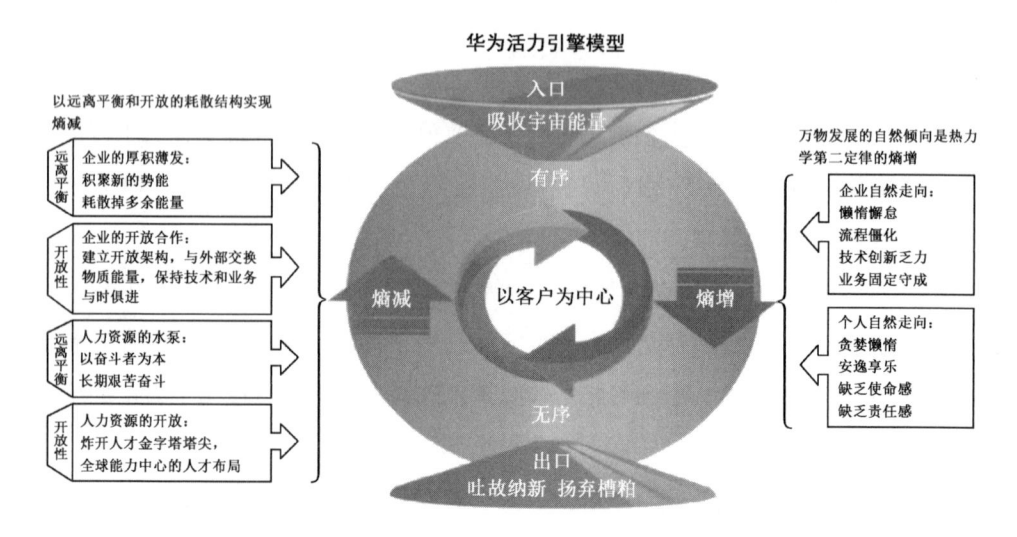

图1—12 华为活力引擎模型

华为创始人任正非在2011年的公司大会上说："华为长期推行的管理结构就是一个耗散结构，我们有能量一定要把它耗散掉，通过耗散，可使我们自己获得新生。"为此，华为把原先封闭的自主创新系统改造为与外部生态开放合作的耗散结构。除了在业务创新和组织治理引入熵减理论和耗散结构外，在员工个人的活力方面，华为也引入了如图1—13所示的针对个人的微观活力引擎模型。

从熵减理论和耗散结构论在华为的成功实践来看，要想激发和保持一个生命系统的活力，关键在于持续地打造适合自身的活力引擎，并通过活力引擎使生命系统由无序趋向有序。

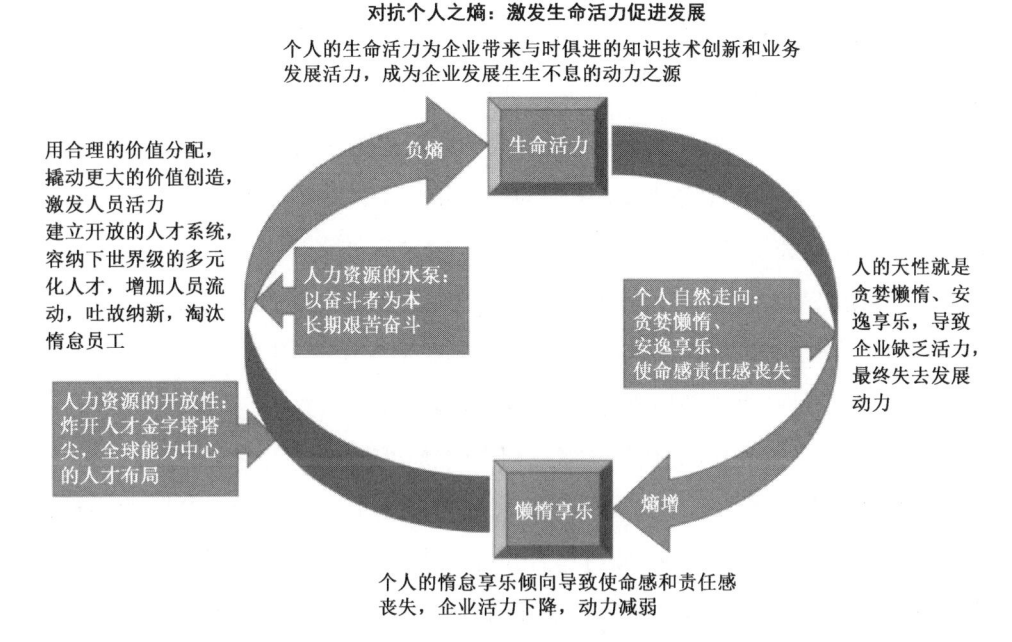

对抗个人之熵：激发生命活力促进发展

个人的生命活力为企业带来与时俱进的知识技术创新和业务发展活力，成为企业发展生生不息的动力之源

用合理的价值分配，撬动更大的价值创造，激发人员活力

建立开放的人才系统，容纳下世界级的多元化人才，增加人员流动，吐故纳新，淘汰惰怠员工

人力资源的水泵：以奋斗者为本 长期艰苦奋斗

负熵　生命活力

人力资源的开放性：炸开人才金字塔塔尖，全球能力中心的人才布局

个人自然走向：贪婪懒惰、安逸享乐、使命感责任感丧失

人的天性就是贪婪懒惰、安逸享乐，导致企业缺乏活力，最终失去发展动力

懒惰享乐　熵增

个人的惰怠享乐倾向导致使命感和责任感丧失，企业活力下降，动力减弱

图 1—13　个人的微观活力引擎模型

二、自律性

自律性，本质上就是使生命系统持续地保持由无序趋向有序的内在规律。薛定谔的生命物理学促发了生物学从强调结构整体性到重视内在系统的动力机制，从强调生命与非生命的差别到强调二者统一的重大转折，进一步促进了耗散结构论、控制论、信息论、混沌论、系统动力论、突变论、超循环理论、演化路径论、协同论、自组织理论等一系列相互独立又相互联系的理论体系的发展，并在 20 世纪 70 年代达到高峰。这些理论从不同的维度，以研究生命系统的内在运行规律为目标，从实验和实践出发揭示了生命系统的自律性。

自组织理论，是 20 世纪 60 年代末期开始建立并发展的关于生命系统内在运行机制的研究理论。它研究复杂自组织系统（生命系统、社会系统）的形成和发展机制，即在一定条件下系统是如何自动地由无序走向有序，由低级有序走向高级有序的。自组织研究领域代表人物是德国理论物理学家哈肯，他根据进化形式把组织分为他组织和自组织：一个系统靠外部指令而形成的组织是他组织；如果不存在外部指令，系统按照相互默契的某种自我设定的内在规律各尽其责而又协调自动地形成的有序结构就是自组织。自组织具有以下特征：

(1) 自组织是一个在自然界和人类社会中普遍存在的现象；

(2) 自组织是一个系统内部组织化的过程和开放的系统，在没有外部引导或管理之下会自行增加其复杂性；

(3) 自组织是一种自我生成模式，其生成方式与局部特征没多大关系；

(4) 自组织是一个混沌系统，并在随机识别时形成耗散结构；

(5) 自组织是一个自动形成有序结构的过程；

(6) 自组织系统的功能愈强，其保持和产生新功能的能力也愈强。

系统动力学(System Dynamics, SD)1956 年由麻省理工学院(MIT)的福瑞斯特(J. W. Forrester)教授创立，最初是为分析生产管理及库存管理等企业问题而提出的系统仿真方法，叫工业动态学。系统动力学是一门分析研究信息反馈系统、认识系统问题和解决系统问题的交叉综合学科。系统动力学吸收了系统论、控制论、信息论的精髓，是一门综合自然科学和社会科学的横向学科。系统动力学运用了"凡系统必有结构，系统结构决定系统功能"的系统科学思想。根据系统内部组成要素互为因果的反馈特点，应从系统的内部结构来寻找发生问题的根源，而不是用外部的干扰或随机事件来说明系统的行为性质。

系统动力学是在总结运筹学的基础上，为适应现代社会系统的管理需要而发展起来的。它不是依据抽象的假设，而是以现实世界的存在为前提，从整体出发寻求改善系统行为的机会和途径。从技巧上说，它不是依据数学逻辑的推演而获得答案，而是依据对系统的实际观测信息建立动态的仿真模型，并对系统的未来行为表现进行预测和描述。具体而言，系统动力学包括如下观点：

(1) 系统动力学将生命系统和非生命系统都作为信息反馈系统来研究，并且认为在每个系统之中都存在着信息反馈机制，而这也是控制论的重要观点；

(2) 系统动力学把研究对象分割为若干子系统，并建立各子系统之间的因果关系网络，立足于整体和整体之间的关系研究，以整体观替代元素观；

(3) 系统动力学的研究方法是建立仿真模型(流程图和方程式)，实行计算机仿真模拟试验,验证模型的有效性,为战略与决策提供依据。

控制论,是维纳(Wiener)1948年基于负熵概念创立的理论。控制论的核心思想是"反馈"和"信息"。反馈,来源于生理学家对生命有机体自我调节机制方面的研究,这种机制能够抵抗生物体内"正熵"的增加;信息,等同于薛定谔提出的"负熵",信息是控制和沟通过程的关键因素,离开信息便谈不上控制。系统被控制的过程也是信息传递的过程。维纳把获得信息与获得负熵等同起来,是自组织理论发展的里程碑。后来在美国麻省理工教授香农(Shannon)的《信息论》中,信息熵的度量单位与统计热力学的度量单位是一样的,都是"比特"。

人,本质上属于复杂的自组织系统,符合所有自组织系统所拥有的特征。不同的人,由于内在的自律程度和功能强度不同,导致个体之间会存在明显的差异。当然,寻找到适合每个人自身的自律法则,按照系统动力理论和控制论等相关理论为自己持续地增加熵减行为和保持耗散结构,有助于个体保持和加强敏捷自适应能力,并积极主动地影响和改变外部的环境,为自己的职业生涯从内而外地打造一个良好的自律系统。

三、完整性

完整性(Integrity)有物理学层面和哲学层面的不同定义:从物理学来看,是指一个生命系统所具有的或保有的各部分,没有任何损坏或残缺;从哲学来看,其包括不同生命体之间的相似观、整体观和辩证观。

相似观,本质上是类比法的体现。现代人类的很多基于仿生学的发明创造,就是相似观的重要体现,即根据两种生命系统之间具有的相似特征,通过改变部分的变量从而重构出了新事物。中国古代哲学思想《道德经》第二十五章中提到的"人法地,地法天,天法道,道法自然"揭示了人的生命运行规律是与大自然的运行规律相一致的客观规律。在西方古典哲学思想中,也存在同样的发现,包括西方的医学和心理学,均起源于古希腊的四元素理论,也是人类运用大自然的规律对人们的生理和心理进行诊疗的理论依据。

整体观,是指从全局考虑问题的观念。自然界是一个有机的整体,人和其他的生命、生物都是其中的一部分。如果这个整体或某中一部分受到损害,那么其他方面也将受到影响,生命系统的完整性会受到破坏。从宏观来看,全人类正在面临众多宏观层面的共同的挑战,包括全球性的气候变化、粮食和能源危机、人口结构的变化、公共卫生危机等影响全人类生存和可持续发展的重大议题。从微观来看,由于外部环境变化速度加快,叠加各种不确定性和日益内卷化的职场环境,职场人正面临越来越大的来自生理和心理层面的压力和焦虑,甚至导致出现各种健康问题。

辩证观,即辩证统一,是唯物主义辩证法的基本观点,是指人们在认识事物的时候,既要看到事物相互区别的一面,又要看到事物相互联系的一面;既要以坚持全面发展的高度为前提,又把二者有机统一起来,以实现两者和谐发展之目的。

外部环境包括自然环境和社会环境。自然环境,是人赖以生存的必要条件。人类在适应自然和改造自然的过程中,具备了自我调节能力,维持着机体的正常生命活动。若自然环境的变化超越了人类自身的调节能力,则会导致疾病的发生。社会环境,是指政治制度、法律法规、人口结构、科学技术、职场就业、业务场景、组织生态等可能对人的生理和心理产生影响的环境。外部环境的变化,对不同的人会有不同的影响。有的人可能视变化为威胁,而有的人可能视变化为机会。

一个人的职业生涯通常是投资、回报、再投资、再回报的循环往复的过程。从对职场上各领域的出类拔萃者的观察来看,辩证观体现在如何平衡长期所得与短期付出上,如在中短期内投入更多的时间、精力和金钱,用于学习和工作。有些人更愿意承受奋斗过程中带来的痛苦和不舒适感,从而在长期更容易获得高成长和高回报。

四、周期性

法国18世纪的数学家傅里叶(Fourier)在热力学实验中发现,所有具有周期性重复出现特征的事物或现象,都可以用周期性的正弦函数和余弦函数构成的具有无穷级数的周期性函数来表示。这是因为正弦函数与余弦函数作为基函数是相交的,任何波形都是由若干个正弦波(基波)叠加的结果,所以是可以分解的。这一发现发展出了傅里叶分析法、傅里叶展开、傅里叶级数、傅里叶转换等,并在数学、物理、工程和社会学领域具有重要的应用价值。傅里叶定律对于职业生命周期管理具有重要的指导意义。

傅里叶分析法，通过把不同的矢量分解成彼此相交的同频率正弦波和研究彼此的相位与振幅来构建变量之间的互动关系，不仅能够帮助人们把复杂的事物简单化，还能够帮助人们通过相关性和回归分析，建立起事物的整体性特征各部分独立变量或子系统之间的周期性函数关系，通过控制或重置已知变量，来实现更好的整体性效果。

任何函数都可以展开为三角函数，也称为傅里叶级数。傅里叶级数是特殊的三角级数。根据欧拉公式，三角函数又能转化成指数形式，所以傅里叶级数也被称为指数级数。傅里叶级数蕴含的规律，对于加速个人的职业成长具有重要的指导意义。

傅里叶变换，是一种特殊的积分变换。它将满足一定条件的某个函数表示成多个矢量的正弦基函数的线性组合或者积分。傅里叶变换可以帮助人们以量化的方式对职业规划和投资行为进行预测分析，并做出最优策略选择。傅里叶变换所蕴含的规律，对职场人的职业转型具有重要的指导意义。

从数学上看，傅里叶展开可以把任意周期性函数分解为正弦函数的线性组合，而正弦函数在物理上被证明是相对简单的函数。这有助于帮助人们解构具有周期性特征的复杂事物，更好地发现问题、分析问题和解决问题。

从哲学上看，傅里叶变换与阴阳五行的变化规律也有契合之处。比如，我们既可以把阳和阴作为正弦波和余弦波（它们作为基函数彼此相交），也可以把五行的动态变化，通过基波相互叠加在一起，每种基波可以映射为 $Y=f(X)$ 的函数关系，这样我们就可以通过控制或重置变量 X，来实现更好的结果 Y。

人是复杂的有机的生命体，生理（体能）、心理（心能）和智慧（脑能）同样是一个整体，以三种正弦波的形态同时作用于一个人的身上（见图 1—14）。它们之间只是相位不同但振动频率相同，且前进的方向保持一致。从"物质是意识的载体"出发，体能在先，是脑能和心能的保障和支撑。当然，人身体的任何一个部分出现问题，都会导致其他方面也出现问题。此外，随着年龄的变化，人们会经历出生、成长、成熟、高峰、衰退乃至死亡等不同的生命阶段，人体的体能、脑能和心能等不同维度的能量值也会出现波动。

从自组织和系统动力学来看，生命的周期性特征同样适用于自然生命系统和

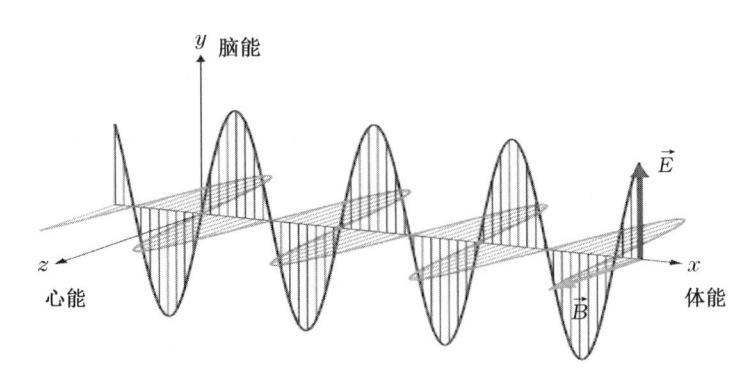

图 1—14　信息能量谐振示意图

社会生命系统。经济活动属于社会生命范畴，我们在序章中所提到的经济周期理论也完全具备生命周期的特征。这也是研究经济周期理论的经济学家们能够观测到经济领域存在不同时间波段的长周期、中周期和短周期的原因所在。经济生命周期的规律同样也体现在一个人的职业生涯上。

对于中国的职场人来说，如果以本科毕业参加工作为例，女性的平均工作年限在 26 年左右，男性的平均工作年限在 38 年左右，介于库兹涅茨的中长波周期和康德拉季耶夫的超长周期之间。一个人的职业生涯通常会嵌套 3~4 个中周期（平均 9~10 年为一个周期），每个中周期内会再嵌套 3~4 个短周期（平均 3 年左右为一个周期）。为了方便区分，本书所提到的"职业生涯"是指中长周期，即从进入职场到退出职场的时间长度，如图 1—15 所示。"职业生命周期"是指短周期，属于嵌套在职业生涯之内的多段职业经历。

按照美国职业学家舒伯（Super）等人的定义，职业生涯包括五大阶段：启蒙阶段、探索阶段、建立阶段、维持阶段和衰退阶段。

启蒙阶段，通常为 0~14 岁，经历对职业从好奇、幻想到兴趣，到有意识培养职业能力的逐步成长过程。舒伯又将这一阶段分割为三个成长期：

（1）幻想期（10 岁之前）：儿童从简单地感知外界到对许多职业产生兴趣，并对好玩和喜爱的职业充满幻想和进行模仿；

（2）兴趣期（11~12 岁）：以自身兴趣为中心，尝试理解和评价不同的职业，并开始为未来的职业选择做思考；

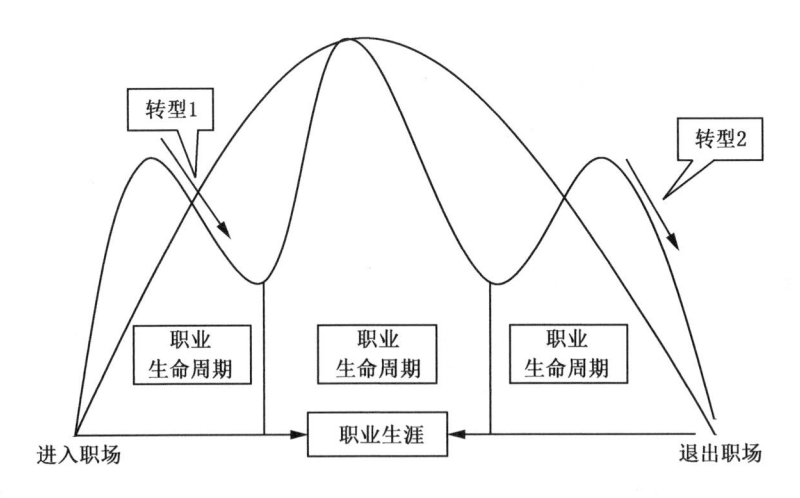

图 1－15　职业生涯与职业生命周期

(3)能力期(13～14岁)：开始考虑自身条件与喜爱的职业的差距,有意识地培养能力。

探索阶段,通常为15～24岁,以择业和初就业为主要任务,又分为三个时期：

(1)试验期(15～17岁)：综合认识和考虑自己的兴趣、能力与职业社会价值、就业机会,开始进行择业尝试；

(2)过渡期(18～21岁)：进入劳动力市场,或者进行专门的职业培训；

(3)尝试期(22～24岁)：选定工作领域,开始从事、体验和更换职业。

建立阶段,通常为25～44岁,是建立稳定职业的阶段,又分为两个时期：

(1)尝试期(25～30岁)：对初就业选定的职业不满意,再选择、变换职业工作,变换次数各人不等,也可能满意初选职业而无变换；

(2)稳定期(31～44岁)：最终确定职业,开始致力于稳定工作。

维持阶段,通常为45～64岁,达到"功成名就"阶段,已不再考虑变换职业工作,只力求维持已取得的成就和社会地位。

衰退阶段,通常为65岁以上。人的健康状况和工作能力逐步衰退,即将退出工作,结束职业生涯。

在数智化时代,商业和职场环境的波动性越来越大,也越来越快。根据舒伯等人按照年龄和阶段定义的职业生涯,越来越多的职场人不适应越来越复杂和多变的职场环境。所以,把长周期(职业生涯)分割成若干个中周期和短周期(职业生命周期),有利于人们更好地定义和解决短期的职场问题。

职业生涯规划,是指从长期视角出发,针对一个人从进入职场到离开职场的职业生涯所进行的规划。它是指从职业定位出发寻找适合自己的机会点,并形成战略性的职业生涯规划和路径图。它也是一个复杂的动态变化的系统,需要能够实时根据对外界、对自我的认知变化,进行校准与优化。采用傅里叶分析法,可以帮助人们把一个长的职业生涯分割成多个相互独立且有上下文关联的周期系统,并通过关节控制来管理风险和促使目标实现。

职业生命周期管理,是指根据重复性的特征,将职业划分为不同的里程碑,每个里程碑包含着相同的或相似的情境。图1-16按照生命周期曲线和职场情境,总结了六大典型的职业生命周期,包括定位期、窗口期、加速期、突破期、迭代期和转型期。

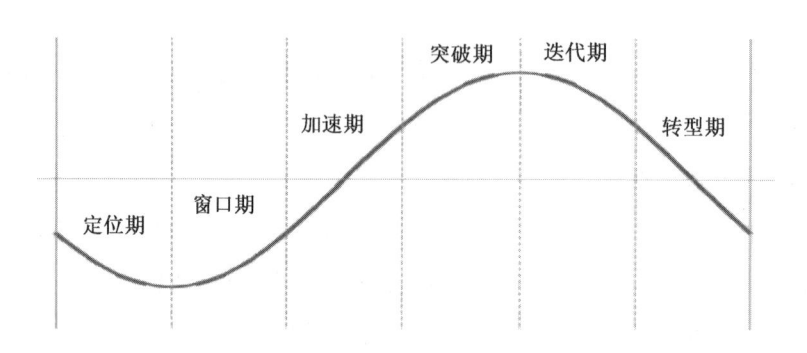

图1-16 职业生命周期曲线

定位期,是职业生命周期的第一个阶段,其曲线呈向下趋势。定位期是指一个人通过更新对自我和外界的觉察来重新定位自我在职场的位置,通常体现为地域、行业、职能、层级和特殊性等方面的追求,体现了一个人对自我的人生或职业的价值主张探索和定位。

窗口期,是指在职业定位的基础上,寻找与定位相一致的、可取得某种突破性成果的机会点。窗口期有时效性特征,如果错过了可能就不会再有。比如,在数智化时代,某些职业类别会受到年龄或性别的限制,甚至可能被人工智能全部或部分替代。所以，能否抓住机会的窗口期，对一个人能否实现职业目标是至关重要的。

加速期，是指一个人在抓住了机会的窗口期后，通过策略性的解决方案，加速自己在特定职业领域的成长，并使自己保持一定的领先地位。影响一个人成长速度的关键因素，有内因和外因。内因是指自我驱动的成长动力，包括是否擅于主动曝光自己，树立正面良好的形象以及持续取得出类拔萃的绩效表现。外因包括三个方面：一是所从事的行业是否处于生命周期的快速成长期，如果答案为"是"，那么有助于个人职业快速成长；二是所服务的企业是否为行业标杆，如果"是"，那么也有助于个人职业快速成长；三是是否能在实践中学习到更多有价值的知识和技能。

在突破期，一个人的职业生涯遭遇了成长瓶颈或天花板，通常表现为职业成长速度已经放慢或成长空间已极为有限。鉴于普遍存在的金字塔型管理结构，越往上机会越少，竞争也越激烈。要想取得突破，内因和外因必不可少。其中，内因即一个人的使命与愿景，包括企业家精神，是影响一个人能否最终在突破期取得突破的关键。

在迭代期，一个人在现有的业务领域已具备了一定的或有竞争力的职场力，但面向未来的或更广阔的职场，还有很多知识和技能需要进一步更新，否则有可能在未来的职场走下坡路。随着以 ChatGPT 为代表的人工智能的快速发展，未来的职业类别可能会有更多的不可预测性，所以居安思危、优化和更新职场竞争力，已成为不同职业生涯阶段的人面临的共同课题。

在转型期，一个人由于受到内外部环境的影响，在原有的职场赛道已处于下行通道或呈现下降趋势，亟需进行职业转型。比如，从职业生涯来看，35～45 岁的年龄段理应处于职业生涯的成长期到成熟期，但纵观职场实际，越来越多的职场人在寻找职业和人生的第二或第三曲线，因为原来的职场赛道已经不再适合或需要这个年龄段的人继续从事原来的工作。

职业生命周期的六个情境，同时适用于处于职业生涯不同阶段的职场人，包括初入职场的大学毕业生和经验丰富的经理人。比如，有的大学生毕业就要面临职业转型，40 岁的职场人也经常面临需要重新寻找职业定位的情境。每个人的职业生涯，基本都会经历一次或多次职业生命周期。

对于尚未参加工作的大学生来说，其理想状况是在参加工作前尽可能地明晰个人的职业定位，并在此基础上再选择合适的地域、行业、职能、用人单位。但由于条件限制，相当多的大学生在进入职场前并没有做好充分的准备，即对外界和自我的了解并不清楚，直到其参加工作一段时间以后，才在经历了几个不同的情境后，再重新寻找职业定位。

职业体验的总结与反思，有助于校准职业定位。通常而言，不好或不理想的职业体验，能够促使人们深度思考人生或职业的意义，并在此基础上反思和对焦新的职业定位。对于经验丰富的管理者而言，当外部环境或个人原因导致其职业生涯面临下行压力时，其也会反思过去，重新规划未来。数智化时代，人们的职业生命周期变化速度也将越来越快。

实训与自测

1. 请用图 1—13 所示的微观活力模型，结合自己的经历和感受，说明你的哪些行为属于熵增？哪些行为属于熵减？
2. 请为自己制定一份保持耗散结构的行动计划。
3. 请用图 1—15，为自己的职业生涯做一个大致的时间规划。
4. 请用图 1—16，分析自己当前处于职业生命周期的哪个职场情境？

第三节 职业定位

本节精要导读

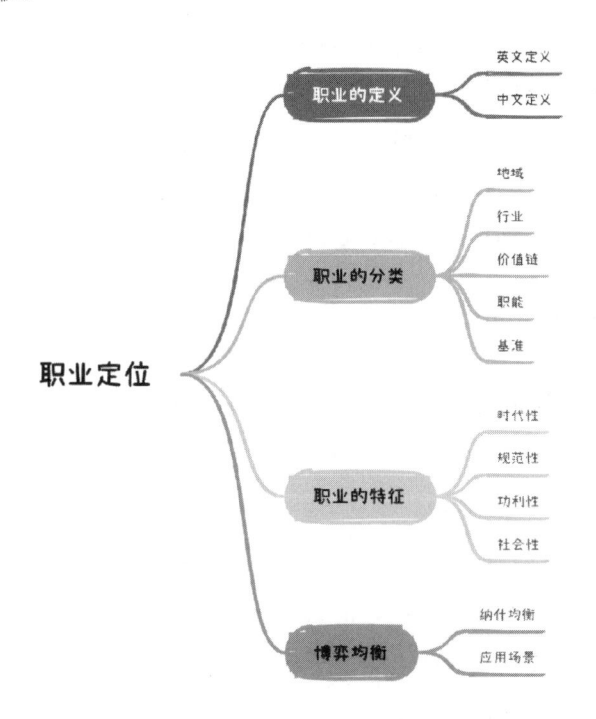

```
                        ┌─ 英文定义
           ┌─ 职业的定义 ─┤
           │            └─ 中文定义
           │
           │            ┌─ 地域
           │            ├─ 行业
           ├─ 职业的分类 ─┼─ 价值链
           │            ├─ 职能
职业定位 ─┤            └─ 基准
           │
           │            ┌─ 时代性
           │            ├─ 规范性
           ├─ 职业的特征 ─┤
           │            ├─ 功利性
           │            └─ 社会性
           │
           │            ┌─ 纳什均衡
           └─ 博弈均衡 ──┤
                        └─ 应用场景
```

一、定义

在牛津词典中,职业的定义为:Career, the series of jobs that a person has in a particular area of work, usually involving more responsibility as time passes, or a type of job that needs special training or skill, especially one that needs a high level of education. 职业,是指一个人在特定工作领域的一系列工作,随着时间的推移,通常涉及更多的责任和需要专门(尤其是较高教育水平)的专业技能。

职业,是指参与社会分工,用专业的技能和知识创造物质或精神财富,获取合理报酬,丰富社会物质或精神生活的工作。从社会角度看,职业是劳动者获得的社会角色,和为社会承担一定的义务和责任,并获得相应的报酬;从人力资源角度看,职业是指不同性质、不同内容、不同形式、不同操作的具有专业分工的劳动岗位。

根据中国职业规划师协会的定义:职业=职能×行业。它是指性质相近的工作的总称,通常指个人服务于社会并作为主要生活来源的工作。在特定的组织内,它表现为职位或岗位。每种职位都会对应一组任务和岗位职责,而要完成这些任务就需要从事这个工作的人,具备相应的知识、技能、态度等。

综合西方和中方对职业的定义,可以发现职业所具有的核心属性包括:

(1)时间属性,与人的生命周期有关,且随时间变化而变化;

(2)空间属性,与社会化分工有关,承担不同的角色和职责;

(3)知识属性,与知识、技能和态度有关,要解决具体的问题。

二、职业的分类

《中华人民共和国职业分类大典》[①]将我国职业分类设为四个层次,即大类、中类、小类和细类,包括 8 个大类、66 个中类、413 个小类、1 838 个细类(职业),依次体现由大到小的职业类别。

职业的八大类分别为:

第一大类:国家机关、党群组织、企业、事业单位负责人;

第二大类:专业技术人员;

第三大类:办事人员和有关人员;

第四大类:商业、服务业人员;

第五大类:农、林、牧、渔、水利业生产人员;

第六大类:生产、运输设备操作人员及有关人员;

第七大类:军人;

第八大类:特殊职业的其他从业人员。

2021 年 3 月 18 日,中华人民共和国人社部发布第四批新职业。根据中国职业规划师协会的定义:职业包含 10 个方向(生产、加工、制造、服务、娱乐、政治、科研、

---

① 国家职业分类大典修订工作委员会.中华人民共和国职业分类大典[M].北京:中国劳动社会保障出版社,2022:31.

教育、农业、管理）。细化的职业分类有 90 多个常见的职业，如工人、农民、个体商人、公共服务、知识分子、管理、军人等。

在数智化时代，职业的分类标准通常跟不上市场的变化。由于全球化的业务布局和分工越来越细，各种创新的商业模式层出不穷，业务场景越来越丰富，价值链分割得越来越细，工作流程标准化，利益分配个性化，职业的分类越来越精细化，传统的职业分类显得过分粗糙，甚至滞后于数智化时代。

从实践来看，在数智化时代，无论站在招聘方还是站在求职方角度，在考虑招聘的岗位定位或求职的职业定位时，通常双方共同关注的要素包括：地域、行业、价值链、职能、基准等。职业的分类，是决定一个人职业定位的前提，也是一个人职业生涯规划和管理中必不可少的重要变量。

$$职业定位＝地域×行业×价值链×职能×基准$$

地域（Geography），是指按照地理区间划分的社会分工。

以全球化企业为例，其通常会按照地域范围设置有不同级别的组织架构，包括全球级别、大区级别（比如亚太、欧洲、北美、南美等）、国家级别，以及省市区级别等。自中国改革开放以来，大量的 FDI（境外直接投资）进入中国。跨国公司除了为中国带来了资金、技术和管理外，也培养了一大批专业技术和管理人才，对中国经济的快速发展做出了重要贡献。随着中国本土经济快速崛起，自 2010 年以来，中国企业的全球化进程在速度、广度和深度方面，都有了质的飞跃。随着中国推动和深化"一带一路"倡议，以及中国的世界 500 强企业数量越来越多，中国也诞生了越来越多的全球总部，来推进全球化业务。地域范围发生改变，对职场人需要的专业知识和技能带来巨大挑战。随着数智科技的进步，传统地域的限制越来越被突破，人们足不出户便能实现商品和服务在全球范围内的流通。

行业（Industry），是指按照产品属性划分的社会分工。

产品（Product），也包括服务，同样具有地域特征，是一个地域长期发展和历史沉淀的综合反映。比如，上海的定位，是建设成四个国际中心——国际经济中心、国际金融中心、国际贸易中心和国际航运中心，这主要是由上海的地域优势决定的。深圳的定位，是建设成全国性经济中心城市、科技创新中心、区域金融中心、商贸物流中心。武汉的定位，是建设成为华中地区的科教文化中心、物流商贸中心及现代制造业中心。每个城市的行业布局,通常都跟该城市的定位有关,而每个城市的定位,都离不开其地域特征。理解行业的地域特征,对于职业定位具有重要的意义。比如,想在金融行业长期发展的人,显然在上海的职业发展空间会更大。

价值链(Value Chain),是指在一个行业范围内,按照相互独立和关联的价值主体和价值活动划分的社会分工。

价值链的概念与生物链类似,体现的是自然法则。以食品行业为例,消费者是食品的消费终端,我们把终端作为下游,从下游往上游倒推,价值链上就存在菜市场、本地生活的服务商、农批市场、电商平台、食品饮料的品牌商、食材的供应商或分销商、养殖或种植的农场等。所以,当我们职场人在定位自己要从事哪个行业时,还需要进一步明确价值链。处于同一个行业但分属于不同行业价值链的工作岗位,要求一个人具备的知识技能,以及带给一个人的成长速度和空间,都是截然不同的。

职能(Function),是指一个人或机构所发挥作用的职责与功能。

职能的社会分工体系,通常由若干个网状的职能单元,按照一定的组织结构和互动规则发生关系,交换信息和劳动成果,最终实现特定的目标。职能也可以通过社会分工的价值链体系来进一步地细化其分类。劳动对象、劳动工具以及劳动活动的支出与回报方式的独特性,决定了即使身处同一种职能,不同的行业和不同的组织之间往往也存在着权责利等方面的巨大差异。特别是在数智化时代,职能的分工越来越细,甚至有些职能正越来越多的被机器人所替代,或者需要人机混合工作,传统的职能所需要履行的工作内容,以及所需要的知识技能也正在发生巨大的改变。正因为如此,职场人士不能简单地看一个职位的头衔,而要从更多的维度,比如业务场景、组织生态、岗位画像、核心挑战、社会化比较和差异化卖点等来深刻地洞察特定角色的职能分工。

基准(Benchmark/Grade),是指可用于社会化比较的标准。

基准,在职场上一般是指一个人在行业和职能所组成的细分领域,在按照相同的测量规范进行社会化比较时所具有的能力水平或等级,通常体现在职位名称或头衔(Title)。比如,特定的技术工种,通过考级来评定人们在专门的技术细分领域所具有的能力水平;特定的管理岗位,也会根据各个组织自己所设定的能力模型和测量规范,设立不同的管理等级和对人才进行评估定级。基准,一方面使雇佣方对被雇佣方的测评有了标准和依据,相对公平公正地进行绩效评估和激励;另一方面也为职场人做更精准的职业规划提供有价值的参考标准。

三、职业分类的特征

职业具有以下四个特征:时代性、规范性、功利性、社会性,如图 1-17 所示。

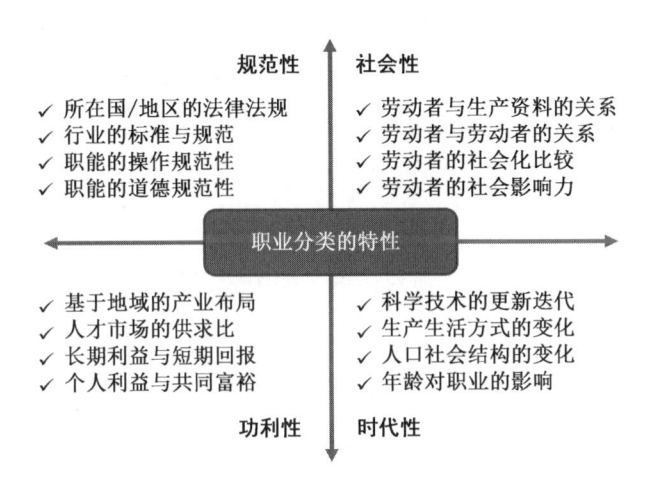

```
              规范性      社会性
    ✓ 所在国/地区的法律法规   ✓ 劳动者与生产资料的关系
    ✓ 行业的标准与规范       ✓ 劳动者与劳动者的关系
    ✓ 职能的操作规范性       ✓ 劳动者的社会化比较
    ✓ 职能的道德规范性       ✓ 劳动者的社会影响力
            ←—— 职业分类的特性 ——→
    ✓ 基于地域的产业布局     ✓ 科学技术的更新迭代
    ✓ 人才市场的供求比       ✓ 生产生活方式的变化
    ✓ 长期利益与短期回报     ✓ 人口社会结构的变化
    ✓ 个人利益与共同富裕     ✓ 年龄对职业的影响
              功利性      时代性
```

图 1-17 职业分类的特征

时代性,是指职业分类具有随时间的变化而变化的特征。

每个人在自己的职业生涯范围内,即不同的年龄阶段,所适合从事的职业分类可能是不同的,或者部分的变量会发生改变。职业生涯,按照舒伯的广义定义,是指一个人从职业启蒙到退出职场的完整过程,包括孩童期的启蒙阶段、探索阶段、建立阶段、维持阶段和衰退阶段。职业生涯的狭义定义,包括进入职场前的准备期、求职面试、成长期、成熟期、衰退期、退出职场等。职业生涯是人生的重要组成部分,决定了一个人或一个家庭的生活质量。

每个人的职业生涯会再被分割成若干个职业生命周期。职业生命周期可以近似地被看作一份完整的职业经历,体现了一个人的职业情境。它不仅与其所处的年龄段和职业生涯阶段有关,也与他/她在某个特定的职业细分和岗位上所停留的时间有关。比如,一个 40 岁的职场人士,如果在同一个岗位上停留的时间长达 3 年,那么他/她可能就会觉得很无聊,而这种无聊的心态也同样会出现在一个 25 岁的人身上。或者,随着外部环境的变化,一个曾经很成功的 CXO 级别的高管,也可能会在特定时期陷入职业迷茫期,甚至不知道未来该何去何从。这种对于职业的迷茫,也可能出现在任何年龄段的职场人士身上。这些都属于周期性的特征。职业生命周期主要包括迷茫期、塑造期、成长期、固定期、拓展期、平稳期六个主要时期。

外部环境,比如我们在前面所强调的百年未有之大变局时代、数智化时代、后疫情时代、创新创业时代等,都会对职业生涯产生影响,其都属于典型的时代特征。有的时代特征可能具有长期性和稳定性,有的可能具有短期性和暂时性。职场人士需要更关注那些具有长期性和稳定性的时代特征,同时也要把握短期性和暂时性的机会。

规范性,是指任何职业分类所对应的工作内容、能力要求都应该有标准化的定义和规范的操作流程。

即使对于新出现的职业细分,通常机构也会根据该类型职业所处的国家和地区的法律法规、业务场景、工作流程和从业者体验,通过不断总结概括,细化出该岗位所具有的作业标准、知识技能和道德规范。规范性有助于招聘方在招聘人员的时候,通过规范性的岗位画像,来测量和比较外部或内部的候选人,实现更精准的人岗匹配;同时,也有助于求职者或职场人士,通过规范性的岗位画像,了解自身的优劣势,并通过一定的途径和努力,让自己的职业规范更符合职场的期望。

功利性,是指任何职业分类都会对应一定的报酬体系或利益回报。

数智化时代,企业的规模、发展速度和盈利能力都出现了巨大差距。处于行业标杆地位的企业,其背后往往离不开人和组织系统的支撑。在数智化时代,指数级成长现象,不仅体现为企业的成长速度和财务业绩,也体现为个人的职业成长速度和财务回报。

社会性,是指职业是社会化分工的产物且可以被社会化比较。

离开了社会和组织这个土壤,我们很多人的职业价值就无法充分实现。与此同时,职业也是可以被社会化比较的,既包括显性的比较,如岗位层级和薪酬的比较,也包括隐性的比较,如能力素质、价值观、动机等的比较。从职场观察来看,很多职场人热衷于比较显性的要素,但往往不太深入探究显性背后的隐性要素,导致越想获得更高的岗位与更多的财富,结果往往越是得不到。这是因为他们忽略了显性特征是由隐性因素导致的。

四、博弈均衡

一个人选择何种职业定位,本质上是博弈均衡的结果。博弈,是一种决策过程,英文表达为 GAME。它是指在特定的环境和规则约束下,基于所掌握的信息,人们以最大化自我利益为目标的决策过程。博弈论是经济学的重要分析工具,在金融学、证券学、生物学、经济学、国际关系、计算机科学、政治学、军事学等领域都有广泛应用。博弈,也是一种互动关系,包括国与国之间、组织与组织之间、人与人之间的关系,博弈的目标可能和权利与义务、收获与付出、快乐与痛苦、长期与短期、利他与利己、义与利等有关。博弈均衡体现了人们在职场上的各种决策行为以及背后的动机。

博弈的思想在中国的传统文化中也有体现,如《道德经》和《孙子兵法》等所强调的对立统一的整体观,本身就充满了博弈的智慧。现代的博弈论,属于应用数学的一个分支,通过统计分析对预测的行为和实际的行为进行比较,推导出不同的策略组合对最终利益的影响。博弈,分为合作博弈和非合作博弈。合作博弈,是指参与者以同盟、合作的方式进行的博弈,属于不同组织之间的对抗。非合作博弈,是指参与者以个体的身份参与互动并进行独立自主的决策过程,而与同处于博弈环境中的其他人无关。

在经济学中,均衡即表示相关量处于稳定值。博弈均衡,是指博弈各方追求自己最大效用,使实际得到的效用和满意程度是不同的。博弈各方的关系不仅体现为竞争,更体现为合作。非合作博弈均衡又被称为纳什均衡(Nash Equilibrium),是博弈论的一个重要术语,以约翰·纳什命名。纳什均衡的定义是,在非合作博弈的过程中,无论其他方的策略如何选择,参与博弈的一方都会选择某个确定的策略,这个确定的策略就被称作支配性策略。假设在其他所有参与者都选择支配性策略的前提下,每个参与者的策略都是最优解,那么这个策略组合就被称为纳什均衡,并被广泛用于经济学领域。约翰·纳什由于对非合作博弈理论所做的重大贡献,获得了诺贝尔奖。

约翰·纳什通过大量的数学实验发现：一个人从利己目的出发，结果既不利己也不利他，而从利他目的出发，结果最利己。值得一提的是，纳什均衡与《国富论》的作者和资本主义理论的奠基人亚当·斯密"在市场经济中，每一个人都是先从利己的目的出发，而最终在全社会实现利他的效果"的观点形成了明显的矛盾。

利己与利他的关系如图1—18所示，两者本质上是对立统一的关系，它们只是相位不同但频率相同，且运行的方向一致。博弈均衡的观点，即从利他角度出发也最有利于自己，与中国传统文化所强调的"厚德载物"和"以其无私成其私"的观点如出一辙。同样的规律也适用于现代的职场。人们通过观察不难发现，当一个人过于追求短期利益而不舍得长期投入时，反而所能收获的利益较少；相反，当一个人关注于长期的职业发展，并且把利他（包括为客户创造价值）置于利己之前时，反而更容易获得高成长和高回报。故博弈均衡本质上是建立在共赢基础上的决策行为，其会影响到人们在职场中的行为表现和最终成果。

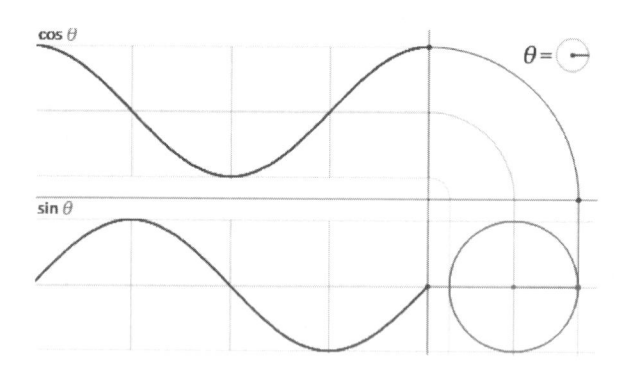

图1—18 利己与利他对立统一的关系

在求职招聘的场景中，招聘方的诉求通常是以最低的成本招聘到最好的人才，这与大部分求职者的诉求刚好相反。二者的利益诉求之所以相悖，是由于双方立场存在差异。如果求职者在招聘面试的过程中，能够站在有利于招聘方的立场，展现出对招聘方的业务场景、组织生态、岗位画像、核心挑战等的充分洞察，并展现出自己与岗位的相关性和成长潜力，以及可能为招聘方所带来的短期和长期价值，那么这种从利他角度出发的面试过程，更容易给对方留下深刻的印象，并促使对方愿意以更有利的条件来吸引和招聘候选人。反之，如果求职者在面试过程中，更多地从利己角度出发,过分表现出对岗位层级和利益的关心,而非对招聘方具体业务和核心挑战的关心,那么求职者被录用的机会或实现期望值的机会就被降低。反之亦然,招聘方如果想吸引和招聘优秀人才,就不能高高在上,而是需要从有利于候选人的角度出发,改进对方的招聘体验并尽可能为候选人提供改善工作体验和职业成长的解决方案,这样才有可能吸引到优秀人才加盟。比如,我国某高科技企业为了吸引俄罗斯的一位数学天才,甚至在该国专门为这位天才建立一家数学研究院,以便于其就地开展研究工作。

在投融资的场景中,投资方通常期望以最低的成本获得融资方最多的份额,融资方通常期望以最高的价格卖出最少的份额。在双方博弈的过程中,如果彼此更关注的是为对方创造长期的价值而非短期的利益算计,从利他的角度出发,那么投资方所提供给融资方的就不只是获利的工具,还有更长期的陪伴和赋能。在从利他出发的博弈均衡中,双方获得的长期利益会更多。

在组织治理的场景中,对于商业组织来说,需要同时有代表客户利益的职能部门和代表股东利益的职能部门,这些职能部门和岗位之间也存在着无法避免的博弈。比如,客户通常希望价格越低越好,股东希望利润越高越好;客户希望随时下单随时发货,股东希望零库存;客户希望品类越丰富越好,股东希望更加聚焦。显然,代表客户利益的职能部门和代表股东的职能部门之间存在立场和利益的冲突。为了同时最大化地实现股东和客户的利益,就需要建立一套组织治理的博弈均衡机制,通过绩效指标和激励机制的设计,优化部门间的均衡博弈和冲突管理,最终使各方的利益都得到长期的最大化,同时也有利于促进跨团队的沟通能力和决策质量。

在人才发展的场景中,拥有持续更新的知识和技能是发展的关键。那些具备自我驱动再生能力、数字化思维和创新解决问题能力的职场人更受欢迎。当一个人在面临多个选择机会时,除了考虑短期的利益外,还要从时间、空间和知识等多个维度考虑和评价不同机会对个人职业生涯的长期价值,这就面临长期与短期的博弈。实践证明,从长期目标出发,将目标分割为不同的里程碑目标后分步实施,从而实现长期利益与短期利益的博弈均衡,最终才是最有利于一个人职业发展的策略。

总之,一个人的职业定位并不是一成不变的,而应基于人们对外界和自我的觉察,进行持续性的动态更新。当然,面对纷繁复杂的外部环境和无穷无尽的干扰,基于博弈均衡保持战略定力,并从长期发展的视角来明确自己的职业定位,以及设计适合自己的可执行的路径图,对实现长期的职业价值和财务回报具有至关重要的影响。职业生涯规划和管理,本身也是一个在长期实践中不断校准和反馈的过程。

实训与自测

1. 用职业分类矩阵,定义你目前的或未来的职业分类。

(1)分别在横、纵坐标轴外侧注明你现有的或未来的行业价值链和职能价值链名称;

(2)在横、纵坐标两两相交的四个象限中,用"地域×行业×价值链×职能×基准"来定义现有的或未来的职业分类。

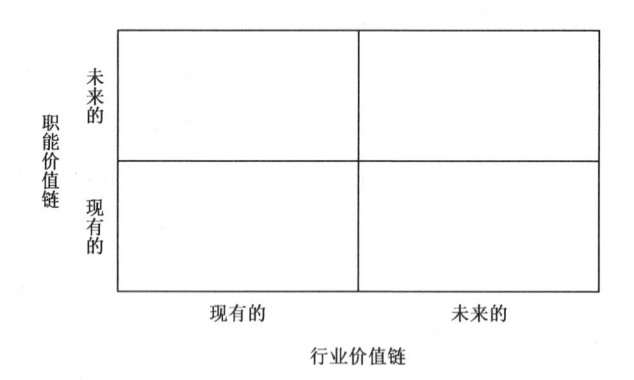

2. 换位思考,感受面试官最关注的是什么?

如果你以求职者的身份参加过面试,那么现在请模拟面试官:

(1)请找到一个你曾经申请过的岗位,用职业分类的"地域×行业×价值链×职能×基准"定义这个岗位的职业分类;

(2)请凭记忆写出该岗位的工作职责和能力要求;

(3)假如现在由你来做面试官去面试求职者,请回答如下问题:

①你最关注求职者哪几个能力要素?

②针对每个关键要素，你对应的问题是什么？

③哪些关键要素你是可以妥协的，哪些你是不能妥协的，为什么？

④如果候选人的背景非常适合岗位，但对方的薪资期望值大大超出了你的预算范围，你的沟通策略是什么？

⑤这个换位思考的过程，对你有何启发？

第四节　职场力的测量

本节精要导读

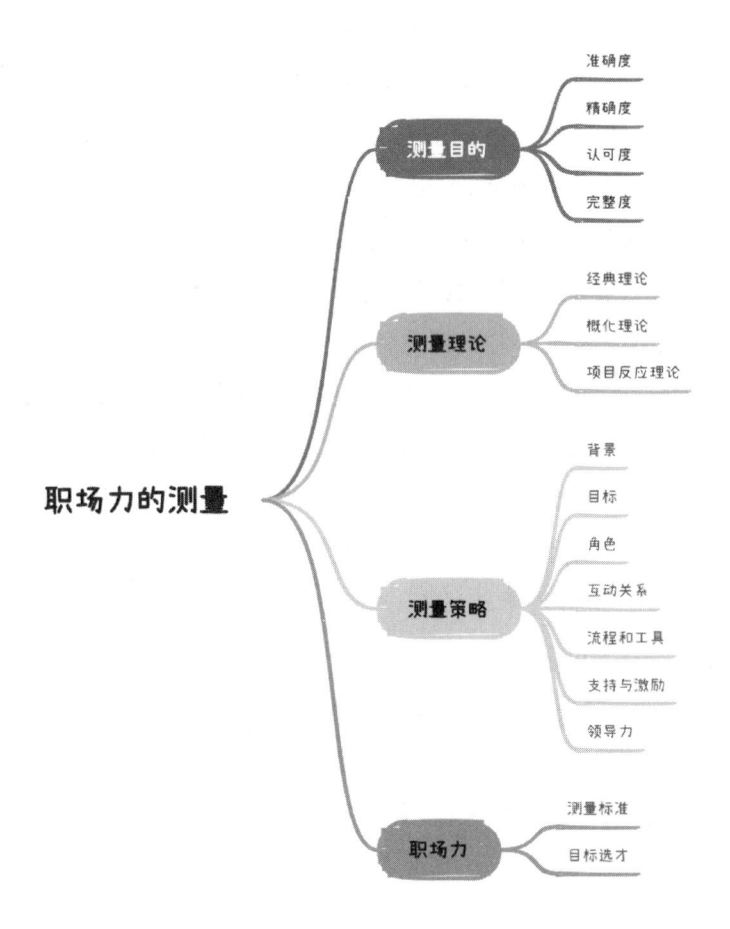

职场力的测量
- 测量目的
  - 准确度
  - 精确度
  - 认可度
  - 完整度
- 测量理论
  - 经典理论
  - 概化理论
  - 项目反应理论
- 测量策略
  - 背景
  - 目标
  - 角色
  - 互动关系
  - 流程和工具
  - 支持与激励
  - 领导力
- 职场力
  - 测量标准
  - 目标选才

一、测量目的

测量,是对非量化实物的量化过程,是按照某种规律用数据来描述观察到的事物和对事物作出的量化描述,并通过把被测事物的实际测量值与标准值进行比较,使人们对被测量事物有相对客观真实的了解。测量,反映了人们如何定性或定量地看待特定事物的质量水平。

与测量相接近的词汇有测试、评估、诊断等,虽然说法不同,但本质基本相同,即通过特定的规律、规范、策略或工具,对特定的事物或现象进行分析、比较、判断和描述。

测量目的,是为了获得被测量事物的真实值。但是,由于受到测量环境、测量者、被测量者、测量方法、测量工具等客观因素的影响,导致被测量事物的真实值始终会存在测量偏差。测量指标,体现在准确度、精确度、认可度和完整度等指标上。测量标准的设定,还需要考虑到测量偏差。测量偏差,通常也被称为标准差(Standard Deviation),是数学术语,用 σ 表示。标准差也被称为标准偏差,或者实验标准差,在概率统计中最常使用作为统计分布程度上的测量依据。标准差能反映一个数据集的离散程度。平均数相同的两组数据,标准差未必相同。

准确度(Correctness),是指被测量样本的实际测得值的平均值与其"真值"的接近程度。从测量误差来说,准确度所反映的是测得值的系统误差。测得值的系统误差小,不一定其随机误差亦小。如图 1—19 所示,虽然实际测量结果的平均值 T 与目标值之间是高度吻合的,这说明测量的准确度是很高的,但从各个测量值的正态分布来看,当前曲线下的测量数据的离散度很大,是准确的但不精确的,这种现象反映的就是测量系统的发散问题。

精确度(Accuracy),是指测量事物的实际测得值之间的一致程度以及与其"真值"的接近程度。从测量误差来说,精确度综合反映了实际测得值的随机误差和系统误差,反映的是向中问题,即测量结果的精确但不准确的程度。如图 1—20 所示,在测量时,假设目标值与实际值均以正态曲线分布,测量结果的上限值为 USL,下限值为 LSL,平均值为 T,那么实际测量结果的平均值 T 与目标值之间所存在的标准方差值就是向中问题。

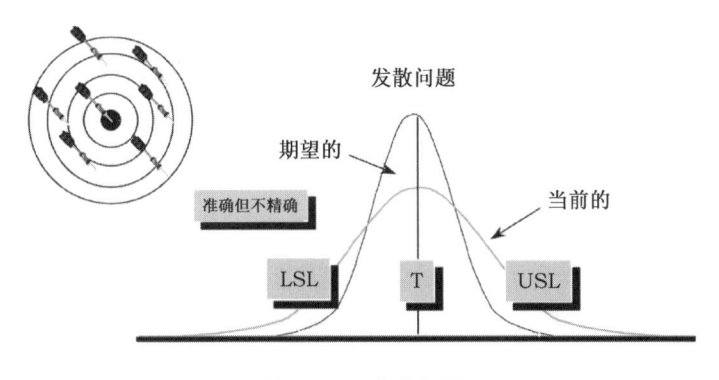

图 1-19 发散问题

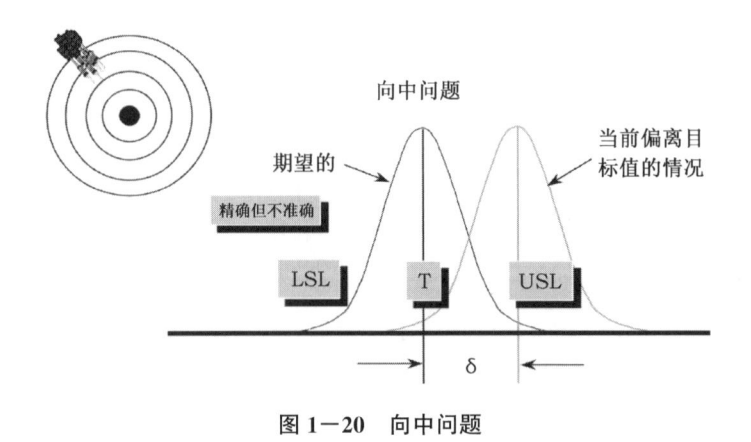

图 1-20 向中问题

认可度(Acceptance),也称接受度,是指经过测量的结论或观点,能够被其他人所认可的程度。对于测量非标准的事物或者现象,由于人们所处的立场不同、理性的局限和感性的干扰,导致人们对结论有不同的认可度或接受度。

完整度(Integrity),是指测量结果是否经过了实践的检验。实践是检验真理的唯一标准,人们对复杂事物进行测量或对未来进行预测时,通常在特定的背景内很难得出精准的结论,需要通过时间来验证测量成果的有效性。

二、测量理论

测量理论,作为反映人们信息加工质量的理论,是指人们以统计学方式来度量世界和客观事物的方法论。现代普遍被接受的测量理论体系包括经典测量理论（Classical Test Theory，CTT）、概化理论（Generability Theory，GT）和项目反应理论（Item Response Theory，IRT）。

经典测量理论亦称"真分数理论"，它于20世纪初至50年代被提出和趋于完善。该理论假设观测分数X由真分数T及随机测量误差E组成，即X＝T＋E；误差E的平均数等于0；误差E与真分数T间的相关为0。经典测量理论的测量体系和指标，主要包括信度、效度、项目分析、常模、标准化等。

GT理论认为，凡测量都有误差，误差可能来自测量工具不标准，不适合所测量的对象，工具的使用者没有掌握要领、测量条件和环境，以及可测量对象不合作等。GT理论把测量行为与特定的情境关系关联起来，从测量的情境关系中具体地设计和执行测量任务，提出了"多种真分数"与"多种不同信度系数"的概念，设计了一套系统性的方法去辨识与研究多种误差和方差的来源，用"全域分数"（Universe Score）代替"真分数"（True Score），用"概括化系数－G系数"（Generalizability Coeffcient）代替了"信度"（Reliabilty），用方差分析的方法来全面评估各种方差成分的相对大小，并可以直接比较其大小。

无论是CTT理论还是GT理论，其测验内容的选择、项目参数的获得和常模的制定，都是通过抽取一定的行为样本或被试样本来实现的，是建立在随机抽样理论基础之上的。它们的局限性主要表现在应用范围有限、测量分数依赖于具体的测量内容、高度依赖于被测试样本、信度的精确性不高等方面。

项目反应理论是以特定情境下的被测量事物的潜在特质为假设或理论依据，并从项目特征的曲线开始。项目特质曲线（Item Characteristic Curve，ICC）就是用能稳定地反映被测事物特征的量表作为回归分析来映射被测事物的总体特征与部分特征之间函数关系的特质曲线。与CTT理论和GT理论相比，IRT理论将测量导向与认知心理学相结合，应用测量模型来探索和验证人的判断。此外，IRT测量模型也可以深入微观领域，将被测事物的整体性特征与其在项目上的各个行为特征关联起来，并且将它们通过回归分析参数化、模型化，以统计的方式调整和控制误差，从而改进测量的准确性和精确性。

与现代测量理论相比，中西方古人强调通过观察法和辩论法来实现对客观事物的测量有效性。亚里士多德认为,每个系统中均存在一个最基本的命题,它是第一性的,是不能被违背或被删除的,即所谓第一性原理。中国传统文化强调"象数理"的方法论,即从观察客观事实(象)出发,通过特定的方法论或工具(术或数)来归纳客观事物运行的底层逻辑或普遍规律(理),并持续还原加以验证。同样,人们可以从理出发,通过采用特定的策略和工具,创造新事物、总结新现象,如图1—21所示。

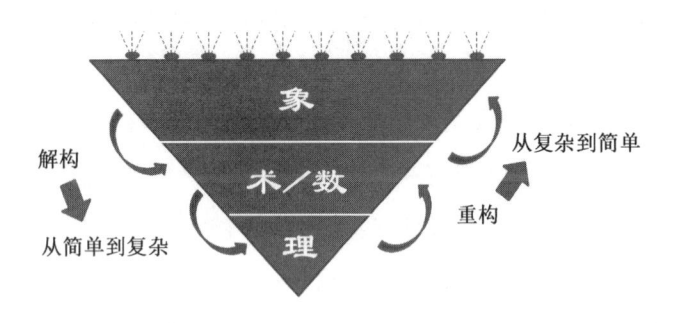

图1—21 解构与重构

解构(Deconstruction),最早源自海德格尔,体现的是分割论思想,即首先定义和描述事物的完整性特征 Y,再通过特定的方法将整体分割为独立的子系统或变量 X,再通过还原或回归分析,搭建出能够反映 Y 与各个变量 X 之间关系的映射函数 $Y=f(X)$。解构,帮助人们以更细的颗粒度对事物进行更精确和更准确的测量,并建立各个独立的子系统与事物的整体性之间,以及各个独立的子系统之间的映射函数关系。解构的过程,通常是从简单到复杂的过程。

重构,是解构的反向操作,是基于解构所得出的客观规律和映射函数模型,通过控制或改变一个或多个变量 X 值,来控制事物的整体特征 Y 或创造出具有新特征的新事物。重构的过程,通常是从复杂到简单的过程。

数智化时代,创新层出不穷。基于解构和重构的测量能力,是职场人能否快速适应环境变化,抓住时代机遇,加速职业成长的关键驱动要素。在从解构到重构的无限循环的过程中,测量能力决定了人们的决策质量。

三、测量策略

策略，是指计策和谋略，是实现目标的最佳方案组合。好的策略，应能够根据特定的背景或情境，为了完成特定的目标及所需要的任务，开发和制定相应的行动计划。策略好坏的检验标准，除了内容本身的精准度外，还有利益相关者的认可度，以及是否经过实践检验的完整度。策略的阐述，还应该简明扼要，易于理解和记忆。当然，策略也需要保持一定的弹性，并在执行落地的过程中进行完善。

测量策略，是指为了实现测量的有效性，以及更好地控制输出成果，所制定的行动计划，包括对影响测量成果质量的关键变量加以规范和控制。测量策略，也是影响决策质量、后续行为和可能后果的重要变量。

测量策略的要素构成，通常包括测量行为发生的背景或环境、测量的目标、测量的角色（测量者、被测量者和其他利益相关者）、角色之间的互动关系、测量的流程和工具、支持和激励系统和领导力等，并适用于对外部的宏观和微观环境变化的趋势分析、客户需求的洞察、竞争对手的动态、生态系统、业务场景、组织盘点、人才盘点、项目管理等几乎所有的业务领域。

背景（Context），也被称为上下文或环境，是指一个独立的生命系统所赖以生存的基础，它既是一项测量项目的起点，也是测量项目执行后的终点。背景的内容，通常包括外因和内因。外因，是指外部环境的过去、现在和未来的发展变化趋势；内因，是指被测量的独立生命系统在实际运行的过程中所产生的实际的后果或真实的体验。背景的描述，通常可以从时间、空间和知识的维度加以概括。时间维度，包括过去发生的典型事件、现在的客观状态，以及对未来的短期或长期性的趋势分析和预测等；空间维度，包括宏观层面的和微观层面的不同层次空间的分析；知识维度，包括融合地理、历史、文化、政治、经济、社会、科技、人文、行业等方面的知识和技能。以招聘为例，当用人单位发起一项招聘需求时，该招聘项目背后一定有其特定的背景，比如外因或内因所导致的某种压力或需求。

目标（Goal），既包括基于不同使命、愿景的长期目标或短期目标等整体性目标，也包括基于不同流程、步骤、里程碑或子单元的局部性目标。目标的制定，通常要遵循 SMART 原则（S＝Specific、M＝Measurable、A＝Attainable、R＝Relevant、

T=Time-bound）。基于 SMART 原则的目标设计，既有利于被测量者更加明确高效地工作，也有利于测量者（管理者）实施更精准的绩效考核和激励，从而使测量过程更加科学化、规范化，以及保证考核和测量的公正、公开与公平，最终持续改善个人和组织绩效。

角色（Role），是指个人在组织或项目中所处的位置或承担的职责，包括正式的和非正式的角色。正式的角色，是指一个人在特定的组织中被赋予的具有行政色彩的身份；非正式的角色，是指一个人在特定的组织中由于临时性的项目需要而被赋予的身份。随着数字经济的发展，分布式的商业和创新越来越普遍，由此催生了越来越多的动态项目小组和非正式的角色，并对人们的职业生涯产生潜移默化的影响。从职场观察来看，那些擅于通过非正式的角色增加曝光率，并且树立良好形象的人，往往更容易脱颖而出，在各领域成为出类拔萃之人。特别是面临各种挑战之际，人们亟需从纷繁复杂的客观现象中去梳理和定义问题，并创造可落地的策略性解决方案。由于每个人的立场、常识和技能的不同，通过群策群力解决复杂问题成为越来越多企业的首选。以非正式角色组成的动态项目小组，包括由引导师（Facilitator）、审批者或倡议者（Approval or Advocate）、资源提供者（Resource）、项目成员（Member）、利益相关者（Interest）等角色组成的项目团队，往往能够持续创造出意想不到的解决方案。

互动关系（Interpersonal），是指不同角色之间的互动机制，既包括法律、法规、流程、制度等硬性的规定，也包括激励、文化和价值观等软性的氛围。在 VUCA 环境下，越来越多的组织为了敏捷地自适应复杂多变的外部环境，采用无边界组织或灰度组织，并通过 KPI 等工具制造和增加不同角色之间的冲突，以及通过博弈均衡机制让角色之间产生对冲测量或决策可能导致的偏差。这种互动关系可能导致两种明显的结果：一方面，能够充分发挥人的弹性和创造力，尽可能避免硬性规定所导致的组织和人员僵化；另一方面，通过博弈均衡和冲突管理，有效地对冲了测量和决策的偏差，最终使组织的利益得以最大化，同时加速个人职场力发展。

流程和工具（Process and Tool），流程是指行动程序，即由两个及以上的行动步骤，按照一定的顺序排列组合并相互配合完成一套完整的过程。工具，是指为达到、完成或促进某一事物所使用的手段，包括硬件、软件、模型、框架图等。流程和工具，具有可标准化的特征。不同的业务场景，会有不同的与之相对应的标准化流程和工具。标准化的流程和工具，往往来自最佳实践并具有时效性，即在特定的业务场景下，当一个或多个角色在完成一项或多项任务时，所采取的规范的和有序的动作集合，通过优化的设计、实践、反馈和迭代后，最终沉淀出的可重复的过程能力。标准化的运营流程，包括关键性的价值活动、接触点和检查点。针对每个检查点，需要设定相应的测量目标、测量标准、测量流程和工具，并由具备一定资格的测量者执行测量流程和实施监控，以确保标准化的运营流程得到有效执行，并从体系上保证运营效率的改善和输出的质量。

支持和激励系统（Supporting and Incentive System），是指为实现目标并保证测量策略得到有效执行的支持系统，既包括时间、空间、人、财、物、信息、知识和技能等支持系统，也包括与人才招聘和绩效考核有关的激励系统。传统的支持系统的构建，通常是以战略清晰为前提，来构建与 HR、财务、IT、法务等专业化分工有关的支持和激励系统。在复杂多变的数智化时代，最大的挑战来自如何在战略并不清晰的前提下构建出敏捷自适应的支持和激励解决方案。数字化标杆企业的最佳实践证明，组织创新已优先于战略设计，即通过共创机制，让听得见炮火的和具有多元背景的一线员工尽可能地参与到创新解决复杂问题的策略中来，并共同打造和完善可持续进化的支持和激励系统，从而有助于改进人们的测量和决策能力。

领导力（Leadership），一个普遍的说法是，领导者的任务是做对的事情（Do Right Things），而管理者的任务是把事情做对（Do Things Right）。管理者侧重于正确执行，而领导者侧重于正确决策。这就要求领导者有更强的测量和分析决策能力，包括敏锐地觉察自己和外界的状态和变化趋势，寻找到创新突破的机会点，制定战略决策和可落地的解决方案，以及加强组织跨团队之间的协作，共同实现绩效目标等。当然，在数智化时代，显然靠领导者的个人经验持续输出正确的战略已变得越来越困难，而如何激发团队创新解决复杂问题成为数字领导力的焦点议题之一。

对于职业生涯来说，每个人面临着很多次的测量和被测量。职场人的求职面试，本质上就属于被测量的过程。绩效考核或述职，同样也属于被测量的过程。测量的结果，决定了一个人是否有机会加入一个组织，或能否得到升职或加薪的机会。但是有的人因为测量结果的不胜任,也面临着失去工作机会或被淘汰的后果。简而言之,招聘面试的本质,就是一个人与一个用人单位在彼此面试或测量对方的过程中,通过一定的测量或诊断工具,来判断彼此是否适应以及能否最终达成共识。

四、职场力

职场力,是指人们在职场中为了胜任某项工作而必须具备的核心能力。为了更好地适应外界环境的变化,职场力具有一定的时效性和适用性特征。时效性,是指随着时间的推移,一个人在过去所积累的职场力可能不胜任当下或未来的职场环境,必须要与时俱进。适用性,是指一个人的职场力必须结合特定的行业和职能,并在解决实际业务问题或创造价值的过程中实现其价值。

职场力的测量,是指通过一定的测量策略和工具来评价一个人实际所拥有的工作能力和成长潜力与特定岗位和业务流程所需要的能力模型相吻合的程度及偏差范围。职场力的测量,被广泛应用于一个人的职业生涯,常见于求职招聘和绩效管理等领域。实际上,几乎所有的工作岗位及其核心能力都可以通过一定的测量策略和工具加以测量。

职场力的测量标准,首先要认真梳理特定岗位的关键业务流程。以财务会计岗位为例,其核心的工作内容是输出会计报表,即要按照特定的会计准则来编制和呈现资产负债表、损益表、现金流量表等财务报表。为了输出合格的会计报表,会计人员的工作流程通常包括如下关键内容:

(1)对焦需求,即何时何地以何种标准呈现会计报表;

(2)寻找数据来源,即要从哪里收集原始数据;

(3)制作会计分录和编制会计报告;

(4)组织与内外部利益相关者的沟通和反馈信息;

(5)实现对业务运营的健康度的监控效能。

为了满足业务流程的需要,会计人员需要具备一定的执业资格。由于不同的国家或地区有各自的会计准则和业务规范,所以会计人员需要学习并通过不同国家的资格考试或考核,从而获得上岗资格。此外,更优秀的会计人员还需要加强学习行业知识、培养行业悟性,这样有助于他们更好地理解特定业务的需求,并且能够透过表面上的财务数据发现隐藏在其背后的风险或机会,从而为业务人员持续改善经营战略提供更有价值的管理工具,帮助业务改进运营效率和决策质量及控制风险。

从会计人员的职场力测量标准可以看出,那些可以通过考试和考核进行测量的能力,通常被称为硬技能;而自我驱动的再生能力,与他人和谐共处的沟通能力,能够引领众人集思广益和解决复杂问题的能力,以及灵敏的商业感觉,通常被称为软技能。显而易见,硬技能是入场券,决定了一个人是否有资格进入某个职业领域;软技能是加速器,决定了一个人是否能够出类拔萃。显而易见,对硬技能的测量相对简单,即可以通过标准化的规范或等级考试加以测量;而对软技能的测量相对困难一些,要通过组合的测量策略加以验证。通常,职场力中的软技能的测量方式为面试,或者综合测评,可能包括心理测评或岗位能力测评。构筑在统计分析基础上的胜任力模型,通常是用人单位招聘和选拔人才的测量标准或参考依据。

在数智化时代,随着人工智能在越来越多的业务场景中被广泛应用,人机混合工作的模式也将变得越来越普遍,不同行业、不同业务场景与不同岗位之间的界限也越来越模糊,从而导致越来越多的传统岗位的胜任力模型需要与时俱进。在这样的背景下,对标法(Benchmarking)是一种有效地帮助人们通过分析比较来理解特定业务所需具备的胜任力的策略与工具,并指导人们设定合理的目标、定义角色与分工、明确互动关系与业务流程等。标杆选择的正确与否,对结果有至关重要的影响。标杆,既可以来自相同行业、相同职能,或相同岗位,也可以来自完全不同的领域。其关键在于,相互比较的事物之间是否存在某种特定的联系。

采用对标法定义测量标准时,首先,要从所选定的标杆中萃取典型行为和整体性的特征,即 Y 值,包括从精确度和准确度来设定目标值和偏差范围;其次,寻找影响 Y 值的关键变量 X,以及可测量的目标值和偏差范围;再次,通过相关性和回归分析,寻找能够反映 Y 与各变量 X 之间的逻辑关系 f,最终形成 $Y=f(X)$ 的职场力模型,如图 1—22 所示。

通过对标法来设定职场力测量标准的主要步骤如下:

(1)对焦职业目标,包括使命、地域、行业、职能、级别等;

图 1—22 能力建模思维框架

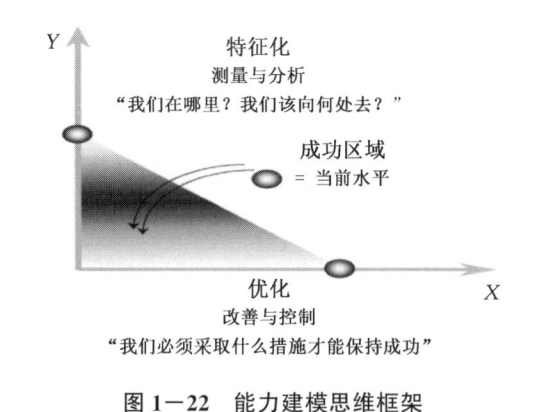

（2）寻找标杆，包括相关性分析和可比较的维度和标准；

（3）实地考察，包括观察、访谈或沉浸式体验等；

（4）优先级排序，定义关键成果 Y 和影响变量 X；

（5）回归分析，还原标杆的客户、输出、流程、输入和来源；

（6）搭建 $Y=f(X)$ 的预测控制模型；

（7）确定绩效指标的目标值和偏差范围；

（8）制定测量策略，包括背景、目标、角色、互动、流程与工具等。

在数智化时代，虽然不同的行业和岗位有各自独特的知识或技能要求，但找到共性的成功规律仍然是职场人应重点关注的部分。纵观各领域出类拔萃的人士，他们普遍拥有更高的效能（Efficiency）。如果把效能看作职场力的成果 Y，影响成果 Y 的职场力变量为 X，那么不难得出如下的函数：

$$E=\Sigma\left(M\times\frac{Q}{C\times T}\right)$$

- E-Efficiency（效能）；
- Σ-Reproducibility & Repeatability（R&R，可再现性和可重复性）；
- M-Motivation（动机）；
- Q-Quality（决策质量）；
- C-Cost（成本）；
- T-Term（期限）。

Q(Quality)，是指决策质量的准确度、精确度、认可度和完整度综合指标；C(Cost)，是指为了实现高质量决策所花费的成本，包括投入的人力、物力、财力等成本；T(Term)，是指为了实现高质量决策所需要投入的时间期限。在商业领域，人们在单位成本和时间所获得的决策质量越高，说明其认知能力也越高。Σ（西格玛），是求和函数，R&R值越高，说明标准偏差越小。M(Motivation)，是指动机，即一个人或组织持续奋斗的内在驱动力。动机是一个人自我觉察后的产物，包括解释"我是谁"以及如何成为那样的人。动机，也是一个人最终在收获与付出之间寻求博弈均衡的结果。

在由成本（C）、时间（T）和决策质量（Q）所组成的CTQ三角形中（如图1—23所示），动机（M）处于中心位置，是影响一个人是否愿意耗费时间、精力和成本去发起改变，并且不断取得进步的内在动力。构建在策略和工具基础之上的过程能力，也是一种预测控制能力，它决定了一个人是否具备使成功可再现的过程能力。

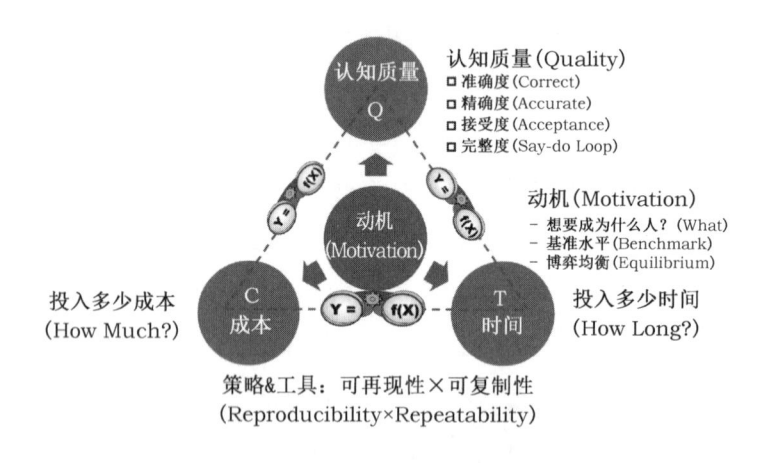

图1—23 影响认知效能的关键要素

五、目标选才

目标选才（Targeted Selection），是自20世纪70年代以来由智睿咨询（DDI）开发的行为面试法，这是一种基于行为的结构化面试和测量工具，目标是通过研究一个人过去所发生的行为，预测其未来可能发生的行为及结果。目标选才，作为一种系统化的人才甄选工具,被广泛地应用于人才招聘和人才发展等领域。与其他常见的人才甄选方式相比,目标选才最大的优势体现为:岗位能力标准的界定更加精确全面,面试判断依据更加客观全面,招聘决策更加科学,人才的培训与发展更加有针对性。

目标选才,本质上是为用人单位和面试官开发的一套针对人才甄选场景的测量策略和工具,其出发点是通过标准化的面试运营流程和工具,更加准确和精确地测量和甄选候选人。

对于职场人来说,为了改善被目标选才的成功率,并让自己的长期职业生涯经营有更高的效率,就要培养同理心(Empathy),即学会换位思考。同理心本身是个心理学概念,是指"设身处地理解""感情移入""神入""共感""共情"等,泛指心理换位、将心比心、设身处地地对他人的情绪和情感的觉知、把握与理解,体现在情绪自控、换位思考、倾听能力以及表达尊重等相关方面。

要想提高目标选才的成功率,归根到底就是要掌握结构化的测量策略与工具,来改善识别人才的正确率,使面试成功具有可控制性。在面试前准备阶段,如果面试官和候选人以同理心的方式去换位思考和理解对方的立场,那么就更有可能创造双赢价值。

实训与自测

请为自己做一个系统性的职场力测量:

1. 背景:概括总结你所面对的职场背景。

2. 目标:定义你的职业目标,包括使命、愿景和里程碑。

3. 角色:定义你现在的或未来的角色,包括你要服务的客户是谁,你要为客户解决什么问题或创造什么价值,具体的业务流程是怎样的,完成该业务流程需要具备哪些核心能力,这些核心能力如何才能获得。评估你未来的角色与现状之间的差距。

4. 互动关系:你在与哪些利益相关者保持互动,互动的模式和渠道是什么,当下的互动关系是否有助于你实现职业目标。

5. 流程与工具：为了实现你未来的职业目标，构筑在当前流程和工具基础之上的过程能力是否足够支持你实现未来的职业目标？

6. 支持与激励系统：为了实现你未来的职业目标，需要哪些支持与激励系统，现有的系统的差距体现在哪里？

7. 领导力：你个人对领导力发展有何期待？

第五节　可再现性与可重复性

本节精要导读

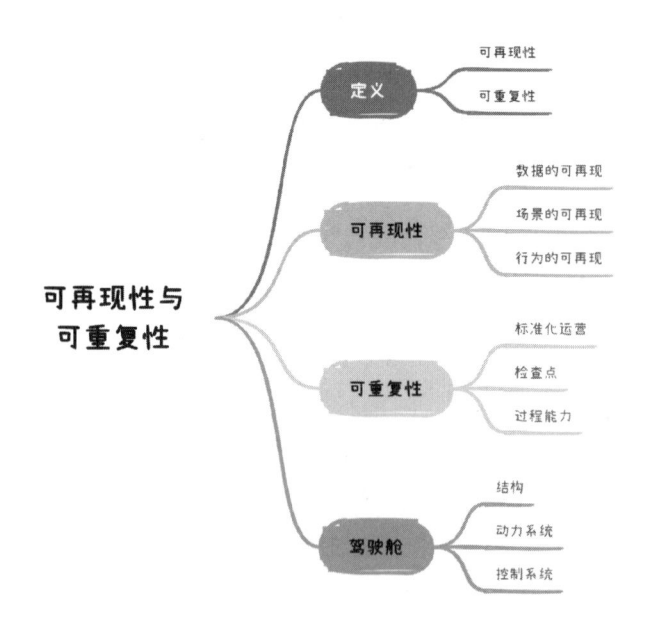

可再现性与可重复性
- 定义
  - 可再现性
  - 可重复性
- 可再现性
  - 数据的再现
  - 场景的再现
  - 行为的再现
- 可重复性
  - 标准化运营
  - 检查点
  - 过程能力
- 驾驶舱
  - 结构
  - 动力系统
  - 控制系统

一、定义

可再现性（Reproducibility），从测量系统的视角，是指当两个或两个以上的人用同样的测量工具测量同一事物时所产生的偏差（Equipment Variance，EV）。它体现的是测量设备的一致性，是指可以被人们多次感知到的行为和结果。

可重复性(Repeatability),从测量系统的视角,是指当一个人用同样的测量工具重复测量同一事物时所产生的偏差(Appraiser Variance,AV)。它体现的是测量者的稳定性,是指精确重返特定目标的过程能力,是评估特定的业务流程及其质量连续性的指标。通常,具有特殊性或偶然性特征的事物被认为是不具备可重复性的,而具有一般性的或必然性特征的事物被认为是具备可重复性的。

可再现性和可重复性通常是结合在一起使用的,图1—24反映的R&R体现了一个测量系统的变异性或偏差程度(即标准方差)。从信息处理的过程来看,可重复性体现的是人脑的构思能力,包括从感知到形成意图、决策和行动程序的过程。该部分过程能力虽然不可见,但是对后面可见的行为和结果具有决定性的影响。

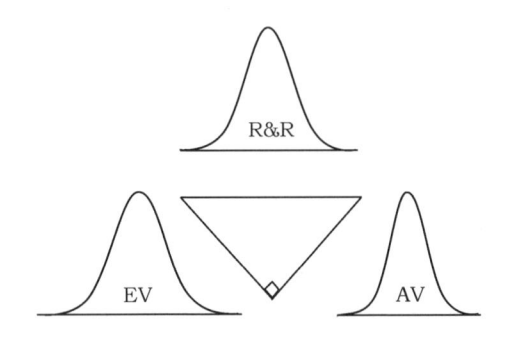

图1—24 测量的可再现性与可重复性

R&R是一体两面,即重复可见的事物,其背后一定有不可见的过程能力为其提供保障。同时,我们要更关注于打造那些不可见的过程能力,才可能使好的结果不断再现。

二、可再现性

可再现性,是指那些可以被直接观察到的数据、场景和行为表现等具有显性特征的成果和行为。当一种或多种行为经常性出现时,在剔除偶然或意外因素后,可以认定该类行为和结果具有可再现化特征。可见的行为与结果存在着一定的因果关系,即行为会导致结果。由于结果具有滞后性,所以在商业领域,人们为了更好地控制风险,通常会把导致结果的过程分割成若干个由不同里程碑组成的步骤,再通过控制里程碑的行为表现和阶段性的输出成果,来控制最终的结果,监控通常体现为时间、空间和知识等维度。从时间上看,过去出现的某些现象在未来是可以复现的;从空间上看,A 点取得的成功可以复制到 B 点;从知识上看,一个最小可行性原型所蕴含的知识,也可以在更大规模的产品或服务中同步复制。

(一)数据化呈现

数据化呈现,也被称为数字化仪表盘(Digital Cockpit)、控制面板(Dashboard)等,是把价值活动运行的结果或过程参数,以可视化的数据图表加以呈现的方式。一方面,数据化呈现可以帮助组织和个人更直观地测量、分析和校准业务运营的健康状态;另一方面,可以及时发现偏差和控制风险,并不断优化运营的策略和流程。数智化时代,数据化的分析和呈现能力已经成为越来越多的职场人必备的基本职业技能。

(二)场景

场景(Scenario),本意是指戏剧和电影中的场面,包括情景语境和上下文语境。情景语境,是指从实际情景中抽象出来的、对呈现效果产生影响的因素,给人以身临其境之感,要素包括时间、地点、人物、事件等。上下文语境,是指需要借助历史经纬、上下文关联和相关的背景知识,才能让人们对呈现的效果有正确的理解。两种语境共同作用于一个场景,在彼此交互的过程中展现最佳的呈现效果。只有情景语境而没有上下文语境,容易造成断章取义和以偏概全;只有上下文语境而没有情景语境,容易造成表达过于枯燥,不能调动受众的情感和同理心。

场景,通常包括空间维度和时间维度,其适用范围可以覆盖到几乎所有的商业现象和职场现象。空间维度,是指一个空间规模很小的场景,可以在一个更宏大的空间内再现,即以小见大;时间维度,是指一个过去发生的场景,可以在现在或未来的某个时刻再现,即从过去感知未来。场景,也是可以被无限分割的。无论是从空间维度还是从时间维度,场景都可以被继续细分到非常小的颗粒度。由于细小的场景和宏大的场景之间始终存在着相关性,所以人们通过学习和掌握到的规律,前期以最小的成本和最快的时间打造出最小化的可行性原型(MVP),并在持续验证后,在更大的空间范围内使其可再现。这种基于 MVP 的创新模式,已经成为了数智化时代的业务模式创新、产品创新和流程创新的主流范式。对于天使投资或风险投资等早期阶段的投资人来说,其为了实现最大化的投资回报率,既要在早期寻找到有成长潜力的项目进行投资,又要控制投资失败的风险,所以可通过 MVP 来快速验证候选项目的可行性,以及可想象的成长空间,最终通过资金等要素帮助 MVP 快速成长并实现规模化复制。

(三)行为

行为,分为可见的和不可见的行为。可见的行为,是指可以直接被观察到的行为表现;不可见的行为,包括人脑的思维过程和心理活动等,对应的是过程能力,比如价值观、动机、心流和信息加工等不为人们所直接观察的行为。在实践中,人们经常会通过可见的结果和行为,对一个人进行评价并预测其未来可能发生的行为和结果。

在人才招聘领域,很多面试官在面试候选人时,经常要唤起候选人讲一个典型故事,并由此预测候选人的未来行为。有经验的面试官和候选人常常采用 STAR 的叙事结构,包括 Situation(情境)、Task(任务)、Activity(行为)和 Result(结果)。

需要注意的是,面试官请候选人陈述过去发生的一件典型故事,真实的意图并不只是听一个故事,而是要洞察故事背后的过程能力,包括候选人如何构思策略和采取具体的行动,反映了候选人什么样的价值观、商业嗅觉、创新解决问题的能力,以及与他人和谐共处的能力等,并进一步探索候选人的可再现性和可重复性的过程能力。这可以判断一个人是否有足够的能力在未来面对更复杂的困难和挑战,能否快速敏捷地发现问题和与他人协作解决复杂问题。虽然 STAR 是一个小的点,但是具有"以小见大"的作用。

当然,面试官在唤起故事时,也会通过一系列的追问方式来验证故事的真伪,并努力获取更多的信息来考察候选人的胜任力。常见的与 STAR 有关的问题如下:

(1)请举例说明你面对过的最大挑战或困难是什么?

(2)这件事发生在什么时候?当时的背景或情境是什么?

(3)你当时的具体任务是什么?

(4)你采取了哪些具体行动?

(5)为什么要采取这些行动?

(6)你投入了多少时间、精力或成本?

(7)你在执行任务的过程中又遇到了哪些新困难?

(8)最困难的一项是什么?

(9)这个最困难事项是由什么问题导致的?

(10)你基于什么假设认为是该问题?

(11)你为什么会有这样的假设?

(12)你认为是否还有其他可能存在的问题?

(13)针对该问题,你的应对策略或解决方案是什么?

(14)解决该问题的最佳关键路径是什么?

(15)你预计能取得什么成果?

(16)通过这个案例,总结一下你的收获是什么?或者如果有机会重新做一遍,你觉得哪里的改善空间最大?

面试官将从完整性、挑战性、典型性和相关性等维度考察故事的质量,并预测候选人的未来行为。好的STAR可以帮助面试官身临其境地感知候选人过去面对的困难和场景,以及探索候选人行为背后的底层逻辑。

三、可重复性

可重复性,是一种重复发生的过程能力。它通常是不可见的,覆盖人脑的思维加工的行为步骤,包括感知、对焦、探索、计算和创造等在大脑中进行的构思活动。虽然其不能被直接观察,但仍然可以通过标准化的流程和画布工具,使隐性的大脑思维加工过程显性化。

(一)标准化的运营流程

标准化运营流程(Standard Operation Process,SOP),是指针对可再现的业务场景和人们的行为表现,以流程图的形式从人们需要从事的重复性的行为动作中提炼出的标准化的动作,按照一定的顺序排列组合,并用图像的形式显示流程中各步骤、事件、操作和资源之间的关系的工具。对于职场人来说,其绝大部分时间都是在重复从事某些工作,日积月累就构成了人们的过程能力。但从实际运营效果的比较来看,不同水平的标准化运营流程及其对应的能力,所导致的行为表现和最终成果会有很大差异,并最终影响到绩效与回报。

采用标准化运营流程的好处包括:能够快速地对个人或团队能力进行规模化复制;能够成为团队内的共同语言,加强协作效率;能够发现不必要的、复杂的或多余的步骤,从而使得简化流程和排除故障成为可能;能够对实际和预期进行比较,从而发现出错点和持续改进;可以收集更多的数据,从而实现精益化运营;设置检查点,通过控制过程来控制结果。

流程图一方面要有可操作性,即要以对实际操作和执行流程的人为流程用户,通过观察或沉浸式体验来理解他们的实际工作步骤和行为;另一方面要简单好记,越是包含太多的步骤或复杂的操作,越是难以让人记住并影响执行效果。

建立标准化的流程图有六个步骤:第一,要确定流程服务业务场景;第二,定义该业务场景下,谁是客户以及客户的需求或痛点;第三,针对客户的需求或痛点,定义出要输出的解决方案(Y);第四,针对要输出的解决方案,结合信息处理的过程罗列出所有必要的行动步骤,按照先后顺序重新排序,并在各个行动步骤间设置可测量的检查点,以及闭合的信息反馈链,确保每一个箭头都有开始和结束;第五,针对流程中的每个行动步骤和检查点,明确需要输入的资源或变量(比如人、机、物、法、环、信息等);第六,定义每项需要输入的资源或变量的来源。

标准化的运营流程,本身也是一个需要持续地更新和优化的过程。如图 1—25 所示,即使针对同一个业务场景,人们脑中想象的流程与实际执行的流程和期望的理想流程之间经常存在偏差,所以标准化的运营流程是一个循序渐进和持续优化的过程,不要奢望一步跳到"我们所期望的流程"。随着数智科技日新月异,传统的以人工为主的运营流程正越来越多地与数智科技相融合,人机混搭在一起工作的场景将越来越常见。

对于职场人来说,学会设计和优化标准化运营流程,是可重复性过程能力的重要体现。一方面,可以把在职场实践中所习得的知识和技能记录下来并通过流程图的方式加以直观呈现,有助于与他人协作解决问题的能力;另一方面,把不可见的构思过程转化为可见的流程图,可以帮助个人获得更好的行为表现和业绩,并长期性地获得高成长和高回报。

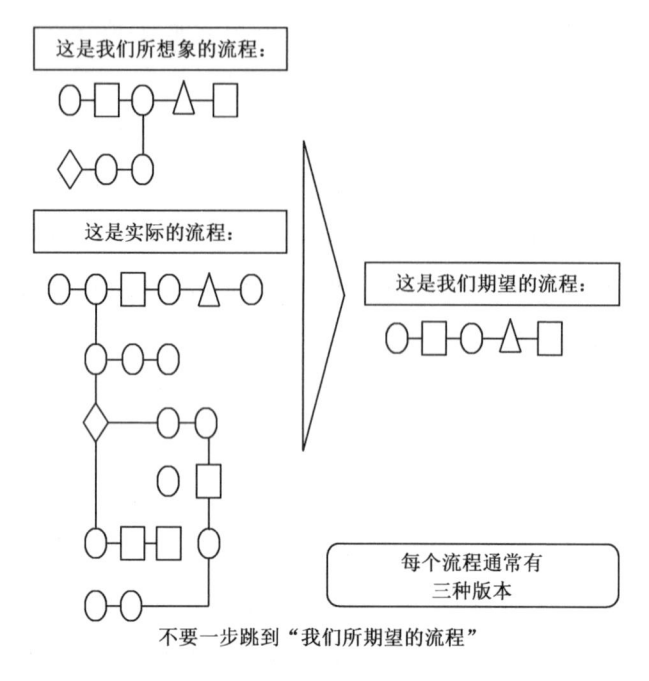

图 1—25　流程化构思

(二)检查点

检查点(Check Point),也是测量点,是指在标准化的运营流程中,为了确保每个步骤输出的成果质量所进行的必要的测量活动。与影响测量精准度的关键要素一样,检查点所处的测量环境、测量目标、测量流程和工具、测量者和被测量者等人为因素,也会直接影响到检查点输出的信息质量。

在商业领域,由于一个大的项目或流程需要耗费的时间过长,或者结果出现的时间过于滞后,为了最小化运营的风险,人们通常会把一个大项目以分支树或流程图的方式拆解为若干个子项目或子流程,这样就可以基于里程碑或检查点的过程控制,通过每个检查点的输出质量,最小化最终成果的偏差。人们的职业生涯管理同样需要控制风险,风险的来源既有外部因素,也有内部因素。如果人们把长期的职业生涯规划的长周期分割成不同里程碑阶段的中短周期,并分别设置好检查点,明确定义每个检查点的可测量目标,以及所对应的知识和技能,就有助于定期评估和复盘每段中短周期内是否已建立起可复制的能力,并可预测未来的趋势以及是否需要调整长期的职业生涯目标。在环境越来越 VUCA 化的数智化时代,基于长期的职业生涯规划来管理职业活动正变得越来越难,所以把长期的职业生涯规划分割成具有检查点的中短期的职业生命周期是更加可行的方案。

(三)过程能力

过程能力(Process Capability),是指为了保证可持续地和稳定地输出高质量的产品或服务所需要的能力,在管理领域特指业务场景或工序处于稳定状态下的实际运营能力。评价过程能力的指标,通常用标准差(西格玛 σ)来表示。

标准差,也称为标准方差,是统计学上的术语。不同的西格玛 σ 对应的标准差也不同,如图1-26所示:2σ(二西格玛)对应的标准差为每百万个机会中的缺陷数是308 537;6σ(六西格玛)对应的标准差为每百万个机会中的缺陷数是3.4。显然,σ 基准越高,其所对应的过程能力越强。

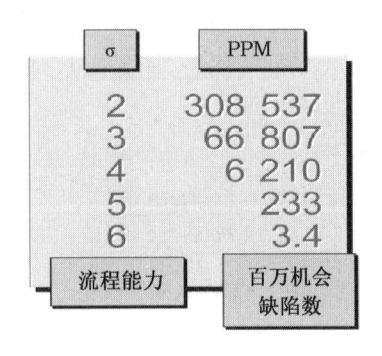

σ	PPM
2	308 537
3	66 807
4	6 210
5	233
6	3.4
流程能力	百万机会缺陷数

图1-26 标准差

持续改进过程能力,对于创造和持续保持领先业绩至关重要。通过特定的策略与工具,打造过程能力,可以帮助人们更高效地开发新产品与新流程,并取得不错的职业经营效果。

四、驾驶舱

与电动车的驾驶舱(Smart Cockpit)功能类似,人脑的驾驶舱通常有三大功能:一是可视化的仪表盘(相当于检查点);二是动力系统(相当于油门);三是控制系统(相当于刹车)。驾驶舱通过传感系统与外部环境实现实时的信息交互。如图1-27所示,人脑的驾驶舱由"知"和"行"两大部分组成。右边的三个部分为"知",

体现大脑的构思行为,包括对焦、寻找和创造,对应的是思维加工过程;左边的两部分为"行",即执行"加油"或"刹车"的动作,对应的是行为表现和最终成果。"知"的输出是"行"的输入,所以,不可见的思维加工过程能力决定着可见的行为和结果。总之,要想收获所期望的成果,显然应该把重心放在那些不可见的、却影响结果的与构思有关的过程能力。

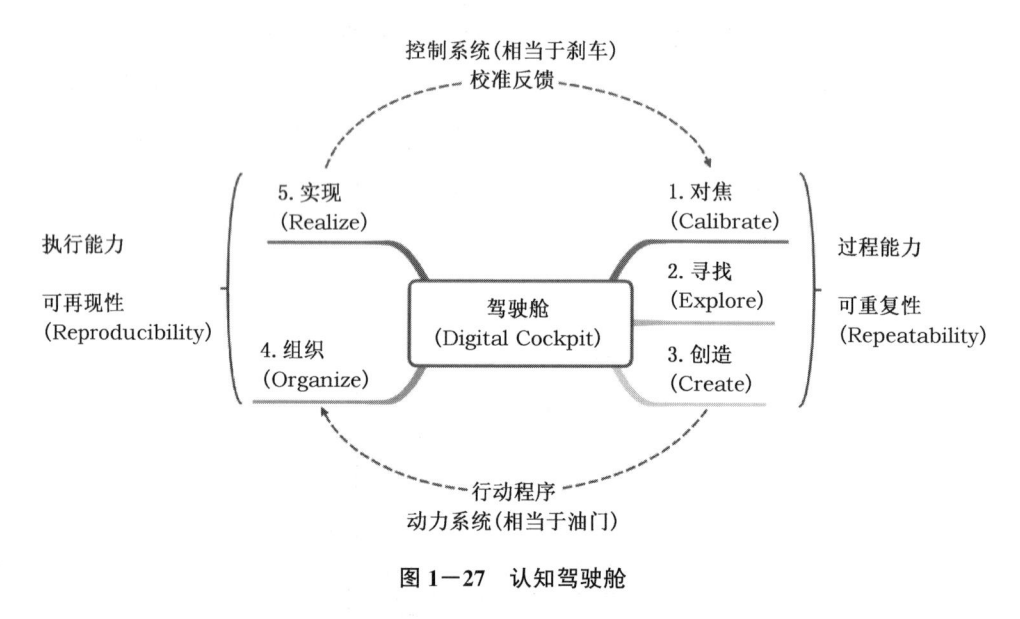

图 1—27 认知驾驶舱

驾驶舱的动力系统,受到外部诱因(外因)和内部诱因(内因)的影响。它们有的属于长期的稳定的因素,有的属于短期的暂时的因素,影响着一个人的内在动机和长期收获。驾驶舱的控制系统,是指人们为了控制思维和执行偏差,以及最小化失败风险而设计的一种自我保护机制,也是加强风险控制能力和打造核心能力的重要因素。

为了降低事物运行的总体风险,按照分割论把整体的事物或过程分割成子模块或流程步骤,可以有效地控制风险。如图 1—28 所示,在遇到困难事项或挑战的时候,传统的快捷模式通常从实际的困难或痛点出发,直接就跳到实际的解决方案。对于简单的和重复发生的事项,快捷模式具有效率高的优势。但是在面对复杂多变的外部环境和复杂度更高的挑战时,快捷模式往往不再能够有效地帮助人们解决问题。其根源在于,人们所感知到的实际困难或痛苦,属于可见的客观事实,而不是其背后所隐藏的问题。只有精确地和准确地定义出真实焦点问题,才能设计有针对性的对策,否则后期所有的努力都将付诸东流。

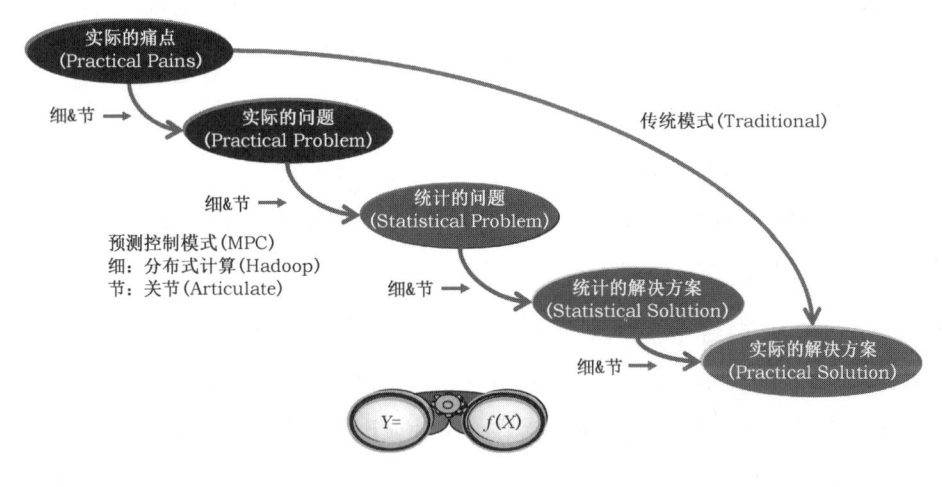

图1—28 预测控制模式

要想建立可持续成功的核心能力,首先需要改变解决问题的方式,即从传统模式(Traditional)改变为预测控制模式(Model Predictive Control,MPC)。预测控制模式,是指从实际的困难或痛点出发,首先将实际的痛点转化为实际的问题,然后再把实际的问题转化为统计的问题和统计的解决方案,其特征是要建立起可重复性的过程能力 $Y=f(X)$,再通过控制或改变其中的变量 X,实现控制和重构最终结果 Y 的目的。与传统快捷模式相比,预测控制模式更侧重于细节管理,即通过分布式计算(细,Hadoop)和打通相关性的节点(节,Articulate)等工具,搭建反映可重复性过程能力的映射函数 $Y=f(X)$,最终通过控制或改变 X 值,实现控制或重构 Y 的过程能力。

分割论,也称为还原论(Reductionism)。在哲学上,还原论是一种观念,它认为某一给定实体是由更为简单或更为基础的实体构成的集合或组合,或认为这些实体的表述可依据更为基础的实体的表述来定义。分割论是经典科学方法的内核,将高层的、复杂的对象分解为较低层的、简单的对象来处理。

细,也被称为分布式计算,是分割或解构的过程。分布式计算的概念,也是信息技术和大数据领域被广泛使用的概念。细的过程,就是把复杂事物的整体特征

Y,按照特定的规律或逻辑分割成若干个彼此独立的、更为简单的,且具有独立差异化特征的实体或变量($X_1,X_2,\cdots,X_n$)。

节,也被称为关节,是还原的过程。“节”的作用同关节,具有连接、运动和润滑的作用。通过节,被分割后的独立实体或变量在通过回归或相关性分析时,可以映射出事物的整体性特征与各变量之间的映射关系函数 $Y=f(X)$,帮助人们通过控制变量 X 来实现控制结果 Y。

人脑驾驶舱的控制系统,除了要控制偏差外,还要控制决策和运营失效带来的系统性风险。失效模式效果分析(FMEA),是英文单词 Failure Mode Effectiveness & Analysis 的首字母拼写,是对过程能力的风险等级进行量化计算和评估的工具,如图 1—29 所示。首先,从左到右依次列出流程步骤、潜在的失效模式、导致的后果和严重性等打分;其次,列举潜在的失效原因和对发生概率进行打分;最后,列举当前的控制措施和对可识别性进行打分。通过把三个分值进行相乘,就得到了风险等级指数(RPN),公式如下:

$$RPN=SEV\times OCC\times DET$$

- RPN,Risk Priority Number,是指风险等级指数;
- SEV,Severity,是指潜在失效后果的严重性;
- OCC,Occurrence,是指潜在失效的发生概率;
- DET,Detectability,是指措施的可识别性。

失效模型与后果分析
(Failure Modes and Effects Analysis)
(FMEA)

流程或产品 (Process or Product)		制表 (Prepared by)	Page____of___	RPN=SEV*OCC*DET RPN-Risk Priority Number 风险等级指数 SEV-Severity 严重性 OCC-Occurance 发生概率 DET-Detectability 可识别性
负责人 (Responsible)		日期 Date(Orig)_______(Rev)_______		

流程步骤 (Parts/ Process Step)	潜在失效模式 (Potential Mode)	潜在失效后果 (Potential Failure Effects)	SEV	潜在失效原因 (Potential Causes)	OCC	当前控制措施 (Current Controls)	DET	RPN	推荐的行动 (Actions Recommended)	负责人 (Resp.)	紧急情况下预案 (Actions in Emergency)	SEV	OCC	DET	RPN
在风险临界点之前(before)											在风险临界点之后(after)				

图 1—29　失效模型与后果分析

人脑的驾驶舱系统,可以帮助职场人更好地适应越来越复杂多变的外部环境,管控职业生涯的长期和中短期风险,持续夯实过程能力,并获得长期的高成长与高回报。

实训与自测

1. 如何评估你的R&R(可重复性&可再现性)?
2. 请用STAR结构总结你职业上遇到过的最大挑战。
3. 请把你的主要工作用流程图的方式呈现出来。
4. 请用FMEA模板设计自己职业生涯的风控计划。
5. 为了提升核心竞争力,你的行动计划是什么?

第六节 动 机

本节精要导读

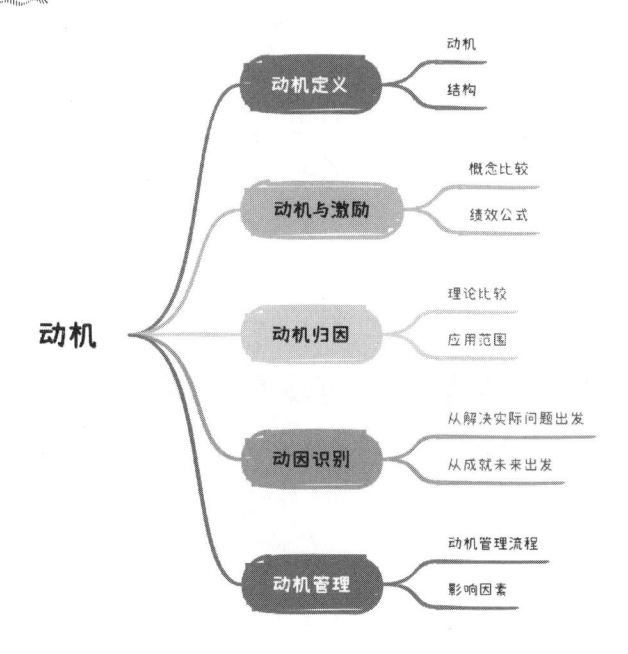

动机
- 动机定义
  - 动机
  - 结构
- 动机与激励
  - 概念比较
  - 绩效公式
- 动机归因
  - 理论比较
  - 应用范围
- 动因识别
  - 从解决实际问题出发
  - 从成就未来出发
- 动机管理
  - 动机管理流程
  - 影响因素

一、定义

经营职业,与经营品牌或产品有类似之处。在市场营销学上,人们常用 4P 来制定营销战略:Product(产品的功能)、Price(产品的市场价格)、Promotion(品牌或促销等)、Placement(产品所聚焦的目标人群、市场或渠道等)。一个人的职业生命周期管理,除了包含该 4P 元素外,还有一个最大的不同之处,就是动机。与被动的产品或品牌相比,人是活跃的和主动的。

动机(Motivation),是构筑在人的自律系统之上的内在动力机制,它会促使一个人发起自主的行动并使行动可持续。动机包括如下步骤:

(1)动因,是指开始、起点或出发点,也称为原力,可触发一个人开始感知、关注、思考或行动。动因,包括来自内部的诱因(内因)和外部的诱因(外因)。内因即与人自身有关的要素,包括世界观、人生观、价值观、进取心、情感和需求等;外因与外部环境有关,既包括宏观的环境,也包括微观的环境。根据唯物辩证法,内因是事物运动的源泉与动力和导致变化的根本原因;外因是事物发展、变化的第二位原因。

(2)闭环,是指能够重复出现的过程,既包含对焦、寻找和创造等"知"的部分,也包含组织和实现等"行"的部分,以及在驾驶舱(包含动力系统、控制系统和仪表盘等功能)的驱动下,使已开始的行动可持续地保持下去,并敏捷自适应外部环境的变化。强大的闭环能力,需要强大的自我驱动再生特征。

(3)功利,或称为激励,是指动机的结果,或人们在持续工作并创造一定价值后获得的合理回报。利,既是对一个动机过程所产生的效果进行的反馈,也是使得动机能够延续的动力所在。

(4)坚韧。人们在"知行合一"的过程中,通常会遇到各种意想不到的困难或挑战,需要花费一定的时间、精力或成本才能实现从量变到质变的飞跃,并最终实现所期望的收获。坚忍不拔和百折不挠本身也具有巨大的个人品牌效应,也更容易使个人借助外界资源实现梦想。

(5)将以上步骤综合在一起,并结合人脑的驾驶舱,我们得出如图 1—30 所示的、体现人们"知"和"行"互动关系的系统动力机制,简称为动机。动机,除了体现完整性以及相生相克关系外,也与中华传统文化所强调的"元亨利贞"颇有相通之处。元,即起点;亨,即通,"知行合一"的闭环;利,即实现价值就能获得回报;贞,即沉淀的商业敏感度和韧性。

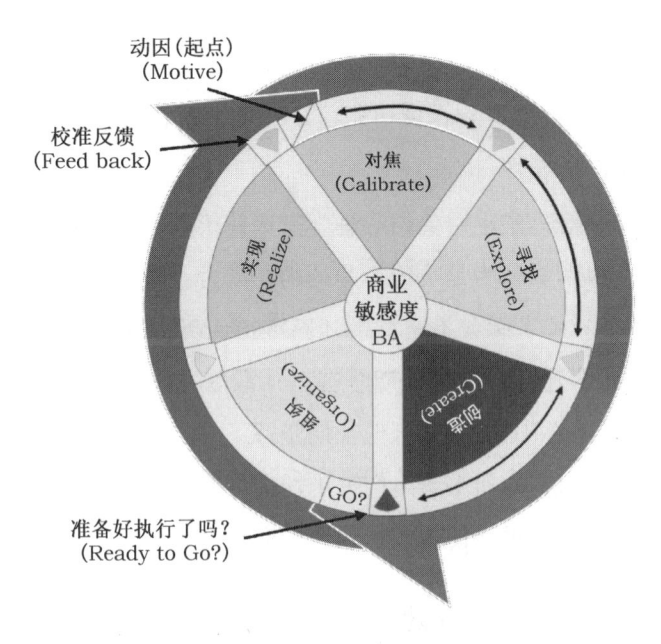

图 1—30 动机模型

二、动机与激励

很多职场人常常会把动机和激励混淆在一起。所以,要想正确地理解和管理动机,就要对这几个易混淆的概念加以澄清。

首先,比较动机和动因。动机是指激发一个人持续自我奋斗的内在动力机制和完整过程。动因是动机的起点。动机包含动因,它们与个人的内心有关,属于自我可以控制和管理的范畴。

其次,比较动机和激励。激励是指来自外部的刺激(External Stimulus),通常是一个组织为了实现特定的意图,针对特定的人群和业务目标,设计的能够调动人们情绪或需求的刺激手段。激励的出发点是通过外因影响人们的行为从而实现预期的效果。激励制度,包括正面或负面,财务或非财务等不同组合,其本质属于博弈游戏（Game）。激励与个人无关，属于自我不可控制和管理的范畴。

正确地看待激励和动机，并避免把二者混为一谈，对于职场人的职业生涯规划和职业生命管理都是非常重要的。有的职场人从外部的激励出发，来决定是否加入该组织或继续留在该组织，而不是从个人的长期价值和动机出发，从而最终给自己的职业生涯造成了无法挽回的损失和遗憾；有的职场人从内在的动因出发，来决定是否加入一个组织或继续留在该组织。从长期来看，后者所取得的成就和所获得回报都远远高于前者。

动机属于心理状态，最早由美国心理学家武德沃斯（Woodworth）于1918年提出并应用于心理学中，被认为是决定行为的内在动力。如图1—31所示，动机的过程通常会带给人们以痛苦感或不满意感，但最终的结果通常会包含幸福感、成就感和更高的财务回报。这就像人们长期坚持运动锻炼一样，锻炼的过程需要克服懒惰和忍受身体上的各种不适的感觉，但长期坚持下去的后果是保持身体苗条、精力充沛和健康快乐。动机，本质上是人们追求博弈均衡的结果，也是符合熵减的行为和实现耗散结构的过程，最终使人们从无序趋向有序。

图1—31 动机与激励的比较

约翰·惠特默（John Whitmore）在《高绩效教练》一书中总结出的绩效公式，受到职场上各细分领域出类拔萃人士的广泛认可，公式如下：

绩效＝潜力－干扰

为了获得高绩效,显然最佳策略是在最大化潜力的同时最小化干扰。

潜力,是指一个人可以自我控制和管理的因素,包括自我突破的成就欲望、学习、觉察、激情、优势、使命感、价值观等。潜力因素通常为内因,即与动机有关。实践证明,关注于内在动机的人,更容易获得高绩效和高回报。

干扰,是指一个人不能按照自己的意愿来控制可管理的因素,有的干扰因素与自己有关,如生理或心理疾病;更多的干扰因素与外部环境有关,如外部的宏观和微观环境的变化、其他人对自己的影响、组织氛围或激励的影响等。

潜力与干扰是此消彼长的关系。如果一个人的注意力越关注内因,就更加容易简单专注,并最大化发挥潜能,同时将外界干扰降到最低,这样有助于最大化一个人的绩效水平。显而易见,任何雇佣方都倾向于把资源、高薪和晋升的机会给到那些能够为组织创造更高绩效的员工。这就解释了高绩效人士普遍不把过多的注意力放在外部激励上,而是更专注于自己的内在动机的原因。

在职场上,绝大多数的用人单位在招聘新员工时,会重点考察候选人的期望值和渴望加入己方的动因,并把动机归因作为面试决策的重要因素之一。

三、动机归因

动机归因理论,也简称为归因理论(Attribution Theory),是由美国社会心理学家、《人际关系心理学》作者海德(Heider)于1958年首次提出的理论。它是指人们可以通过对自己或他人行为的观察、测量和分析,概括总结出人物的特征或行为表现,从而推论出这些行为背后的动因以及影响动因的关键因素的推理过程。归因理论帮助人们把结果、行为和动因之间的相互关系通过心理学规律关联起来,并建立起不同的归因模型,这样就可以帮助人们提前预测在特定的环境或诱因下,特定的人群可能会采取何种行为,以及由此导致何种结果。

动机归因理论,有助于帮助人们透过行为表象看透其背后的起因,并能够前瞻性地预测未来的行为和结果,因此制定相应的规划和行动方案。动机归因理论,还可以帮助人们在职场上更好地觉察自己和他人,在求职招聘领域,以及知人善任等方面,也起到重要的作用。

自海德首次提出归因理论以来,西方有更多的心理学家基于各自不同的视角和测量模型，发展和丰富了归因理论。归因理论比较典型的代表有：

一是海德的朴素归因理论。他重点阐述了人的动因主要受到来自内因和外因的影响：内因包括人的情绪、态度、人格、能力和需求等人的内在因素；外因包括外界环境变化、压力、天气、情境等外部的因素。

二是关于人的需求，著名的心理学家马斯洛（Maslow）认为，人的需求主要包括五个层次，即生理需求、安全需求、社交需求、尊重需求和自我实现需求。这五种需求层次从低到高逐层升级，也可能同时交织在一起并作用于同一个人身上。

三是维纳（Viner）的归因理论。该理论在海德的基础上又增加了时间维度。维纳认为内因和外因并不是一成不变的，甚至有些因素会随着时间的变化而发生变化，这些会变化的影响因素就属于暂时性的因素；还有一些因素是长期不变或永远不变的，这些影响因素就属于稳定性的因素。

四是阿特金森（Atkinson）的成就动机理论。阿特金森在海德的基础上，重点就内因的部分进行了更深层次的探索，同时从成就需求的维度进行了研究和分析，包括从一个人对成功的期待欲、成功的可能性、成功的诱因值、权力需求、亲和需求等内在维度来看待影响一个人内心需求的因素，以及对动因的影响。

五是 H. 凯利（H. Kelly）的三度归因理论。凯利也从行为本身出发，从研究行为者的特征、行为者所处的环境、对行为者造成刺激的人或物三个维度，来阐述如何从观察人的行为特征到推导出动因的过程。

六是琼斯（Jones）和戴维斯（Davis）的对应推论理论。对应性，是指在看似独立存在的事物或现象之间找出它们彼此之间的相互关联性或映射关系。对应性，也体现了对立统一性的唯物主义哲学观，即世界上的很多事物或现象都是互为一体两面的，与我们中华文化的整体观有相似之处。对应推论理论主张，当人们在观察一个人的行为和结果并从中去推导一个人的意图或动因时，观察者所拥有的信息越多，他对该行为所得出的推论的对应性就越高。影响观察者能否得出准确的和精确性的对应性推论的主要因素包括：非共同性的结果、社会期望和选择自由。

（1）非共同性的结果，是指一个人的行为及其导致的后果是非常罕见的，也就是说没有太多的可参照性。这种可参照性的缺失会严重影响到观察者根据行为特征和结果得出的对应性推论的质量。

(2)社会期望,是指当观察者在进行正常的对应性推论时,也经常会受到社会舆论或大众期望的影响,但事实上社会舆论也经常会被特定的利益攸关方进行人为操纵,这也会严重地影响人们的对应性推论质量。

(3)选择自由,是指人们的选择没有固定的和标准的答案。即使对同一个人来说,在不同的时间和空间,人们的选择可能都是不同的。选择自由也是对传统动机归因理论模型的从众心理的一大挑战。人们并不总是因为别人或大多数人都怎么样,我们每个人也要怎么样。

从以上几种动机归因理论来看,它们都是从观察人们的行为出发,寻找隐藏在人们行为和结果背后的动因,再反过来在推导动因产生的过程中,总结出规律性的动机推导模型或映射函数,并对人们未来的行为进行预测和控制。如图1-32所示,各理论流派由于采用的心理学理论框架不同,选取的分析样本不同,搭建的测量模型不同,甚至分析的情境不同,所推导出的结论也各有差异。

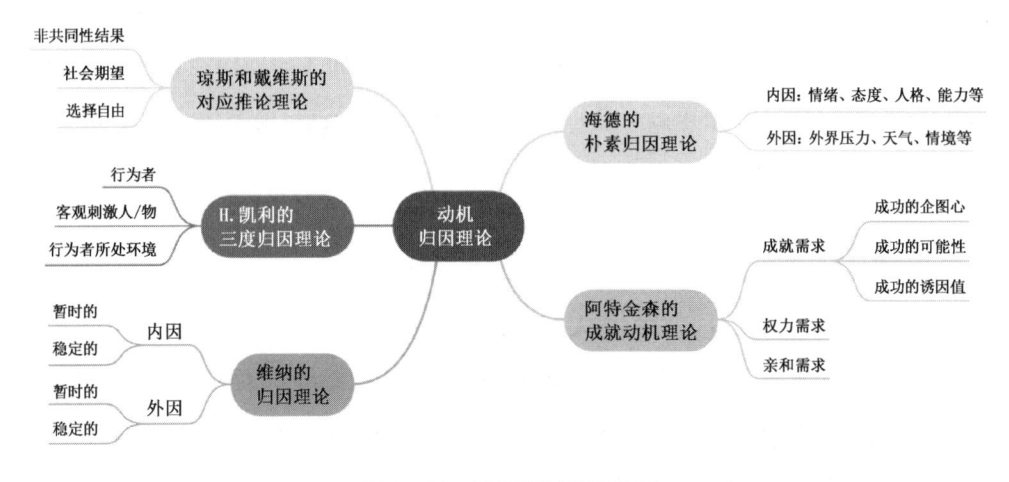

图1-32 动机归因理论体系

无论是对于个人还是组织而言,动机归因法都有很广泛的应用:在个人方面,其包括职业规划、求职、晋升、转型等贯穿职业生涯的各个阶段;在机构方面,其包括人才的招聘、保留和发展,组织的变革、业务的创新等几乎所有与人有关的业务场景。识别和调动人们的动因时,最大的挑战来自以下三个方面:

一是理论本身的局限性。不同的心理学流派得出的动机归因理论,由于其观察视角和样本的局限性，会出现不同的解读。

二是测量系统的误差。动机归因法本质上也是一种测量方法，它以特定的被测量者为测试样本，在特定的测量情境下通过测量者的观察、分析和总结推导出测量模型。从影响测量的要素来说，测量环境和背景、测量者、被测量者、测量流程和工具等因素都对测量结果的准确度和精确度具有重要影响。

三是人的复杂性。作为隐藏在人们的显性特征和行为表象背后的神秘力量，影响动机的变量要素不仅与心理学有关，还与医学、哲学、文化、社会、地理、科技等其他多种要素有关。比如，文化因素，是指不同的国家或文明经过漫长的历史所形成的世界观、人生观、价值观和风俗等，对人们的行为具有重要影响；再比如，地理因素，是指在不同的地理环境下长期生活的人们常常会拥有不同的性格特征或意识形态，使得人们在相同的情境下会有不同的反应。

在数智化时代，资本、人才、商品和信息等资源在全球范围内流动。不同的国家和地区由于地缘导致的政治、经济、文化和社会结构等方面具有很大的差异，从而导致人们的动机也有明显差异。学会理解不同地域的人的动因以及影响因素，及学会在管理自己动机的同时，建立与他人合作共赢的关系，是抓住全球化带来的重大机遇的重要职场能力。

四、动因识别

动因识别，是指为自己或为他人寻找动因的过程。动因识别的意义，在于它是动机的起点，如果起点所定义的方向错了，或者精准度太低了，都会影响到动机管理，甚至造成重大的机会成本。在职业生涯中，动因识别无处不在，比如求职前的准备、面试过程、职业规划、职业转型、人际关系、解决实际的问题等。

动因识别，是指寻找出一个人在人生职业生涯的不同阶段，特别在面对不同的职业机会要做出选择或取舍时的决策依据。通常动因识别主要有两种模式：第一种模式是从解决实际问题出发，所推导出的动因；第二种模式是从未来成就出发，所推导出的动因。

（一）基于解决问题的动因识别法

以解决实际的问题为目的来推导动因的模式（图1—33），包括两大操作步骤：

摆事实和讲道理。

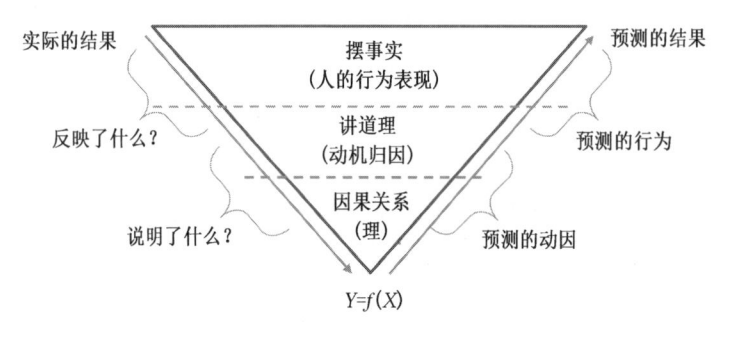

图 1-33 动因识别漏斗

摆事实,就是通过复盘一个人的职业体验,从过去发生并获得的职业体验中,通过对客观事实的回顾和总结,发现好的体验和不好的体验,并相互结合记录反映在如图 1-34 所示的体验矩阵中。

	看见的	听见的
体验好的		
体验不好的		

图 1-34 摆事实矩阵

使用摆事实矩阵时,首先要尽可能地把所有可能的真实发生的客观事实以关键词或动宾结构的词组呈现出来:横坐标所对应的是信息的来源方式,即记录下来的信息是看见的还是听见的;纵坐标所对应的是体验者的感受,即是好的体验还是不好的体验。之所以要尽可能地罗列所有与职业体验有关的客观事实,是因为这可以尽可能减少因关键信息缺失可能导致的偏差。

如果是引导其他人摆事实,可以采用方便移动的即时贴来辅助记录。沟通过程包括:(1)引出启发性的问题;(2)提炼、确认并记录贴切的关键词或词组;(3)引出更多的可能性;(4)分类汇总,包括删除重复的或与主题不相关的信息,或合并相同涵义的词组;(5)总结出最好的体验或最不好的体验,并撰写典型事例。

根据动机归因理论,推导动因的过程是建立在行为表象等客观事实的基础之上的,所以摆事实的质量将直接影响到后续进行的动因识别的准确度和精确度。影响摆事实效果好坏的关键因素包括以下几个方面:

(1)要聚焦的意图。意图,是指人们使用体验矩阵的目标是什么,以为何要花费时间、精力甚至成本去阐述事实。意图不聚焦,可能会导致太多的不相关的信息被列入其中,而重要的和必要的信息可能被遗漏或被严重干扰。

(2)要陈述的是客观事实而非主观判断。客观事实的陈述和主观判断的陈述有时非常接近且容易混淆。比如,"张三周一上班迟到了10分钟"的陈述方式就是属于客观事实,但"张三上班总迟到"这种陈述方式就属于主观判断。主观判断,往往会掺杂个人的情感和好恶,极易导致对客观事实的扭曲。

(3)不同的人面对相同的事实可能有不同的体验。在陈述相同的客观事实时,不同的人通常有不同的体验。比如,有的企业有意识地打破部门与部门或人与人之间的边界,并通过互动机制的创新鼓励员工勇于突破组织边界的限制,但同时也会增加员工之间的冲突。对于那些不喜欢冲突或更喜欢在泾渭分明的组织中工作的人来说,其在这种灰度组织中工作可能职业体验就不太好;反之,对于那些不喜欢太多约束、渴望更大自由度的人来说,其在这种组织中工作的职业体验可能会更好。

(4)要避免断章取义。视觉和听觉系统可以帮助人们形成自己的体验、观点和判断。人们日常看见的或听见的文字、声音、图片或视频本质上都属于客观事实的范畴。社交软件的便利性使人们足不出户就可以看见或听见来自全世界正在发生的事件。完整的事实应包含情景语境和上下文语境。人们对于看见的或听见的事实,需要进一步判断是否包含完整的上下文语境,否则容易导致断章取义和做出误判。

(5)要避免以偏概全。人们的信息来源渠道可能多种多样。假设我们看见的或听见的事实的完整性和真实性毋庸置疑,还需要进一步甄别该事实是属于个别现象还是普遍现象。我们应重点关注具有普遍性的、必然性的和稳定性特征的事件,而非个别性的、偶然性的和暂时性的事件。

(6)要确保信息来源的可靠性。如果是看见的事实,要明确是从哪里看见的,是直接看见的还是间接看见的,比如网络上流传的图片或视频也可以通过软件被人为地加工或扭曲。如果是听见的事实,也要明确是听什么人说的,这个人是直接当事人还是道听途说,以及是否具有可信度。

在采集客观事实的时候,信息的维度很关键,它可以指导人们从哪些维度去采集和挖掘信息,并尽可能全方位地呈现出来。通常,人们通过以下四种维度(简称4D工具)来采集客观事实:

(1)数据(Data)。它包括外部数据和内部数据。对于一个职场人来说,外部数据,可能包括宏观经济数据、微观经济数据、组织系统内的运营数据等;内部数据,可能涉及一个人在工作中的绩效指标、目标值、实际值,或业务运营的具体数据等,以及其他与个人相关的数据。

(2)诊断(Diagnosis)。我们在测量章节中介绍了韦斯伯德(Weisbord)的六盒模型,就是相对成熟的既适用于组织也适用于个人诊断的工具。该工具的好处在于它建立在外部环境的动态变化与独立的生态系统之间的互动关系基础之上,强调的是一个自组织系统的适应和改变外部环境的能力。

(3)示范(Demonstration)。它是指通过社会化比较或对标分析,寻找可资借鉴的典型人物、事件或示范性的案例,并从中获得启发的一种方式。比如,当一个人对十年后的自己缺乏清晰的职业定位的时候,可以寻找一个具有榜样作用的周边人或职场上的意见领袖(KOL),观察和解析该示范者的显性特征和客观事实。

(4)需求(Demand)。根据图1—35所示的马斯洛需求层次理论,人的需求包括生理需求、安全需求、社交需求、尊重需求和自我实现需求等不同层次,且随着环境的变化而变化。不同的人,在不同的情境下,需求也是动态变化的,甚至可能是混合多种需求的。

摆事实的目标,是从人们在过去所发生的客观事实中,推导出结果与可见的行为、可见的行为与不可见的行为、不可见的行为与动因、影响动因产生的内外部因

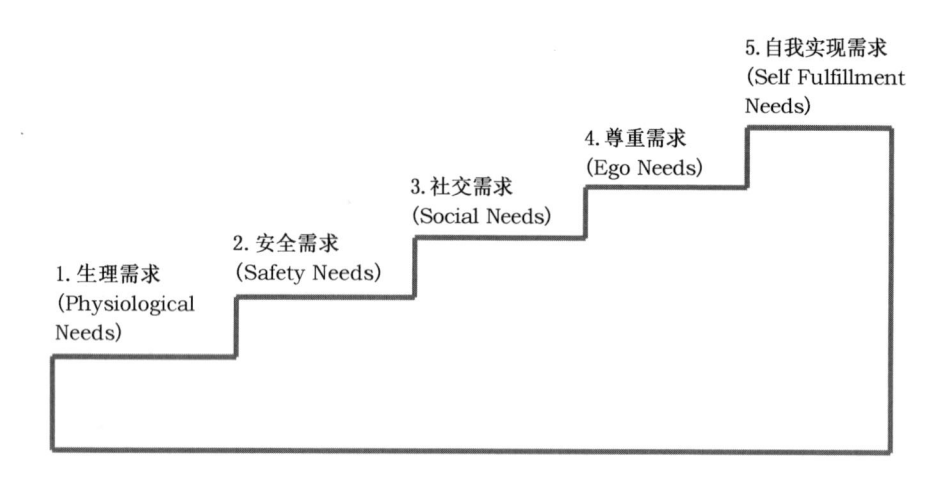

图 1-35 马斯洛需求层次理论

素,以及这些内外部因素是否具有长期性和稳定性等特征。

讲道理,是指要从客观事实中,推导出一定的规律或原理,即 $Y=f(X)$。当动因作为 Y 时,X 是影响动因的内外部变量因素;当动因作为 X 时,它和其他变量一起,成为影响一个人行为和结果的重要变量。

对于重要且复杂的项目,有时靠一个人的判断难以得出最优结论,所以常常会采用头脑风暴法,即由一群相关的人聚在一起,共同发现、定义和解决问题。

动因识别是复杂的思维过程。由于一个人容易受到理性知识的限制,及立场和情绪的干扰,很多时候难以依靠自己发现动因,所以通过寻求外部有相关经验的职业导师予以协助,可以起到更好的效果。

(二)基于未来成就的动因识别法

未来成就,是指以终为始,基于一个人对自我的认知和对外界的认知,推导出在未来的某个时间节点上的成功画像,并进一步推导出有助于其实现未来成就的路径图以及需要的动因。

一个人对未来成就的想象,本质上与一个人对自我的认知和职业定位有关,也体现了每个人独特的价值主张。所以,基于未来成就的动因识别,推荐采用如图 1-36 所示的价值主张画布进行动机归因,该工具是由亚历山大·奥斯特瓦德(Alex Osterwalder)发明的工具,适用于为品牌、产品和个人设计价值主张。

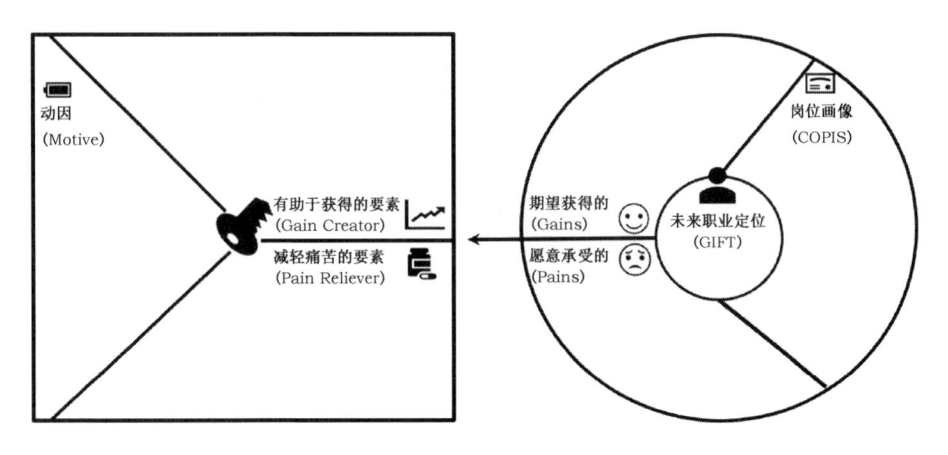

图 1-36 动机归因

价值主张画布由七个象限所组成,在使用该工具的时候,首先要从右边的未来成功画像开始,再按照箭头指示的方向,移到左边的部分。思考的顺序必须按照数值排序依次展开,切不可跳步,上一步的输出是下一步的输入。每个象限在依次遇到如下问题时,首先要尽可能完成所有可能的答案并以关键词记录在便利贴上,其次要尽可能地提炼出 3~5 条最关键和最重要的信息,并放在正确的位置,以及确保前后文的连贯性。

(1)未来 5~10 年后他/她想成为什么样的人?
(2)请描述一下那样的人的岗位画像是怎样的。
(3)成为所期望的人能够让你获得什么好处?
(4)你打算在过程中付出什么努力或承受什么痛苦?
(5)哪些内外部因素有助于实现你的期望?
(6)哪些内外部因素有助于减轻你在过程中的痛苦?
(7)如何阐述自己是否要加入或保留在一个组织中的动因?

五、动机管理

动机管理,是指一个人把动因转化为能够贯穿所有后续的认知和行动的内在动力,坚持不懈并取得期望的成果的过程。动机,由动因、知、行、关键节点控制等共同组成。动机管理的最大挑战在于人们的自律性,即能否真正做到"知行合一"。

动机管理,也是一个循环的过程。它的起点是动因,终点是收获的职业体验,如图1-37所示。每次职业体验,都会成为一次新的旅程的起点,继续影响新一轮的动机。

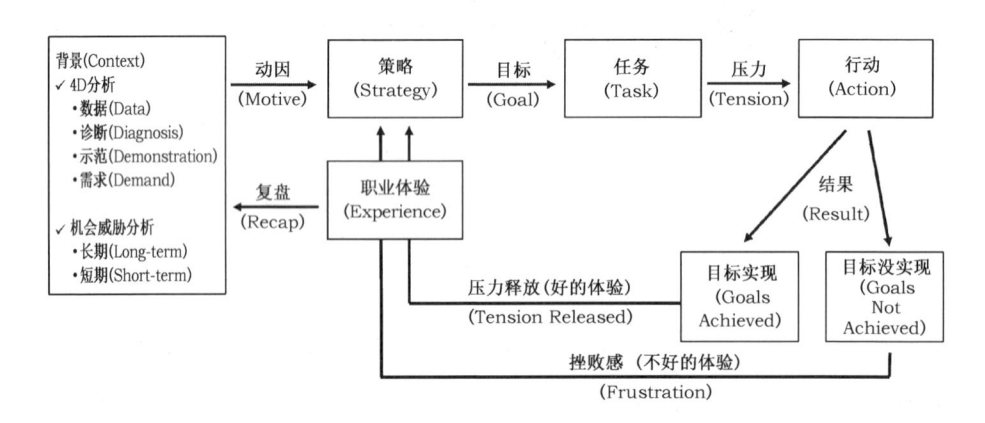

图1-37 动机管理流程

动机管理侧重于行动,即在生成动因和策略之后,还要有执行力。策略,是基于一定的逻辑告诉人们要去哪儿(Where)和怎么去(How)。策略本身不会产生任何结果,只有按照策略采取适当的行动,才有可能产生所期望的结果。在实践中,策略与行动脱节的现象很普遍,从而导致很多人原来期望的结果并不会发生。

在动机管理的流程中,人们要能够根据策略制定出具体的可分解的目标和任务,产生一定的压力和动力,及后续的行动。行动之后,可能有两种结果:一种是完成目标,另一种是没有完成目标。完成目标,原有的压力可能会被缓解或释放;没有完成目标,人们可能会产生挫败感或增加压力。所有这些过程所形成的心流体验,都会沉淀在一个人的记忆之中并形成职业体验。定期地复盘职业体验,有助于更精准地识别动因。

动机管理的干扰因素,是影响人们把动因转化为持续行动的内在动力,甚至是半途而废的破坏性因素。例如,面对越来越复杂多变的职场环境,有些人过于追求快餐模式,而不是深度学习和思考。实践证明,凭着直接经验越来越难以应对新挑战和新困难,导致有些人长期陷入某种困境而无法自拔。所以,掌握博弈均衡的能力至关重要,即要在付出与收获之间保持平衡,在短期与长期之间保持平衡,在痛苦与快乐之间保持平衡。

实训与自测

1. 想象10年后的你,希望成为什么样的职场人?
(1)以关键词概括职业定位:地域、职能、行业、头衔等;
(2)或者找到一个可对标的人物,通过职业分类总结他/她的特征;
(3)为10年后的你设置差异化的职业标签。

2. 定义10年后的你要从事的工作是什么?
(1)未来你想从事的工作要服务什么客户?
(2)你能为该客户提供什么产品或服务?
(3)通过什么样的工作流程才能交付产品或服务?
(4)需要具备什么样的资源和能力才能具备过程能力?
(5)你通过哪些途径或支持系统来获得未来需要的能力?

3. 如果要成为未来的你,你期望的收获是什么?

4. 如果要成为未来的你,你需要承受的痛苦是什么?

5. 哪些内因或外因有助于增加获得感?

6. 哪些内因或外因有助于减轻痛苦?

7. 请分类汇总有助于增加获得和减轻痛苦的关键要素,并打分比较不同的职业机会和排定优先级顺序。

第二章　商业敏感度

第一节　商业敏感度模型

本节精要导读

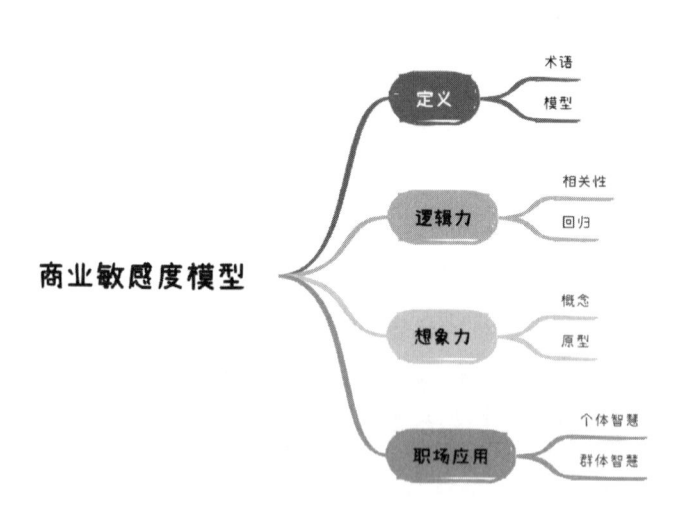

商业敏感度模型
- 定义：术语、模型
- 逻辑力：相关性、回归
- 想象力：概念、原型
- 职场应用：个体智慧、群体智慧

一、定义

商业敏感度（Business Acumen），也被称为"生意头脑""商业嗅觉"，是指人们在单位成本和时间期限内，关于商业领域的决策。通过在实践中复盘、总结、反思等动作，把商业实践中的象、术或数、理之间的逻辑关系理顺，并内化成一种有规律可循的过程能力;向外体现为学以致用,即基于知识体系,充分运用逻辑力和想象力,快速适应和改变环境并解决实际问题。

哈佛大学教授拉姆·查兰(Ram Charan)在《CEO说》一书中,认为商业敏感度包含了"市场导向""财务敏锐"和"全局思维"三项能力,并把这三种能力展开为如图2—1所示的"6+2"模型①。这个模型以顾客为出发点(元),以业务增长为目标,通过知人善任和顺畅沟通贯通业务的完整闭环,最终实现财务盈利(利),包括现金净流入(净利润)、利润率、资产收益率和周转率等。

拉姆·查兰从结构要素和业务流程的角度,构筑了商业敏感度模型。他认为,这一模型并不只局限于财富500强高管使用,普通工商业者都离不开它。所不同的是,如果只想开一家持续盈利的小店,也许优秀的财务敏锐和市场导向就够了;但如果供职于一家大型跨国企业并担任高级管理岗位,那么就还须具备良好的全局思维,以应对来自更复杂的内部结构和更VUCA的外部环境造成的挑战。

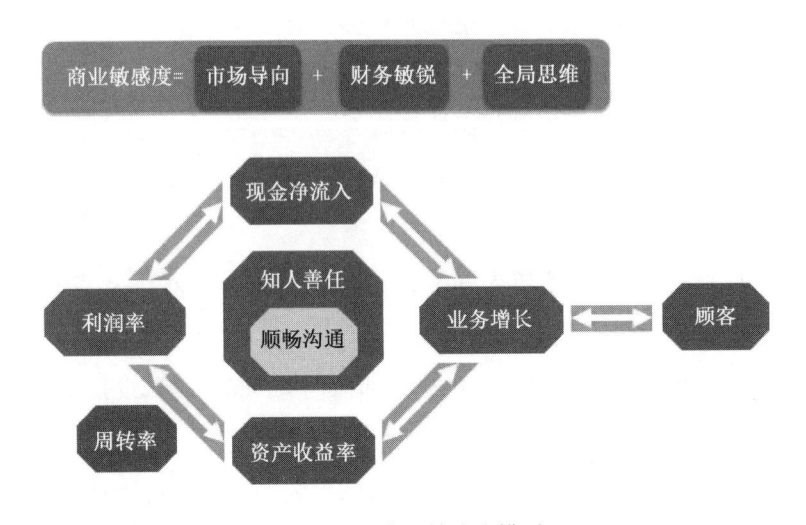

图2—1 商业敏感度模型

在"6+2"模型中,最右侧的词是"顾客",意味着从右向左的思考顺序。"顾客"的左侧为"业务增长","顾客"与"业务增长"之间的双向箭头代表着二者之间是相互依存和相互促进的关系,即满足顾客的需求是获得业务增长的前提,而业务增长反过来

---

① 拉姆·查兰.CEO说——像企业家一样思考[M].北京:机械工业出版社,2020:103.

又会促进开发新顾客和维持老顾客的忠诚度。以顾客导向为出发点的商业逻辑,是市场导向的核心原则和商业运行规律,影响着人们的商业决策的行为和结果。

业务增长,会持续地带来现金净流入,以及改善利润率、资产收益率和周转率等指标。这些财务指标反映的是一个人或一个组织创造的价值,以及其产品或服务被顾客认可的程度,体现的是一个人或商业组织可持续生存和发展的能力。

业务要保持增长,需要有系统性的支持,包括战略、创新、运营、研发、供应链、HR等,所有这些生产要素都与人有关,人是最关键和最活跃的生产要素。知人善任和顺畅沟通是保障商业系统能否得以搭建和运行顺畅的关键,包括对外部环境的预判、目标的设定、组织结构、角色分工、互动机制、运营流程、激励机制、领导力等系统性支持是否能够有效地满足客户的持续变化的需求和实现业务的增长。

"6+2"模型之所以把"知人善任"和"顺畅沟通"放在最核心的位置,说明了它们是影响业务增长和持续盈利的核心要素。顺畅沟通之所以被置于更核心的位置,一方面说明它更重要,另一方面也说明它更困难。

通常在一个组织内部,影响人们顺畅沟通的外部要素有:

(1)人岗匹配,即人员是否胜任岗位的能力要求;

(2)博弈均衡机制,即基于不同岗位代表的利益相关者和立场的不同,为确保决策质量而设计的组织内部的博弈和冲突管理系统。

关于商业敏感度在企业高管人群中的现状,麦肯锡公司2011年发起的一项针对1 597位企业高管的全球调查显示:36%受访者表示"完全了解企业的财务状况";16%受访者表示"非常清楚自己的企业如何创造价值";14%受访者表示"了解企业面临的风险";10%受访者表示"了解所在行业的动态"。

美国企业绩效研究院的一项关于商业敏感度的调查也佐证了这一点:80%受访者表示所在企业的领导者高度缺乏,67%受访者认为缺乏对企业的业绩有着极大的影响。拥有高商业敏感度的人更容易在各领域出类拔萃,并且更有机会晋升为高层管理者。这是因为他们能更敏锐地感知外部环境的变化趋势和内部结构性的挑战,能更深刻地洞察市场竞争动态和客户需求,能更前瞻性地制定战略性的业务规划,能更有效地组织内外部资源参与到创造性地解决复杂问题,能更成功地持续推动组织的变革进程,并改善组织的财务表现。

二、逻辑力

按照爱因斯坦等的定义,逻辑力是基于规律解决问题的能力,它可以使我们从 A 点到 B 点。在日益 VUCA 化的商业环境下,社会对职场人的要求越来越高,更新速度也越来越快。然而,知识更新的速度跟不上商业环境变化的速度和商业领域创新的速度。这就需要人们通过逻辑力,来快速地建立起不同事物和变量之间的相关性,并通过回归分析找到普遍适用的规律。

逻辑思维能力,体现的是正确、合理思考的能力,即对事物进行观察、比较、分析、综合、抽象、概括、判断、推理的能力。它是采用科学的逻辑方法,准确而有条理地表达自己思维过程的能力。归纳与演绎是逻辑思维的两种方式。人类认识规律,总是先接触到个别事物或现象,然后从个案中推导出共性,这就是归纳的过程;人们从共性推及到个别,这就是演绎的过程。如此循环往复,使人们的思维在归纳和演绎的相互作用中实现飞跃。相关性与回归分析法,是人们在归纳和演绎中需要的基本逻辑思维技能。

相关性与回归分析,是指定义两个或两个以上量值之间的相互关系。相关性解释的是两个量值之间存在多大程度的相互关系,而回归分析则能把这种关系定义得更为精确。通过相关性与回归分析创立的数学模型,可以作为评估某个预测因式的工具,适用于解释和预测以下问题:

(1)估计因式周围的变异性和不确定性的程度;

(2)预测变量将来取值的合理响应范围;

(3)估计相应变量与独立变量之间的相关性程度。

使用相关性和回归分析的方法时,通常有如下步骤:

(1)首先定义客户的期望值 Y 和流程变量 X。两者之间应该存在某种形式的关联或联系,可能是时间、资源,或其他价值活动。

(2)画出变量 X 和 Y 的散点图。该图应能显示 X 与 Y 之间的某种关系。回归分析可能遇到的难题在于寻找最佳拟合的回归方程/数学模型。

(3)相关性强表示变量之间的关系密切,相关性弱表示变量之间没有关系或需要对数据进行转换。

(4)通过数据转换调整变量的相关性,优化回归方程/数学模型。

(5)定义回归曲线的置信区间(CI)和预测区间(PI),使数据模型可以作为预测未来事件的预测工具。

(6)对于解决复杂问题,影响期望值Y的变量往往不只一个,所以运用相关性和回归分析时通常要考虑多变量回归。

数智化时代,基于大数据的数据分析与现实的工作相结合,以统计的方式来解决复杂的工作问题变得越来越重要。统计学,是一门通过搜索、整理、分析数据等手段,以描述或推论所测对象的本质和实现持续改善的综合性科学。

利用统计方式解决实际问题(见图2—2),要从客观事实出发,首先精准定义实际问题是什么,再把实际问题用统计学的术语进行表述,通过相关性和回归分析等统计方法,建立变量之间的函数关系$Y=f(X)$,并使之成为可预测、可控制的流程能力。

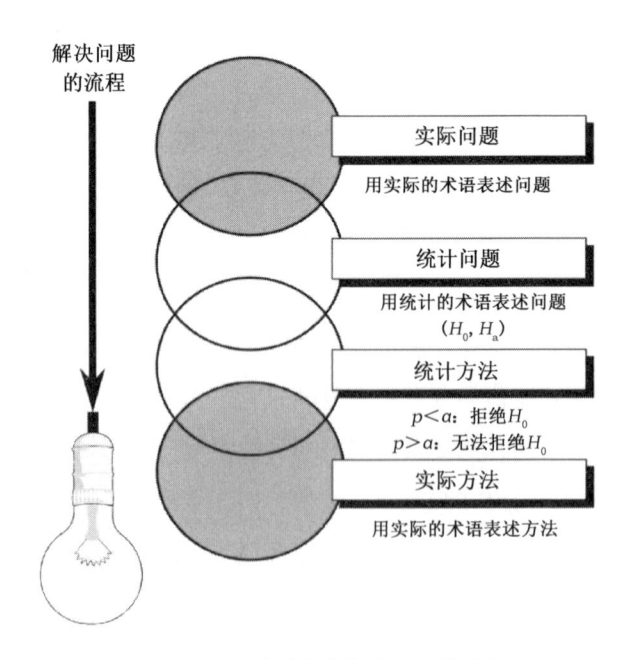

图 2—2　用统计方式解决问题的流程

描述相关性(如图2—3所示),用于处理有关叙述的问题:事物是否被有效地通过数据描述或图像摘要表现出整体性特征?整体性特征Y与各独立变量X之间有何相关性？数据描述包括平均数和标准差，图像摘要包含各种图表。

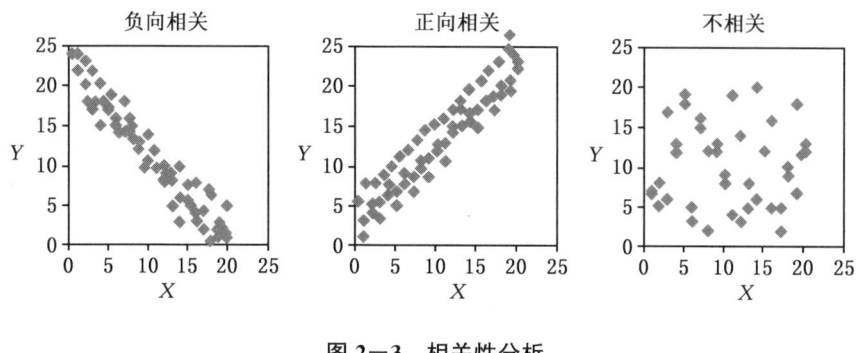

图 2—3 相关性分析

推论改善重点（如图 2—4 所示），通过回归分析将数据模型化，并用于可持续的改善。改善重点，一是要控制平均值的参考变量，即准确度；二是要控制标准偏差的参考变量，即精确度。通过计算发生偏差/变异的概率，预测事物未来运行的结果，再持续通过控制 X，打造强大的预测控制能力。

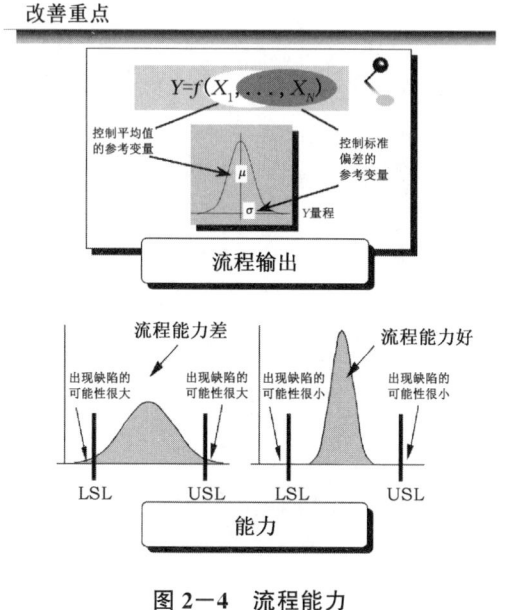

图 2—4 流程能力

对于职场人来说，打造可持续改善绩效的流程能力是其获得职业成功的关键要素之一,包括基于统计学规律解决数智化时代的各种实际问题。

步骤一:对焦客户的感受和满意度。

客户,可能是外部的客户,也可能是内部的客户。客户是提出需求或获得产品或服务的一方,而反过来向客户提供产品或服务的一方为供应商。根据"6+2"模型,客户通常放在右侧,供应商放在左侧,切记不要把客户和供应商的角色搞错了。通过对客户的访谈、调研,或沉浸式体验,来对焦客户真实的感受。

步骤二:定义工作的性质。

如图2—5所示,工作的性质可以通过价值分析来定义,虽然这个步骤可能不是客户最关心的,但是可以使增值的工作得以改善。价值分析包括增值工作和非增值工作。增值工作,是基本步骤,因为它们能够改善产品和服务的物理性能,而且客户也愿意为它们付出代价。非增值工作,被认为对生产和提供满足客户需要和要求的产品和服务不是必需的,客户不愿意为这些工作付出代价。非增值工作的类型包括内部失效、外部失效、延迟、准备、设定、控制、检验……

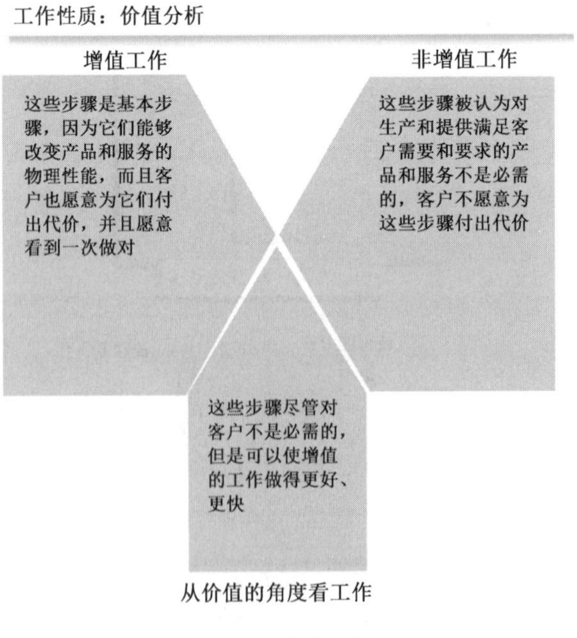

工作性质:价值分析

增值工作:这些步骤是基本步骤,因为它们能够改变产品和服务的物理性能,而且客户也愿意为它们付出代价,并且愿意看到一次做对

非增值工作:这些步骤被认为对生产和提供满足客户需要和要求的产品和服务不是必需的,客户不愿意为这些步骤付出代价

这些步骤尽管对客户不是必需的,但是可以使增值的工作做得更好、更快

从价值的角度看工作

图2—5 价值分析

步骤三:绘制详细的工作流程图。

如图 2-6 所示,以一家传统银行的贷款业务的操作流程为例,该流程涵盖从收到客户的贷款申请邮件开始,到最终审批通过和发放贷款的完整流程。绘制流程的时候,首先要尽可能地分割和记录每一个完整的步骤,并找出可能影响客户体验或工作效率的重要卡点,如与客户的期望值有差距的地方、多余的工作、含糊不清的要求、偷懒的操作、浪费的时间、可能的丢失、不一致的目标、普遍性的问题,等等。

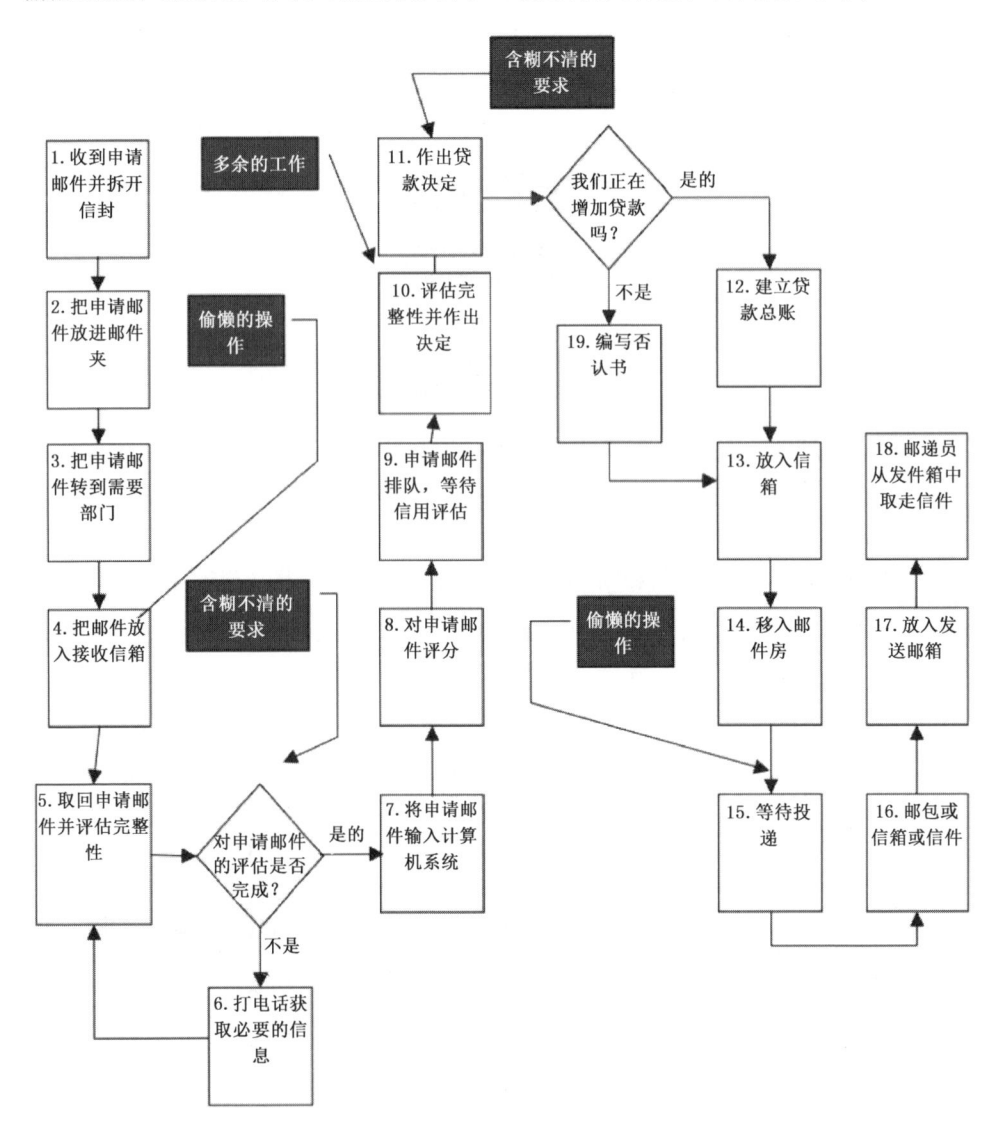

图 2-6 绘制工作流程图

绘制工作流程图的好处在于其可以帮助人们一目了然地理解要实现工作的价值,需要哪些价值活动,哪些价值活动是增值的工作,哪些是不增值的工作。不增值的工作是否可以删除,如果不能删除,如何才能使之转化为增值的工作?增值的工作,上下步的衔接和配合是否足够合理?时间循环是否存在浪费?个别步骤是否能通过人工智能等手段来替代?等等。

步骤四:计算完成一个完整的工作流程所需花费的循环时间(周期)。

如图2—7所示,把流程中每个步骤所需要花费的时间和延迟的时间分类汇总,得出的总时间就是完成一个循环需要的周期。

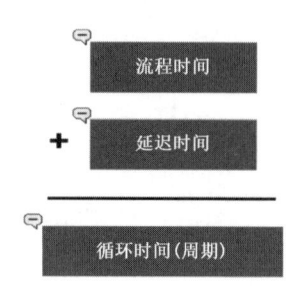

流程时间 + 延迟时间 ─────── 循环时间(周期)

图 2—7　循环时间控制

步骤五:归纳总结。

把价值分析与流程步骤和时间相互关联起来,得出如图2—8所示的汇总表格。从表格中,可以看出最大的改善工作的重点在于延迟,以及造成延迟的关键步骤集中在哪些步骤。

归纳性分析

流程步骤	1	2	3	4	5	6	7	8	9	10	11	12	13	14	15	16	17	18	19	总计	总计(%)
平均估计时间(分钟)	1	120	15	120	3	180	7	1	120	5	10	15	90	15	120	2	120	5	8	957	100%
增值	✓						✓				✓	✓		✓		✓	✓			48	5.00%
非增值																					
内部失效					✓															180	18.80%
外部失效																					
控制/检验					✓				✓											8	0.8%
延迟		✓		✓					✓			✓		✓			✓			690	72.10%
准备/设定																					
搬动			✓											✓						30	3.10%
价值效果								✓												1	0.10%
总计																				957	100%

图 2—8　寻找改善机会点

步骤六：运用矩阵表引导出改善工作的行动计划。

(1)哪里是最长的周期？它们是增值的工作吗？如果不是，能否消除或修改这些步骤，以便节省时间？

(2)在现有的工作流程中，哪些是主要的非增值步骤？是检验吗？是签字流程？延迟等待？这些步骤在流程中占多长时间？能否消除或修改这些步骤以便节省时间？

(3)在现有的工作流程中，有多长时间可以花在增值的步骤上？如何提高这些步骤的价值？取消这些步骤是否能增加客户价值？如果答案为否，说明这些步骤是多余的，就要想方设法消除它们。

从这个例子可以看出，通过统计的方式来解决问题，其关键是要基于实事求是的原则，从客户的体验出发，通过定义工作的性质和流程，分布式地记录和计算流程中的每一个步骤或价值活动所花费的时间、精力或资源，再通过相关性和回归分析，来创建客户价值与流程步骤各变量之间的相互关系 $Y=f(X)$，最终实现可持续改善工作的流程能力。

三、想象力

按照爱因斯坦的定义，想象力是在大脑中生成图像的能力，它可以使我们创造无限可能。发挥想象力，关键在于跳出盒子思考、可视化呈现。

(一)跳出盒子思考

跳出盒子思考(Think Outside the Box)是一种态度，是大脑的熵减行为，是对惯性思维的对抗。由于职业分类的缘故，人们的思维很容易被地域、行业、价值链、职能、组织架构和层级等条条框框给限制住。这些条条框框组成的空格就成为陷阱，不但限制了很多人的职业发展和突破机会，甚至可能导致这些人过早被淘汰。

坐在盒子中看世界，就如同坐井观天或作茧自缚。比如，行业例外论者认为，自己所处的行业与其他行业总是不同的，所以其他行业的经验不适用于自己所处的行业。这种思维陷阱忽视了一个事实，即很多颠覆式的创新往往来自其他行业的新进入者。规模例外论者认为，自己所在企业的阶段跟其他已规模化的企业之间不具备可比性，所以无法向那些已经取得成功的标杆去学习。这同样忽视了那些规模企业也曾经是从小做大的，人们应该去研究和学习规模企业从小到大背后的成功因素。时代例外论者认为，时代已经变了，过去的成功经验已经不再适应于现代社会的需要了。这种观点也忽视了宇宙运行中那些长期稳定的规律。

跳出盒子去思考，则会帮助我们突破边界，释放想象力，从而发现无穷无尽的创新和突破的机会点。地域、行业、价值链、接触点、工作流程、客户细分、业务场景、科技、组织形态等都可以成为创新的引爆点。学会透过现象看本质，从商业的底层逻辑出发，在数智化时代，有助于帮助人们抓住时代的机遇和迎接各种复杂的挑战。

(二)可视化呈现

可视化呈现是视觉思维的体现。视觉思维，最早可以追溯到罗伯特·麦肯姆(Robert McKim)1973年出版的书《视觉思维的体验》[①]，后罗尔夫·法斯特(Rolf Faste)在斯坦福大学通过如图2—9所示的设计思维框架，将视觉思维延伸至创意领域，对基于想象力的创意加工过程进行了定义和推广。视觉思维通过大卫·凯利(David M. Kelley)在IDEO的成功商业化应用而被许多全球性的创新企业采用。

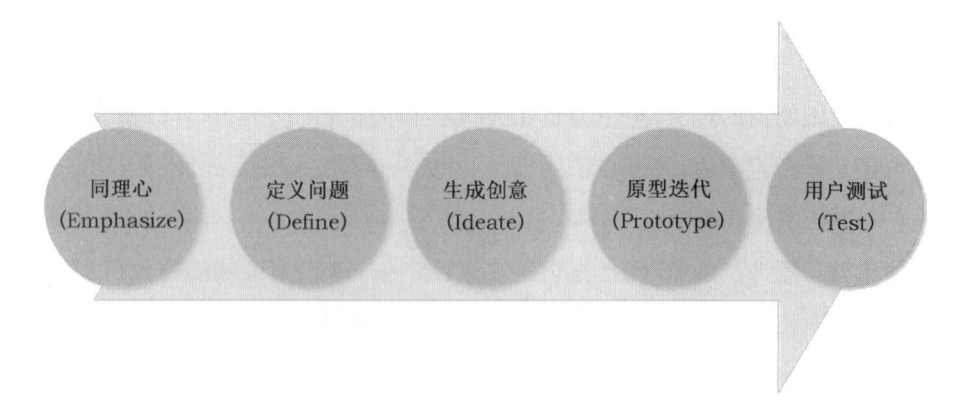

图2—9 设计思维框架

1. 同理心

要站在客户的立场，从事实出发，通过观察、访谈或沉浸式体验，以及换位思

[①] Robert H. McKim, Experiences in Visual Thinking[M]. Brooks-Cole Publishing Company, 1973:6—21.

考、共情、设身处地和感同身受，深刻地理解客户面临的外部环境和挑战。如图2—10所示，了解客户通常从4W1H维度来观察和总结，即什么人（Who）、在什么场景或情境下（Where）、有什么样的目的或任务（Why）、实际上实施了什么具体行为（What）并产生了怎样的结果（How）。从实地考察中，可以发现客户的真实需求或痛点。

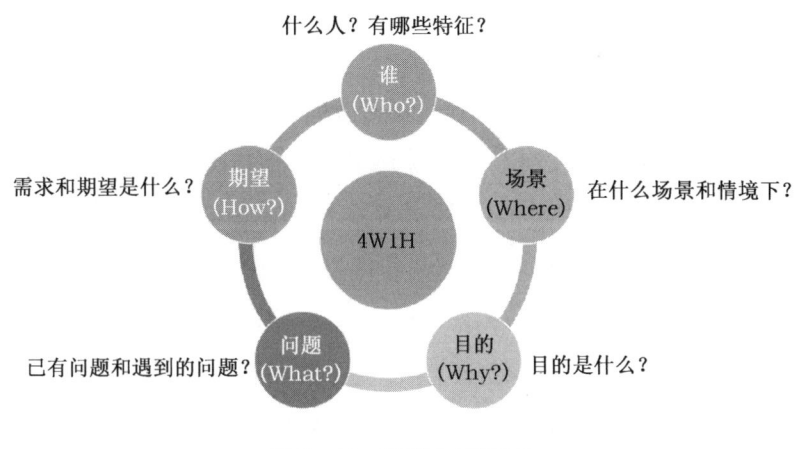

图2—10 同理心（4W1H）

2. 定义问题

问题，是隐藏在困难事项背后的导致困难或挑战的焦点。焦点问题的定义，一定要透过现象看本质，通过基于分割论的思想和采用诸如思维导图、分枝树等工具，对实际的困难进行深度的分析和解构。比如，可以通过客户画像和客户旅程等工具，来寻找客户的细分人群以及通过体验最不好的接触点来探究其背后需要解决的焦点问题。

3. 生成创意

创意（Idea），也常被称为概念（Concept）。概，是古代的一种量具用词，与一定的空间范围有关；念，是意识思维的状态体现，主要指语言体现。概念合二为一，是指可量化的思维意识，是人类思维活动的产物，是人类从感性上升到理性，并把所感知到的基于一定样本数量的事物的个性化特征，通过总结归纳抽象出来共同特征并加以概括和描述。概念，是人类思维体系中最基本的构筑单元，是人脑对客观事物本质的反映,它的呈现形式以文字或语言的描述为主。语言和文字,属于相对抽象的表达方式,人们对语言和文字的理解往往会受到情境和上下文的影响。

创意或概念,其针对的对象为上一个步骤定义出的焦点问题,即针对该焦点问题的解决方案的故事性阐述。其中有三个关键的因素会影响到概念的质量:首先,焦点问题的定义是否足够的精确和准确;其次,概念的加工和阐述是否与焦点问题所处的情境和上下文保持一致;再次,接收概念的人对概念的理解与阐述者所表达的意念有多大程度的偏差。

可视化呈现是想象力的重要体现。从大量的创新实践来看,95%以上的新产品以失败告终,不但浪费了大量的人力物力,还损失了巨大的机会成本。如果仅仅用抽象的文字或语言呈现创意,就无法从根本上消除或降低理解的偏差。而且文字的表达除了受到文案质量的影响外,还容易被忘记或难以留下深刻的记忆;语言犹如一阵风,没有痕迹,更难被人们所记忆,更容易导致理解的偏差。

以银行业为例,在数字金融服务越来越普遍的大背景下,传统的金融服务开始越来越关注用户体验,包括线上和线下的服务体验。如图 2—11 所示,某商业银行针对线下的营业网点,努力改善客户体验。首先,通过同理心来定义客户画像和客户旅程中的痛点;其次,定义焦点问题;再次,通过头脑风暴设计概念化的线下服务场景布局解决方案。概念呈现采用了可视化的方式,即通过素描、漫画图、积木或短视频等多种方式,对概念加以呈现和验证。由于尽可能地减少了抽象的文字或语言所导致的理解偏差,并更具象地与目标客户进行了概念测试和还原了概念阐述的精确度和准确度,其对后续的成功落地打下了坚实的基础。

4. 原型迭代

原型(Prototype),是指具有最小化可行性特征的基模,是创意或概念的有型载体。好的原型,首先要能够引起目标客户的兴趣,反映目标客户的痛点,并包含有针对性的解决方案。好的原型,可以是基于硬件的、软件的,或数据模型的素材加工而形成的仿真模拟。原型的价值,在于可以通过抽象的概念进一步具象化,并更加敏捷地对目标客户的真实反映进行测试和反馈,从而以更低的创新成本和更快的创新速度,实现对客户解决方案的验证和迭代。

原型有助于与目标用户快速同步语境,并帮助开发者更好地预测新产品或新

图 2—11 场景优化案例

流程未来可能带来的收益和支出的成本。原型设计和测试(Prototyping)通常要考虑的要素包括:特定的用户场景、具象化、有外观、有用户体验设计、有用户使用流程、有最小的可行性、可快速试错与迭代。

5. 用户测试

测试,是指对人们在创意加工部分生成的概念性解决方案和原型的质量进行测量。测试方法,通常分为定性分析(Qualitative Research)和定量分析(Quantitative Research),是社会科学领域的基本研究范式。定性分析,也被称为质化研究,是指通过实地考察来解释和判断事物的本质和运行规律;定量分析,是指以定性分析为基础,再通过一定数量的测试样本和基于数学统计等相关性分析和模拟工具,进行更加细致的量化研究,其目的是进一步验证通过定性分析得出的结论或假设,并对相关性进行数据化呈现。

以反映事物的整体性特征和关键影响变量的映射函数 $Y=f(X)$ 来说,分析要输出的成果 Y 和关键影响变量 X 的分析过程,属于定性分析的范畴;通过采集一定的测试样本,并通过相关性和回归分析,以及仿真模拟等工具,进一步验证所要输出的成果 Y 与各个变量 X 之间的数量关系,并搭建从精确度和准确度等方面实现可测量、可预测和可控制的预测控制模型,则属于定量分析的范畴。从逻辑上来看,定性分析在前而定量分析在后;反之,如果把定量分析置于定性分析之前,导致的后果就是缺乏全局意识和容易钻牛角尖,特别是如果一个人前进的方向搞错了,那么最终的结局就与当初的期望渐行渐远。

由此可见,无论对于组织还是个人来说,如果能持续性地通过产品创新、服务创新、流程创新来解决客户实际问题、改善客户使用体验,那么就容易使成功可再现,并长期地获得高成长和高回报。从"6+2"模型来看,从顾客出发的整体思维框架适用于各行各业和各种职业。把逻辑力和想象力结合在一起,除了有助于实现里程碑目标外,还有助于创造无限可能。

四、职场应用

商业敏感度适用于包括市场研究、消费者洞察、战略性规划、市场营销、财务管理、人力资源、产品和流程创新、供应链运营、组织变革、人际关系、顺畅沟通等几乎所有的业务范围。级别越高的岗位或越需要前瞻性思维的岗位,对此要求越高。如图2—12所示,杰克·韦尔奇(Jack Welch)把商业敏感度作为领导力模型的重要组成部分,并因此培养了一大批卓越的领导者。

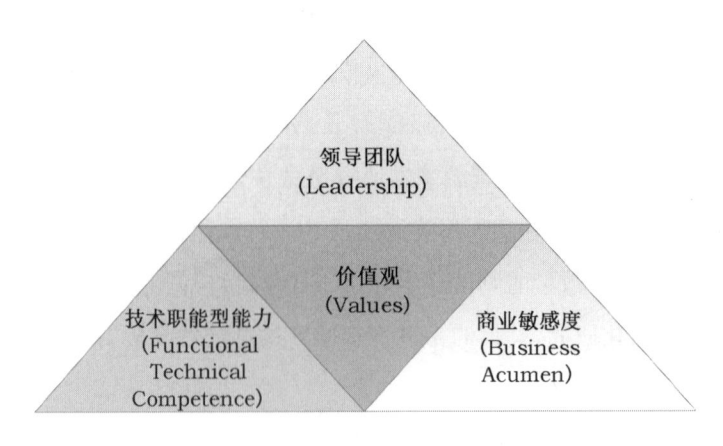

图2—12 领导力模型

此外,杰克·韦尔奇还在20世纪80年代首次提出并推广了无边界组织以及群策群力(Action Work-Out,AWO),致力于打造边界更加开放的分布式创新生态系统,使个人与组织保持活力。AWO的目标,是要通过博弈均衡与发扬群体智慧,最优化组织的决策质量,以及在解决复杂问题的过程中复盘与反思,并还原到商业底层逻辑,为创造领先业绩提供可持续性的能力保障。

实训与自测

根据商业敏感度"6+2"模型,请仔细思考并回答如下问题:

1. 你服务的客户是谁?如何描述他们的特征和需求?
2. 你如何获得关于客户体验的反馈?
3. 你认为客户最好的体验和最不好的体验分别是什么?
4. 你认为通过哪些措施可以改善客户体验?
5. 你认为哪些机会点有助于实现业务增长?

第二节 群策群力

本节精要导读

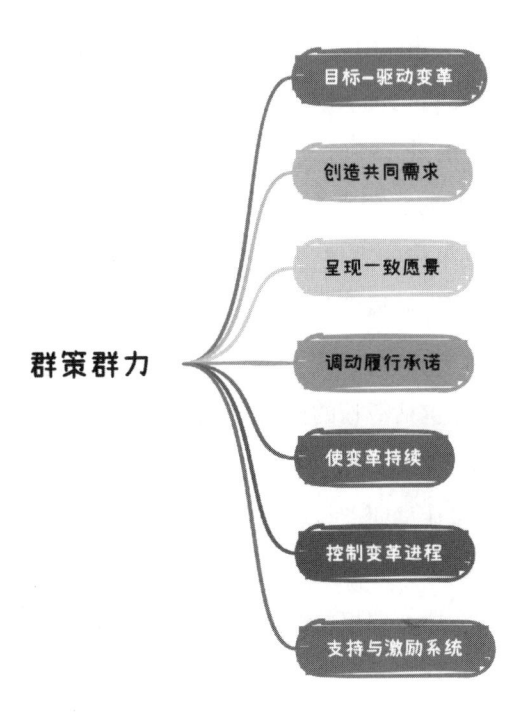

群策群力
- 目标—驱动变革
- 创造共同需求
- 呈现一致愿景
- 调动履行承诺
- 使变革持续
- 控制变革进程
- 支持与激励系统

一、目标—驱动变革

俗话说,"三个臭皮匠顶一个诸葛亮"。这说明了群体智慧永远大于个体智慧的道理。由于个人所处的立场、情绪以及知识的局限,导致个体的商业敏感度水平参差不齐,并使得依赖个人所做出的商业决策存在较大的不确定性和风险。大量标杆组织的最佳实践证明,通过调动群体智慧,把对个体智慧的依赖转化为对群体智慧的依赖,既可以改善决策质量,又可以加强个人能力。

群策群力,最早出自汉·扬雄《法言·重黎》:"汉屈群策,群策屈群力。"群策,是指大家遇到问题时一起想办法并生成对策;群力,就是等决策定了之后,大家一起全力以赴地执行。目标,就是通过调动群体智慧,弥补个人商业常识的局限性,共同创造和执行解决复杂问题的方法和过程。

传统的决策模式依赖于领导者制定战略,执行者负责按指令执行。传统工作模式保持高效有两个前提:(1)领导者的决策质量和指令是准确的和精确的;(2)执行者能够准确和精确地理解并执行策略。

在数智化时代,随着外部环境越来越复杂多变,无论是商业领域还是职业领域都面临着越来越多的挑战,个人知识的局限性所导致的决策失误也越来越多。与此同时,越来越多的职场人也不甘心于只承担执行者的角色,他们更渴望有机会参与决策制定的过程和贡献自己的智慧。群策群力机制,除了有助于提升团队整体决策和执行的质量外,还有助于持续改进个人与组织的商业敏感度,并激发个人与组织的活力。从标杆企业的实践来看,AWO 不仅是个概念而且是一套切实可行的、标准化的流程和工具组成的系统,其是否能够长期可持续地发挥重要作用,并为个人和组织持续创造领先业绩的关键因素在于:

(1)强有力的领导者来驱动变革;

(2)创造共同的需求,包括清晰的使命、愿景和目标;

(3)呈现一致的愿景,包括实现个人与组织的双赢价值;

(4)调动履行承诺,包括早期参与和项目章程的设计;

(5)使变革持续,包括里程碑管理和提供系统性支持;

(6)控制变革进程,包括利益相关者的激励和影响策略;

(7)支持和激励系统,包括流程再造能力和动机管理。

在数智化时代,个人与组织都在经历着数字化转型的洗礼。本质上来说,数字化转型不仅是数智技术的革命,还是人们思想观念和组织治理方面的重大变革。之所以很多组织在推动数字化转型的过程中举步维艰,往往不是因为技术能力不行,而是因为组织的数字化战略与组织能力相互不匹配。

从数字化转型标杆者的最佳实践看,组织变革加速是关键。如图2—13所示,为了加速驱动变革,通过AWO支持系统和动力机制,可以有效地帮助组织从当前的阶段进化到过渡阶段和改进阶段。它们包括创造共同需求、呈现一致愿景、调动履行承诺、使变革持续和控制变革进度等组合的过程能力。

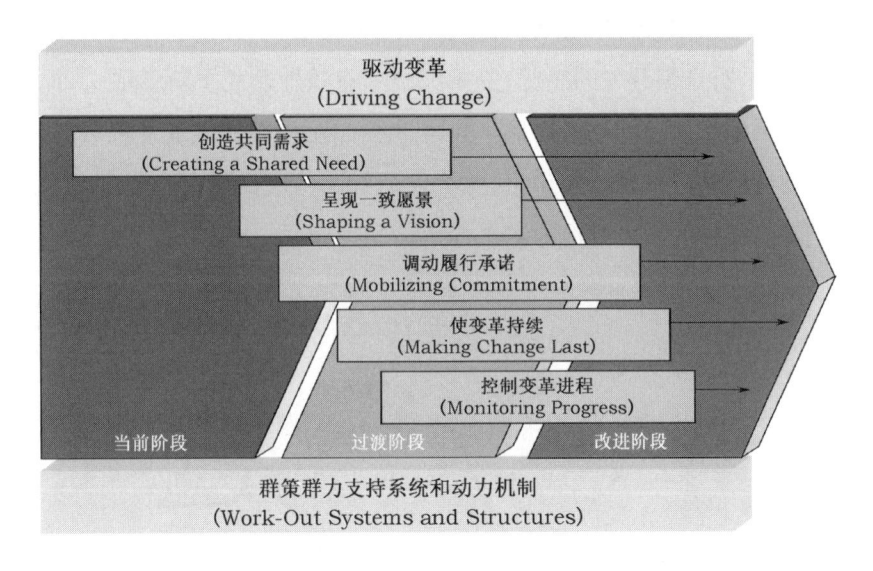

图2—13 变革加速策略

二、创造共同需求

创造共同需求,就是生成共同的动因的过程。根据动机归因理论,心理学家们通过研究人物特征和行为表现,推导出其背后的动因和影响要素。群体的动机归因与个体的动机归因在逻辑上是完全一致的。群体的动机归因,是从研究特定群体的共性特征和行为表现出发,推导该群体行为背后的动因以及影响因素。

AWO项目,通常与发起人(Advocate)有关。发起人,也称为倡议者,通常是一个人或一个团队。项目发起人的动因,往往决定了项目的成败,并影响其他有类似需求的人是否能够同心协力共同参与共创解决方案。

如图2—14所示,共同需求来自背景分析,包括从外因和内因来分析和概括背景。外因包括外部的机会与威胁分析、波特五力分析、社会化比较与对标分析、外部的激励要素等;内因包括目标的设定(如价值观、使命、愿景等)、角色分工、动机、核心能力、沉浸式体验等。从背景分析中,要提炼出一个典型的焦点案例。一个好的焦点案例,需要具有真实性和典型性,能够让参与者们感同身受,并激发共情和共鸣。

焦点案例的阐述,需要包括情境语境和上下文语境。情境语境能够激发受众的同理心,使之有身临其境的感觉;上下文语境有效地避免了断章取义,能更精确和准确地还原困难事项的本来面目。共同需求的阐述,是否足够准确和精确,以及是否能够得到团队成员的普遍认可,将决定后续团队成员的参与程度及是否能够真正地创造高质量的和可落地的解决方案。

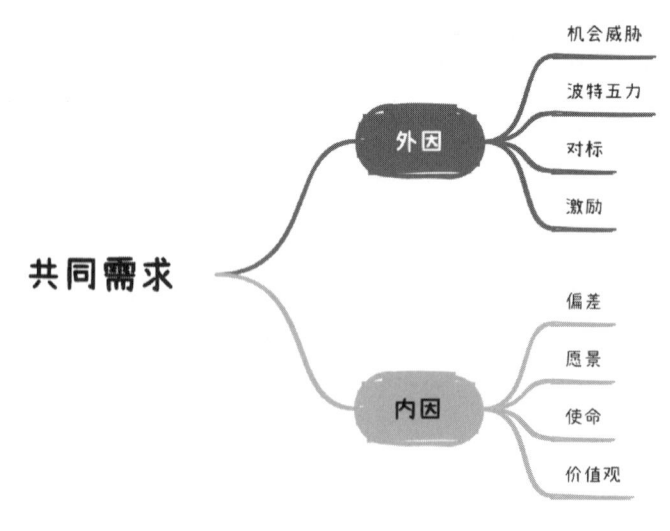

图2—14 影响需求的因子

三、呈现一致愿景

愿景,是指人们对未来取得成功后的美好画面。对于 AWO 项目的参与者来说,耗费时间、精力和资源,最终能够分别给客户、利益相关者和自我带来什么好处?好处可能与金钱有关,也可能与金钱无关。一致的愿景越生动、越具体和越有吸引力,往往就越能够调动参与者的热情和执行力,最终所取得的成效就越好。

从标杆企业的长期实践来看,经常参与共创项目,有助于加速个人的职业成长并获得高绩效和高回报。

(1)增加曝光率(Exposure)。群策群力,可以为参与者提供展现个人才能和创意的机会。从前期的设计、准备,到中期的组织、实施、头脑风暴,再到后期的跟进、复盘、总结和反思,往往需要全力以赴地参与,每个人有机会在项目中担任合适的角色并展现才华。曝光率,有助于让他人更多地了解自我,并在人才选拔的过程中发挥重要作用。

(2)树立形象(Image)。按照动机归因理论,通过一个人的行为表现,可以推导出这个人的动因和影响动因的关键要素,如性格、情商、价值观等。通过动因和其背后的影响因素,往往能够预测一个人未来可能的行为和结果。在参与项目的过程中,一个人的行为表现将在他人的心目中留下印象,包括是否积极主动、团队协作、专业、理性、逻辑力、想象力等。显然,一个人所树立的形象,将影响到其未来的职业机会。

(3)创造领先业绩(Performance)。群体智慧大于个体智慧之和,这是不争的事实。一个人可能永远无法解决的问题,一群人往往就能解决。群体的好处,在于能够调动群体智慧并创造出无限的可能性。显然,个体的成功会促进群体的成功,反过来强有力的群体又会反哺个体。实践证明,出类拔萃的个人,往往出自出类拔萃的组织,二者相辅相成,互相成就,并持续创造领先业绩。

四、调动履行承诺

调动履行承诺,也被称为动员。它是指为了实现目标,发动人们参加某项活动,并最大化地激发参与者的参与热情以及全力以赴地履行承诺。实践证明,调动履行承诺是项目能否取得成功的重要前提,而这个前提又与前面两个步骤,即创造共同需求和呈现一致愿景具有重要关系。

项目的参与者,通常是以非正式的角色参加到某个以解决问题为导向的动态项目小组之中,为了完成特定的项目目标,需要投入一部分时间、精力和资源,这些都为项目参与者带来非常大的挑战。特别是在面对非常复杂的环境和困难事项,在没有见到成效之前,参与者可能会缺乏自信而使投入度降低。

通过前期的准备和生成的共同需求和愿景,接下来的重要步骤就是生成共同认可的项目章程。项目章程是调动团队成员履行承诺的关键工具,也为后续的任务开展和资源配置设计了可落地实施的路径图。经过成员共同认可和书面确认的项目章程文件,通常也被看作项目参与者的书面承诺。

项目章程的内容可以参考六盒模型的架构,如图 2—15 所示。项目章程包括项目背景与焦点案例、可测量的项目目标、角色和分工、互动机制、项目流程与里程碑、支持和激励系统、流程与工具、项目风险、项目经理等内容。项目章程的作用,在于稳定性和约束性。稳定性,是指项目成员在一定时期内可以稳定地按照章程所约定的基本纲领和规范来采取行动,如需变更或修订,应履行特定的变更程序与手续。有关人员按照既定的项目章程开展工作,也要遵循其规范。约束性,是指项目章程具有对全体成员共同的规范作用和约束力。如果有个别人不执行或不履行项目章程中所约定的义务,那么可能会对其他人的任务造成负面的影响。项目章程中所涉及的支持系统和激励机制,通常也会对项目的参与者起到一定的正向的或负向的刺激作用。

在召开 AWO 项目动员会时,需要就如下问题与参与者达成高度共识:

(1)外部环境正在和将要发生什么变化,对自身的生存和发展有何影响?

(2)组织生态内外部的主要矛盾是什么?

(3)组织内部是否有阻碍变革或漠不关心的势力?

(4)发起 AWO 项目的正当性和必要性是什么?

(5)我们为什么要创造改变?谁会从改变中受益?

(6)我们不改变会有什么后果?

(7)我们创造改变的逻辑和期望达成的目标是什么?

项目背景与焦点案例 项目目标	项目里程碑　开始时间　结束时间
项目经理 团队成员	流程&工具/技术 支持&激励系统
互动机制	项目风险

图 2—15　团队章程模板

(8)我们需要什么能力和资源去创造改变？

(9)我们参与者能够收获什么？

(10)哪些人适合参与到项目中？

召开高质量的群策群力会议，通常包含三大步骤：

步骤一：动员会议前准备。

(1)我们在追求什么？

(2)领导层的支持度如何？

(3)初步选定的动员会的焦点议题是什么？

(4)要讨论的范围和边界是哪些？

(5)参与者的人员名单和必要性？

(6)是否与关键的利益相关者提前沟通和验证？

(7)会议的时间和流程是否有彩排？

(8)会议实施的场地、白板、投影仪等支持设施是否完备？

(9)会议前要提前准备/收集的数据/信息是否充分？

(10)动员会议的主持人/演讲人是否已就绪？

步骤二：动员会议实施。

(1)对焦项目背景；

(2)寻找改善的机会点；

(3) 创造可落地的项目章程。

步骤三：动员会议跟进。

(1) 生成决议和行动计划；

(2) 签署项目承诺书；

(3) 确认、校准、反馈和迭代。

在动员效果方面，如图 2—16 所示的经验曲线表明，参与者参与的时间越早，越容易成为支持者；反之，越是后期参与的越可能成为阻碍者。由此可见，项目的发起者应尽可能地在项目早期邀请利益相关者参与到项目的策划中来，这样动员的效果会更好。

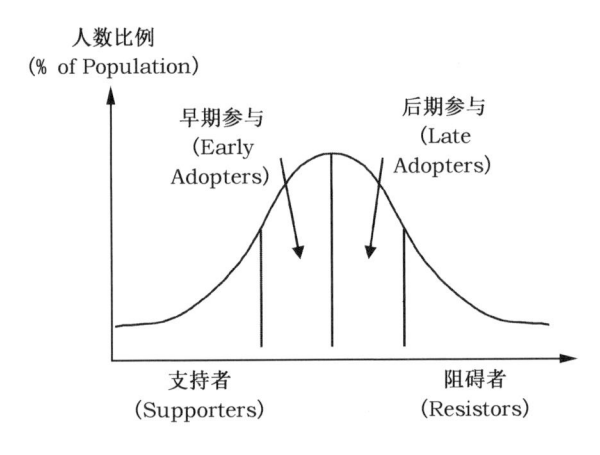

图 2—16　参与度曲线

显然，AWO 项目能否成功往往取决于支持者和阻碍者的力量对比。这就要求人们不仅要保有对业务和技术的敏感度，还要保有对人的敏感度。我们要尽可能地透过表面的现象来深刻地洞察困难事项或挑战背后隐藏的焦点问题，及时发现、识别和邀请到最合适的人员参与到项目策划之中，这就要求具备知人善任和顺畅沟通的能力。

五、使变革持续

当团队成员承诺参与到一个共创项目后，项目经理要做的重要工作就是尽快启动项目并使变革按照项目章程持续地进行下去。通常导致变革无法持续的原因有三个方面：一是焦点议题和项目章程的定义，其精准度、认可度、可行性都比较差，无法调动利益相关者的兴趣、热情和支持；二是驱动变革的关键人缺乏足够的领导力，无法影响到利益相关者；三是驱动变革的支持系统不完备，包括可用于跨团队协作的业务流程和工具不足以支持参与者共创可落地的解决方案。

使变革得以持续，通常要从群策和群力两个方向加以推动。

群策，就是引导群体共创策略的过程，包括三个里程碑：对焦（Calibrate）、寻找（Explore）和创造（Create）。对焦，是指校对焦点，包括梳理项目背景和焦点案例，定义焦点问题、转化焦点议题和生成项目章程；寻找，是指寻找使项目目标得以实现的机会点，包括从外部因素分析和内部因素分析来寻找改善流程或获得增长的机会点；创造，是指基于机会点共创概念性的解决方案或搭建最小化可行性的解决方案原型。

群力，就是把生成的策略性解决方案通过测试和验证，在优化和完善之后落地实施，并在组织实施的过程中继续完善和优化，并实现预期目标。这个过程包括两个里程碑：一是组织，是指按照行动程序和任务清单把策略转化为行动，并通过校准反馈不断优化；二是实现，是指通过仪表盘，检测和记录实际的执行效果，并和目标进行校对，及时发现和控制偏差。

把一个大的项目分割成若干个项目里程碑的方式，有助于使变革可持续。一方面，每个里程碑对应的阶段性目标和成果输出，更容易让参与者看到希望和受到鼓舞；另一方面，每个里程碑都有对应的核心任务和运营流程，以及相应的支持系统和工具，而且上下游里程碑之间的工作内容也是相互衔接和配合，并通过检查点来确保每个里程碑的输出成果的质量，通过过程控制保障最终项目输出成果的质量。

变革无法持续的一个主要原因，往往来自无法看到成果。参与者们在推动项目进行的过程中，发现耗费了时间和精力生成的策略并不能有效地使他们摆脱困境，从而选择中断变革，继续陷入困境而无法自拔。归根溯源，要么可能是当初生成的变革策略的质量太差，即精确度和准确度太差；要么可能是生成的策略不被执行者认可，即在共创策略的过程中没有邀请足够具有代表性的执行者参与其中，导致即使策略是对的,但由于执行者的认可度低,仍然无法有效落地实施;要么可能是组织的支持系统不能为变革策略提供强有力的支持和保障,从而导致变革无法持续。

使变革无法持续的另一个主要原因,往往来自焦点议题的不准确。以数字化转型为例,每个人或群体对"数字化"的理解可能各不相同,甚至有的人认为数字化就是信息化。概念理解的偏差导致人们对困难事项和隐藏在其背后的焦点问题的洞察出现明显的差异,并进一步导致对焦点议题的设计并不精确和准确。显然,焦点议题是 AWO 项目和会议能否输出高质量成果的关键。好的焦点议题,是聚焦于特定意图的会议主题,要以解决具体问题为导向,能够调动绝大多数参与者的兴趣。每一场会议的焦点议题,通常要从属于项目的焦点议题,并保持连续性和一致性。随着变革项目的进行,人们会发现最初从困难事项中定义的焦点问题及转换而来的焦点议题可能并不准确和精确,甚至影响了项目能否顺利进行。在这个时刻就应该及时地优化焦点议题的阐述,并确保得到项目利益相关者们的接受和认可。

设计焦点议题的流程如图 2—17 所示,通常包括:
(1)确定讨论范围和初步主题;
(2)对焦背景要素;
(3)寻找典型案例;
(4)共创焦点议题;
(5)再对焦焦点议题。

焦点议题的生成,需要从客观事实和体验出发,推导出客观困难或挑战背后隐藏的焦点问题,并进一步转化为以解决问题为导向的焦点议题。焦点案例、焦点问题和焦点议题的阐述,需要保持高度的一致性和连贯性。显然,要想摆脱现实的困境,首先要精准地定义问题,然后才能共创可落地的解决方案,最终才能战胜挑战。

推导焦点议题的过程,要遵循民主集中制的原则。如图 2—18 所示,即从焦点案例出发阐述痛点,然后通过发散思维引导参与者尽可能畅想各种可能存在的问题,在穷尽所有的可能性后再通过分类汇总和排定优先顺序,并推导出一个焦点问题。依此类推,再把焦点问题转化为以解决问题为导向的焦点议题,并采用动宾结

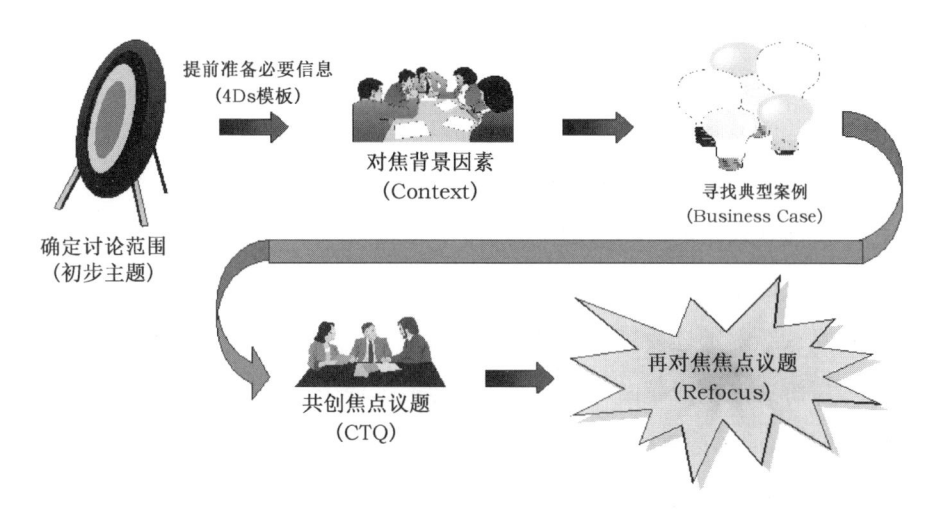

图 2—17　焦点议题共创流程

构加以阐述。好的阐述方式应尽可能简单直接，方便理解和记忆，并尽可能聚焦于一个任务。

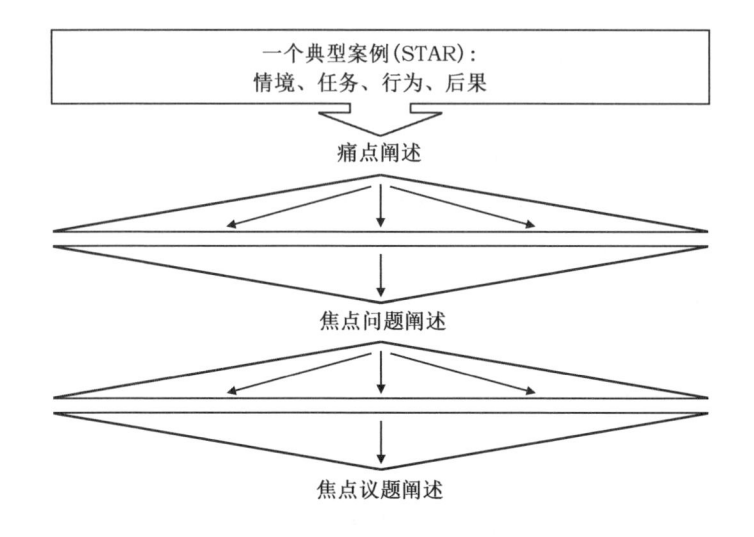

图 2—18　焦点议题阐述

焦点议题也可以在项目的推进过程中进行优化。焦点议题的阐述除了要简洁清晰外，还要能够站在目标受众和参与者的立场来引发大家的同理心。

好的焦点议题通常具有如下特征：

(1)体现群策群力的理念和哲学；

(2)消除低效率和官僚作风；

(3)使参与者看到好处；

(4)使员工参与提出建议和执行改变；

(5)尽可能在较短的时间范围内实施(30～60天)；

(6)焦点议题是人们关注的和感兴趣的议题；

(7)焦点议题的阐述要简单直接，句式中仅有一个动词；

(8)要以解决问题为导向，如在动词前增加"如何……?"。

不好的焦点议题通常具有如下特征：

(1)准备不充分或仓促决定；

(2)没有明确聚焦的人群；

(3)选定的主题范围不聚焦；

(4)项目的背景和案例不具备真实性和典型性；

(5)超越了参与者们的职责范围；

(6)讨论的范围涉及太多内容；

(7)把客观事实与焦点问题相混淆；

(8)没有对焦点问题进行过验证；

(9)焦点议题没有得到利益相关者的支持。

焦点议题是使变革可持续进行的重要一步，后续再根据焦点议题，设计项目章程，再逐步地实现项目的里程碑目标。

六、控制变革进程

数字经济时代的变革，最困难的地方往往不是技术的问题，甚至不是业务流程的问题，而是人的阻碍问题。归根到底，控制变革进程的关键点，在于控制与人有关的问题，特别是有关动机的问题。

首先，分析利益相关者。明确他们的态度包括强烈反对、温和反对、中立、温和支持和强烈支持等，如图2—19所示。利益相关者分析的主要目的，是尽可能增加支持的力量和清除阻力，从而更好地控制变革的进程。

利益相关者分析

姓名	强烈反对	温和反对	中立	温和支持	强烈支持

图 2—19 利益相关者分析

其次,寻找阻力因素。在利益相关者分析的基础上,进一步采用如图 2—20 所示的阻力因素分析,从技能、政治和文化三个维度来进一步地研究和分析阻力产生的原因和通过典型事例加以说明,并通过打分排定优先级顺序,以便后续制定相应的策略,使变革的进程得以顺利推进。

TPC 阻力因素分析

阻力来源	阻力原因	典型事例说明	打分
技能的 (Technical)	▪ 学习惰性 ▪ 新技能难学 ▪ 沉没的成本 ▪ 缺乏技术支持		
政治的 (Political)	▪ 创新与保守的对抗 ▪ 错综复杂的人际关系 ▪ 权责利之间的不平衡 ▪ 自我保护心态		
文化的 (Cultural)	▪ 价值观 ▪ 认知习惯 ▪ 思维过时 ▪ 害怕改变		

图 2—20 TCP 阻力因素分析

再次，制定影响策略。利益相关者的阻力因素，归根到底与人的信息加工有关（如图 2—21 所示）。考虑到人们的决策行为会受到立场、情绪和常识的影响，所以，在设计清除阻力的影响策略时，可以针对不同的利益相关者，通过观察、访谈、沉浸式体验、换位思考及同理心沟通的方式，尽可能地影响和改变对方的立场，从而化阻力为动力。

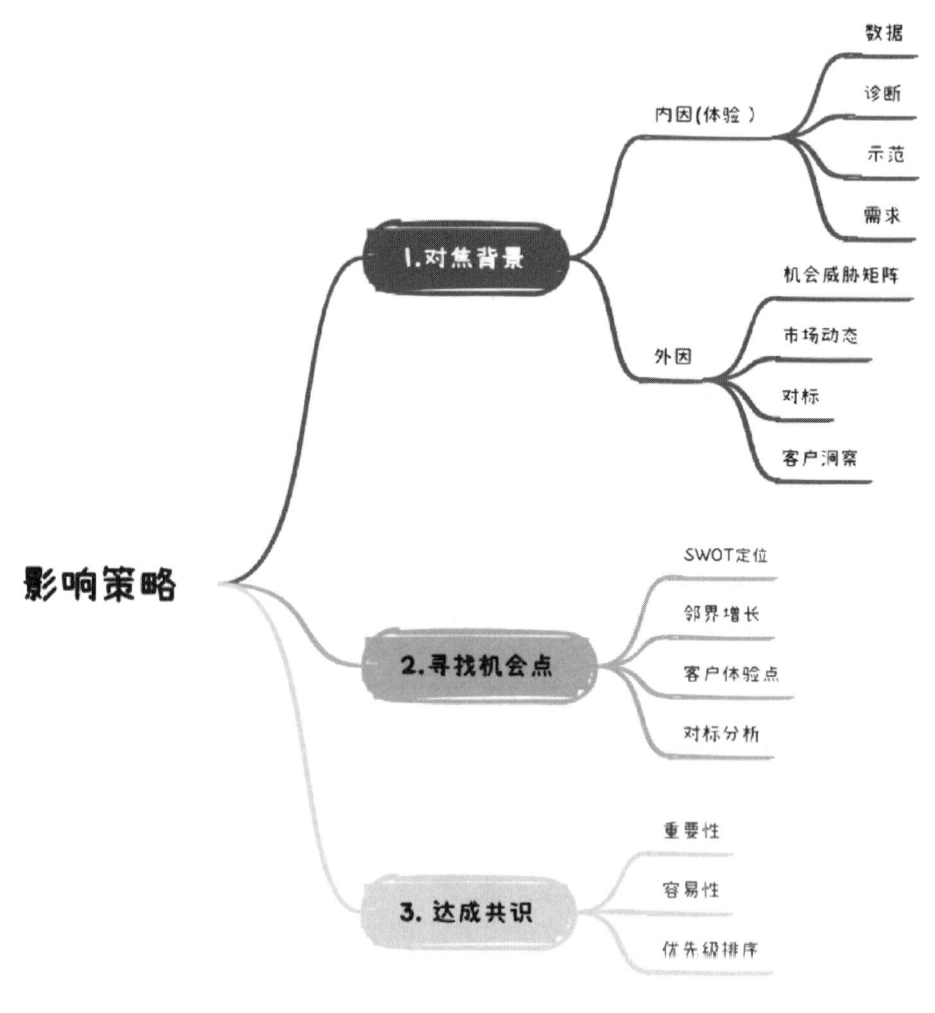

影响策略
- 1. 对焦背景
  - 内因（体验）
    - 数据
    - 诊断
    - 示范
    - 需求
  - 外因
    - 机会威胁矩阵
    - 市场动态
    - 对标
    - 客户洞察
- 2. 寻找机会点
  - SWOT定位
  - 邻界增长
  - 客户体验点
  - 对标分析
- 3. 达成共识
  - 重要性
  - 容易性
  - 优先级排序

图 2—21　影响策略

此外，当一项变革面临多数利益相关者的阻碍时，很有可能是因为变革策略本身存在一定的缺陷，那么就有必要重新梳理和定义变革的焦点议题，对项目章程进行更新。利益相关者越早被邀请到参与项目的焦点议题和项目章程的对焦背景和章程、寻找机会点以及创造策略的过程中，就越容易成为支持力量而非阻碍力量，并推动 AWO 项目的有效执行。

七、支持与激励系统

在数智化时代，来自外部环境的波动性、不确定性、复杂性和模糊性，带给个体与群体无穷的挑战和机遇。如何快速抓住机遇和战胜挑战，取决于每个人的意愿和能力。其中，是否具有灵敏的商业嗅觉是关键，它决定了人们要花费多少成本和时间才能输出高质量的决策。职场实践证明，擅于驱动共创并能给出全新解决方案的人，往往能够更快速地增强能力并收获高成长。显然，一个群体是否具备实施共创的组织氛围和足够强大的支持与激励系统，决定了一个人是否能够持续地为组织和自身的成长赋能。这要求每个人在选择职业机会的时候，需要思考如何为自己的职业成长加速寻找最合适的载体。

实训与自测

请用项目章程的工具阐述一个你参与过的变革项目。

1. 项目的背景和焦点案例是什么？
2. 项目的焦点问题和焦点议题分别是什么？
3. 项目的目标是什么？如何测量？
4. 这个项目的角色和分工是什么？
5. 项目的里程碑是什么？
6. 项目的支持系统是什么？
7. 项目采用的流程和工具是什么？
8. 项目运营的风险是什么？

第三节 环境敏感度

本节精要导读

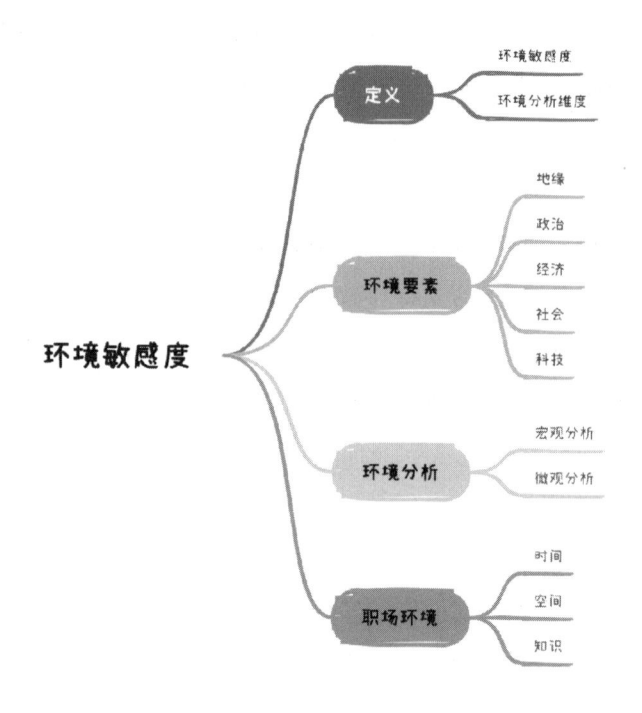

环境敏感度
- 定义
  - 环境敏感度
  - 环境分析维度
- 环境要素
  - 地缘
  - 政治
  - 经济
  - 社会
  - 科技
- 环境分析
  - 宏观分析
  - 微观分析
- 职场环境
  - 时间
  - 空间
  - 知识

一、定义

环境敏感度，是指人们在单位时间和成本内，对外部环境变化的感知能力，也是人们适应环境变化和改造环境的能力基础。

达尔文在《物种起源》一书中系统地阐述了"物竞天择"的进化论假说，书中认为物种是可变的，生物是进化的；自然选择是生物进化的动力。生物都有过度繁殖的倾向，而资源是有限的，生物必须"为生存而斗争"。这也就是人们熟知的"适者生存，不适者被淘汰"的进化论观点，并从生物学领域扩展到社会学领域。

实践证明，人们在制定战略规划和创造各种创新的解决方案时，必须考虑未来环境变化的趋势，以及对人们的行为和商业的影响。敏捷自适应环境变化的能力，是商业组织和个人必须具备的核心能力之一。

根据科普中国对环境的定义,人类生存的空间及其可以直接或间接影响人类生活和发展的各种外部因素统称为环境,包括自然环境、社会环境、人文环境、心理环境、商业环境等。

环境分析,通常包括宏观环境分析和微观环境分析。环境分析的目的是为政府、企业、个人制定战略规划、市场营销、创新开发等活动提供决策依据。环境分析本质上也是一种针对环境变化的测量行为,通过各种测量工具和模型来对外部环境进行测量并形成结论。由于每个人存在个体差异,导致对未来环境变化趋势的判断同样会存在巨大差异。

商业环境分析,是指将环境分析的方法和成果用于商业领域。从分析技术和测量工具来说,商业环境分析有相对成熟的理论和工具来支持,可以从定性或定量等不同维度来采集信息、分析信息、处理信息,并对未来趋势做出预判。商业环境分析的最大挑战往往不是来自技术层面,而是来自进行环境分析的人的立场、意图、目标、角色、方法论和工具等。高质量的商业环境分析要遵循实事求是的基本原则,通过实地考察在客观事实中探究真相。

二、环境的分类

(一)自然环境

自然环境,通俗地说,是指大自然本来就有的环境,是客观存在的各种自然因素的总和,包括地理、气候、水、土壤、地质、生物、外太空等。自然环境是人类活动的基础,不同的地理和自然环境所孕育出的人文环境也存在差异。

(二)人文环境

人文环境也是社会环境,是人类创造的物质的、非物质的外部成果总和。物质的成果是指文物古迹、绿地园林、建筑部落、器具设施等;非物质的成果是指社会风俗、语言文字、文化艺术、教育法律、科学技术、人类文明、宗教信仰、经济制度和政治制度等。人文环境由人类创造,具有文化烙印和人文精神。人文环境通常反映了一个国家和民族的历史、社会发展和文明程度,对人类的整体素质提高起着重要作用。人文环境与自然环境相互依存,是人类繁衍和发展的摇篮。

(三)心理环境

心理环境是指对人们的心理产生实际影响的一切外部环境要素的总和。除了自然环境和人文环境外,心理环境也包括家庭成员之间的关系、社会阶层关系、市场竞争关系、风俗习惯、文化宗教、组织氛围等。

(四)商业环境

商业环境是指与人类在商业领域的行为有关的所有外部环境因素的总和。随着全球地缘经济主导下的地缘政治大博弈、数字经济对传统经济的颠覆性影响、全球气候变暖等一系列重大挑战出现,商业环境日益呈现出 VUCA 化特征。

三、环境分析要素

麦肯锡的环境分析法,通常采用包括四个英文单词首字母组成的 PEST 模型,即政治(Politics)、经济(Economy)、社会(Society)、科技(Technology),并被众多的企业和个人广泛使用。在全球地缘政治因素影响越来越大的当下,地理要素(Geography)也成为环境分析中越来越重要的核心因素,甚至成为影响其他因素的关键变量。GPEST 环境要素如图 2—22 所示。

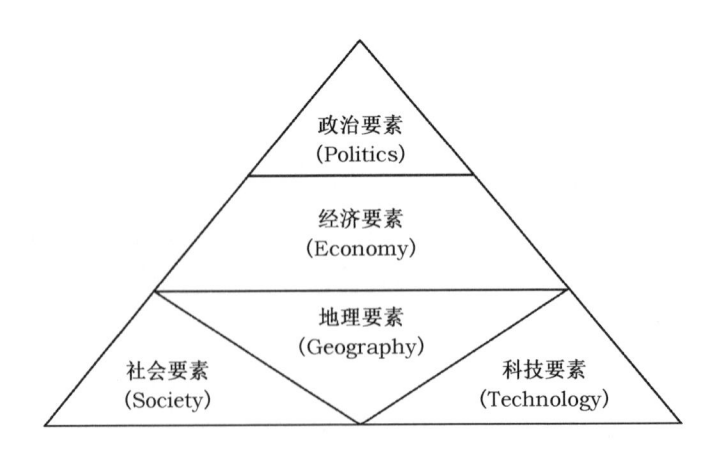

图 2—22 宏观环境要素

地理要素之所以居于中心位置,来源于国际普遍采用的地缘概念,即其他的环境要素都可以从地理上进行溯源,即所谓的地缘。从人类的发展进化来看,地理环境决定了在特定地域生活的人的种族、文化和习俗等环境的社会要素，同时也促进或制约了当地的科技发展。经济要素是构筑在地理、社会和科技等要素之上的要素，是人们从事有价值的生产活动与生活活动的综合反映。经济基础决定上层建筑，所以体现上层建筑的政治要素在经济要素之上。

(一)地理要素

地理要素，是指与地理特征有关的要素。从狭义上来看，地理环境是指地球上人类社会赖以生存的自然空间，包括各种自然要素的总和，如地质、地貌、气候、水文、土壤、矿藏、生物等。从广义上来看，地理环境也包括地球的外太空。

地理环境决定论者认为，地理环境和自然条件对人类社会进化起到决定性作用，是决定社会发展进程的根本因素。其主要观点认为人类的生理、心理、人口、种族、文化、国家、经济、社会、意识形态和价值观等人文环境，无不受到地理环境和自然条件的支配。此论点的代表人物有古希腊的亚里士多德，法国的孟德斯鸠，德国的黑格尔和拉采尔等。

基于地理要素而派生出的地缘词汇——地缘政治(Geopolitics)、地缘经济(Geoeconomics)等政治概念和经济概念，在现代的商业环境分析中扮演着越来越重要的角色。

1. 地缘政治

地缘政治，是政治地理学中的一种理论。它主要是根据地理要素和政治格局的地域形式，分析和预测世界或地区范围的战略形势和有关国家的政治行为。它把地理因素视为影响甚至决定国家政治行为的一个决定因素，因此又被称为"地理政治学"。地缘政治理论的根源，可以追溯到德国地理学家弗里德里希·拉采尔于1897年提出的"国家有机体"理论和"生存空间"概念。

现代的地缘政治研究也有一些新的对全球秩序重构以及大博弈有重大影响的论点，这些观点也对商业环境和职场环境造成一定的影响。比如，扫罗·B. 柯恩(Saul B. Cohen)的《分裂世界的地理与政治》、塞缪尔·P. 亨廷顿(Samuel P. Huntington)的《文明的冲突、文明冲突与世界秩序的重建》、布热津斯基的《大棋局》、基辛格的《大外交》、阿尔伯特·德芒戎的《欧洲的衰弱》等。这些观点当然是站在西方人的立场来分析全球地缘政治环境的格局和演进趋势，并对全球的政治生态造成了一定程度的影响。中国作为全球地缘大博弈的核心利益相关者,了解地缘政治的历史经纬和复杂性,对于中国的企业和职场人士更好地抓住全球化的机遇和控制风险同样至关重要。

海权论,是美国海军军官和历史学家阿尔弗雷德·赛耶·马汉(Alfred Thayer Mahan)于1890年提出的以制海权概念解释历史的理论。他强调了海上力量对于国家繁荣与安全的重要性,即若要成为强国,必须掌握在海洋上自由行动的能力。马汉的《海权论》直到现在仍然是影响美国等西方国家军事和外交政策的重要基石,也体现了西方打着"航行自由"名义到世界各国海域炫耀武力和岛链封锁的动机。

陆权论,是英国地缘政治学鼻祖哈尔福德·麦金德(Halford John Mackinder)于1904年创立的陆权理论。他将欧亚大陆中心称为枢纽地带,视其为世界政治的枢纽。1919年,其又将"枢纽地带"的概念修改为"世界岛"的"心脏地带"(Heartland),并且把欧、亚、非三大陆统称为"世界岛"。他认为,控制了东欧就等于控制了心脏地带,控制了心脏地带就等于控制了世界岛,控制了世界岛就等于控制了世界。

自从中国崛起,世界经济的中心在往东转移。"心脏地带"也从东欧逐渐转往中东,甚至向东亚方向迁移。2013年以后,我国国家领导人提出的打造"丝绸之路经济带"和"21世纪海上丝绸之路"的"一带一路"倡议,得到了国际社会的高度关注和众多沿线国家的广泛参与,也成为影响我国和未来世界经济增长的重要引擎。

"一带一路"贯穿亚欧非大陆,一头是活跃的东亚经济圈,一头是发达的欧洲经济圈,中间为广大腹地国家的经济发展提供巨大机会。陆上丝绸之路经济带通过公路和铁路,连通中国经中亚、俄罗斯至欧洲;中国经中亚、西亚至波斯湾、地中海;中国至东南亚、南亚、印度洋的陆上经济带。海上丝绸之路的重点方向是从中国沿海港口过南海到印度洋,延伸至欧洲;从中国沿海港口过南海到南太平洋,连通欧、亚、非三个大陆,并与陆上丝绸之路经济带形成海上和陆上的双闭环。

"一带一路"倡议充分地体现了中国作为世界大国在海权和陆权的综合地缘优势,为中国与沿线国家实现共同发展、共同繁荣和合作共赢提供了机会;为增进各国理解信任、加强全方位的经济文化交流、促进世界和平发展搭建了桥梁;为中国政府秉持和平合作、开放包容、互学互鉴、互利共赢的理念，全方位推进务实合作，打造政治互信、经济融合、文化包容的利益共同体、命运共同体和责任共同体提供了可能。

"一带一路"建设是沿线各国开放合作的宏大经济愿景，掀开了世界百年未有之大变局的篇章。基于"一带一路"的基础设施建设，为跨境商品贸易、服务贸易、金融服务、文化交流等提供了巨大的想象空间。虽然"一带一路"在建设过程中，也遭遇了西方个别霸权国家的阻挠，但还是得到了沿线大部分国家的积极参与和支持，并体现出了巨大的发展潜力。"一带一路"同样也为中国的职场人士提供了巨大的发展平台和无限机会。

空权论，是由意大利将军朱利欧·杜黑（Giulio Douhut）于《制空权》一书提出的。书中认为"天路"是两点之间最近的距离，空权可以决定战争的命运。空权论的提出促进了各国空军力量的发展，各国通过争夺制空权，获得战略主动。随着太空科技的发展，人类对空权领域的争夺和利用已经从大气层扩展至外太空领域，并将决定未来世界大国在争夺全球地缘政治经济话语权方面能否取得优势地位。

气候决定论，是地理学中的一种重要论点。气候是广泛存在的、强有力的环境因子，对于塑造自然系统和社会系统也起着决定性的作用。2015年12月12日，全球近200个缔约方在巴黎气候变化大会上达成《联合国气候变化框架公约》，简称为《巴黎协定》。这是继《京都议定书》后第二份有法律约束力的全球性气候协议，形成2020年后的全球气候治理格局。《巴黎协定》要求建立针对国家自定贡献（INDC）机制、资金机制、可持续发展机制（市场机制）等方面建立起完整的、透明的运作机制，并承诺执行。无论从环境保护方面，还是从人类可持续发展、经济视角等方面审视，《巴黎协定》的内在逻辑和价值，都将对世界各国的商业经营、资本运作、法律法规、产业政策、科学技术、组织治理等产生越来越重要的影响。

2. 地缘经济

地缘经济理论，是当代各国和企业制定国际战略、经济政策、文化发展规划等的理论依据。其主要研究领域包括：国际经济关系的时空关系、体量变化、分布状况及运行机制和轨迹；世界经济现象与地理关系、地缘区位之间的相互作用及其运行规律；地理现象、地缘关系对国际社会经济文化的互动作用和影响。地缘经济理论有以下观点：

(1) 地理位置决定地缘经济。地理因素是地缘经济的基本要素和限制条件。一个国家的地理区位、自然资源会对国家和地方经济的发展、经济行为产生重要影响。地域上的连接产生的经济关系称为地缘经济关系，通常表现为联合、互补和合作的经济关系，或者是对立、遏制、竞争的经济关系。

(2) 区域经济集团化。在全球经济一体化尚不具备充分条件的情况下，区域经济一体化是地缘经济的主要表现形式和内容。区域经济集团包括由东盟、日本、韩国、澳大利亚、新西兰和中国参与的环太平洋15国组成的经济区（RCEP），以美国为领导的西半球经济区，以法德为中心的欧洲经济区等。

(3) 跨国资本的全球流动。跨国公司是资本国际化、科学技术革命和国际分工深化的产物，是生产国际化的主要载体。跨国公司具有垄断优势、所有权优势、内部化优势以及对外直接投资选择的区位优势，其分支机构遍及全球，生产、销售、技术和新产品开发等方面形成一体化网络。跨国公司的发展深化了区域经济一体化，促进了商品、劳务、资本和其他经济资源在区域范围内更有效流动和更合理配置，开拓了区域贸易的新领域，扩大了国际贸易的流通量。

中国自改革开放后的经济发展，部分得益于跨国公司对中国长期的直接境外投资（FDI），同时改革开放也带来了先进的技术和管理，为中国培养了大批管理技术人才。随着中国富裕人群越来越多，中国逐渐成为全球规模最大和最重要的消费市场。跨国企业对中国消费市场的依赖性越来越大，虽然中国劳动力成本越来越高，甚至不再具有成本优势，但是依然有大量跨国企业选择留在中国。同时，随着中国本土的跨国企业越来越多，中国拥有的先进制造能力随着"一带一路"的推进，正在走向全球。中国经济，在全球端到端的供应链生态体系正日益扮演越来越重要的角色，中国的全球地缘经济优势将对中国企业和个人，以及沿线国家和人民带来巨大机遇。

新冠肺炎疫情之后，叠加全球政治经济环境持续不稳定和不确定，国家适时地推出双循环的大战略，即把基于国内大市场的内循环和基于"一带一路"的外循环，作为双轮驱动国家经济健康发展的模式。

我国巨大的人口规模、经济规模与成长速度,造就了中国独一无二的全球地缘政治和经济优势。根据联合国贸易和发展会议发布的《2020 贸易和发展报告》[①],在 2020 年疫情影响之下,全球各国经济发展都面临着巨大挑战,而中国逆势发展实现了新的飞跃,全年进出口总值双双创历史新高,国际市场份额创历史最好纪录,成为全球唯一实现货物贸易正增长的主要经济体。与此同时,中国连续多年成为全球 120 多个国家和地区的最大贸易伙伴。

(二)政治要素

政治要素,既包括政治制度与体制、政局以及政府的态度等,又包括法律环境,即政府制定的各种法律、法规。政治要素是决定企业和个人的商业经营活动能否正常开展的重要前提条件。政治要素包括国家内部的和外部的因素,如政治制度、主权、人权、种族、民粹、政局、法律法规、税收政策、市场监管、文化与宗教、选举、外交、国家安全、制裁与反制裁等。

全球地缘政治博弈愈演愈烈,对我国的实体和个人正常的商业行为已构成严重挑战。比如,关于主权的定义已从传统意义上的领土拓展到了数据和是否具有独立自主决策的权利。与此同时,国家或利益集团之间的贸易战、金融战、制裁与反制裁、海外资产安全,以及政治正确等各种复杂的政治因素均对企业和个人在全球范围的经营活动和资产管理造成了更多的不确定性和管理风险。

(三)经济要素

经济要素,通常包括宏观经济要素和微观经济要素。从时间的角度看,宏观要素通常着眼于长期,微观要素通常着眼于短期;从空间的角度看,宏观要素通常着眼于全局,微观要素通常着眼于局部。

马克思在《黑格尔法哲学批判》中提出:"经济基础决定上层建筑。"经济基础是指由社会一定发展阶段的生产力所决定的生产关系的总和,是构成一定社会制度的基础;上层建筑是建立在经济基础之上的意识形态以及与其相适应的制度、组织和设施,在阶级社会主要指政治法律制度和设施。经济基础是上层建筑赖以存在的根源,是第一性的;上层建筑是经济基础在政治上和思想上的表现,是第二性的、

---

① 穆希萨·基图伊.2020 贸易和发展报告[R].日内瓦:联合国贸易和发展会议,2020.

派生的。经济基础决定上层建筑,上层建筑反作用于经济基础。

宏观经济要素(Macro Economy)主要包括国内生产总值、货币利率水平、经济政策、经济法律法规、区域贸易协定等。微观经济环境要素(Micro Economy)主要包括行业市场规模、行业增长率、行业价值链、客户需求分析、竞争者分析、替代品分析、潜在进入者分析、供应商分析等。

比如,我国的五年规划传递的就是重要的宏观经济信号,历来引领着中国经济的发展,同时也是世界观察中国经济布局的重要窗口。各个行业发布的白皮书和市场调研报告等,通常属于微观经济范畴。

党的十九届五中全会审议通过了《中共中央关于制定国民经济和社会发展第十四个五年规划和二〇三五年远景目标的建议》,为未来5年乃至15年中国发展擘画蓝图。在"十四五"规划的要点中,除了保持经济高质量发展、优化经济结构、增强创新能力等传统目标外,提出"加快构建以国内大循环为主体、国内国际双循环相互促进的新发展格局",引发社会各界及市场的热议。

(四)社会要素

社会要素,重点关注的是与社会人口有关的变量,包括人口规模、年龄结构、职业分类、种族、民族、宗教、收入等,以及消费偏好、风俗习惯、人口老龄化程度、信息传播偏好、对社会公共事件的看法等。

社会要素对企业和个人战略性定位的选择,即要服务哪群人,以及为该类群体创造什么价值或解决什么问题提供了重要的选择依据。同时,基于社会要素考量的宏观层面和微观层面的法律法规,也成为企业和个人从事生产经营活动的晴雨表,甚至直接影响一个行业的兴与衰。

我国是人口大国,但是人口老龄化趋势也是我国发展面临的主要挑战之一。数智科技的发展与人工智能的广泛应用,可能也可以为应对我国未来适龄劳动人口不足所带来的社会问题提供解决方案。同时,随着我国人民收入水平的上升和劳动力成本不再具有比较优势,我国制造业的升级就成为必然选项,即从劳动力密集型升级为人力资本密集型。

(五)技术要素

"科学技术是第一生产力"是我国改革开放总设计师邓小平提出的观点。根据康波周期理论,信息化以及其所延伸的数智科技显然是当代最被认可的技术要素,商业领域的数智科技包括基础设施和应用工具。

基础设施包括网络和云计算等公共基础设施。随着5G和云计算技术的快速升级,数智化基础设施对各种复杂业务场景的支撑已经大大丰富。基础设施的部署已从地球拓展至外太空,并被广泛用于军事和民用用途。

从应用层面来看,数智科技已从早期的信息技术(IT)扩展至数据技术(DT)。IT,是指信息技术的基础设施(Infrastructure)和信息化应用(Application),基础设施通常包括宽带、服务器、通信交换系统等。信息化应用通常包括企业资源管理系统(ERP)和场景化的软件应用。DT,是指基于大数据(Big Data)、区块链(Block Chain)、人工智能(AI)、安全(Security)、物联网(IOT)和云计算(Cloud)等数据处理技术的业务解决方案。其核心宗旨在于通过数据资产的运营来持续改善用户体验和业务运营的效率。信息化是数智化的基础,数智化最大化挖掘数据要素的潜能,并且不断开发以数据价值为核心的产品化赋能工具。

在数智科技的驱动下,创新层出不穷。创新的领域涉及商业模式创新、用户体验创新、场景创新、产品创新、流程创新、营销创新、供应链创新、运营创新、财务创新、人力资源创新、服务创新等几乎无限的领域。传统业务场景与数智科技相结合,可以创造出无限的可能。

四、环境分析工具

人们在从事商业活动时所依赖的外部环境就是商业环境。商业环境分析工具,是指在人们进行商业环境分析时要采用必要的结构化思维基本框架,其目的是尽可能地涵盖所有必要的环境分析要素,从而避免因为疏漏导致的未来机会的流失或潜在的风险。商业环境分析的成果,即总结的外部环境变化趋势,将指导人们更前瞻性地设计面向未来的战略规划、制定经营预算和执行商业布局。进行商业环境分析时,通常要与时间维度、空间维度和知识维度相结合。

时间维度,是指从长期和短期的视角,分别来看待外部环境未来的变化趋势。由于时间视角的不同,对同一事件长期来看可能属于机会,短期来看可能属于威胁。此外,由于立场不同,结论也不尽相同。数智科技的发展导致行业的生命周期也在缩短,促使人们对长期和短期的定义也发生较大改变。一般来说,长期与短期的分界线在3年左右,3年后发生的事项通常被称为长期趋势,反之则被认为是短期趋势。

空间维度,是指从地理范围、行业范围、职能范围、业务场景范围等视角,来预测未来的变化趋势,通常用高或低、大或小进行比较和定义。大,也被称为宏观;小,也被称为微观。关于地理范围,从全球范围,到洲际或大区、国家以及省、市、县等;关于行业和职能分工,包括从大的行业或职能分类,到细分的行业和职能分类;关于业务场景,包括客户画像和客户旅程的颗粒度越来越细分所导致的业务场景也越来越细分。

知识维度,是指精准地分析商业环境变化趋势所需要的知识和技能。商业环境分析,本质上是对未来商业环境变化趋势的预测,其中影响环境最大的变量仍然是人的因素。根据动机归因理论,可以通过观察特定人群在过去的行为表现,来推导其背后的动机和关键影响因素,由此预测该类人群未来可能发生的行为和导致的结果,以及可能带来的机会或威胁。机会,是指能够给人带来好的结果的要素;威胁,是指能够给人带来不好的结果的要素。关于机会或威胁的定义,不同的人由于立场不同,可能得出的结论也各不相同。

(一)宏观分析

宏观分析,是指从大的空间维度来预测外部环境未来可能变化的趋势以及所得出的结论。进行宏观分析时,除了从大的空间视角出发外,还要涵盖长期和短期的时间视角,以及尽可能地包含地理、政治、经济、社会、科技等知识维度,来对未来可能的变化进行预测。当然,预测的逻辑和假设要经得起辩论。

如图2—23所示,横向是机会(Opportunity)和威胁(Threat);纵向是短期(Short-term)和长期(Long-term)。由于不同的人对外部环境变化趋势以及可能持续发生的时间点有不同的预期,所以在使用机会威胁矩阵时,为了尽可能得出较为可靠的预测结论,最好的做法是集思广益,由多元背景的相关人员一起进行讨论,由此得出的结论能更综合地校准偏差,并指导人们规划未来。

	机会 (Opportunity)	威胁 (Threat)
短期 (Short-term)		
长期 (Long-term)		

图 2-23 机会威胁矩阵

近些年以来，数智科技也为金融行业带来了翻天覆地的变化。传统金融企业纷纷加大对科技金融的投入，并通过一系列的变革和创新措施来加速数字化转型。以一家金融行业的头部企业为例，当它在制定未来 3～5 年的战略性业务规划之前，由相关部门集思广益，共同对宏观环境的变化趋势进行分析和预测，具体结论如图 2-24 所示。显然，做宏观分析时，有一定的稳定性，但也有偶然性。比如，自 2022 年以来，由于俄乌战争，导致人们对海外资产，特别是以美元计价的资产的安全性产生了很大的担忧。此外，地缘政治冲突的加剧、通货膨胀和能源及粮食危机等突发要素，都可能对未来金融行业赖以生存的外部环境构成一定的影响。当然，有些因素是能够带来机会的，而有些因素则会带来潜在的风险和威胁。

机会矩阵，是在机会威胁矩阵的基础上，对特定的机会进一步展开论证并进行优先级排序的工具。如图 2-25 所示的机会矩阵，包括出现概率和吸引力两个维度。出现概率，是指机会事项可能发生的概率；吸引力，是指机会事项一旦发生能为己方带来的好处。

● 象限 1，出现概率和吸引力二者都高，这应该是人们要重点关注的机会领域。人们应该要提前做好充分的准备，当机会来临的时候，不要优柔寡断，要能够快速地抓住机遇。

● 象限 2，出现概率低但吸引力高，很多人往往会对这个象限有所忽略，但是我

	机会(Opportunity)	威胁(Threat)
短期 (Short-term)	✓ 国家对国际垄断资本的强监管 ✓ 国家/地区短期的经济刺激政策 ✓ 俄乌战争下的俄对中国产品和市场的需求增加	✓ 中美贸易战和外交战 ✓ 地缘政治动荡 ✓ 产业政策调整 ✓ 美元霸权和全球通胀的影响 ✓ 同质化竞争越来越激烈 ✓ 美元/美债的危机对国际金融市场的影响
长期 (Long-term)	✓ 双循环战略 ✓ "一带一路"与全球化 ✓ 低碳经济与可持续发展 ✓ RCEP区域经济的一体化 ✓ 国际贸易规则的重构 ✓ 数字经济的基础设施 ✓ 数字人民币的国际化进程 ✓ 创新驱动的新经济发展模式	✓ 中国人口老龄化趋势 ✓ 国际反华势力的持续干扰 ✓ 中西方地缘政治博弈愈演愈烈 ✓ 中国大陆周边海域的潜在军事冲突风险 ✓ 国际外汇市场的波动性 ✓ 中国海外资产的安全性

图 2—24　机会威胁矩阵应用示例

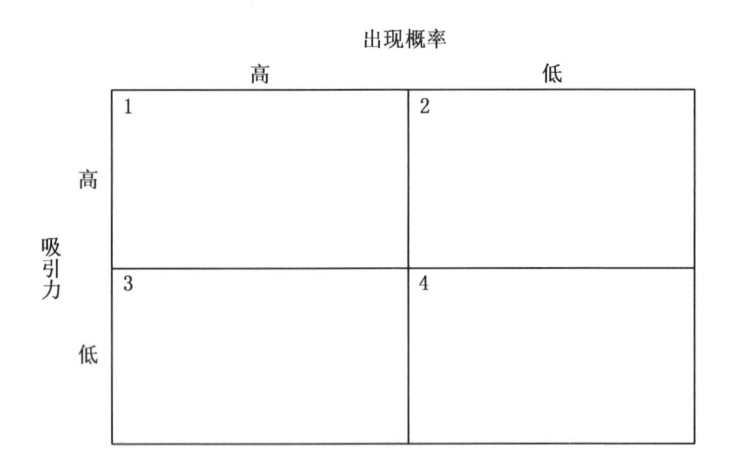

图 2—25　机会矩阵

们观察那些独角兽们的指数级发展，往往就是抓住了绝大部分人认为不太可能出现的机会，并且快速地把这种机会转化为商业成果，从而实现指数级成长。所以，象限2的机会点应该也要谨慎关注，甚至通过某些主动创新加速商业转化和落地。

● 象限3，出现概率高但吸引力低，这个象限也是容易被忽略的领域。由于吸引力的高低是人为定义的，所以象限3的机会点也应谨慎关注。

● 象限4,出现概率和吸引力都低,忽略它。

威胁矩阵,是在机会威胁矩阵的基础上,对特定的威胁进一步展开讨论并进行优先级排序的工具。图2-26的威胁矩阵,包括出现概率和严重程度两个坐标维度。出现概率,是指某些威胁事项发生的可能性;严重程度,是指某些威胁事项如果发生可能导致结果的严重程度。

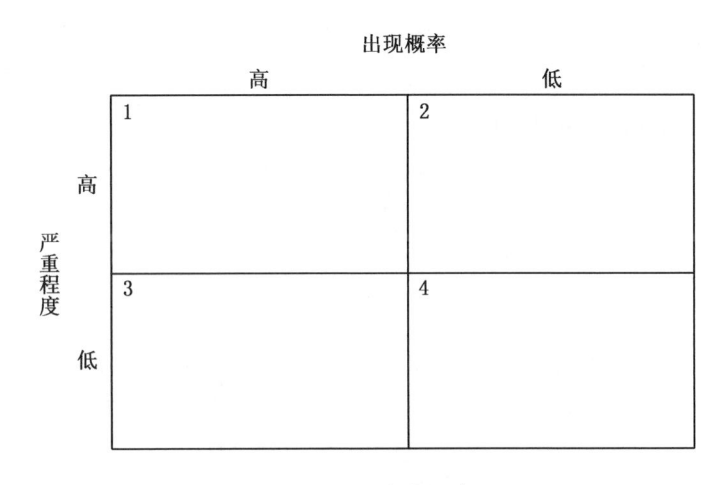

出现概率

	高	低
严重程度 高	1	2
严重程度 低	3	4

图2-26 威胁矩阵

● 象限1,出现概率和严重程度都高,必须予以高度重视并做好充分的风险控制和危机管理预案。

● 象限2,出现概率低和严重程度高,虽然发生的可能性低,但一旦发生可能是致命的。最典型的案例莫过于华为的备胎计划,在面临美国极限打压和断供时使华为能够立于不败之地。

● 象限3,出现概率高但严重程度低,属于"温水煮青蛙"的领域,很多企业或个人由于缺乏紧迫感,明明知道有威胁但却迟迟不采取行动,导致由量变到质变,最终被市场淘汰。

● 象限4,出现概率和严重性都低,忽略它。

(二)微观分析

微观分析,是指人们从微观的空间视角来分析外部环境的变化趋势。微观分析也包括从时间和知识等不同的细分维度来进行预测。微观环境分析,既适用于企业的商业经营活动,也适用于个人的职业规划和管理。

微观分析通常聚焦于某个特定的地域、行业或职能分类,以及更聚焦于短期(比如1年之内)的市场动态。微观分析的常用工具如波特五力竞争模型。波特五力,是迈克尔·波特(Michael Porter)于20世纪80年代初提出的竞争分析的模型。他认为,行业中存在着决定竞争规模和程度的五种力量,这五种力量综合起来影响着产业的吸引力以及现有企业的竞争战略决策。五种力量分别为同行业内现有竞争者的核心竞争力、潜在竞争者进入的能力、替代品的替代能力、供应商的议价能力与购买者的议价能力,如图2—27所示。

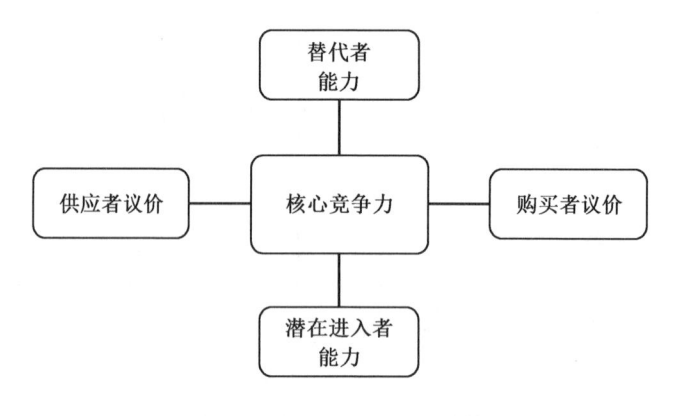

图2—27 波特五力模型

(三)职场环境分析

职场环境分析,是指商业环境分析在职场领域的映射。一个人立足于职场环境中,也同时立足于一个商业环境之中,所以在进行职场环境分析之时,首先要进行宏观的和微观的商业环境分析。当然,环境分析是动态变化的,它也贯穿一个人职业生涯的全程。职场环境分析,有助于帮助人们更好地分析外部环境变化,并与自己的优劣势相结合,从而更加科学地制定长期的职业生涯规划,并分解为中短期的里程碑目标。

职场环境分析,同样要从时间、空间和知识三个维度来展开。

1. 时间维度

从长期的职业生涯规划来看,人们更需要关注的是机会威胁矩阵中所体现的长期性的机会和威胁。从进入职场到离开职场的整个工作时间来看,大多数人的职业生涯可能介于 30 至 40 年之间。在数智化时代,有些职业对年轻化有更高的要求。这将迫使一部分职场人要么缩短职业生涯以过早地退出职场,要么在 40 岁左右进行职业转型。

从中短期的职业生命周期来看,由于人们在职场上所需要的知识和技能的更新速度越来越快,行业生命周期和业务生命周期的更新速度也同样在加快。无论从个人成长的角度来看还是从企业对人才胜任力的要求来看,职场人均需具备自我驱动再生能力以及与他人和谐共处和解决问题的能力。

保持生命周期的适配性是职场人适应职场环境的关键。其具体体现为对自我的职业生涯和职业生命周期的洞察,并对从事的业务生命周期和行业生命周期有深刻和全面的分析,从而最大化职业生涯的经营效率。

2. 空间维度

空间维度,包括从地理细分、行业细分、职能细分,以及组织赋能等角度来寻找到适合自己的职场空间。不同的职场空间,会影响到一个人的成长速度和上升空间,包括影响其所能够学习和积累到的知识与技能和职场力。职场环境的空间分析,推荐采用如图 2—28 所示的 BCG 矩阵。

		行业成长性 (Industry Attractiveness)		
		高(High)	中(Medium)	低(Low)
市场份额 (Market Share)	高(High)	高成本/高回报 (Winner)	投资/增长 (Invest/Grow)	有问题的投资 (Questionable Invest)
	中(Medium)	投资/增长 (Invest/Grow)	平缓的业务 (Average Business)	收割/剥离 (Harvest/Divest)
	低(Low)	有问题的投资 (Questionable Invest)	收割/剥离 (Harvest/Divest)	剥离 (Divest)

图 2—28 行业吸引力—竞争能力矩阵

横坐标,是指行业成长性,即与一个国家或地区的 GDP 相比,不同的行业年平均成长率也是不同的。成长性越高的行业通常为企业和个人所提供的成长机会也更多,而且变化节奏通常也越快。纵坐标,是指特定企业在相关行业的市场份额或盈利能力,市场份额高或盈利能力强的公司,通常意味着规模比较大,或组织的某些能力相对更强,员工可以学习到的知识和技能也更多。在使用 BCG 矩阵时,要扣除偶然因素和不稳定因素的影响。显然,当一个人置身于行业吸引力和市场份额越高的象限时,相对来说潜在的成长空间和回报就会越大。这与资本市场的投资逻辑类似,处于该象限的投资标的,其被投资人追捧的程度和价格通常都是最高的。

3. 知识维度

由于外部环境总在连续变化,任何商业组织和个人要可持续地生存和发展,就必须具备敏捷自适应环境变化的能力,甚至是改造环境的能力。这就需要持续更新知识和技能。从学习效果来看,通过行动学习所获得的知识和技能,一方面来自宝贵的实践并经受了检验;另一方面又可以升华为理论和可再现和可重复的策略和工具,再用于指导新的实践。

在职场力的测量中,除了特定岗位必须拥有的硬技能外,其他软技能,如商业敏感度、动机、可再现的过程能力等对一个人驱动团队共同解决复杂问题和创造领先业绩显得尤为重要。一个人的能力进化,离不开组织系统的支持与赋能。

如果使用波特五力模型对职场环境进行分析,首先要评估一个人在特定的职业定位上拥有的核心竞争力和比较优势,哪些是竞争者、潜在进入者和可能的替代者,在面对现在的和潜在的雇佣单位时的购买者议价权,以及在面对准备申请或采购职场服务(比如接受再教育机会)时的供应商议价权等。显然,人们的职场力是职场环境中的时间维度、空间维度和知识维度共同作用的结果,是由人们的决策质量和行动决定的。

实训与自测

1. 使用机会和威胁矩阵,对你所从事的或所关注的行业/业务细分领域进行趋势分析,并记录在矩阵对应的空格内。

2. 使用机会矩阵,对机会项进行再分类,并从出现概率高和吸引力高组成的象限中提炼出一个最重要的机会。

3. 使用威胁矩阵对威胁项进行再分类,并从出现概率高和严重程度高所组成的象限中提炼出一个最重要的威胁。

4. 请结合时间维度、空间维度和知识维度,对自己所处的职场环境进行评估打分。

第四节 市场导向

本节精要导读

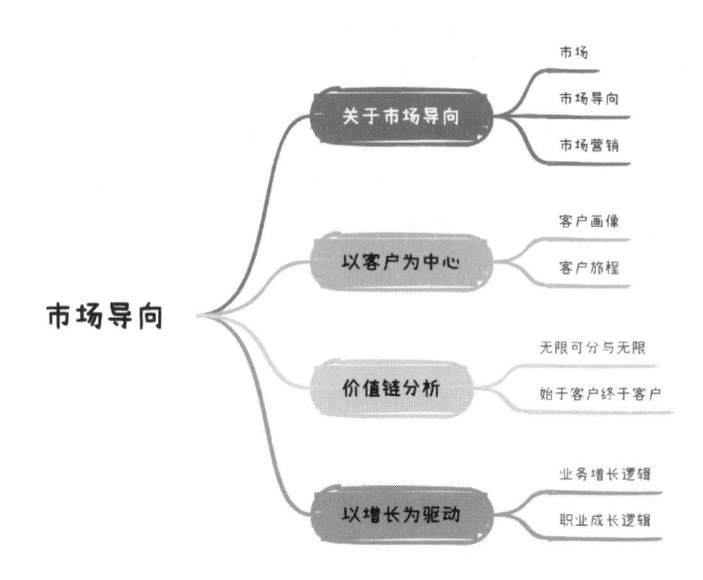

市场导向
- 关于市场导向
  - 市场
  - 市场导向
  - 市场营销
- 以客户为中心
  - 客户画像
  - 客户旅程
- 价值链分析
  - 无限可分与无限
  - 始于客户终于客户
- 以增长为驱动
  - 业务增长逻辑
  - 职业成长逻辑

一、关于市场导向

市场,用英文可以分别表述为 Market 或 Marketing。Market,泛指商品交换的地理场域,包括商品交易各方参与交换的地理、渠道、通路、平台、系统、机构等基础设施。Marketing,特指市场营销活动,是以商品交换为核心内容的经济活动。

市场导向，一方面，强调市场定位，即任何组织和个人应该找准自己的定位，也就是道德经中所谓的"居善地"；另一方面，强调价值创造的参与者要遵循市场营销学的基本规律。就像"6+2"模型揭示的，一切要以顾客为中心，通过为客户提供满意的产品和服务来获得持续的增长，才能实现各项财务目标。

根据美国市场营销协会的定义，市场营销既是一种职能，又是组织为了自身及利益相关者的利益而创造、沟通、传播和传递客户价值，以及为了客户、合作伙伴以及整个社会创造经济价值的活动、过程和体系。菲利普·科特勒认为，市场营销，是个人和集体以满足顾客的需求和欲望为目标，通过创造产品和价值，并同别人自由交换，来获得其所需所欲之物的一种社会和管理过程。市场营销，本质上也是一种以价值创造和传播为目标的活动，其同样包括对焦（Calibrate）、寻找（Explore）和创造（Create）等步骤，以及组织（Organize）和实现（Realize）等执行的步骤。

(1) 对焦（Calibrate），包括市场定位，要服务的目标客户是谁，以及为客户创造何种价值或解决什么问题；

(2) 寻找（Explore），即寻找哪些机会点可以促进业务增长；

(3) 创造（Create），即开发什么样的产品和服务能够实现可持续增长；

(4) 组织（Organize），即执行策略并合理配置资源；

(5) 实现（Realize），即实现财务业绩指标和客户满意度，并使成功可再现和可重复。

二、以客户为中心

客户，可以是外部客户或内部客户。提出需求的一方或购买方通常被认为是客户，满足需求的一方或提供方通常被认为是供应商。从本质上来说，如果用人单位为职场人提供了聘用机会并支付合理的报酬，那么站在职场人的立场，用人单位同样可以被认为是特殊的客户。职场人需要以用人单位这个特殊的客户为中心，研究其面临的困难或挑战，及其期望自己创造的价值或解决的问题，这样才能够实现双方的长期合作共赢。如果职场人不胜任具体的岗位，不能为用人单位创造价值或解决实际的问题，那么这样的雇佣关系是不稳固的和不可持续的。

客户价值的传递，体现在岗位分工上。从整体来看，任何用人单位都有其要服务的外部客户,但从分工上来看,只有部分岗位和角色需要直接面对和服务外部的客户,但这并不意味着其他不直接接触外部客户的职能部门和人员不需要以客户为中心。比如,销售部门需要内部其他部门与其相配合,共同提供客户满意的产品和服务。所以,对于那些非直接面对外部客户的职能,其面对的是能够代表客户利益的内部职能部门,即内部的客户。故以客户为中心的市场导向,本质上是要首先明确谁是客户,并且促使所有的价值创造和传递行为都要朝着满足客户需求的方向。

研究客户的工具,通常包括客户画像和客户旅程等。

(一)客户画像(PERSONA)

客户画像(PERSONA),是由著名的交互设计师阿兰·库珀(Alan Cooper)首先提出的概念,是针对细分的客户群体的概括性描述,即首先要聚焦于特定的细分客户的拟定代表,通过定性的和定量的研究,对目标细分客户群体的特征和行为表现加以概括和呈现。客户画像是对客户综合分析的结果。它包括:(1)对焦客户的细分需求;(2)寻找代表性的细分客户;(3)创造鲜活的能激发目标受众同理心的客户画像;(4)组织客户画像的测试与优化;(5)实现客户画像的创新价值。

PERSONA 由以下七个英文单词的首字母拼写而成:

(1)基本性(Primary),是指画像需要以一定样本数的真实客户为基础;

(2)同理性(Empathy),是指画像所包含的姓名、照片和行为表现等有代表性的人物特征和行为表现描述,要能够引起其他具有同类特征人群的同理心;

(3)真实性(Realistic),是指对细分人群,或与该类人群打交道的人来说,画像反映的内容能够在现实的生产生活中找到真实原型;

(4)独特性(Singular),是指画像所对应的代表人物和其他类别的人物相比,有明显的独特性;

(5)目标性(Objectives),是指画像所对应的代表人物还应包含更高层次的目标,应能够概括和提炼更抽象的词汇来对目标性加以定义;

(6)数量性(Number),是指画像所对应的细分类别或维度的数量要尽可能地少,方便设计和运营团队记得住每种典型画像的基本特征;

(7)应用性(Applicable),是指画像所对应的细分类别能够成为产品、设计或运营团队的决策和执行工具。

客户画像具有四个核心作用：(1)产生共同语言；(2)让用户形象不再多变且相对稳定；(3)让创新有明确的目标导向，即为某一类人设计，而不是为所有人设计；(4)减少团队成员对产品内容的优先级和执行顺序的争论。

客户画像工具，同样也适用于职场人的职业规划。比如，当一个人在描述未来希望成为什么样的人时，本质上也是在定义和描绘自己未来的成功画像。虽然每个人都是独一无二的，但从职业生命周期的常见情境和职场力的测量标准来看，其还是有很多共性的特征。这为职场人提供了通过标杆法来寻找到可测量的标准，并使进一步打造可再现和可重复的过程能力成为可能。

(二)客户旅程

客户旅程(Customer Journey Map，CJM)，是指从客户视角出发，描述客户在特定场景下真实自然的行动过程。客户旅程以先后顺序把客户的行动步骤加以呈现，同时展示出客户的每步行动与外界的接触点，以及不同步骤之间交互的内容，包括用户的感受、获益和成本等信息。客户旅程工具，也同样适用于解决职业上的问题。

客户旅程的好处在于：

(1)有助于改善工作。无论一个人服务的客户是外部客户还是内部客户，通过客户旅程来分割客户的体验过程，均可以找出导致不好体验的接触点，并在此基础上开发对应的解决方案。

(2)有助于快速理解新业务。在面对层出不穷的新业务时，很多人由于理解不了而错失成功通过面试和获得加速成长的机会；反之，如果把自己置于客户的立场，通过模拟客户旅程，就可以快速地解构不同的业务，并敏捷地发现不同业务之间的相同点和不同点，更敏捷地自适应外部环境的变化。

(3)有助于敏捷创新。客户旅程和客户画像经常结合在一起使用，其可以帮助我们以更细的颗粒度来洞察客户，并通过进一步的对焦，找到有助于改进客户体验的机会点。

(4)有助于解决职业问题。职业旅程与客户旅程的体验逻辑是一致的，所以当一个人在面对职场困境的时候，不妨把自己当作客户，通过职业旅程工具为自己寻找适合重点突破的机会点。

三、价值链分析

价值链(Value Chain)，是指关于价值的构成和传递的过程。德国哲学家黑格尔说过，凡是现实的都是合乎理性的，凡是合乎理性的都是现实的，即存在即合理。根据此原则，凡是存在于价值链上的价值主体和价值活动，都有其合理性。

价值链的构成要素，包括价值主体、价值活动、价值流动方向、接触点和检查点等。价值主体，是指创造和实施价值活动的主体，比如人或者 AI；价值活动，是指创造或传递价值的具体活动；价值流动方向，是指价值传递的先后顺序和方向，通常客户要放在价值链的最右端，从右向左倒着推导（箭头的方向始终要朝向客户）价值主体或价值活动；接触点，是指与价值链上的价值主体或价值活动有接触的价值主体或价值活动；检查点，是指价值链上相邻的价值主体或价值活动之间，所传递的价值信息是可以呈现的和检查的。

价值链分析法是由美国营销学教授迈克尔·波特最早提出来的管理工具。其运用系统性的方法来考察企业各项价值活动和相互关系，从而寻找出具有竞争优势的资源或机会点。当我们把价值链中的任意一个价值主体或价值活动的量值或交互关系进行一些改变时，就有可能重构出新的事物。

随着数智科技的发展，人工智能和数据分析工具已越来越多地被应用在传统的价值链之中，并替代了某些传统的职能。比如，在金融理财领域，过去人们需要到线下柜台办理开户、交易和结算等业务，现在已经可以通过在线的方式完成。除了金融理财外，人工智能已渗透到衣食住行、休闲购物、仓储物流、生产制造等几乎所有的领域。事实上，现有的数智科技已经可以对价值链上的价值主体和价值活动进行感知、记录和测量，并通过相关性和回归分析，以及仿真模拟，重构出层出不穷的数智化解决方案。

从价值链的本质来看，人工智能并不是颠覆价值链，而是在传统价值链的基础上，替代了部分的人工和岗位职能，并由此改变了客户体验或运营效率。比如，打车软件或外卖平台上的调度岗位，基本实现了由 AI 对人工的替代；再比如，金融服务和电商平台上的客服岗位，绝大部分已经被 AI 替代。

为了更好地使用价值链工具来解决职场中遇到的各种复杂问题,包括业务上的和职业上的,我们需要先澄清几个重要的概念。

(一)无限可分和无限

要了解无限可分和无限的概念,我们先了解下来自古希腊数学家芝诺(Zeno)的两个著名悖论。

悖论一:两分法。

一个人永远走不到终点。设想一个人从A点走到B点,要先走完路程的1/2,再走完剩下总路程的1/2,再走完剩下的1/2……如此循环下去,所以按照两分法一个人永远不能到达终点。

悖论二:追乌龟。

一个人永远都追不上一只乌龟。因为当那人追到乌龟的出发点时,乌龟已经向前爬行了一小段路,当他再追完这一小段,乌龟又已经向前爬行了一小段路。芝诺说这样一追一赶永远重复下去,任何人永远追不上一只乌龟。

从常识上看,我们都会觉得这两个悖论非常荒谬。但是在很长的一段时间里,人们无法通过科学原理和逻辑对芝诺悖论进行驳斥。实际上,虽然芝诺悖论看似极其荒谬,却开启了人类对"无穷""极限"等概念的探讨,并对近代微积分理论的发展具有重要的启发。

无限可分,是指在一个被限定的边界内,不管这个边界是一条线段,还是一个平面,或是一个立体,都可以被分割成无数个微小的单元。无限可分强调的是细节:细(Hadoop),是解构的过程,通过无限的分割,帮助人们更好地寻找到要聚焦的接触点;节(Articulate),是还原的过程,通过按照一定的顺序和逻辑关系再把解构后的部件还原成整体,从而呈现出整体与部分的顺序关系。

无限,也被称作无穷大,是从一个点出发创造出无限可能。早在古代,人类就已经开始讨论无穷、极限以及无穷分割等概念。公元前5世纪,古希腊的德谟克利特(Democritus)就提出原子论,他认为宇宙万物由极细的原子构成。

无限可分和无限的概念,对人们采用价值链工具具有非常重要的意义。首先,从客户出发,可以对行业、客户、场景、产品、职能、组织、流程等任何领域的价值主体和价值活动进行无限可分并层层分解;其次,也可以从一个极小的机会点出发,通过重构价值链中的一个或多个变量来创造无限的可能。简单来说，跳出盒子思考(Think Outside Box)是充分发挥价值链工具巨大威力的重要前提。

数智化时代的商业环境和职场环境，决定了人们要尽可能地突破传统思维的桎梏，尝试以无限可分和无限的视角保持心态的开放度。

重构业务价值链，可以帮助很多传统企业和个人加速实现数字化转型。以某生鲜行业的巨头企业为例，其当前的行业价值链如图2—29所示。

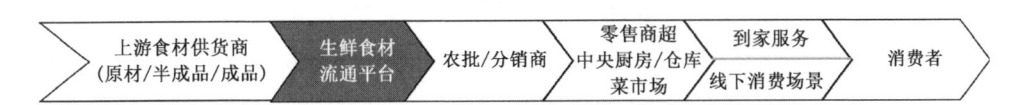

| 上游食材供货商（原材/半成品/成品） | 生鲜食材流通平台 | 农批/分销商 | 零售商超 中央厨房/仓库 菜市场 | 到家服务 线下消费场景 | 消费者 |

图2—29　行业价值链

然而，传统的生鲜食材流通渠道正面临着来自生鲜新零售商的挑战。随着进货渠道多元化和产地信息的透明化，很多二级批发市场和三级批发市场开始绕过原来的一级批发市场，从其他替代性的渠道或者从原产地直接进货。这在一定程度上降低了一级农批市场的销售规模和市场份额，并由此打破了长久以来由区域性批发市场建立的价值链平衡。

显然，该传统生鲜食材批发企业亟需加快数字化转型。在行业价值链正在被数智科技重构的大背景下，充分发挥传统优势，重构战略和组织能力是当务之急。如图2—30所示，"生鲜食材流通平台"这个价值主体展开后的下一级价值活动就是其未来要实现业务转型的路径图，其中阴影部分的价值活动为该企业拟新增的组织能力。

行业价值链

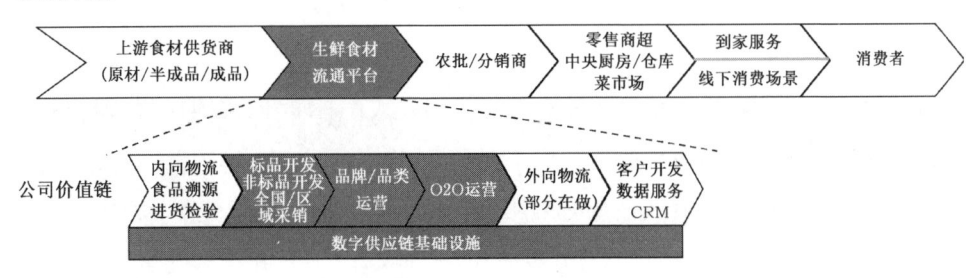

| 上游食材供货商（原材/半成品/成品） | 生鲜食材流通平台 | 农批/分销商 | 零售商超 中央厨房/仓库 菜市场 | 到家服务 线下消费场景 | 消费者 |

公司价值链

| 内向物流 食品溯源 进货检验 | 标品开发 非标品开发 全国/区域采销 | 品牌/品类运营 | O2O运营 | 外向物流（部分在做） | 客户开发 数据服务 CRM |

数字供应链基础设施

图2—30　职能价值链

从优先级排序来看，该企业把品类的数字化运营作为优先事项，如图2—31所示，就是进一步把品类运营包含的价值活动展开并用流程图的方式加以呈现，包括战略性的品类规划、寻找机会点、基础研究、概念开发、新产品开发、新产品上市前准备、新产品上市执行、品类矩阵管理、产品退市等品类生命周期的管理流程。

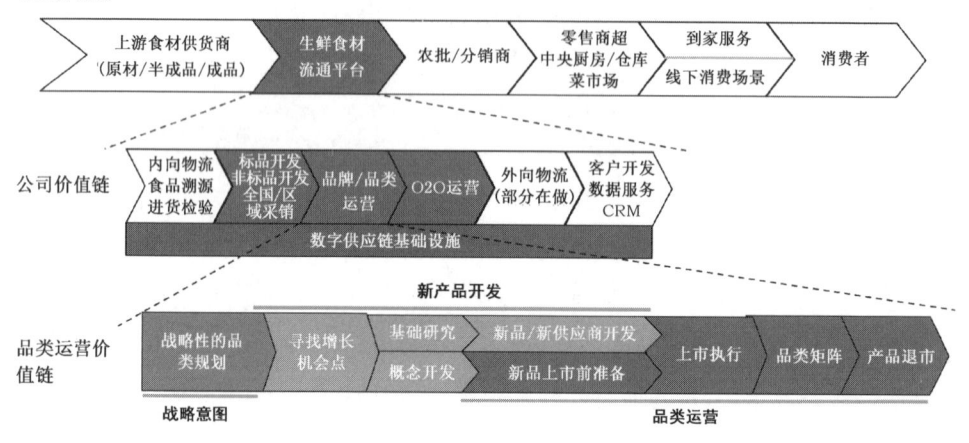

图2—31 运营价值链

以上案例，是以一家生鲜批发企业作为抓手来说明如何利用价值链分析工具来寻找创新的机会点并进一步创造出可落地的策略，其同样也适用于其他行业，比如金融服务和各种数字经济服务场景，也适用于寻找个人职业取得突破的机会点和创造相对应的解决方案。

(二)始于客户和终于客户

商业敏感度强调的是从客户出发，即始于客户。价值链分析法，与"6+2"模型的呈现方式一致，把客户放在右边，按照离客户的远近顺序从右向左依次推导，即离客户近的放右侧。价值链分析法有两种排列方式：一种是同类项排列，即一条价值链上排列的价值主体或价值活动属于同类项；另一种是混合排列，即一条价值链上排列的价值主体或价值活动属于异类项，并通过价值传递的逻辑使它们关联在一起。从设计上看，价值的流动是从客户出发，即始于客户；从运营上看，价值的流动最终是要回到客户，即终于客户。

始于客户，是指任何创新设计都要从客户出发，无论是产品设计还是流程设计。始于客户，体现的是对客户画像和客户旅程的深刻研究和洞察。客户洞察要遵循实事求是的基本原则，常用方法包括观察法、访谈法、沉浸式体验法和基于定性或定量的数据分析法等。客户洞察的对焦结果，就是寻找改善客户需求或解决客户痛点的机会点。

终于客户，是指任何商业创新的最终成果，无论是产品、服务、还是流程创新，是否真正地创造了价值，还是要由客户说了算。客户认可，就会产生购买行为和重复性消费，就会为企业带来持续的收入和利润；反之，如果得不到客户的认可，就不可能获得持续的成功。

始于客户和终于客户的思想（Starts with Customers, and Ends with Customers），也是市场导向思维的重要体现。如图2-32所示的COPIS工具，其核心设计思想就是始于客户和终于客户。从本质上来说，COPIS工具是属于混合排列的价值链分析工具。

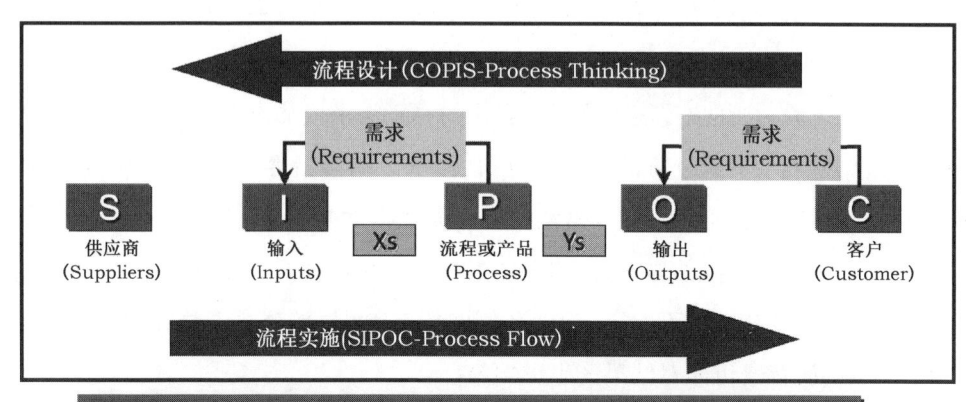

图2-32 COPIS

COPIS是客户（Customer）、输出的成果（Outputs）、流程或产品（Process）、输入的变量（Inputs）和供应商（Suppliers）五个英文单词的第一个字母的组合。COPIS的适用范围非常广泛，涵盖几乎所有可以想象的业务场景和职业场景，包括商业模式、战略规划、客户体验、价值主张、项目管理、产品创新、流程创新、数学建模、岗位画像的定义等。

在使用COPIS工具进行设计的时候,要从右端开始向左思考,这就是"始于客户",按照箭头所示的方向,依次递进推导出下一步,中间不可跳步。COPIS构思的过程,看似只有几个词汇,但其要加工的信息量是非常大的。为了避免个体差异导致的偏差,在使用COPIS进行产品或流程设计的时候,最好的方式还是邀请一群与聚焦的主题有关的利益相关者进行共创。

● 第一步:对焦客户画像(Customer)。

根据焦点议题的不同,在使用COPIS工具时所对应的客户也会有所不同。客户画像的原则和工具是固定的,但根据不同的目标客户群体所加工的人物特征和行为表现是有差异的。如果客户画像的颗粒度越细,特征的描述越清晰具体,那么就越有助于后续决策的可落地性。

● 第二步:寻找客户机会点(Requirement)。

寻找客户机会点,在于寻找其真正的需求或痛点。结合客户画像工具,通过观察、访谈或沉浸式的体验得出客户旅程,包括在不同的阶段或接触点去深刻探究客户情绪上的体验,往往决定能否洞察到客户的真正需求或痛点。在实践中,很多人习惯通过调研问卷或第三方的市场调查报告,来总结概括客户的需求、痛点,并以此为根据寻找客户机会点。这种做法往往会存在很大的偏差,其根本原因在于:问卷调查受限于问卷本身的质量;被调查者不一定与客户画像一致,被调查者对问卷的理解、重视程度和回答不一定一致;问卷调查者对数据的分类汇总和解读可能存在偏差等;调研背景可能对结果产生影响等。

● 第三步:输出客户价值主张(Output)。

输出客户价值主张(Output),是指在客户痛点的基础上,提出的有针对性的价值主张或解决方案,所得出的最终成果需要能够满足客户的需求或解决客户的痛点。所以,客户画像(Customer)决定需求(Requirements),需求决定了成果输出(Outputs)。三者之间环环相扣,共同定义了要服务的客户是谁以及要为客户提供何种价值成果(Yield)。

在数智化时代,人们的高质量决策和精益化运营越来越依赖于算法模型 $Y=$

$f(X)$，并通过它加强流程管理能力。要提高数据决策模型的准确度和精确度，首先要确保输出成果 Y 的精准度。这是搭建高质量的数据决策模型的未知量。Process，相当于 $Y=f(X)$ 中的 f，即 function，通常以产品、流程或数据模型等方式呈现。

- 第四步：创造产品或流程（Product or Process）。

产品或流程，本质上是满足客户需求或解决客户问题的解决方案的呈现。要想创造出高质量的产品（Product）或流程（Process），就必须以客户的画像、痛点和价值主张为基础，对客户的需求保持同理心，通过基于逻辑力和想象力的策略、流程和工具，把客户的实际问题转化为统计的问题，再用统计的方法寻找未知量 Y 和已知量 X，并通过回归分析建立 $Y=f(X)$ 的函数关系。产品或流程，本质上是这种映射函数关系的有形载体。

- 第五步：寻找输入变量（Inputs）。

输入变量（Inputs），相当于 X，是指当流程（Process）和函数关系的基本框架确定了之后，为了确保该流程能够正常运转，就要寻找到那些影响流程系统正常运行所需要的变量，即 X。从 COPIS 图中，我们看到流程和输入之间也有个箭头，上面有个需求（Requirements），也就是说寻找变量 X 要从流程出发，是流程得以运行的资源、数据，或能力等因子。通过定义 Y 和寻找 X，再通过相关性和回归分析，建立起 $Y=f(X)$ 的映射函数。

- 第六步：确定变量 X 的来源。

当输入变量（Inputs）被确认好以后，下一步就是要明确每个变量 X 要从哪里获得，即每个变量所对应的供应商（Suppliers）是谁。如果是来自内部的变量，可以从内部的组织架构、人、财、物等资源或数据来考虑；如果是外部的变量，也需要具体的来源渠道。

显然，要为客户创造价值，除了要配置与客户直接接触的销售和市场专员等前台人员外，还需要配置中后台人员，比如产品管理、技术研发、供应链运营、生产制造、采购和质量控制等各种人员。此外，要确保所有人在市场导向的思维下，能够通过流程创新和产品创新，改善客户体验和运营效率。

始于客户体现的是设计思维，终于客户体现的是运营思维。基于 COPIS 的设计系统,是一个从右向左的信息加工过程,通过无限可分创造出无限的可能。基于SIPOC的运营系统,正好与COPIS反过来,是一个从左向右的执行系统。SIPOC是在以客户为导向进行COPIS设计和验证的$Y=f(X)$的过程能力的基础上,通过对变量X的源头和流向客户的过程进行严格的过程控制,从而确保最终结果Y的质量和客户的满意率。

市场导向思维的核心原则是要为客户创造价值,以及让价值在始于客户和终于客户之间的价值链,按照特定的动力机制流动起来,并最大化投入产出比。在数智化时代,企业和个人要具备更快速地适应外部环境/客户需求变化的能力,市场导向思维为职场人适应环境变化提供了方向、策略和工具。

四、以增长为驱动

"发展是硬道理",这是邓小平同志在推动中国改革开放时所强调的观点。对于企业和个人而言,发展同样是硬道理。发展可以解决很多问题并持续带来财务回报;反之,不发展会带来各种令人烦恼的问题,甚至影响生存。以增长为驱动,也是市场导向的基本原则。"世界处于百年未有之大变局时代,我国的发展仍将长期处于重大战略机遇期。"虽然面临各种内外部的挑战,但我国经济保持健康增长的长期趋势并未发生根本性的改变。特别是在数字经济驱动下的新一轮经济周期的带动下,中国的职场仍将蕴含巨大的增长机会。

如图2—33所示,任何一家企业的业务要保持持续健康的增长,离不开文化和价值观的建设、战略性的规划,以及体现过程能力的标准化运营流程。当然,一切的设计,需要遵循市场导向的基本原则,即要以客户为中心来设计,并要持续地为客户创造好的体验和价值。

2017年以来,全球多家知名消费类品牌商的总部均进行了重要的人事调整,用首席增长官(CGO)取代了传统意义上的首席市场官(CMO)一职。从这样的举措可以看出,随着数字经济的渗透加快,传统的边界清晰的职能分工越来越模糊,甚至组织可能越来越僵化。强调增长导向,通过更加敏捷自适应的组织设计,充分释放人才的潜力,将是未来职场的重要趋势。

德勤《2016年人力资本趋势》报告中所指出:"公司正在从传统的、功能型模式

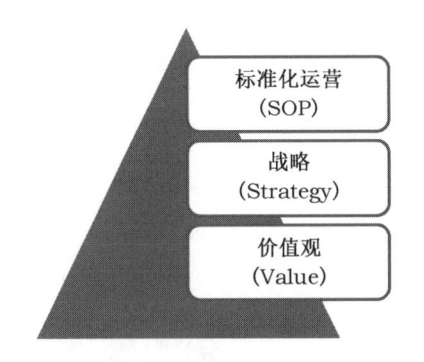

图 2—33　业务增长架构

转向拥有以客户为中心的互联化、灵活的组织结构。一种新的组织模式正在崛起：企业建立在'团队的网络'基础上，并授权团队完成各项具体业务项目和挑战。"显然，对商业世界反应高度灵敏的人，更能及时捕捉到变革与发展机遇，也将获得更多个人职业成长的机会。

职场环境的动态变化反映了未来个人的职业特征，也将与周边环境的波动性、不确定性、复杂性和模糊性（VUCA）融为一体，既带来挑战也带来重要的机遇。关键在于，每个人是否找到适合自己的增长逻辑。通过对职场标杆人物的长期观察，不难发现基于价值观的动机管理、战略性的职业生涯规划以及持续改善的成功再现能力，都是值得借鉴的制胜法宝。

实训与自测

请用 COPIS 工具描绘你目前所从事的或未来感兴趣的业务场景。

1. 该业务所服务的客户细分是谁？客户的特征和需求是什么？
2. 该业务为客户输出什么样的解决方案或创造什么价值？
3. 该业务的关键流程是什么？
4. 哪些关键变量影响到流程能力？
5. 这些变量来自哪些供应渠道？

第五节　财务敏锐

本节精要导读

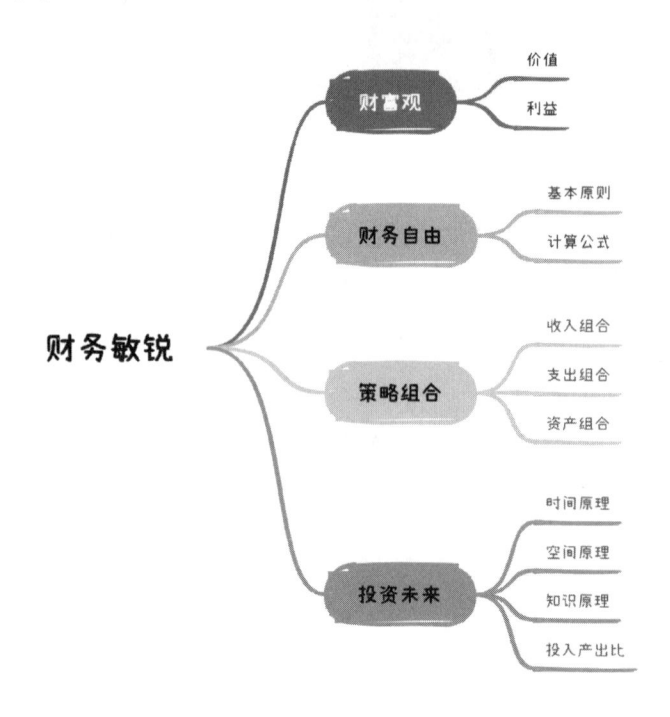

```
                         ┌── 价值
             ┌─ 财富观 ──┤
             │           └── 利益
             │
             │           ┌── 基本原则
             ├─ 财务自由─┤
             │           └── 计算公式
             │
             │           ┌── 收入组合
 财务敏锐 ───┼─ 策略组合─┼── 支出组合
             │           └── 资产组合
             │
             │           ┌── 时间原理
             │           ├── 空间原理
             └─ 投资未来─┼── 知识原理
                         └── 投入产出比
```

一、财富观

财富和财务，是一对容易被混淆的概念。财富是义，财务是利，义在先利在后，二者同属于一个事物的一体两面。梳理清楚二者的异同和相互关系，有助于找到财富密码和获得财务自由。

财务敏锐度，也称财商，其不只是从事财务工作的人员应该具备的能力，而是任何想获得最大化财务回报和实现财务自由的职场人都应该具有的基本思维和能力。财务敏锐度越强的职场人，越懂得财富密码和盈利的逻辑，越能持续地获得领先的财务表现。培养财务敏锐度，能够帮助人们透过显性的财务数据，更敏锐地定义背后的问题,从而找出最大化回报的机会点。

财富通常包括广义的财富和狭义的财富。广义的财富涵盖了物质和精神两个方面。物质上能满足你各种生产生活需要的物品是财富;精神上能让你愉悦舒畅的也是财富。狭义的财富是指货币,即货币持有者所掌握的实际货币余额。

微软的创始人比尔·盖茨认为,成功者知道一百个失败的原因同时知道一个成功的方法,失败者知道一百个失败的原因却不知道一个成功的方法,其认为财富包含观念和时间。

世界知名的未来学家和社会思想家之一,《未来的冲击》《第三次浪潮》和《权力的转移》的主要作者阿尔文·托夫勒(Alvin Toffler)在和他的妻子海蒂联合创作并出版的《财富的革命》中认为,财富中包含着三大基本原理:时间原理、空间原理和知识原理。[1]

美国著名的未来学家,拥有26项世界专利与发明和51个荣誉博士学位的巴吉明尼斯特·富勒(Buckminster Fuller)博士认为,金钱不是财富而是数字的交换,真正的财富是价值的创造。富勒博士总结了有关财富的三条定律:(1)一个人的财富取决于他有资格服务的人数;(2)财富是透过行动来呈现的,如果"知"不能转化为有效的"行",那么是无法让他人感受到的;(3)一体为复数,且至少为二。世间万物,都有两面性。当一件事情你无法理解的时候,不是它不好,只是因为你无法理解它。

著名的畅销书《富爸爸,穷爸爸》作者罗伯特·清崎(Robert Kiyosaki)认为,财务自由的标准是让被动收入大于支出。而影响财务自由关键要素包括:不要为钱工作,要努力学习多种技能、学会投资自己、掌握成功所需要的技能、建立完整的商业思维。

中国传统文化认为"义利相兼,以义为先"。这既是中华文化的义利观也是财富观,最早出自儒家经典《论语·述而》,是中国历代先贤通过多次的辩论和阐述以及漫长的历史实践所总结的观点和规律,并最终在关于"利"和"义"的价值取向上达成了共识,成为长期影响人们价值取向和行为规范的财富观。义,相当于价值;

---

[1] [美]阿尔文·托夫勒,海蒂·托夫勒. 财富的革命[M]. 吴文忠译. 北京:中信出版社,2006:106.

利,相当于功利,体现在金钱或其他物质回报上。中国的义利观,并不是宣扬重义轻利,而是反对见利忘义,并把利和义视作为对立统一的关系。我国国家领导人多次在重大的全球性国际会议上向全世界阐述"义利相兼,以义为先"的价值理念,并在发起人类命运倡议和推动全球"一带一路"建设上,宣扬中国的合作共赢理念和凝聚各国人民的思想共识。

虽然中西方的历史背景、文化传统和思想意识有诸多不同,但还是不难发现在财富观方面,还是有不少共通之处。

首先,符合对立统一的辩证法思想,即义(价值)与利(功利)二者表面上看似乎是对立的,但实质上是统一的,关键在于要把义置于利之先,义是利的因,而利是义的果。

其次,体现博弈均衡的思想。博弈均衡,强调的是从利他的角度出发也是最利己的观点。获得财富的过程,本质上是为他人创造价值的过程。职场实践也证明,那些长期获得高成长和高回报的组织和个人,无不是在为社会、客户、员工和股东等创造持续的领先业绩后而持续收获领先的回报。

再次,能力决定财富的大小。能力,既包括硬技能也包括软技能,我们平日常说的可迁徙能力属于软技能,包括组织能力、沟通协调能力、团队合作能力、领导力等。

从动因开始,要分别经历"知"(对焦、寻找和创造)和"行"(组织和实现),做到"知行合一",并通过关键节点的监控、校准反馈机制、总结与反思,来沉淀商业智慧和最终获得财富。

财富观,从道理上解释了赚钱的基本规律。但在职场上,有很多职场人仍然把"利"置于"义"之先,做所有事情的出发点都是"为了钱"。在动机章节中,我们比较了"动机"和"激励"两个概念。动机,是指内在驱动力(Internal Force),它体现了一个人的使命和价值主张,即为谁创造什么价值或解决什么问题;激励,是指外部刺激(External Stimulus),包括金钱或非金钱的外在因素。动机可以让一个人发自内心地热爱一项工作,并持之以恒地克服意想不到的困难和创造领先业绩;与内在驱动力相比,外在刺激很难驱动一个人长期地热爱工作,并在困境中仍然保持坚韧不拔和实现持续突破。从实际结果来看,从内在动机出发工作的人,往往更容易成为各领域的出类拔萃者,并持续获得高成长和高回报;而从外部激励出发的人,往往更容易受到干扰且不能充分发挥潜能。

二、财务自由

财务,泛指企业和个人在从事生产经营活动时所涉及资金的活动,体现了企业和个人与其他利益相关者的经济关系。货币是财务运行的重要载体。财务活动的范围包括:一是会计,即对过去已经发生的经营活动所产生的财务成果进行记录和呈现,主要体现为三张重要报表——资产负债表、损益表、现金流量表;二是财务分析和控制,对正在发生的经营活动进行管控,主要体现在通过财务预测和分析(FP&A)以及财务预算控制(FC)上,通过合理分配和使用资金,以获取最大化的资本运营效率;三是投融资,目的是获取未来的资产收益,其核心功能是通过融资和投资的策略组合与活动,获取最大化的投资回报率(ROI)。

财务自由,是指人们无需为生活支出而努力工作的状态。当人们所拥有的资产在其剩余生命内所能够持续产生的被动收入大于或等于其所有可预见的总支出时,就可以称为财务自由。财务自由是人们有计划地经营职业,并有效地管理资产的结果。

三、收入

收入(Income),是指在一段时间内,一个人从外部所获得的,用于满足个人和家庭生活、消费和投资需求所需要的金钱或物资。收入,包括主动收入和被动收入,它们的定义和展开如图2—34所示。从财务自由的公式,持续增加被动收入的占比是实现财务自由的必经之路。当然,在获得足够的被动收入之前,需要先努力工作提高主动收入。

(一)主动收入

主动收入(Active Income),是指在一段时间内,一个人通过付出劳动而获得的收入。主动收入,通常包含薪酬(Compensation)和福利(Benefits)。薪酬福利,简称为C&B,属于人力资源管理的下属职能分类。它是由C&B领域的专家结合企业的发展战略和人员构成,以及外部人才市场的环境变化,所设计的稳定性与灵活

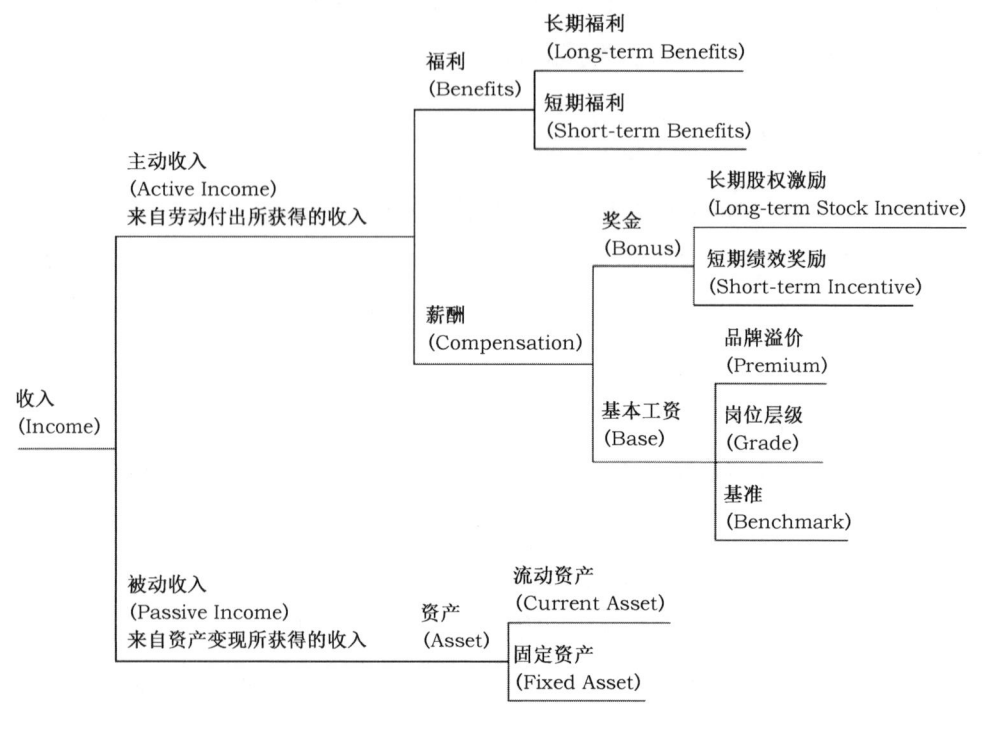

图 2—34 收入结构

性兼具的管理系统。

从主动收入的结构来看,大多数企业的薪酬架构设计思想类似,差异主要在于对标的基准不同。对标的基准,是指一家企业在设计薪酬方案的时候,会选定职业分类的几个关键变量(地域、行业、职能、层级、公司业绩等),通过市场调研报告获取可参考数据,再结合企业的业务战略以及与之匹配的人力资源战略,根据统计学的方法来确定本企业的市场对标基准水平。比如,有的企业定位为中位数水平(Medium),有的可能 Top 80%,有的可能低于平均值(Average)水平,等等。影响主动收入的关键变量,主要来自岗位层级、品牌溢价和长期股权激励。

1. 岗位层级(Grade)

岗位层级是由每家企业根据自己经营战略的需要所设定的层级,属于组织架构(Org-chart)和激励体系(Incentive)的重要组成部分。对于个人来说,岗位层级属于来自外部的激励或刺激因素,不属于内在的动机。岗位层级体现了一个组织对一个人过往的行为表现和所实现的绩效的认可程度。对于相似的职业分类来说，岗位层级之间通常也是可以对标的。企业之所以让岗位层级具有可对标性，一方面是为了更好地设定岗位画像、能力模型和薪酬基准；另一方面，也是为了更好地吸引、招聘和保留优秀人才。岗位层级被职场人所关注的原因，除了认可度外，还与权利和收入有关。

岗位层级具有时间属性、空间属性和知识属性。

● 时间属性。在不同的时间点，岗位层级的基准（如岗位画像、能力模型、薪酬水平等）并不是静止不变的，而是随时间的变化而保持动态更新。企业的成长速度越快的企业，通常其岗位层级的基准也更新得越快。这个道理在于，当企业规模比较小时，通常其对外部人才的吸引力会比较小，这个背景下企业就会对岗位层级的基准放低要求。当过了一段时间后，企业规模越来越大，内部成长起来的人才越来越多，对外部人才的依赖性和刚需相对会弱化。即使有些岗位还是需要从外部引入人才，但基准水平也会水涨船高。这就要求人们在看待岗位层级的时候，要学会用发展的眼光来看待和理解。

● 空间属性。通过 BCG 矩阵，我们可以把企业或个人所处的空间分为四种类型。在不同的空间体系内，岗位层级的细分也是不同的。岗位层级的细分，是指在一家企业内，从最底层到最高层之间一共有多少个细分层级。岗位层级的细分数量，与企业的人员规模有直接的关系。通常规模越大的企业，层级细分的数量就越多。层级细分的好处在于：一方面，其对于员工的管理和激励有一个更加具体的规范和标准，有助于更加精准地招聘、考核和晋升；另一方面，其有助于精细化运营人力资本和最大化投入产出比。

从长期的职场观察看，职场人在相同的空间体系和企业间转换工作时，大部分情况是在同一细分层级间流动；当从处于行业标杆的明星企业向非标杆企业或小规模企业进行转换工作时，后者为了吸引人才通常会提供更高的岗位层级和薪酬水平；当从非明星企业向明星企业、从市场占有率低的企业向市场占有率高的企业，或从市场吸引力低的企业向市场吸引力高的企业转换工作的时候，为了追求职业转型和获得更长期的回报，很多人会选择相对低一些的岗位层级或在短期内接受可能薪酬会减少的情况。

● 知识属性。知识技能，是与岗位层级相对应的必要条件。一个人的知识是否具备价值，最终体现为解决实际问题的能力。在商业敏感度的"6+2"模型中，现金净流入、利润率、周转率、资产收益率等财务指标，本质上是客户导向、业务增长、知人善任和顺畅沟通的结果。

信息加工、知识和技能的差异造成了人们商业嗅觉的差异，并最终影响一个人的职场力。这方面的差异，通常与其服务的组织有很大关系。越是标杆企业，组织的整体能力越强，越有助于发展个人的职场力。

2. 品牌溢价(Premium)

品牌溢价，是品牌资产的附加价值。同样的商品，有溢价能力的品牌会比其他品牌能卖出更高的价格，这个差额部分就是品牌的溢价。比如，消费者明知很多知名品牌是代工企业生产的，但仍然愿意支付更高的价格去购买那些品牌的产品，这就是品牌溢价的效应。品牌溢价在财务上的表现主要有两点：一是更高的定价权和利润率；二是更高的认可度和接受度。

个人品牌溢价的好处主要有两点：一是更容易获得更高的岗位层级和薪酬回报；二是更容易获得好的工作机会。如图2-35所示，个人品牌溢价与其所服务组织的品牌溢价能力息息相关。从组织的角度看，把行业吸引力和组织实际绩效综合在一起，可以通过BCG矩阵来呈现。组织能力，是一个组织的系统性的支持能力和简单快速的复制能力。将组织能力与行业吸引力相互结合，可以通过CBCG矩阵加以分析和呈现。从个人的角度看，个人的实际绩效、职业生涯和个人职场力，往往与组织的实际绩效、行业吸引力和组织能力相互对应。如果缺乏组织的系统性支持，那么个人品牌将暗淡无光。

在招聘面试时，个人品牌的价值往往会影响到面试官的判断并做出有利于候选人的决策。这是由于面试环节总是难以避免主观判断和人为的误差，因此，很多面试官往往会通过候选人之前的职业经历和雇主品牌来预测候选人。如果候选人有明星企业的品牌背书，就更容易获得工作机会和更好的薪酬条件。这是因为很多面试官假设，即使明星企业的成功依托于强大的组织能力，那么有机会加入这种组织且胜任一定职位的求职者拥有的个人能力会更强，见识过的复杂业务场景会更多。因此，录用有品牌背书的候选人，其招聘失败的风险相对小很多。

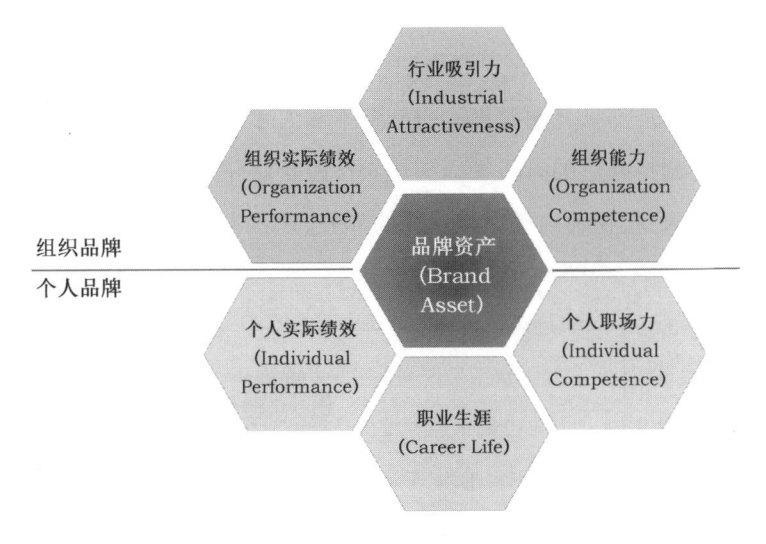

图 2—35　影响个人品牌的要素

3. 长期股权激励(Long-term Stock Incentive)

长期股权激励，是指企业为了招聘、保留和激发核心人才的潜力，而推行的一种长期激励机制。股权激励的形式主要通过附加条件给予员工部分股东权益，使员工具有主人翁意识，与企业形成利益和命运共同体，促进企业与员工共同成长，从而帮助企业实现稳定发展的长期目标。

随着中国数字经济的快速发展和独角兽企业的大量涌现，长期股权激励模式被越来越多的数字企业广泛采用，并帮助越来越多的职场人实现了可观的财务回报和财务自由。

组合收入策略(Income Portfolio)是指多种收入形式按照一定的比例进行组合的策略。如图 2—36 所示，横坐标为不同收入形态的成熟周期(或兑现时间)，纵坐标为预期的投资回报率(ROI)。不同收入要素的兑现周期和预期收益率是不同的。通常兑现周期短的回报率也低，兑现周期长的回报率也高。比如，每个月固定发放的基本工资兑现期只有一个月，但资本的回报率也低(比如以存在银行的活期储蓄利息作为比较基准)；再比如奖金通常与业绩挂钩，并根据发放周期的长短来决定其总体金额的大小；对于长期的股权激励，绝大部分企业选择从 2 年后开始逐步兑现并在 4 年左右的时间兑现完毕。当然，未来股票的价格，受到时间、空间和能力等多种要素的影响。虽然存在一定的风险性,但相对来说如果相关企业自身所处的经济发展周期与行业的发展周期,以及企业所处的行业成长性和市场竞争均处于有利的地位,那么其通常都会得到资本和人才的追捧。实践证明,具有前瞻性思维的人,在选择合适的时机加入高成长性的企业并随之一起高速成长之后,其最终收获的长期收益将远高于固定薪酬的部分。

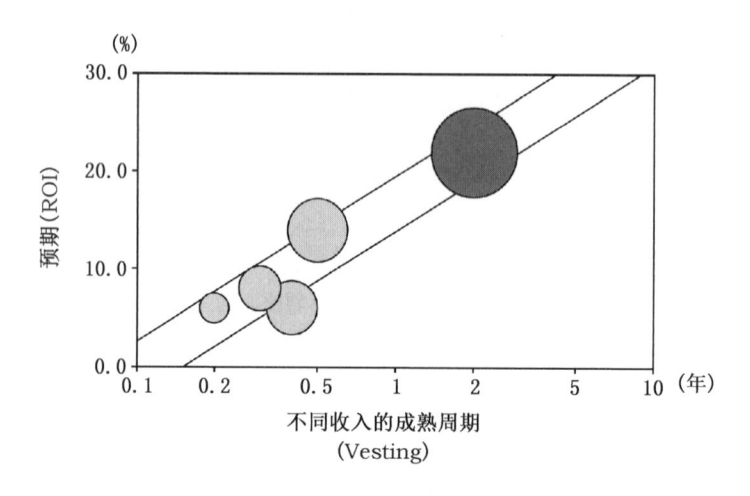

图 2—36　不同收入的成熟周期与回报率

在数字经济的大背景下,长期股权激励仍将是数字企业吸引、招聘和保留优秀人才的重要激励措施。对于职场人来说,保持商业敏锐和财务敏锐,更好地甄别与选择有潜力的企业,通过与组织内的其他业务伙伴进行头脑风暴为客户持续创造价值和实现领先业绩,就有可能快速增加收入。当然,在享受股权激励的想象空间的同时,也要培养风控意识。

当然,长期股权激励也有一定的不确定性,其取决于职场人的判断力,即学会从多元维度认知外界和自我,加强对外部环境趋势的预测、对市场动态的把握,加深对目标企业的业务场景、组织生态、岗位画像、核心挑战、社会化比较和岗位独特卖点等的综合理解,形成对自我成长的进取心、核心优势、激情领域、岗位相关性、成长潜力、动机等的全局思维。只有更好地知己解彼,才能做出更明智的选择。

站在企业的角度看,长期的股权激励往往针对重要的和有成长潜力的明星员工,这通常是由企业的人才战略和资本成本决定的。资本是有成本的,加权资本成本(WACC)是计算资本的成本组合的概念。通常债权的成本要远远低于股权的成本。比如,我们从银行贷款,就要支付利息给银行,这个利息根据时间长短有固定的比率,银行事实上不承担任何风险。如果借款人到期还不起债,银行就会打折拍卖借款人的抵押资产。股权则不同,投资人以股权投资一家企业,是要与其他股东共同承担经营风险。如果投资失败,则股权投资可能会全部打水漂。股权投资的预期收益率(通常称为内部收益率 IRR,或贴现现金流收益率 DCRR)要远高于债权收益率。加权资本成本就是企业以各种资本在企业全部资本中所占的比重为权数,对各种长期资金的资本成本加权平均计算出来的资本总成本。

企业之所以愿意支付成本更高的长期股权激励给部分员工,其背后的动机在于希望通过长期股权激励,使部分员工成为类似股东的角色,与企业共同创造美好未来和共同享受未来可能的巨大红利。由于股权激励的兑现周期比较长,故其也有助于保持队伍的稳定性,有助于长期取得更高的领先业绩。

对于个人而言,享受股权激励的挑战在于:一方面,如果被激励人提前离职,那么股权激励可能就无法全部或部分兑现;另一方面,如果企业的经营效益达不到预期,那么很有可能股权价值就会大打折扣,甚至企业会发生破产或清算等极端情况。享受股权激励的机遇在于:一方面,如果企业的发展前景和经营业绩都非常好,那么股权激励所能带来的财务回报可能就会远远高于其他收入;另一方面,股权激励有助于招聘和长期保留优秀人才,为职场人提供相对长期和稳定的职场环境,尽可能降低干扰和激发潜能。

(二)被动收入

被动收入(Passive Income),是指在一个时间段内不用付出劳动,通过所拥有的资产变现,或者通过分享他人所付出的时间、金钱或精力所获得的收入。资产通常包括股权、存款、保险、债券、房产、知识产权等可变现交易的产权,也是人们获得被动收入的来源。如何制定和优化资产结构来获得长期性的被动收入,将决定一个人或家庭长期的收入和生活质量。

四、支出

支出(Expenditure),包括成本(Cost)和费用(Expense)。

(一) 概念比较

成本,通常是指一个人在一段时间内以追求回报为目的而花费的人力、精力、物力、财力,成本是可转化为资产的支出。费用,通常是指一个人在一段时间内不以刻意追求特定回报为目的而付出的花费,或那些不可转化为资产的支出。成本和费用可以进一步展开如图 2-37 所示的细分选项。

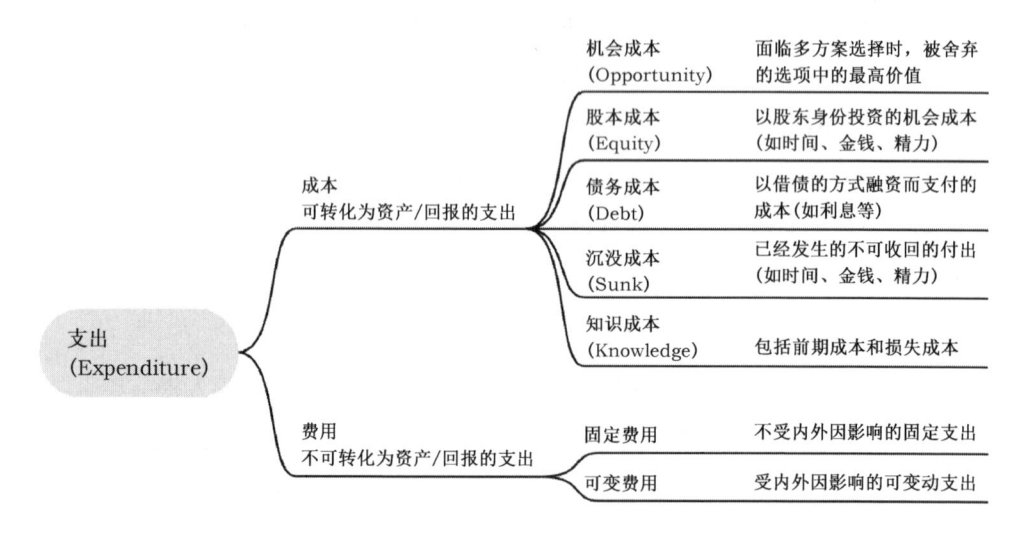

支出 (Expenditure)
- 成本 可转化为资产/回报的支出
  - 机会成本 (Opportunity)：面临多方案选择时,被舍弃的选项中的最高价值
  - 股本成本 (Equity)：以股东身份投资的机会成本 (如时间、金钱、精力)
  - 债务成本 (Debt)：以借债的方式融资而支付的成本 (如利息等)
  - 沉没成本 (Sunk)：已经发生的不可收回的付出 (如时间、金钱、精力)
  - 知识成本 (Knowledge)：包括前期成本和损失成本
- 费用 不可转化为资产/回报的支出
  - 固定费用：不受内外因影响的固定支出
  - 可变费用：受内外因影响的可变动支出

图 2-37 支出结构

固定费用,是指一个人不管内外因如何变化,都要固定支付出去的费用,如最基本的衣食住行、房贷、车贷、"五险一金"等。

可变费用,是指一个人受内外因的影响而额外支付的可变动的费用,如娱乐、旅行、社交、买奢侈品等。

机会成本,也被称为时间成本,是指一个人在一个时间段内,在面临多个方案的选择时,由于选择一个方案而舍弃了其他方案,那么被舍弃的方案中,价值最高的方案就是机会成本。

股本成本,是指一个人在一段时间内,以时间、金钱或精力等作为股本,拥有所投资的资产的全部或部分所有者权益。

债务成本,是指一个人在一段时间内,以借债的方式获得资金,用于生活、消费或投资等用途,并因此而支付的利息。

沉没成本,是指一个人在一段时间内,已经付出的且不可回收的时间、金钱、精力等成本。

知识成本,是指一个人为了获得某种知识技能所提前支付的先期成本,以及在实际工作中因为试错或失误而付出的成本。知识成本,是知识经济时代的成本概念,其内涵与外延已超出传统会计学意义上的成本定义。

(二)支出组合

合理的支出组合与策略,有助于一个人或组织更加有效地把各种资源花费在更有意义或价值的领域并产生可能的回报。以下通过几个例子来解释不同场景下的支出组合策略的差异。

例子一:一个人投资20万元买了一辆汽车,如果这辆汽车只是用于上下班的代步工具,那么它就是费用;如果这个人利用上下班时间开顺风车增加一些收入,那么买车的支出部分算成本,部分算费用;如果这个人全部时间用于开网约车,那么投入买车的支出就全部算作固定成本,而养这辆车所需要支付的油费、保险、维修、保养等费用即为可变成本。

例子二:如果一位女士投资5万元学习了领导力教练课程,之后她通过业余时间提供有偿的教练咨询服务,那么这5万元就是知识成本;反之,如果她没有通过教练技能来改善工作绩效或获得收入,那么这5万元就变成了沉没成本或费用。对于后一种情境来说,如果一个人不努力做到学以致用,那么其所投入的时间、精力和财物就失去意义,甚至可以归类到沉没成本或费用之列。

例子三:一位销售员因为工作失误而搞丢了一笔100万元的订单,如果这个销售员通过总结和反思吸取了教训,并改善了销售技能和在后期持续创造了领先业绩,那么那笔损失的100万元订单就变成了知识成本,因为它转换成了销售员的知识与技能。反之,如果销售员不认真总结经验教训,并继续犯相同的错误,那么这笔损失就变成了沉没成本或费用。

例子四:一位来自品牌商的高管加入了一电商平台,其现金收入由原来的年薪300万元下降到了现在的年薪150万元,但后者为其提供等价150万元的长期股权激励,从第3年开始每半年兑现25%,并在2年内兑现完毕。如果业绩好,还会追赠股权激励。4年期间该高管所拥有的股权激励帮助其获得了单利平均年化收益率50%的股权回报。显然，该高管4年累计少拿的600万元现金收入相当于期初投入的理财成本，期末除了本金外还额外获得了300万元的收益。

例子五：一位年薪100万元的运动品牌的市场总监同时得到了两个工作邀请，一个来自同类品牌A公司，给他开出了年薪150万元的薪酬包；另一个机会来自某新零售平台B公司，给他开出了年现金80万元，外加每年100万元起的股票（约定2年后开始兑现，每半年兑现50%，每年绩效评估如果达到Top 20%，还会额外再奖励股票）的待遇。候选人选择了现金较高的A公司机会。4年以后，候选人的税前年薪达到200万元。与此同时，B公司4年前的80万元股票，在4年后的市值已经达到了1 000万元。可以看出，这位市场总监由于决策失误而导致的收入差距就是机会成本。

显然，人们对成本和费用的概念理解差异将影响人们的决策质量，并对一个人和家庭的生活质量产生长期影响。在不影响生活质量的前提下，应合理地管理支出，尽量避免不必要的浪费，并尽可能地增加用于学习和成长的投入，尽可能地为自己获得面向未来的被动收入。

五、利润

利润（Profit），是指收入与支出之间的差额。利润包括不同层次（如图2-38所示），利润池包括毛利润和净利润。利润池的概念，是把价值链通过财务的方式以瀑布流的方式呈现。从税后收入开始，扣除成本之后的利润，为毛利润；再扣除费用后，就是净利润。要想增加净利润，要么开源，要么节流。开源，就是要增加收入项；节流，就是控制和减少支出项。净利润率，就是净利润占税后收入的比例，反映的是运营效率。净利润率的公式如下：

$$净利润率 = \frac{税后收入-(成本+费用)}{税后收入} \times 100\%$$

对于职场人来说，利润率反映了职业经营效率。特别在职业生涯受到时间和空间限制的大背景下，应通过全面分析使自身处于有利地位，并通过快速学习和成长发展职场力，从而获得长期性的财务回报。

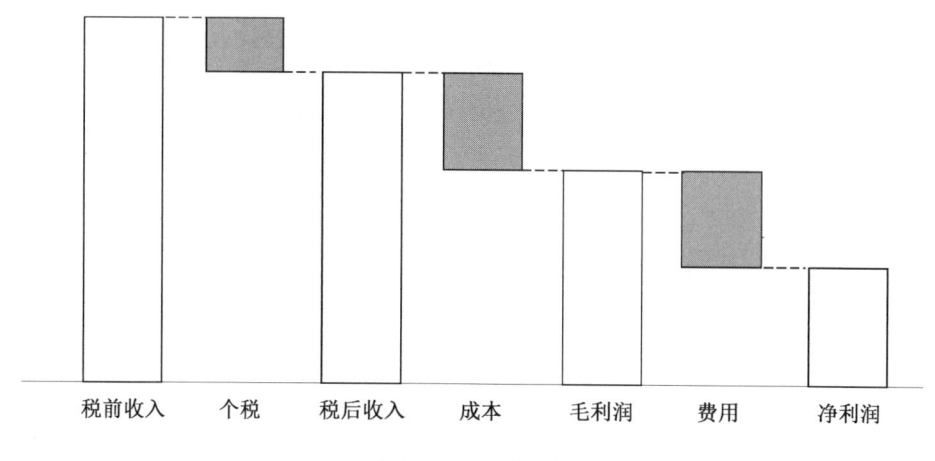

税前收入　个税　税后收入　成本　毛利润　费用　净利润

图 2-38　利润池

六、资产

资产，是指一个组织或个人作为所有者的身份，所拥有或控制的能以货币计量的经济资源，包括各种财产、债权和其他权利等。它是预期会给所有者带来经济利益的资源。资产按其流动性（即资产的变现能力和支付能力）划分为：流动资产、固定资产、长期资产、无形资产、递延资产、生物资产和其他资产等。资产体现的是人们在一段时间内所创造的价值。

（一）资产负债表（Balance Sheet）

资产负债表是资产的会计呈现。如图 2-39 所示：资产＝负债＋权益。

资产负债表的右侧是负债和所有者权益，体现的是资金的来源；左侧是资产，体现的是资金运用的结果。负债占总资产的比例，称为负债率或财务杠杆。负债率可能提高资产的运营效率但同时可能也会带来风险。如果一个人通过负债的方式获取资金，再把资金运用到生产、生活、消费或投资等方面，当负债率超过一个人或组织的可偿还能力时，或者由于突发事件导致无法按期偿还负债时，可能对个人或组织带来资产损失。

（二）资产组合（Asset Portfolio）

一个人要想获得财务自由，就必须在职业生涯内重视和优化资产组合，尽可能

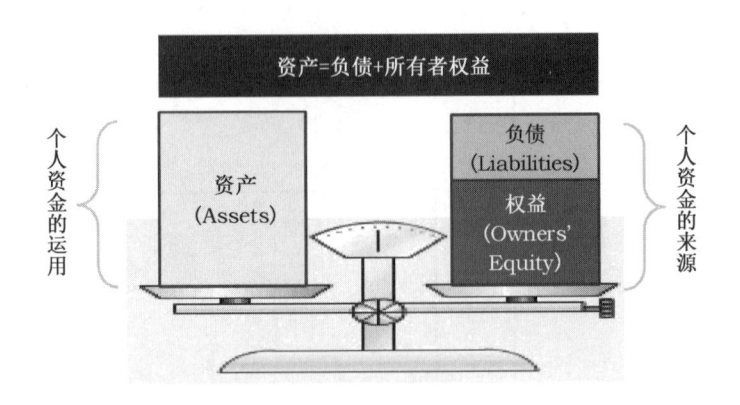

图 2—39　资产负债表构成

改变未来可获得被动收入的资产占比。从如图 2—40 所示的列表中,可以通过增加如下所示的资产项来帮助自己获得更多的被动收入的资产来源:

- 固定资产,如房产等;
- 所有者权益/股票等权益类资产;
- 长期性福利,如保险或年金等;
- 个人品牌变现;
- 知识产权。

图 2—40　个人资产组合

1. 固定资产

固定资产,是指一个人长期持有的且达到一定价值标准的非货币资产,包括房产、耐用消费品、贵重的收藏品等。固定资产的价值可能随着时间和环境的变化而变化,或增值或贬值。自2000年以来,中国经济的快速发展和房地产红利期,为中国大量的职场人带来了财富增值的机会。有些早期投资多套房产的人,特别在北上广深等城市投资多套房产的人,不难实现财务自由。

2. 所有者权益

所有者权益,是与股权有关的权益,在资产负债表的右侧下方,可以是以现金的方式投资到一家企业所获得的股权,也可以是以未来的时间或劳动所得来获得的股权激励。就所有者权益的估值方式而言,不同的股权交易市场有不同的估值体系。与传统的每股净利润(P/E值)的估值方式不同,数智化时代的数字经济创新创业企业更看重未来的成长性和想象空间,其股权的估值体系并不是以每股净利润来评估。这也是很多数字经济独角兽企业虽然处于巨额亏损状态但股价依然保持指数级成长的原因所在。

3. 长期性福利

长期性福利,是指除了企业和个人所缴纳的"五险一金"之外,有财务盈余的个人,应提早做好家庭财务的整体规划和资产的组合配置,购买可分担风险的个人或家庭保险或理财产品。

4. 个人品牌

个人品牌,是指以个人为品牌主体所创造出的品牌价值。随着自媒体、MCN(多渠道网络)和直播带货等多种新型社交、媒体传播和网红经济模式的发展,个人品牌通过粉丝或流量转化为财务变现的渠道已经日益多元和成熟。即使不走网红路线,传统职场上的个人品牌也会更容易获得工作机会和品牌溢价。个人品牌所形成的资产价值,也是一个人职场力的综合体现。

5. 知识产权

知识产权,英文表达为"Intellectual Property",也被翻译为智力成果权、智慧财产权或智力财产权,是"基于创造成果和工商标记依法产生的权利的统称"。最主要的三种知识产权是著作权、专利权和商标权,其中专利权与商标权也被称为工业产权。知识付费和以提供专业服务的自由职业者的普及,为个人品牌的知识资产变现提供了更多的渠道和机会。

七、投资未来

"人无远虑,必有近忧。"人要是没有长远的考虑和准备,那么忧患一定近在眼前。这句哲理同样适用于当代职场人。投资未来,就是要基于长远考虑,为了更好地适应外部环境变化的趋势和最大化个人的生命价值与长期回报,应战略性地做好个人的职业生涯规划和家庭财务规划,根据财富的时间原理、空间原理和知识原理,提前做好布局。

(一) 时间原理

时间,有货币价值。货币,也有时间价值。现在的时间所对应的货币价值,英文为 Present Value,简写为 PV;未来的时间所对应的货币价值,英文为 Future Value,简写为 FV。

案例一:小赵将 10 000 元作为定期存入银行。假设存款利息以单利(Simple Interest)计算,年利率为 5%,那么 3 年存款到期时,小赵将收到的本金和利息合计为:$10\,000 \times (1+5\% \times 3) = 11\,500$(元)。在这个案例中,期初小赵的现值 $PV=10\,000$ 元;期末的未来值 $FV=11\,500$ 元。

在单利模式下,从现值出发计算未来值时,假设年利率为 i,年限为 n,那么未来值为:$FV=(1+i \times n) \times PV$。

案例二:小钱将一笔 10 000 元以 3 年期的定期存款存入银行,假设利息以复利(Compound Interest)计算,年利率为 5%,那么,3 年后存款到期时小钱将收到的本金和利息合计为:$10\,000 \times (1+5\%)^3 = 11\,576.25$(元)。在这个案例中,期初的现值 $PV=10\,000$ 元;期末的未来值 $FV=11\,576.25$ 元。

在复利模式下,从现值出发计算未来值时,假设年利率为 i,年限为 n,那么未来值为:$FV=(1+i)^n \times PV$。

案例三:小孙购买了一笔定期寿险,20 年后他将一次性收到现金 50 万元,假设按照复利计算的年利率为 5%,这笔钱如果折合成现在的钱给到他(这就是贴现的概念),那么他现在可以获得的现值是多少?

已知未来值 $FV=500\,000$ 元，贴现率 $=5\%$，时间 $=20$ 年；

则现值 $PV=500\,000/(1+5\%)^{20}\approx 188\,444.74$(元)

在复利模式下，从未来值出发计算现值时，n 年后到手的货币未来值 FV，如果按照年复利率 i 来贴现，那么现值为：$PV=FV/(1+i)^n$。

从以上三个例子可以看出，货币具有时间价值，并可以通过现值和未来值来表达。同样地，时间也具有货币价值。影响未来值和现值的关键变量包括：

(1)选定的计算模型(单利模型或复利模型)；

(2)预期的回报率(利率或贴现率)；

(3)预设的现值(期初值)或未来值(期末值)。

案例四：李先生已年满 30 岁，他在一家传统金融机构担任理财经理，主要的职责是向客户销售理财产品。由于面临多样化的理财产品和渠道的竞争压力，上有老下有小的李先生感觉到客户的开发和保留越来越困难，压力也越来越大。除了面临家庭财务的压力外，李先生也面临着未来职业生涯的焦虑：一方面，数字化的金融理财产品对传统的金融理财产品造成了巨大的竞争压力；另一方面，来自线上的更便利的营销渠道也部分地替代了依靠传统线下渠道为理财客户提供咨询服务的理财经理。

在职场专家的指导下，李先生按照如图 2—41 所示的战略性的财务规划框架为自己接下来的职业规划和财务规划进行了系统性的梳理：

步骤一：对焦输入要素，包括解彼和知己，并计算净资产的现值；

步骤二：寻找发展职场力的机会点，包括从战略性的财务规划、收入组合、资产组合和投资未来等不同维度寻找机会点；

步骤三：输出行动方案，包括所对应的职场力改进计划和财务预算。

显然，对于目前收入仍然以主动收入为主的李先生来说，提升职场力仍然是持续获得和增加收入的首要选择。除此之外，有效的资产配置和投资于未来的学习与成长，是处于而立之年的李先生的优先选择。

为了更具象地预测和控制未来的支出，并最大化长期资产的未来值，李先生采用了如图 2—42 所示的傅里叶函数来呈现获得财务自由的路径图。

横坐标轴，是时间维度：L 是预期寿命，n 是可工作时间。n 越大，代表一个人

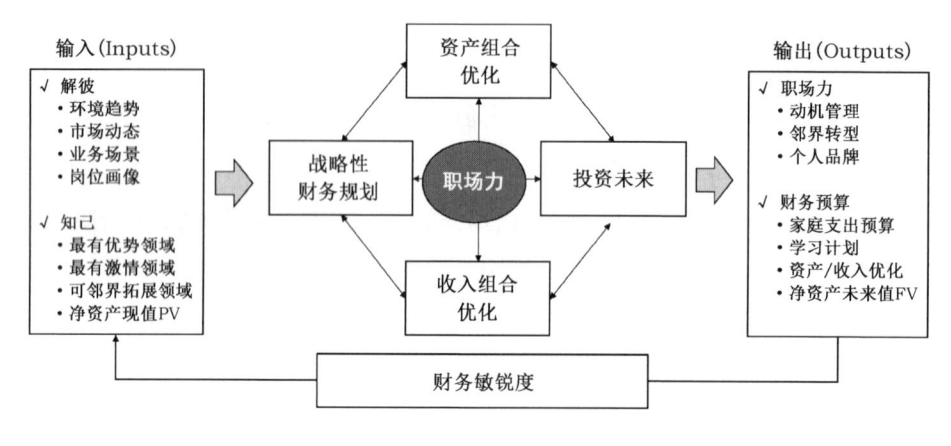

图 2—41 战略性财务规划

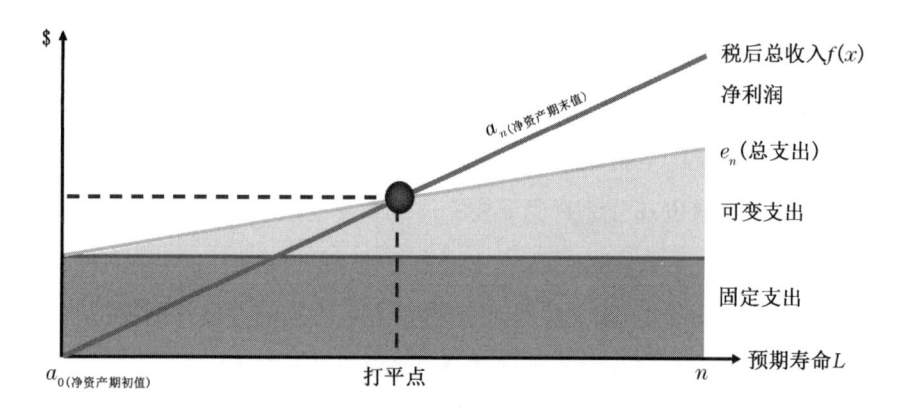

图 2—42 基于傅里叶级数的财务预测模型

获得主动收入的时间越长。当然,从 n 到 L 还有一段时间,这段时间的收入就要依靠被动收入了。纵坐标轴是财务指标,自下而上分别为固定支出、可变支出、净利润和税后总收入;坐标轴的原点,为净资产期初值(a_0),两条斜线中的一条为净资产期末值(a_n),另一条为总支出(e_n)。这是个理想的曲线,即净利润始终保持在固定的比例。但现实并非如此,人们的收入和净资产会根据外部环境的变化和个人的状态保持动态变化。

在可预测的工作时间(n)内,职场人还有一定的对主动收入的掌控权,通过职场力增加主动收入和为退休之后的生活提前做些准备。当一个人失去了主动收入且只能依赖被动收入,以及被动收入并不能维持其原有的生活质量时,那就不得不降低生活质量了。假设总净利润与总支出保持相对平衡的比例,净资产期末值与纵坐标的夹角与总支出与横坐标的夹角相等,就会得出税后总收入:

$$f(x) = a_0 + \sum_{n=1}^{L} \left(a_n \cos \frac{n\pi x}{L} + e_n \sin \frac{n\pi x}{L} \right)$$

其中,$f(x)$为税后总收入,n为可工作时间,L为剩余寿命,a_0为期初净资产,a_n为期末净资产,e_n为总支出,x为职场力。

从该预测控制模型可以看出,在期初净资产的基础上,要想实现未来财务自由,可以从以下变量中寻找机会点:(1)尽可能延长可工作的时间n;(2)提高职业的运营效率和获得净利润;(3)尽可能发展核心职场力。

(二)空间原理

每个人有特定的职业定位,不同的职业定位和选择所获得的长期回报也各自不同。按照投资回报的视角,从如图2－43所示的BCG矩阵中可以看出,处于左上角的行业成长性和盈利能力都高的象限,通常带给股东和员工的投资回报率也是最高的。当然,进入这个象限的企业的门槛也相对更高。

		行业成长性 (Industry Attractiveness)		
		高(High)	中(Medium)	低(Low)
盈利能力 (Profitability)	高 (High)	高成长/高回报 (Winner)	投资/增长 (Invest/Grow)	有问题的投资 (Questionable Invest)
	中 (Medium)	投资/增长 (Invest/Grow)	平缓的业务 (Average Business)	收割/剥离 (Harvest/Divest)
	低 (Low)	有问题的投资 (Questionable Invest)	收割/剥离 (Harvest/Divest)	剥离 (Divest)

图 2－43 空间分析

除了可以采用BCG矩阵来分析和评估不同的机会可能蕴含的成长和风险外,对于关注长期职业规划的职场人来说,其除了洞察外界的长短期的机会和威胁外,还要洞察自己的优劣势以及激情领域,再做出最适合自己的能获得长期性高成长和高回报的职业定位和选择。如图 2—44 所示的 SWOT 分析矩阵,横坐标为机会(Opportunity)和威胁(Threats),是针对外部环境变化的趋势而言;纵坐标为优势(Strengths)和劣势(Weakness),是针对自己而言,再两两相交总结出适合自己的差异化职业定位。

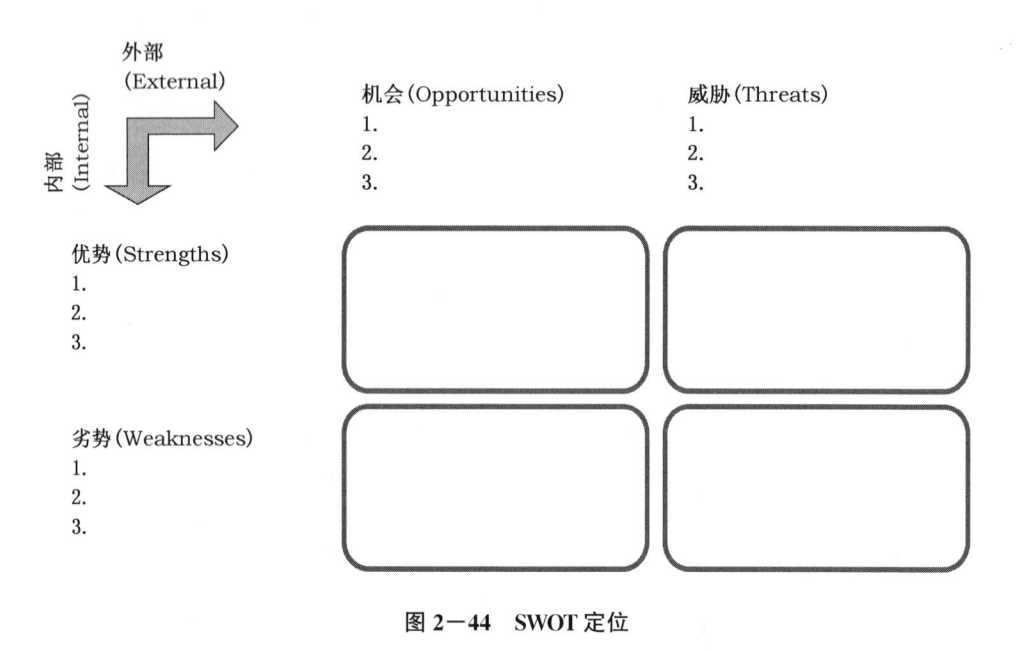

外部 (External)
内部 (Internal)

机会 (Opportunities)
1.
2.
3.

威胁 (Threats)
1.
2.
3.

优势 (Strengths)
1.
2.
3.

劣势 (Weaknesses)
1.
2.
3.

图 2—44　SWOT 定位

对于那些希望跳出原有的地域、行业或职能领域限制的人来说,还可以采用如图 2—45 所示的邻界拓展矩阵,从原有的第一象限所处的业务领域和核心能力出发,通过向第二或第三象限做邻界拓展,来努力扩大自己的职业覆盖范围和降低失败的风险。

(三) 知识原理

人们在职场中经常发现过去所掌握的知识和技能过一段时间可能就过时了,不能再用于解决职场新的问题,甚至过往经验如果当下继续照搬就会成为败招。图 2—46 显示,使自己在快速变化的职场中掌握新知识与新技能,并进化职场力,是职场人宝贵的财富密码。行动学习需要组织氛围与土壤,是在解决实际问题的过程中进行进化和沉淀的商业智慧。

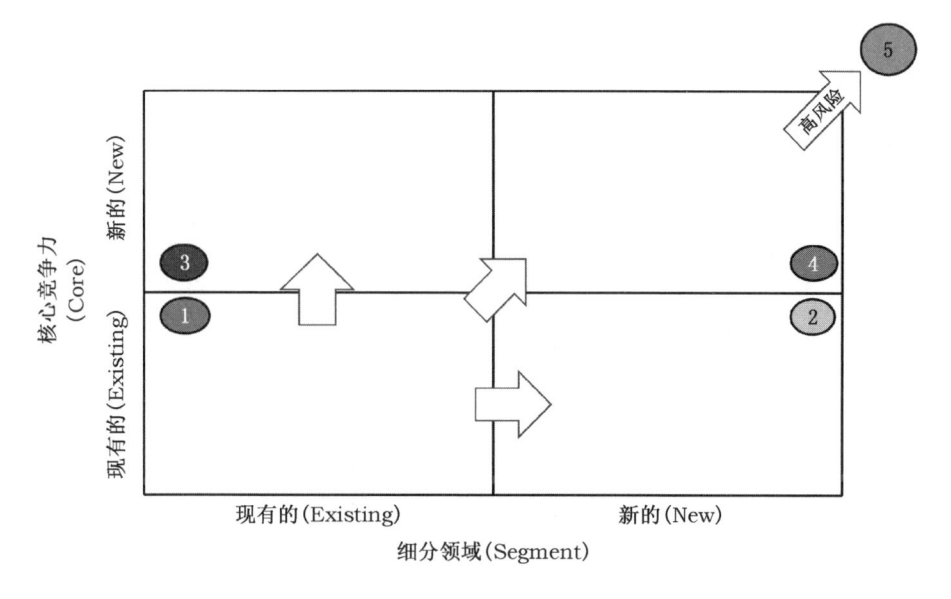

图 2—45　邻界拓展矩阵

(四)投资决策

投资决策,不仅针对投入的金钱,也包括投入的时间。衡量投资行为的效率的标准,通常用投入产出比(Return on Investment,ROI)来表示。ROI,也被称为成本收益法(Cost Benefits Analysis),体现的是投资的决策质量和运营效率。常见的投资分析测量工具,包括投资回收期法(Payback)、净现值法(NPV)和贴现收益率法(DCRR)等。

1. 投资回收期法

投资回收期法,是指用来测算收回期初投资需要多久的测量方法。比如,一个人投资购买一辆10万元的车用于经营网约车业务,每年扣除所有支出后净利润为4万元,对于这笔投资来说:

$$投资回收期 = \frac{100\ 000}{40\ 000} = 2.5(年)$$

用投资回收期法测算投资回报的好处是简单直接。但投资回收期法忽略了货币的时间成本或时间的货币成本。对于职场人来说,一个人在职业生涯不同阶段和时间点上,其时间的货币价值以及所对应的机会成本可能是不同的;当一个人决定把自己未来的时间投入哪个职业机会时,通过采用投资回收期法所做出的决策容易导致机会成本的损失。

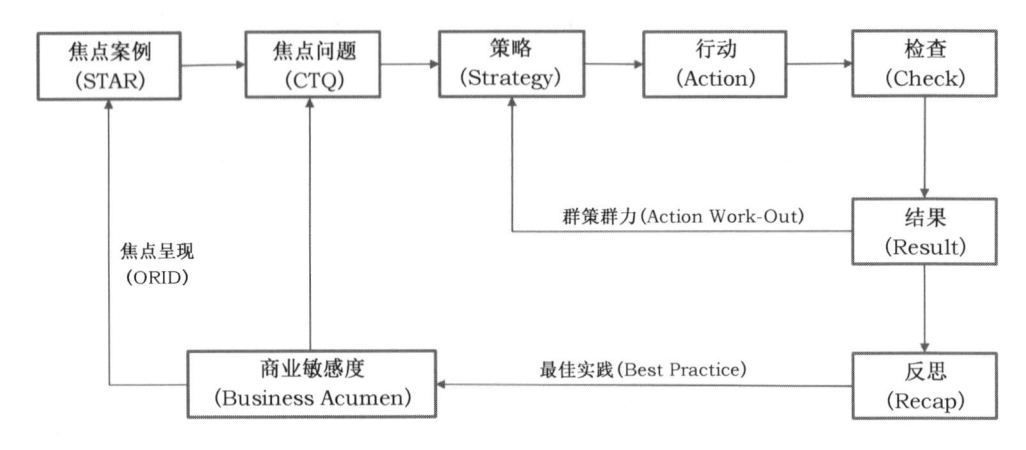

图 2—46　阿吉里斯[①]行动学习双环理论

2. 净现值法

净现值法,如图 2—47 所示,是用给定的 IRR(内部回报率或 DCRR 贴现收益率),将预测的未来每年所能获得的净现金流入(Net Cash Flow)换算成现值(Present Value)后,再减去期初投资的测量方法。

以资产管理为例,马女士有 100 000 元的闲散资金,希望通过购买一款基金产品实现未来的保值增值。理财经理给到的未来 5 年的净收入预测如图 2—48 所示,假设每年的内部回报率(IRR)为 8%,那么,这笔理财投资的净现值为 147 556 元。当 NPV>0 的时候,通常说明值得投资。在不同的投资项目进行比较时,NPV 值越高说明项目的投入产出比越高。

3. 贴现收益率法

贴现收益率(DCRR)等同于内部收益率(IRR),是指一个投资项目的 NPV(净现值)为 0 时的收益率(R),其计算方式与 NPV 正好相反。当使用 DCRR 分析法时,通过比较 R 值的高低,来决定投资项目的优先级。其公式如下:

---

① 克里斯·阿吉里斯(Chris Argyris):哈佛大学商学院、教育学院教授,被誉为"当代管理理论大师",组织心理学与行为科学的先驱。其代表作包括《行动科学》《克服组织防御》《实践理论》《行动的知识》《组织学习》等。

现在 (Present) — i — $NCF_1/(1+R)^1$ $NCF_2/(1+R)^2$ $NCF_3/(1+R)^3$ $NCF_n/(1+R)^n$

Y_1 — NCF_1

Y_2 — NCF_2

Y_3 — $NPV = \sum_{(1-n)} \dfrac{NCF}{(1+R)^n} - i$ NCF_3

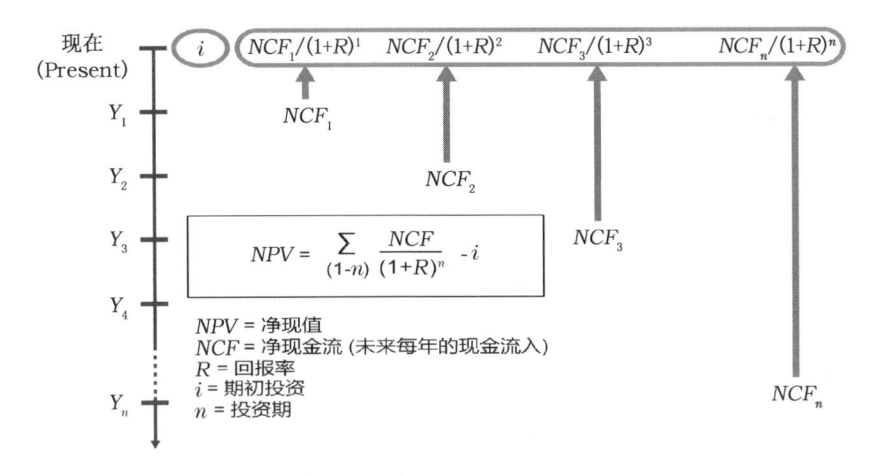

Y_4

NPV = 净现值
NCF = 净现金流 (未来每年的现金流入)
R = 回报率
i = 期初投资
n = 投资期

Y_n — NCF_n

图 2—47 净现值法

年	项目1	PV(Present Value)
0	($100 000)	
1	$40 000	$40 000/(1+8%)¹=&37 037
2	$53 000	$53 000/(1+8%)²=&45 439
3	$62 000	$62 000/(1+8%)³=&49 218
4	$78 000	$78 000/(1+8%)⁴=&57 332
5	$86 000	$86 000/(1+8%)⁵=&58 530
	累积现值	$247 556
	期初投资	($100 000)
	净现值	$147 556

图 2—48 财务预测举例

$$O = \sum_{(1-n)} \dfrac{NCF}{(1+R)^n} - i$$

净现值(NPV)与内部收益率(DCRR)都是基于时间的货币价值和资本的加权平均成本,针对不同的投资策略组合来测量和比较不同投资项目的投入产出比的测量工具。同样地,这两种投资分析的测量工具,也适用于职场人的职业规划、财务规划,以及面对不同职业机会选择时的比较策略。从职业的本质来说,职业生涯的规划和选择,也是一种投资决策行为,即把自己未来的宝贵时间和机会成本,投资到哪个职业机会上面。

实训与自测

1. 请为你自己准备3张财务报表：利润表、现金流量表和资产负债表。
2. 请为你自己制定一份实现财务自由的行动计划。
3. 请用SWOT矩阵，寻找自己未来的职业定位。
4. 请用邻界矩阵，寻找自己未来可拓展的领域。
5. 请用NPV或DCRR法，以5年的时间，预测和分析不同的职业机会的投入产出比(ROI)。

第六节　全局思维

本节精要导读

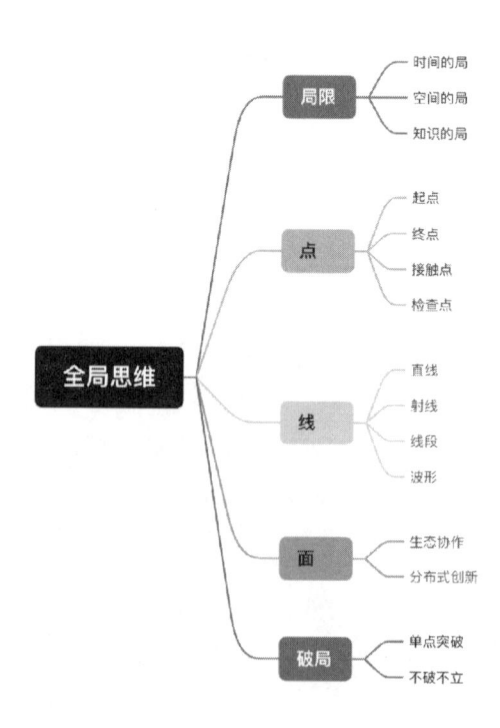

全局思维
- 局限
  - 时间的局
  - 空间的局
  - 知识的局
- 点
  - 起点
  - 终点
  - 接触点
  - 检查点
- 线
  - 直线
  - 射线
  - 线段
  - 波形
- 面
  - 生态协作
  - 分布式创新
- 破局
  - 单点突破
  - 不破不立

一、局限

局,是象形文字:口在尺下。根据《说文解字》:局,促也。局促,或称局限,是指受到空间、时间和知识等条件的限制,使之产生不舒展、不自然和受到限制的状态。全局思维,也称整体性思维,是指人们思考的维度要全面,包括从时间、空间和知识等不同维度来对事物进行分析和判断。

时间的局,是指人们如何看待时间的界限,包括用过去、现在和未来进行界定,或者用短期、中期和长期进行界定。不同的人或组织,对具体的时间量值有不同的定义。史蒂芬·柯维在《高效能人士的七个习惯》中有一经典论断,即人首先要学会与坚持以终为始,即先确定长期目标,并从长期目标倒推到现在,制定出里程碑式的生涯规划;其次要学会对现状进行诊断,厘清现状与长期目标之间的差距,再通过行动改进方案一步步地趋近于长期目标。

显然,如果当一个人不是以终为始,而是凡事都从短期利益出发,并且不关心外部环境的长期变化趋势,那么很有可能错失宝贵的机会或使自己陷于不可控制的威胁之中。洞察未来的变化趋势,首先要学会从过去的职场体验中深刻地反思职场的底层逻辑,使未来具有可预测性和可控制性。所以,当一个人面对不同的职业机会时,应首先从长期视角来分析哪些机会对个人的未来更有利,包括职场力、个人品牌,以及长期财务回报等。

空间的局,是指人们如何看待空间的限制,包括用宏观和微观来进行界定,或者用地理、行业、职能、组织、层级等度量空间进行限定。不同的个人或组织,可能对具体的空间量值有不同的定义。大多数人的思考方式,通常是从宏观到微观,或者从大到小。中国古话"覆巢之下焉有完卵",说明了个人与空间的依存关系。从宏观来说,人类共存于同一个地球,理应要共同守护环境(包括自然环境、社会环境、经济环境、商业环境和职场环境等)。如果宏观环境被破坏,势必会影响到每一个组织和个人的生存和发展环境。

根据蝴蝶效应,任何地方发生的事情都可能对其他地方产生影响。人类是个地球村,可持续发展在很长时间内都将是人类社会和职场人要面对的重要课题。从宏观到微观分析,对于职场人找到适合自己未来发展的职业定位具有重要意义。

要学会从长期的宏观大势出发，顺势而为。同时，每个人都是生态价值链上的一员，任何一个环节上的工作没做好，都可能影响最终交付给客户的产品或服务的质量。所以，无论是对未来的规划，还是运营现有业务，都应使个人利益与整体利益保持一致。

知识的局，是指人们如何看待知识与技能的界限。宇宙的浩瀚，决定了人类所掌握的知识仍然只是沧海一粟。即使那些已经被古今中外的先哲总结出的规律与知识，也不可能被当今的人类完全理解或认可，更不用说学以致用，解决复杂问题。面对未知领域，保持空杯心态，是促使人们继续吸收新的知识，并持续获得进步的动力所在。

在数智化时代，传统的商业和职业都在经历新一轮的深刻变革，导致人们越来越难以用过去的知识或经验来解决当下或未来的问题。当然，在变化越来越快的商业世界，也有不变的规律。擅于识别、分类和归纳不变的统计学规律，并用之解决实际问题，有助于打破知识的界限，变得更自信，从而实现持续自我突破。

全局思维，是商业敏感度的重要组成部分，也是加速职业成长的必要条件。由于岗位职责的不同，每个人所负责的工作范围和边界也各不相同，看到的局也有差异。对于一线执行者而言，其工作内容通常以执行上级的策略或命令为主；对于中层管理者而言，其主要任务是带领团队把事情做对；对于高层领导者而言，其是要做"对"的事情，包括制定对的战略或策略，并指导和监督团队正确执行。当然，在数智化时代，做出"对"的战略或策略，并不是一件容易的事情。相反，由于战略性的决策失误，导致个人或组织陷入重大危机的案例比比皆是。

管理层级越高、业务越复杂、挑战性越大，对一个人的全局思维要求就越高。全局思维，是综合性认知加工能力的体现。培养全局思维需要从日常做起，包括做规划的时候，要学会从长期的和宏观的视角出发；在执行任务的时候，要认真寻找机会点。机会点，也称引爆点，是指对全局有重要影响的点。机会点的价值，在于当人们集中所有资源专攻于一个点时，最有可能取得突破，并改变整个局面。

无数商业实践证明，在各个领域连续取得突破的个人或组织，绝大部分都很擅长寻找和抓住机会点。其在从单点取得突破后，再以点带线，以线带面，并最终打破原有局面，开创出新的天地。

二、点

点，分为起点（Start Point）、终点（End Point）、接触点（Touch Points）和检查点（Check Points）。

起点，也是出发点和动因，决定一个人或组织要服务什么客户以及为客户创造什么价值。起点，无论对于一个组织还是个人而言，都具有极其重要的引领作用。按照动机归因理论，起点受到内外因的共同作用，可以通过人们过去的行为表现来推导，以及寻找到影响动因的关键要素。

终点，是指愿景（Vision）。愿景，是指一个人或组织希望在未来能够看到的美好景象或成功画面。使命，能驱动人们自觉自愿地去完成一件事情；愿景，能使人预见到未来获得的好处或实现的期望值。

接触点，是指在起点和终点之间的点。在使用价值链分析工具时，我们会用到接触点。每个价值链主体或价值活动，都属于接触点。每个接触点的输出，都可以成为下一个接触点的输入。此外，每个价值链上的接触点，还可以被无限地拆分成若干个新的接触点，或通过改变或重置接触点而创造出无穷无尽的新事物。

检查点，是指可以通过定性分析或定量分析对接触点的输出成果进行测量的点，是两个相邻步骤之间的关节。通常为了保证质量，在价值链流程中，上一个接触点（流程步骤）的输出（Outputs）是下一个接触点（流程步骤）的输入（Inputs）。为了保证输出的成果质量，显然要设定输出成果的测量标准，再通过特定的测量策略和工具，来对该检查点的输出成果进行测量。通过测量进入下一个接触点，否则将被拒收或返工。

三、线

两个点相连组成线，包括直线、射线和线段。没有起点和终点的线就是直线；有起点无终点的线就是射线；有起点和终点的线就是线段。

直线，是指没有固定的职业定位限制。青少年或职场新人处于职业探索阶段，由于其职业体验和经历欠缺，导致没想清楚个人的职业使命和愿景，这是可以理解的。但有一定经历的职场人士长期陷于这种状态是比较危险的。没有清晰的定位意味着不聚焦,以及无法长期地沉淀职场核心优势,最终使自己处于被动状态。没有清晰的使命和愿景的人,容易随波逐流和缺乏战略定力,并被外部环境干扰。

射线,是指有清晰的使命和价值主张,但缺乏愿景。知道自己是谁,也知道要服务的客户和为客户创造什么价值,但是缺乏明确的长期目标,容易陷入过于理想化的状态,或是走到哪儿算到哪儿的状态。

线段,是指同时拥有清晰的使命和愿景,它使一个人从起点出发后,按照线段所规划的路径图一步步地走到终点。当然,使命和愿景所定义的范围以及长短,决定了一个人期望值的大小。此外,线段上还可以再被无限分割成多个小线段以及无数个新的接触点,可以按照无限可分的原则永续细分,并进一步地创造出无限的可能性。

波形,是指不同的线段按照一定的方向、顺序、频率和振幅连接在一起所形成的曲线。波形是生命现象的基本特征,包括长短期的行业经济周期、产品生命周期、职业生涯曲线和职业生命周期等都以波形的方式来呈现。波形的背后,往往蕴含着影响运势的基本规律,以及可再现和可重复的过程能力。

里程碑管理,是指按整体规划和分步实施的方法,把一个大目标或过程分割成若干个小目标或子过程的管理模式。里程碑管理,广泛用于战略分解、项目管理以及人们的职业生涯管理中。以职业生涯管理为例,人们在制定中长期的职业生涯规划时由于要面临很多的不确定性,所以通常为了方便落地,往往再设定几个短期的小目标,并确保小目标的叠加与中长期的目标基本保持一致。每一段里程碑所对应的就是一段职业生命周期,执行的时候需要从当下抓住的机会点开始,并通过坚持不懈的实施以及持续的路径改善,最终越来越趋向于当初设定的长期目标,即终点。

四、面

根据几何学,三个不共线的点,或两条相交或平行的直线可确定一个平面。跨团队协作,会促使从线到面拓展的实现。

生态协作,是指为了实现以更低的成本和更高的效率而采取的生态合作机制,有助于加速从线到面的飞跃。在职场中,不同的角色所处的职能线或行业线,通过在特定的生态系统中所具有的相同或相似的价值观而组合在一起,通过分工协作完成特定任务。随着商业系统越来越复杂,解决实际问题所需要的知识、技能和资源要素往往分布在不同的人或组织中,分工协作才能共创价值,从而实现由线扩展到面。这种创新性解决问题的模式,称为分布式创新。

在商业领域,普遍遵循以客户为导向的思维方式,并决定了人们在设计新产品或新流程时,要遵循始于客户终于客户的设计原则。图2-49所示的COPIS工具,是六西格玛体系中常用于新产品或新流程的顶层设计工具,设计思路充分地体现了以点带线和以线带面的全局思维。

- 客户——接收你流程输出的任何人。
  ——包括内部客户和外部客户。
- 输出——一个流程操作所产生的材料或数据。
- 流程——为了满足客户需要,你必须进行的活动。
- 输入——一个流程所要加工或使用的材料或数据。
- 供应商——向你的流程提供输入的任何人。

图2-49　COPIS流程设计框架

在数智化时代,全局思维的重要性更加凸显,根本原因在于它强调以客户为导向的思考方式。虽然对于大多数职场人来说,其在一个组织中可能只承担某个局部的角色和职责,但从整体来说,每个人都是为客户提供产品或服务的价值链上的一个环节。当个人的局部利益与组织的整体利益出现冲突时,显然应该服从整体利益,只有这样组织才能够健康发展,而个人也才能够得到相应的回报。可见,树立全局思维,并学会如何从点到线、从线到面、从面到局、再从局到势,个人的职业生涯将会有不同的体验。

五、破局

破局,即突破原有的局限或困境。无论是突破业务的边界还是职业的边界,人们对于破局的渴望无处不在。破局的渴望,所对应的是动因,即首先不要自我设限,其次要努力突破时间、空间和知识的限制。

从商业实践复盘来看,单点最容易取得突破。独角兽企业们的创新实践证明,它们的破局往往是从某个点开始的,因为当一个人或组织集中所有优势资源专攻一个点时,是最容易取得突破的。当然,前提是前期要经过谨慎且全面的诊断分析,并反复验证所挑选的机会点,最后再全力以赴地专攻该点。

以某新锐咖啡品牌为例。由于咖啡消费自带刚需、高频和低价的互联网属性,所以在数智化基础设施日趋完善的背景下,该品牌为了满足上班打卡的白领人群对咖啡的刚性需求,针对对价格有一定敏感度,并且没有时间坐在店里慢慢喝咖啡的细分人群,推出了"到店取(Pick Up)"的O2O解决方案。

图2—50是目标人群的细分矩阵。与竞争对手相比,到店取主要聚焦于左下角的人群,该人群的特征是没时间在店里喝、对价格敏感,且为上班打卡族,其关注的是提神的功能需求。

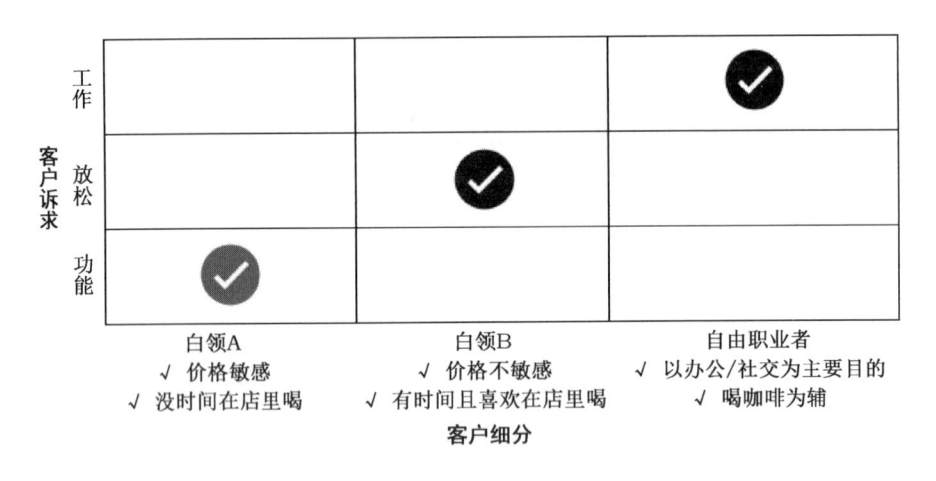

图2—50 客户细分矩阵

除了聚焦于该细分人群,还要再寻找一个最能影响该类用户群购买体验的接触点。如图2—51所示,从咖啡用户的购买旅程分析可以发现,白领A在获得咖啡后,通常是在店外(在路上喝或拿到办公室喝)消费,这也给了该品牌一个机会点,即专攻该类用户在店外消费咖啡这个接触点。

显然,由于用户不选择在店内消费,自然也不需要分摊过多的店租和人员成本。于是,该品牌设计了"到店取"的O2O解决方案。为了改善客户购买体验,减

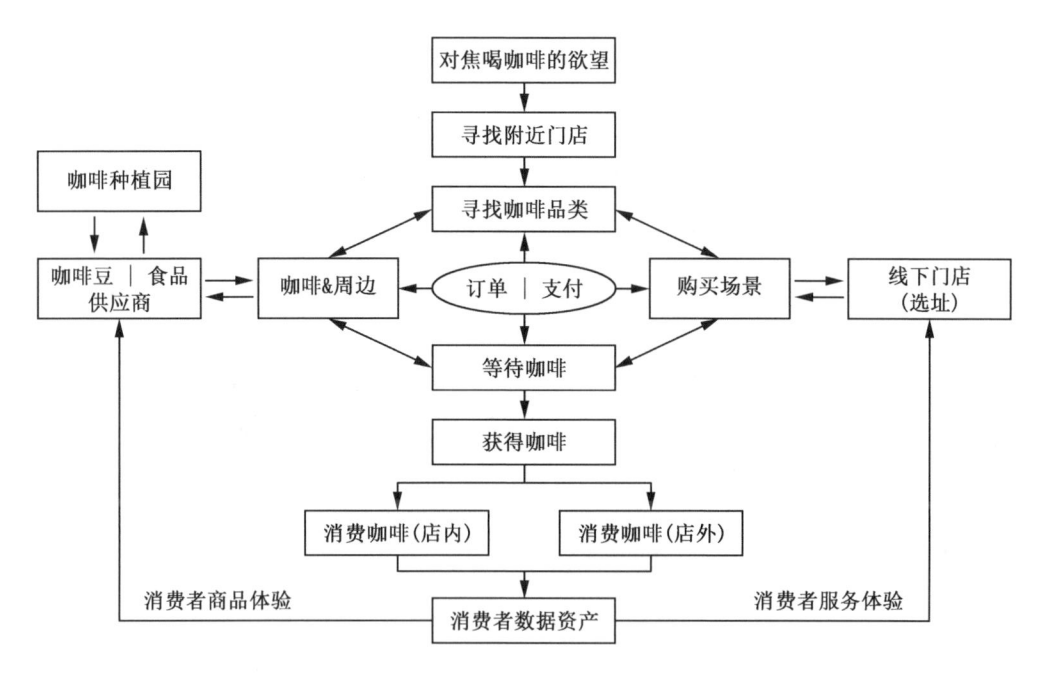

图 2—51 客户旅程与接触点分析

少等待时间,以及方便用户到店取,同时最小化店租和人员成本的分摊,该品牌设计了让客户通过 App 提前下单,再到离写字楼最近的线下店(只是加工店)扫码取餐的流程,从而构建了成本最低的"到店取"解决方案。这种模式的好处在于,用户的购买旅程的所有行为全部在线上完成,这有助于沉淀优质的用户数据资产,并通过运营用户数据资产来设计动态的价格和促销机制,同时提高了智能选址和供应链运营的效率。此外,该品牌也正在从咖啡品类拓展至酷玩潮品等品类,实现了点、线、面、局的突破。

正是由于商业模式的突破,以及依靠消费者数据资产的价值,在短短几年内,该品牌实现了跨越式发展,并很快在行业打造了爆品,门店数量快速扩张,甚至在财务表现等方面已经成为该行业的新标杆。

该案例的破局首先从专攻一个特定人群和一个接触点开始,企业在取得单点突破后快速形成了业务闭环,并成长为一家数智科技公司。还原到如图 2—52 所示的价值链分析,我们也可以分析比较该品牌与其他竞品公司在某些价值链节点上的显著差异。比如，从行业价值链来看，该品牌的线下店只是加工店，而主要竞争者的线下店往往同时承载着线下零售和加工的双重责任。从职能价值链来看，该品牌强调数据资产运营，与主要竞争对手存在较大差异。

在数智化时代，数据资产分析能帮助人们更加精益化地运营。根据无限可分原则，通过分析和描述大数据的用户画像、分析用户旅程和接触点，以及分析价值链上的价值主体和价值活动，人们仍然可以发现无限的创新机会。

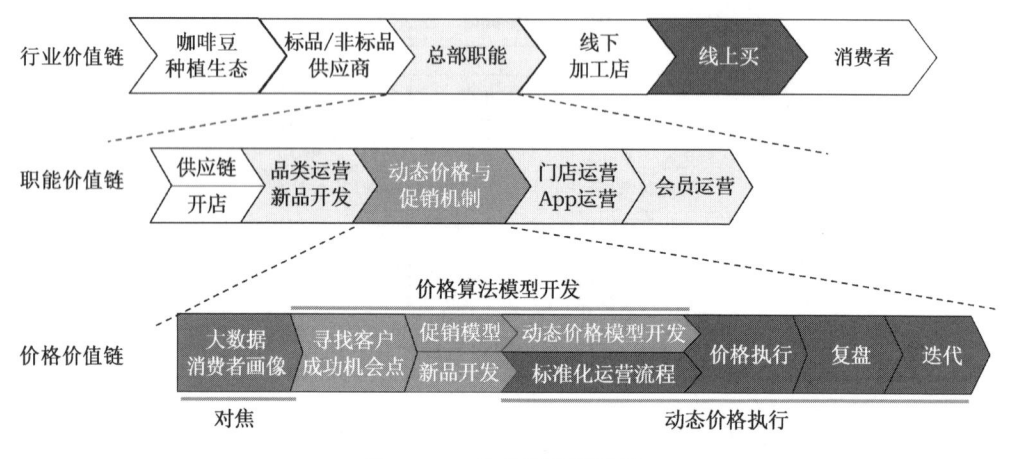

图 2—52　价值链案例解析

这个案例给职场的启发在于，当一个人抱怨已经没什么创新机会时，不妨想想这个案例是怎么抓住机会点的。无论是选择创业还是打工，个人都需要保持对客户的同理心，擅于通过沉浸式体验，以及相关的分析拆解工具，搞清楚不同业务之间的相同点和不同点，还原到商业的底层逻辑。由此可见，很多重大的全局突破，往往是从一个机会点开始。

综上所述，全局思维，正如拉姆·查兰在《CEO说》所强调的，就是要像企业家一样思考，即要学会从顾客出发，通过全局性思考，寻找业务增长的机会点，并通过知人善任和顺畅沟通，最终优化销售收入、利润率、现金流和投资回报率等财务指标。

实训与自测

1. 请阐述你的起点(或使命)是什么?
2. 请阐述你的终点(或愿景)是什么?
3. 请画出有助于你从起点走向终点的路径图。
4. 在实现路径图的过程中,哪个接触点对你是最重要的?
5. 基于这个接触点,你准备采取什么行动方案?

第三章　认知外界

第一节　业务场景

本节精要导读

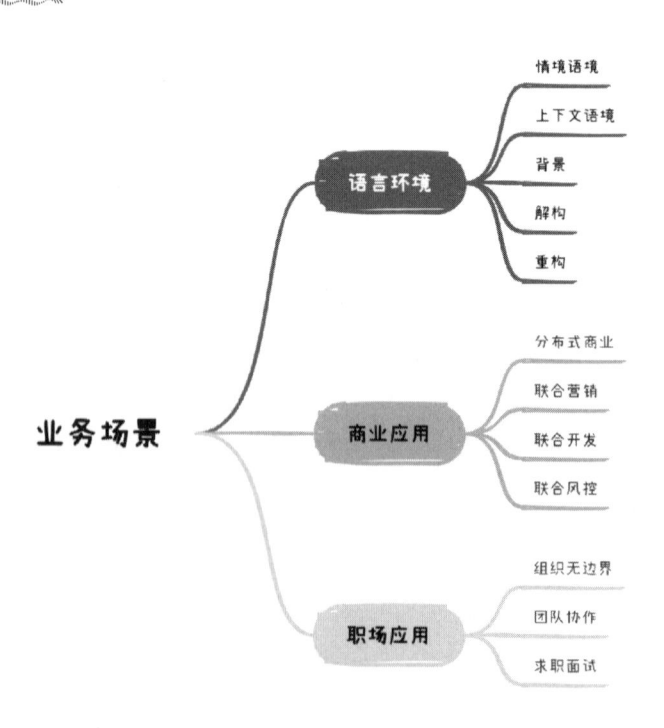

业务场景
- 语言环境
  - 情境语境
  - 上下文语境
  - 背景
  - 解构
  - 重构
- 商业应用
  - 分布式商业
  - 联合营销
  - 联合开发
  - 联合风控
- 职场应用
  - 组织无边界
  - 团队协作
  - 求职面试

一、语言环境

场景（Scenario），本意是指戏剧和电影中的场面，同时也是一种独特的语言环境，帮助人们通过使用特定的语言或图像等沟通媒介来描述和理解同一事物，并迅速得出共识。语言环境，简称语境，包含情境语境和上下文语境，分别体现的是想象力和逻辑力。

情景语境，是指与事物所处的场景有关的画面感和即视感，给人以身临其境的感觉，它可以促使人们发挥想象力和生成同理心。上下文语境，是指事物所处的时间环境和空间环境以及不同行为表现之间的相互顺序和关联性。它可以使人们摆脱对情境的过分依赖，而是通过更长的时间维度、更大的空间维度和更多的背景知识，更深刻地还原事物的本来面目，从而对真相有清晰的认识。

情境语境和上下文语境在业务场景中缺一不可。只有情境语境而无上下文语境，容易使人们缺乏对事物的前因后果和来龙去脉的整体性把握，甚至可能被主观情感主导，导致产生以偏概全的错误认识。只有上下文语境而缺少情境语境，容易使人们缺乏对事物的好奇心且很难调动起参与者的兴趣和同理心，特别是当面对复杂挑战时很难获得人们的支持。

业务场景是商业价值链的重要组成部分。根据存在即合理的原则，业务场景由一系列商业价值链所组成，每个业务场景所对应的价值主体或价值活动理论上是无限可分的。比如，针对用户运营这样的业务场景，可以进一步地分割为用户拉新、用户导购、用户购买、用户等待、用户订单履约、用户消费、用户评价与用户分享等无限可分的业务场景。

业务场景受背景环境的影响。背景环境，包括外部环境的变化趋势，如宏观经济分析、微观经济分析、市场竞争、客户需求以及组织生态健康度等。业务场景的设计通常要遵循以客户为导向的 COPIS 设计思路，即客户是谁，客户的特征和需求是什么，为客户提供什么解决方案，通过什么样的过程才能可持续地为客户提供解决方案，影响过程能力的关键变量是哪些，这些关键变量的来源是什么，如何控制输入变量的质量。为了使业务场景的描述有更高的精确度和准确度，可以使用图像化的阐述形式，比如漫画、视频或戏剧表演等进行形象化的呈现。

业务场景的核心用途包括对现有业务的解构和对新业务的重构。解构,是把现有业务的价值链按照不同的场景进行分割和排序,其目的是发现和比较不同业务类别之间的相同点或不同点,从而发现影响预期结果的关键变量,并通过定性分析和定量分析建立起 $Y=f(X)$ 的过程能力。重构,是基于解构所发现的客观规律和搭建的预测控制模型 $Y=f(X)$,通过控制或改变变量,达到控制或创造新的输出成果 Y。业务场景的颗粒度越细、越饱满,从客户体验出发,就越容易发现可改善的机会点,并不断重构新的业务场景和价值链。

二、商业应用

由于业务场景具有无限可分的特征,以及不同行业领域之间具有相类似的业务场景和相互重叠的生产关系和资源要素,促进了以生态协同为核心价值诉求的分布式商业的兴起和发展。

《分布式商业:数字时代的新商业变革》认为,数字技术与数字经济所催生的新型生产关系和资源配置机制统称为分布式商业。分布式商业系统是一种由多个具有对等地位的商业利益共同体建立的新型生产关系,是通过预设的透明规则进行组织管理、职能分工、价值交换、共同提供商品与服务并分享收益的新型经济活动行为。[①] 分布式商业的兴起与涌现是社会结构、商业模式、技术架构演进的综合体现,具备多方参与、专业分工、对等合作、规则透明、价值共享、智能协同等特征。如今,典型的分布式商业案例已经在衣食住行领域和金融服务等行业出现并已常态化。

分布式商业有两个特征:一方面,以分布式架构为基础的云计算基础设施依托,为用户提供具备云端化、移动化、场景化等特点的产品与服务;另一方面,以可信数据网络技术为支撑,通过采用数据隐私保护、多方安全计算、区块链、运筹学和人工智能等数智科技,再结合共识的利益共享和分配机制和数据治理方式,从而最大化数据资产的价值。当然,由于不同行业之间有各自的法律法规和行业标准,特别是金融行业等监管合规标准更高的行业,在打造分布式商业生态系统时需要满

---

① 马智涛.分布式商业:数字时代的新商业变革[M].北京:中信出版集团,2020:32.

足更高的合规要求。

分布式商业的发展,使得传统意义上的行业线和职能线的边界变得越来越模糊,从而导致人们对传统概念产生混淆。如图3—1所示,过去的人们常用实体经济或虚拟经济来定义不同的商业形态。比如,传统零售业、制造业和服务业通常被归类为实体经济,而互联网或金融服务业等被归类为虚拟经济。实际上,不同业态之间也会有业务场景的交集。

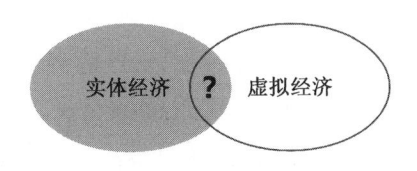

图3—1 业务定义

例如,传统金融服务业通常也拥有庞大的线下营业网点,和传统零售的业务场景有许多相似之处;目前传统零售业越来越多的销售行为是通过线上渠道来完成,消费者通过本地生活服务平台线上下单,线下零售企业通过快递直接把货品送至消费者手中;传统电商、社交和新媒体平台,也越来越多地开始投资和布局线下零售和供应链,为消费者提供全渠道的购物和消费体验。显然,再用简单的二分法来定义一个业务的时代已经成为过去时。

分布式的业务场景以及层出不穷的分布式新商业,对人们构成了新挑战。人们的理性局限,部分来自知识局限,部分来自自我设限。比如,有些人过于强调行业壁垒,认为自己所在的行业与其他行业是不同的,或其他行业的最佳实践与本行业不具有可比性等等。

有效的业务场景分析工具,能够从底层逻辑上帮助人们站在用户的视角来解构业务的本质,即一切从客户导向出发,通过逻辑推导把价值链上的价值主体和价值活动按照一定的逻辑和顺序关联起来。这除了有助于理解不同接触点之间的相关性外,还有助于发现相同点和不同点,并对业务流程进行二次梳理。如果看不清业务场景,就容易使人们陷入守旧的思维陷阱无法自拔,丧失发展机遇,对于竞争对象的联合营销、联合创新和联合风控等带来的新思维、新业态、新挑战,就会束手无策。

以金融服务业为例，传统金融服务的业务场景正在被数智科技深刻影响，包括线下服务网点的环境、人员、设备、交易流程和金融产品创新、购买和履约等场景都在发生着巨大的改变。同时，来自传统电商、社交和媒体等数字科技巨头所衍生出来的科技金融服务也为传统金融服务企业带来了巨大的竞争压力，并促使传统金融企业加快数字化转型。

党的二十大报告为中国的金融行业发展给出了明确的战略定位：未来我国的金融发展围绕实体经济是经济发展的着力点；要坚持以人民为中心，助力多渠道增加城乡居民财产性收入；要维护国家金融安全，以推进国家安全体系和能力现代化。对于金融从业者来说，通过业务场景深刻地理解各行各业实体经济的价值链，理解不同业务场景之间的相关性和进化逻辑，理解数据资产在改善用户体验和持续改善金融产品开发与服务运营效率等方面的价值，以及从纷繁复杂的商业现象中寻找创新突破的机会点，对于持续提升个人和团队的核心竞争力至关重要。

从电商平台、本地生活平台、社交平台、新媒体平台等衍生的科技金融企业，由于拥有海量的消费者数据资产和更丰富多元的业务场景，在大数据消费者洞察方面，相比传统金融更有优势。

在联合营销方面，科技金融企业通过基于消费者数据资产的大数据挖掘和分析，逐渐完善大数据用户画像，并通过智能化的推荐系统、用户拉新系统和用户导购系统等，为用户智能推荐营销解决方案。

例如，某银行信用卡中心跟某烤肉店策划了一场联合促销活动，在实时 BI 的支持下，实现模拟秒级营销的过程；在客户进入某商场后，如果使用某银行信用卡进行消费，该银行的消费者数据资产显示该客户有使用银行卡刷卡优惠的记录，通过实时 BI 为消费者发送一条优惠短信，既实现了生态联合营销的目的，又使消费者享受到了优惠，参见图 3—2。

在联合创新方面，由于大数据的分析使产品创新开发团队能够更精准地挖掘出客户痛点，并能够更敏捷高效地创造和验证所开发的最小化原型，从而使得新产品开发的周期被大大地缩短，客户的存活率得到很大提高。

在联合风控方面，通过分布式计算和预测控制模型 $Y=f(X)$ 可控制变量 X，从而实现控制 Y 的过程能力也能够得到持续的改善。正是因为看到了数智科技对

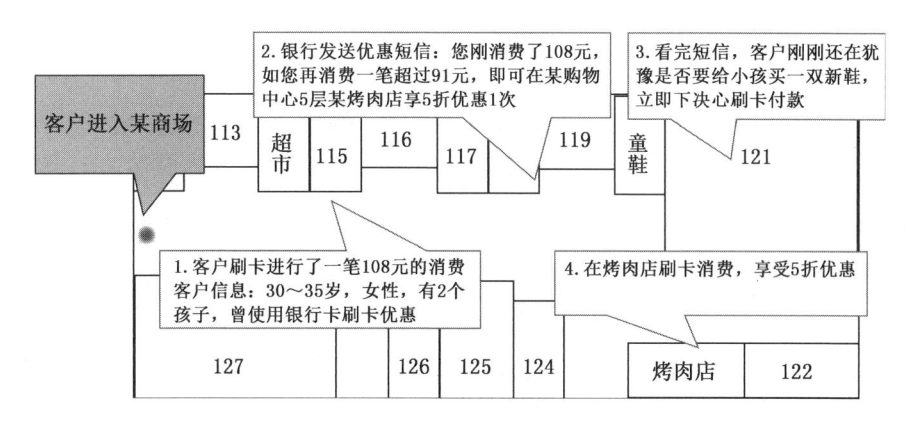

图 3-2 场景模拟

打造分布式商业的巨大价值,以及通过共享的业务场景可实现联合的营销、创新和风控,越来越多的传统行业的企业加快拥抱数字化转型,并通过基于场景而非行业的创新过程,实现更多的创新和突破。

数智科技推动了实体经济的长足发展,同时也促进了供应链金融快速发展。供应链金融,是指依托于行业价值链上的某个关键价值主体,通过其信用背书和上下游的合同履约能力,为其上下游关联企业提供金融服务的模式,涉及的业务场景包括新产品开发和导入、合同订单履约、生产制造等。

分布式新商业的发展促进了数字金融基础设施的创新和发展。金融云,基于BASIC(区块链、人工智能、多方安全、物联网和云计算),为消费者、渠道生态和品牌商提供场景化的金融基础设施。如图 3-3 所示,纵向是指用户购买场景,包括对焦购物需求、寻找购物场所、寻找类目/商品、创建订单、支付、订单履约、消费商品和用户体验评价等不同接触点;横向是指为用户购买提供商品和渠道的行业价值链。长期大批量且重复性的消费者购买行为,显然需要强大的数字经济基础设施(云计算基础设施)的支撑,以及零售云、物流云、金融云等解决方案。

从本质上来看,不同的电商平台都是以适应客户体验来设计和开发各自的场景化解决方案。只是由于用户细分不同、用户接触点不同、提供的商品分类不同、创建订单的方式不同,或者订单履约的方式不同,等等,就可以无限创造出各种层出不穷的分布式新商业模式。

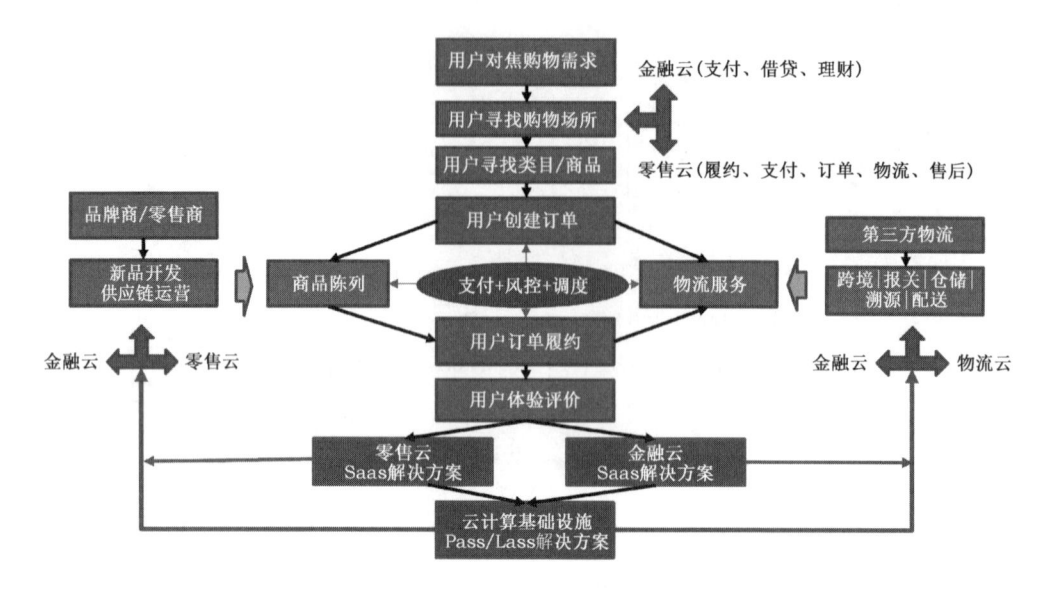

图 3—3　分布式商业架构

业务场景的无限可分,促进了分布式新商业的无限拓展。反过来,分布式商业也为业务场景的创新带来了无限的可能。无论什么样的业务场景创新和分布式新商业,通常都具有如下四个特征:

一是以客户为始和以客户为终。设计创新的业务场景时,要遵循以客户为导向的设计原则,通过越来越细的用户画像颗粒度来细化业务场景;实施业务场景时,通过对用户需求细分的深刻洞察,并通过数据化的预测模型,使得对用户需求的把握更加精准。

二是可再现性和重复性。通过把构筑在数智科技基础上的过程能力产品化和流程化,使分布式商业的基础设施有足够的可承载能力,为业务场景的持续创新提供无限的可能,使成功具有必然性而非偶然性。

三是数据资产变现。数据资产的运营和变现,是促使基于业务场景的创新转化为分布式商业的重要手段和工具。如没有数据资产,一方面,人们通过肉眼的观察和测量,很难把对客户和业务场景的分析颗粒度刻画得足够精细;另一方面,如果没有建设预测控制模型,也很难实现成功的必然性,且无法有效地为上下游生态进行数据赋能。

四是指数级增长。实践证明,业务场景之间的联合营销、联合创新和联合风控等组成的协同效应,能够有效地提高资源的利用效率,突破传统边界的局限并实现指数级成长。这也是在百年未有之大变局时代,数字经济之所以成为包括我国在内的世界主要国家重点产业政策的根本原因。同时,数字经济也使我国企业和职场人面临重大战略机遇。

三、职业应用

分布式商业的发展促进了组织生态和职场的变革,跨行业的人才流动正变得越来越普遍。在划分实体经济和虚拟经济的时代,人才的职业定位和求职招聘的机会,往往被行业的标签固化。但在分布式商业的大背景下,业务场景的相似性越来越成为很多企业招聘人才的优先考虑因素。

比如,数字金融服务企业为了吸引和保留消费者,开始越来越多地向头部消费品品牌或电商、社交或媒体平台学习,通过引入擅长消费者运营场景或品牌管理的优秀人才来提高消费者运营能力;科技金融企业为了开发数字金融产品,也需要从传统金融服务企业引进金融产品专家,配合数据科学家一起打造数字金融理财产品。传统消费品企业通过引入擅长全渠道运营的专家,来增加与消费者的接触点以促进业务增长。传统的风险投资为了增强投资决策的精准度,也越来越多地招募数学科学家和具备相关行业或业务场景实际运营经验的人,参与投资产品的生命周期管理。

基于共享业务场景的分布式商业促进了组织无边界化的发展。它打破了传统组织结构和角色分工的局限,鼓励打破组织内外部从垂直到水平方面的原有边界的限制,通过一定的分工协作机制实现联合营销、联合创新和联合风控等价值最大化的行为。

分布式商业在模糊了角色边界的同时也促进了跨团队的协作。从角色定义和岗位分工来看,不同的职能线之间的定义和能力模型也变得越来越模糊。以金融行业资产管理岗为例,随着基于量化分析和建模的智能化理财产品快速发展,越来越多的金融企业通过配置具有金融背景的产品经理与数据科学家一起合作来共同设计与开发新产品。为了最大化金融产品开发的存活率,数据科学家要努力地学习金融知识,而金融专家也要努力地学习数学建模基本逻辑。显然,随着知识和技能的彼此渗透,未来金融产品经理可以部分来自懂金融业务场景的数据科学家,也可以部分来自懂数据建模的金融人才。其他领域也是一样。那些结合了业务场景的实操经验与某个技术领域特定专业技能的复合型人才,往往拥有更多的职业机会。

掌握业务场景的分析工具,有助于改进求职招聘的成功率。很多招聘官在面试候选人时,通常会请候选人谈一谈自己是如何理解正在参与面试的岗位的。这样的问题,既可能向一位有着丰富经验的候选人提问,也可能向一位完全没有职场经验或相关行业经验的大学生来提问。面试官提这个问题的目的在于:一是测量候选人是否认真对待本次面试机会,在参加面试前是否有仔细观察或体验面试企业的产品或服务;二是测量候选人的商业感觉处于何种水平,是否能够精准地描述被面试企业或岗位对应的业务场景,并阐述其逻辑性和完整性;三是测量候选人的背景与业务场景的岗位相关性,即让候选人从对被面试岗位的业务场景出发解释自己过往的经历、知识与技能、与该业务场景之间具有何种相关性,以及能否展现出成长潜力。

总之,通过业务场景分析工具,快速精准地解构现有业务场景,无论是解决实际的问题,还是获得心仪的职业机会,都有重要作用。

实训与自测

1. 请使用价值链工具来描绘你所在岗位的业务场景,并用情境语境和上下文语境加以阐述。

2. 在你所从事的业务场景中,客户是谁?特征是什么?

3. 客户的期望值是什么?

4. 你在为客户提供什么解决方案?

5. 与客户有关的业务场景中,哪个细分的业务场景需要改善?

6. 请畅想并描绘未来你最期望从事的业务场景。

第二节 组织生态

本节精要导读

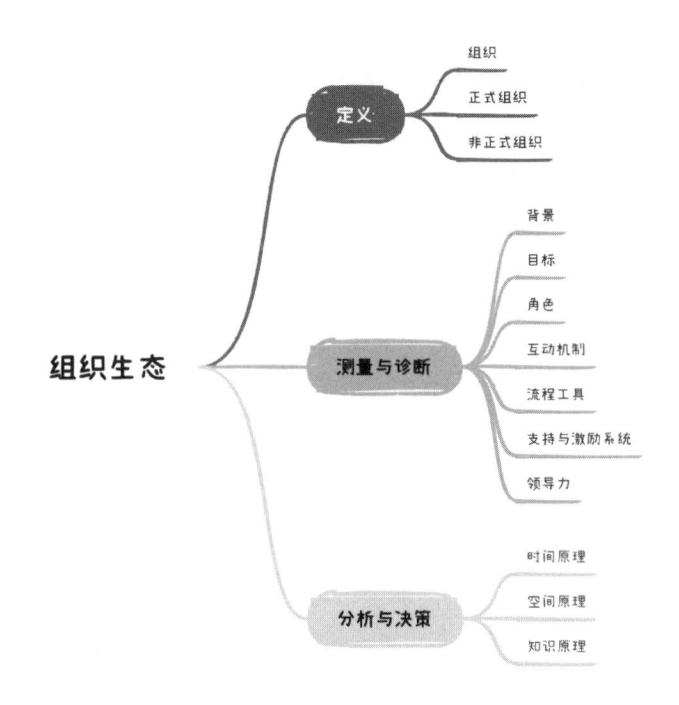

```
                          ┌─ 组织
              ┌─ 定义 ─────┼─ 正式组织
              │           └─ 非正式组织
              │
              │           ┌─ 背景
              │           ├─ 目标
              │           ├─ 角色
   组织生态 ──┼─ 测量与诊断┼─ 互动机制
              │           ├─ 流程工具
              │           ├─ 支持与激励系统
              │           └─ 领导力
              │
              │           ┌─ 时间原理
              └─ 分析与决策┼─ 空间原理
                          └─ 知识原理
```

一、定义

组织，有动词和名词两种解释。作为动词时，组织是指安排分散的人或事物使结合成为一定的系统或整体并执行有意识的行为。作为名词时，组织是指独立的生命系统，包括生物学上的定义，即由多个要素按照一定的动力机制而形成的生命系统；社会学上的定义，即人们为了实现某个特定的目标，通过特定的结构和有意识的协调活动而组合在一起。组织生态，是指组织作为生命系统，通过一定的机制把生命系统的活力向组织内外部的利益相关者进行传递与交换的状态和能力。

在商业和职场领域，一群人为了更好地适应和改变外部环境，基于共同目标，在特定领导者的领导下,按照特定的组织结构、角色分工、互动机制、工作流程、激励和支持系统等组成组织生态。在一个组织生态内部,成员之间在一定的时间和空间范围内与环境之间构成相互影响、相互制约、相互平衡的有机整体。从20世纪初开始,针对社会组织的研究经历了传统组织理论、行为科学组织理论和系统管理理论三个阶段。

传统组织理论的代表人物为德国的社会学家马克斯·韦伯(Max Weber)。其着重分析了组织结构和组织管理的一般原则,研究内容主要涉及组织的目标、分工、协调、权力关系、责任、组织效率、授权、管理幅度和层次、集权和分权等。

行为科学组织理论的代表人物为弗雷德里克·泰勒(Frederick Taylor),其着重研究人和组织的活动过程,如群体和个体行为,人与组织的关系、沟通、参与、激励、领导艺术等。美国学者梅奥(Mayo)等主持的霍桑实验、西蒙的行政决策理论、马斯洛的需求层次理论、麦克格雷戈的X理论和Y理论、赫茨伯格的双因素理论等,都是具有代表性的行为科学组织理论。

系统组织理论的代表人物为美国行政学家切斯特·巴纳德(Chester Barnard)。他综合了早期传统组织理论和行为科学组织理论的成果,以系统的观点来分析组织的理论。其特点在于把组织看成一个独立的系统,从系统内部的互相作用和系统与外部环境的互相作用中考察组织的生存和发展机制。其目的是研究寻求组织在这种互相作用中取得平衡的方法,以及组织系统通过何种机制来维持本身的平衡以及与环境的平衡。

对职场人来说,个人的职业发展与组织的生态环境息息相关。人们在职场上,通常以两种组织方式与其他人发生关系,一种是正式组织,另一种是非正式组织。

正式组织,是以效率优先为重要标准而搭建的组织,是指人们为完成某一共同的目标,按照一定的组织章程和规则,以及约定的组织结构和职能分工来各司其职的组织生态系统。在正式组织中,组织与个体的关系通常为全职的雇佣与被雇佣的关系,彼此按照一定的权利与义务相互约束,并按照预先设定的绩效指标和激励制度来实施奖惩行为。

非正式组织,是以项目的形式搭建的组织,是以情感、兴趣、爱好或暂时性的共同需要为基础,为了实现个体和群体的共同目标而自发形成的开放式的组织生态。

非正式组织,可以是一个社会团体,也可以是一个正式组织中为完成某项临时性的任务而组建的项目小组。相比较而言,非正式组织对个人的约束会比正式组织弱。

随着新媒体的发展,人们有更多的机会可以展示自身的才能和体现职业的价值。除了正式组织外,越来越多的非正式组织也为人才的学习和成长提供了广阔的舞台,并与正式组织一起为个人的职业生涯提供了丰富的组织生态。但是有些人不再满足于只服务于特定的正式组织,而是更倾向于把个人的时间、精力和技能共享出来,利用第三方平台为多个组织提供分布式的服务。这种更加灵活的雇佣方式为人们的职业生涯管理提供了更多的选项。

数智化时代的金融行业,除了在金融产品和服务模式上有越来越多的创新外,同时也在组织生态的治理模式上谋求创新与突破。以上海某资产总额达8 000多亿元、金融业务占比较高的民企为例,其消费板块、健康板块和金融板块是三大支柱。其中,金融板块人员的投融资和并购能力,又会影响到其他两大产业板块的健康度和可持续发展。在此背景下,该集团强调打造"灰度组织",其意图就是打破传统组织生态内部门与部门之间的边界、岗位与岗位之间的边界、人与人之间的边界。当然,由于立场、常识和情感等因素,每个人对同一个事物可能会有不同的理解,但在这种基于博弈均衡治理下的组织生态内,团队的最优决策得到持续保证。同样,在此环境下,员工的同理心沟通能力、影响力、战略性思维能力和标准化运营能力也将得到改进。

二、测量与诊断

测量,也被称为诊断,本义是从医学角度对人的精神和体质状态做出判断,在职场领域也被称为业务诊断、组织诊断、人才诊断和职业诊断等。

组织诊断,是指通过一定的测量策略和工具对一个组织生态的健康度进行测量的过程。组织诊断不仅是管理层和人力资源部门关注的重点工作,也与每个人的职业生涯和切身利益息息相关。国内外的标杆企业普遍认可和采用的组织诊断工具,包括韦斯伯德的六盒模型和麦肯锡的7S模型等。

六盒模型(6 Boxes),是美国组织动力学教授韦斯伯德发明的组织诊断工具。其核心思想是把组织视为一个独立的生命系统,通过一定的动力机制使组织系统成为一个有机整体,并敏捷地自适应外部环境的变化和改造环境。除了用于组织诊断外,六盒模型也适用于职业诊断和业务诊断。比如,首先,在人力资源管理领域,六盒模型广泛用于组织能力诊断;其次,在创新创业和项目管理领域,其被广泛用于业务诊断;再次,在求职招聘领域,其也为招聘方和求职方提供互相诊断的工具,为实现双赢提供测量依据。

六盒模型的结构包括内外两部分,如图 3—4 所示。下面的外框为背景或环境,既是起点也是终点;上面系统包括六个盒子,共同组成了一个相对独立的组织生态系统。根据箭头的方向,外部环境为组织生态提供了输入,同时组织生态的运行又输出到外部环境,并成为背景的一部分。组织生态系统内的六个部分之间,又是相互促进、相互影响和相互制约的关系。

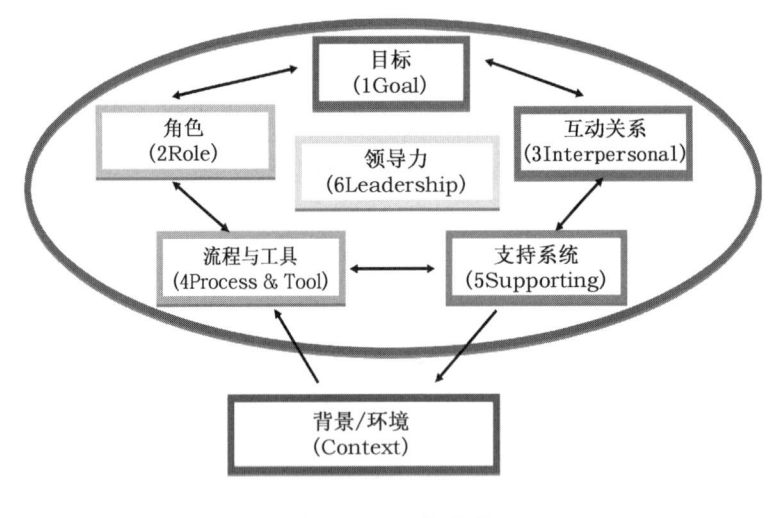

图 3—4 六盒模型

采用六盒模型工具进行组织诊断时,可以通过结构化的提问来对每个模块进行定义,具体问题可以参考如下范例。

背景,是指对组织生态起衬托作用,并对组织生态的发生、发展、变化起重要影响的客观环境。背景的动态变化,包括来自外部的因素和内部的因素。背景与组织生态之间的平衡状态,决定了一个组织是否处于健康水平。背景的外部因素,通常包括宏观和微观环境变化,以及市场竞争动态和客户需求的变化等;内部因素,通常包括组织生态系统的内部矛盾和其他制约因素。通常可以通过回答如下的问题对背景进行归纳：

(1)如何看待组织所处的外部环境的长期和短期的变化趋势？

(2)如何分析相关行业的成长性？

(3)如何看待市场竞争动态？

(4)如何通过数据看板监控运营的健康度？

(5)如何分析客户体验和满意度？

(6)如何看待实际与目标的差距？

目标，是指一个组织对未来期望值的定性和定量的描述，具体体现为组织的使命、愿景和战略性的里程碑目标。组织的使命，是指一个组织对其存在的价值或意义的阐述，也是一个群体相互依存的动因和起点，包括我是谁、为谁服务，以及要创造什么价值？愿景，是指一个群体希望在未来看到的成功画面，是引导与激励所有组织成员共同为之奋斗的未来意象的描绘。里程碑目标，通常要遵循如下SMART原则：

- 具体的(Specific)；
- 可测量的(Measurable)；
- 可实现的(Attainable)；
- 相关的(Relevant)；
- 有时限的(Time Bound)。

组织目标，需要按照一定的分解机制落实到个人目标。如果目标分解和落实到个人的准确度、精确度、认可度和完整度越高，那么对于组织目标的可实现性就越高。通常可以通过以下的结构化问题对组织目标进行诊断：

(1)组织是否明确要为谁提供什么价值主张？

(2)组织成员是否对该价值主张感到兴奋？

(3)组织是否能够履行价值承诺并做到言行一致？

(4)组织是否有清晰的愿景以及战略性的里程碑目标？

(5)组织的战略是怎么确立的？为什么会是这个战略？

(6)什么样的目标分解机制能让员工感到兴奋？

角色,是指为了规范一个人在组织中所处的位置和行使与之相配套的权利和义务所进行的规定,每个角色均应有明确的职责和能力要求。在一个组织生态中,只有多种角色相互配合,才能实现组织的目标。组织结构与角色分工,往往会随着外部环境的变化和组织战略目标的调整而发生相应的变化。每次组织结构的调整可能也会带来角色分工的变化。一个健康的组织生态中,角色的定义既需要有一定的清晰度,也需要保持一定的弹性,这样才有助于充分发挥人的潜力。同样地,可以通过如下结构化的问题对角色进行诊断:

(1)当前的组织结构是否与战略保持一致?
(2)正式组织结构和非正式组织结构分别是什么样的?
(3)组织架构图是如何形成的?哪些是顺畅的?哪些又是不顺畅的?
(4)主要角色的工作内容是什么?与长期目标的差异是什么?
(5)通常多久会变更一次组织结构图?
(6)组织当前面临的最大挑战是什么?

互动关系,是指在一个组织生态内,不同角色之间的交往机制。根据熵减和耗散结构理论,一个有活力的组织和个人首先需要保持边界的开放,其次要通过从外部引入使自己感受到痛苦的熵减行为持续地从无序走向有序,并持续地保持生命系统的活力。由此可见,一个有活力的组织生态,其内部的互动机制往往也体现着中国传统所强调的相生相克和相乘相侮的基本规律。这种现象以及所代表组织生态,如无边界组织(也被某些企业称为灰度组织)已经被世界范围的行业标杆组织证明。如果我们把组织结构比喻为物理,那么互动机制就相当于化学,其能够最大化激发组织生态的潜能。由于不同组织的治理方式和内部的互动机制不同,带给员工的职业体验也不相同。为了分析一个组织的互动关系是否适合自己的职业目标,可以通过如下问题进行诊断:

(1)组织中的内部利益相关者通过何种机制保持互动?
(2)利益相关者们共同关心的焦点议题是什么?
(3)如何对互动关系的健康度进行评估?
(4)组织内部通常会有怎样的冲突?
(5)如何管理这些冲突?

（6）还需要改善哪些互动机制？

流程与工具，也是一个组织生态核心竞争力的综合体现，是一个组织内部从最佳实践中萃取的、为了最大化组织价值活动的运营效率而制定的操作规范，包括价值主体、价值活动、实施步骤和支持工具等。标准化运营流程，既是组织生态系统的共同语言体系，也是跨部门合作的纽带。

一个组织生态的流程能力，对职场人发展知识和技能，以及改善业务运营效能等方面具有重要作用，并最终影响到一个人的成长与回报。通常可以通过如下问题诊断流程能力：

（1）客户最关心的是什么？
（2）可以为客户输出哪些创新的解决方案？
（3）是否需要改善现有的业务流程？
（4）需要什么知识、技能和资源才能改善业务流程？
（5）可从哪些途径获得所需的知识、技能和资源？
（6）改善流程运营效率的机会点在哪里？

支持与激励系统，是指一个组织生态为了吸引和保留人才而提供的资源和回报机制。支持系统，包括可见的和不可见的部分，可见的支持系统通常包括办公环境、人力资源和硬件设备等；不可见的支持系统通常包括雇主品牌、知识和技能、组织氛围等。激励系统，包括与财务有关的薪酬福利制度或与财务无关的激励手段，如培训、授权和其他精神激励等。当诊断一个组织生态的支持和激励系统是否适合某个人时，可以从时间、空间和知识等维度进行分析，并从以下问题中寻找答案：

（1）组织生态对个人职场力的赋能主要体现在何处？
（2）组织生态是否能增加个人品牌溢价？
（3）组织生态的激励系统鼓励和不鼓励哪些行为？
（4）组织现有的绩效评估如何做到透明、公平和公正？
（5）组织生态如何激发人的潜能和降低干扰？
（6）哪些案例证明组织生态能帮助员工获得高成长与高回报？

领导力，是组织生态中最关键的资源。它决定了一个组织如何了解外界和自我，并定义了组织生态的核心架构和优先顺序。更为重要的是，领导者要坚持不懈地把打造基于共同价值观的组织文化作为核心,才能凝聚和带领卓越团队,发现新机遇、解决新问题、迎接新挑战、实现新目标。

一个组织生态的领导力,往往决定了组织未来成长的高度。对于那些在领导力方面谋求发展的人来说,其在决定是否加入一个组织前,可以通过以下问题对该组织的领导力进行诊断:

(1)组织是否有清晰的领导力进阶标准?
(2)领导力的选拔和晋升机制是否透明和公平?
(3)核心领导团队的背景是怎样的?
(4)领导者在关注什么?又忽略了什么?
(5)领导者的风格和偏好是什么?
(6)过往有哪些发展领导力的成功案例?

三、分析与决策

对一个组织生态进行诊断,目的在于更系统和更全面地了解组织生态,再采用相同的诊断工具了解自我,比较二者的相关度,并最终做出最有利于自己长期职业生涯发展的最优决策。

实训与自测

请用六盒模型分别对你自己和你所在的组织生态进行诊断。

1. 组织和自我对背景的定义有何异同?
2. 组织的目标和个人的目标分别是什么?
3. 组织架构和角色定义与自己心仪的角色之间是否有差距?
4. 组织生态内的互动机制是怎样的?
5. 组织是否重视标准化流程和工具的运用?如何持续改善过程能力?
6. 组织能对个人的长期职业发展提供什么支持?
7. 组织是否有清晰的激励系统,鼓励哪些行为和不鼓励哪些行为?

第三节 岗位画像

本节精要导读

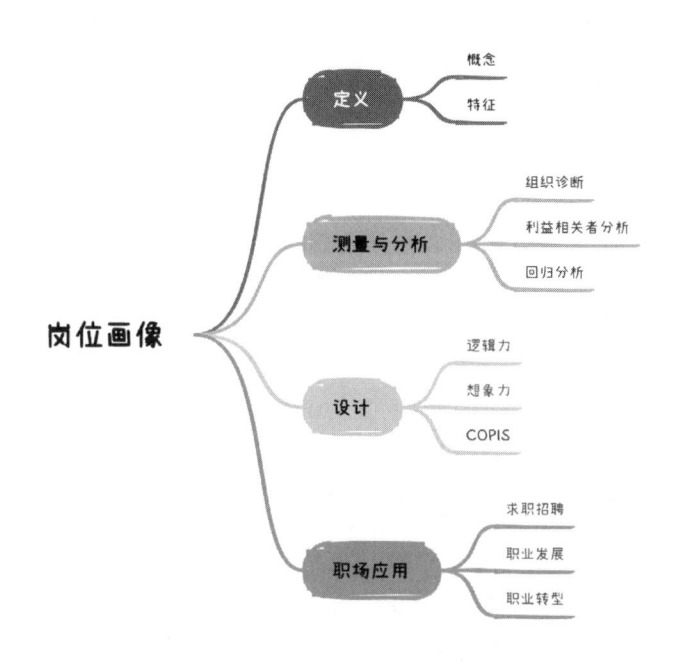

岗位画像
- 定义
  - 概念
  - 特征
- 测量与分析
  - 组织诊断
  - 利益相关者分析
  - 回归分析
- 设计
  - 逻辑力
  - 想象力
  - COPIS
- 职场应用
  - 求职招聘
  - 职业发展
  - 职业转型

一、定义

理解岗位画像之前,首先需要澄清岗位画像与其他易混淆概念的区别,如职位、岗位描述等。职位,通常是指更宽泛的职业类别或特定的头衔;岗位,通常要更具体,并与特定的业务场景和组织生态等结合在一起使用,反映了特定角色在某个组织结构中所处的具体位置,以及所对应的工作职责和能力要求。岗位,是把一个职位与具体的限定条件相结合的称谓。

岗位描述(Job Description,JD),常常被企事业单位作为人才招聘和考核晋升的重要依据。从职场实践来看,JD的生成过程通常是由业务部门和HR部门通过基于关键业务流程的梳理而得出的岗位具体职责和能力要求的概括性总结。典型的 JD 模板如图 3-5 所示,包括岗位名称、机构或业务简介、工作职责和能力要求等内容。

岗位名称
机构/业务简介
工作职责
能力要求

图 3-5　JD 模板

JD,作为标准化的岗位描述工具,好处是简单化和标准化,比较符合大多数职场人的阅读习惯,特别是常规岗位的职场人可以容易地理解具体岗位的职责和能力要求。但 JD 通常也具有如下的局限性:

(1)缺乏足够的背景信息而导致信息不完整;

(2)缺乏情境语境和上下文语境而导致偏差大;

(3)受到撰写人的经验、能力或责任心的影响,导致文章上下文意思不连贯、顺序颠倒,缺乏聚焦,或干扰信息过多等;

(4)缺乏使阅读者发挥逻辑力和想象力的空间;

(5)有些 JD 甚至是摘抄得来的;

(6)JD 内容在传播过程中存在普遍性的信息失真。

岗位画像的质量,除了会因 JD 本身的撰写质量和传播渠道等导致偏差外,不同候选人的能力差异也会导致候选人对相同岗位的理解有所不同,这在职场非常普遍。随着分布式新商业模式的发展,越来越多的岗位画像已经很难通过传统的岗位描述表达清楚。

由于对岗位画像理解上的偏差而导致的失败招聘，以及所造成的机会成本，无论是对于招聘方还是求职方而言，都是很大的损失。要想实现更高成功率的人岗匹配，就需要有更精准的岗位画像。

岗位画像，可以用于求职招聘、绩效评估、人才发展和组织发展等场景。岗位画像的特征，与我们在第二章第四节所介绍的用户画像（PERSONA）类似，都是对一个类别的岗位或人群进行更全面、更具象的岗位描述。岗位画像是通过定性的和定量的研究，对特定岗位和实际从事岗位的人群的整体性特征和行为表现加以概括和呈现的结果。岗位画像，可以通过基于 PERSONA 的七个维度加以定义：

- 基础性（Primary），要为持续改善个人绩效和组织绩效提供基础；
- 同理性（Empathy），要体现出为哪种类型的客户解决什么问题；
- 真实性（Realistic），要能还原到真实的业务场景和人群；
- 独特性（Singular），要体现出与其他岗位之间的独特性；
- 目标性（Objectives），要包含所要实现的绩效目标；
- 数量性（Number），要以一定数量的样本为依托；
- 应用性（Applicable），要能应用于求职招聘、职业发展和职业转型等场景。

岗位画像的准确度和精确度，对于后续人们在职场上的行为具有指导作用。其体现在：（1）同步语境。在求职招聘场景中会牵涉不同的利益相关者，比如面试官、人力资源伙伴、内外部招聘人员、不同背景的候选人等，通过岗位画像可以让所有利益相关者更快速且精准地对焦岗位需求。（2）人岗匹配。岗位画像具有相对稳定的特征，通过基于多维度的分析和描述，可提升选才的效率和效果。（3）目标导向的职业规划。岗位画像可以指引个人进行以终为始的长期职业生涯规划并减少执行偏差。

二、测量与分析

岗位画像，可以通过系统性的组织诊断工具和基于利益相关者的焦点小组测试法等测量策略进行测量，并基于反馈加以更新。

组织诊断，是指从特定岗位所在的业务背景和内外部环境、关键绩效指标和目标、组织结构中的角色分工、与内外部利益相关者的互动机制、关键业务流程、支持与激励系统,以及胜任力等不同维度进行系统性调研、分析和诊断,并通过在实践中的复盘与总结,对岗位画像进行测量和迭代。

焦点小组测试法,是指对特定岗位上的利益相关者进行有针对性的测试,站在利益相关者的立场来测量岗位画像输出的价值是否符合相关方的期望。

以人力资源业务伙伴(HRBP)岗位为例,如图3-6所示,首先要通过价值链分析,来定义HRBP在价值链中的位置以及内外部的利益相关者。

图 3－6　HR 价值链

从 HRBP 的价值链右侧来看,有外部客户、内外部股东和业务部门的员工;从价值链左侧来看,有人才招聘、培训 & 组织发展、薪酬 & 福利、共享服务中心等其他 HR 专业团队为其提供职能支持;再往左侧价值链来看,有来自内外部的供应商提供进一步的支持、资源或工具。

从测量策略来看,通过对利益相关者的访谈或焦点测试,可以定性或定量地测试和验证该岗位画像所应该具有的特征和来自客户的对服务体验的期望值,并与客户感受到的实际服务体验值进行比较,从而找到可改善的机会点或差距。

岗位画像的回归分析,是指把岗位画像所要输出的为客户提供的解决方案设定为 Y,把岗位画像所要具备的核心能力作为关键变量 X,以 $Y=f(X)$ 作为岗位画像的基础,再通过实际测量的数据,对 X 和 Y 之间的关系进行相关性和回归分析,并持续改善岗位画像的信度和效度。

三、岗位画像设计

岗位画像设计,要能够体现出商业敏感度,需要包括逻辑力和想象力。

逻辑力,是指基于规律解决问题的能力,即始于客户和终于客户的结构化思维;想象力,是指大脑中生成图像的能力,即框架内要填充的内容有无限可能性。二者综合在一起的岗位画像是清晰的且可以被图像化描述的。

岗位画像，推荐采用 COPIS 工具来设计，可参见图 2-32。在用 COPIS 工具来定义岗位画像时，要遵循如下推导步骤：

(一) 定义客户是谁(Customer)

首先，要定义岗位所服务的客户是谁，包括外部客户或内部客户，客户的特征是什么，客户的期望值是什么，客户的期望值是如何产生的。以某券商营业部总经理岗位为例，该岗位的外部客户包括有投资需求的专业客户、个人客户和零售客户，具体特征和需求如图 3-7 所示。

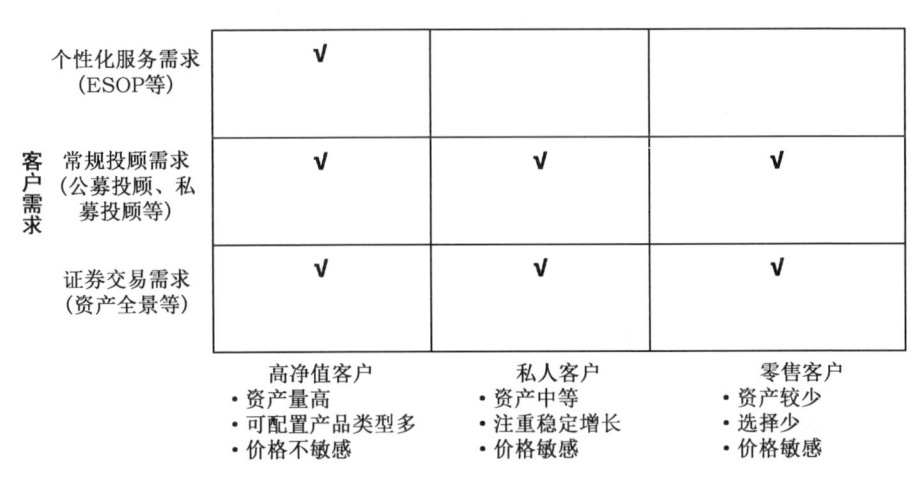

客户需求	高净值客户	私人客户	零售客户
个性化服务需求（ESOP等）	√		
常规投顾需求（公募投顾、私募投顾等）	√	√	√
证券交易需求（资产全景等）	√	√	√
	・资产量高 ・可配置产品类型多 ・价格不敏感	・资产中等 ・注重稳定增长 ・价格敏感	・资产较少 ・选择少 ・价格敏感

图 3-7　客户画像举例

(二) 为客户输出什么解决方案(Output)

还是以券商营业部总经理岗位为例，根据其所服务的客户细分，决定选取哪些具体的产品和服务，并持续地输出能满足客户投资需求的解决方案。显然，如果解决方案越贴近目标细分客户的需求，并且投资回报率越高，那么最终客户持续复购的可能性就会越大，营业部的业绩才可能越好。

(三) 关键业务流程(Process)

关键业务流程，是指在一定的业务场景下完成关键任务的标准化流程和步骤，通常与岗位描述中的岗位职责比较一致。从实际观察来看，岗位职责中所描述的内容有时并不一定准确和精确，体现在先后顺序时有颠倒，相关表述可能有重复阐述，语言不精炼或赘述等。根据元认知的关键动作，我们可以将券商营业部总经理岗位的关键业务流程表达为：

(1)对焦总部战略和外部客户的投融资需求；

(2)寻找营业部业绩增长的机会点；

(3)创造营业部的战略性业务规划；

(4)组织内外部利益相关者执行和落地；

(5)实现营业部的业绩指标和客户满意度。

(四)关键能力模型(Inputs)

为了执行关键业务流程，胜任该岗位的人所需要具备的关键能力就是直接或间接的输入要素。以券商营业部总经理为例，为了使工作流程能够顺利运行，需要从事该岗位的人具备一定的关键能力（见表3—1）。

表3—1 券商营业部总经理关键能力

能力组合 (Suppliers)	关键能力要素 (Inputs)	流程 (Process)
客户洞察	客户数据分析/满意度调研、营业部经营业绩/财务报表分析、总部战略规划会议、经营目标/预算、业务/组织健康度诊断等	对焦
行业洞察	外部环境/竞争动态分析、客户体验分析、SWOT分析、对标分析、增长矩阵分析等	寻找
战略规划	策略组合，包括能力、时间、方法、预算等资源	创造
标准化运营	行动计划、执行手册、过程控制、反馈机制等	组织
经营看板	数据仪表盘（销售额、利润、客户满意度等）	实现

(五)人才来源(Suppliers)

人才来源，是指具备岗位所要求的关键能力的人才供应源。一个人的职场力，有一部分与教育背景有关，还有一部分与工作经验有关，是通过在大量的职场实践所积累的关键能力。作为COPIS构思的最后一环，人才来源能够指导招聘人员推导出目标地域、细分行业、公司名称、职能类别和岗位层级。当然，在执行的时候，需要用SIPOC反过来的思路还原、验证岗位画像，并测试其是否能满足业务需求。

在数智化时代，券商营业部的功能和客户服务场景，相比传统的营业部已经有了很大改变。如何优化客户的线下和线上整合的投资服务体验，是越来越多的券商营业部总经理优先考虑的焦点议题。具备O2O业务场景运营经验的优秀人才，往往并不一定来自金融行业。从最佳实践来看,新零售的全渠道营销和客户体验创新往往更具领先性。从全渠道客户体验创新视角来看,新零售领域的优秀 O2O 运营人才也许会适合担任券商营业部总经理。

综上所述,用 COPIS 工具得出如图 3-8 所示的岗位画像,并用于指导相关人才的招聘和甄选。与传统 JD 相比,COPIS 岗位画像强调的是以客户为导向,从客户的细分画像、特征和需求出发,来定义岗位的输出,并进一步推导出关键业务流程和核心能力,以及对应的人才来源。

岗位画像—券商营业部总经理

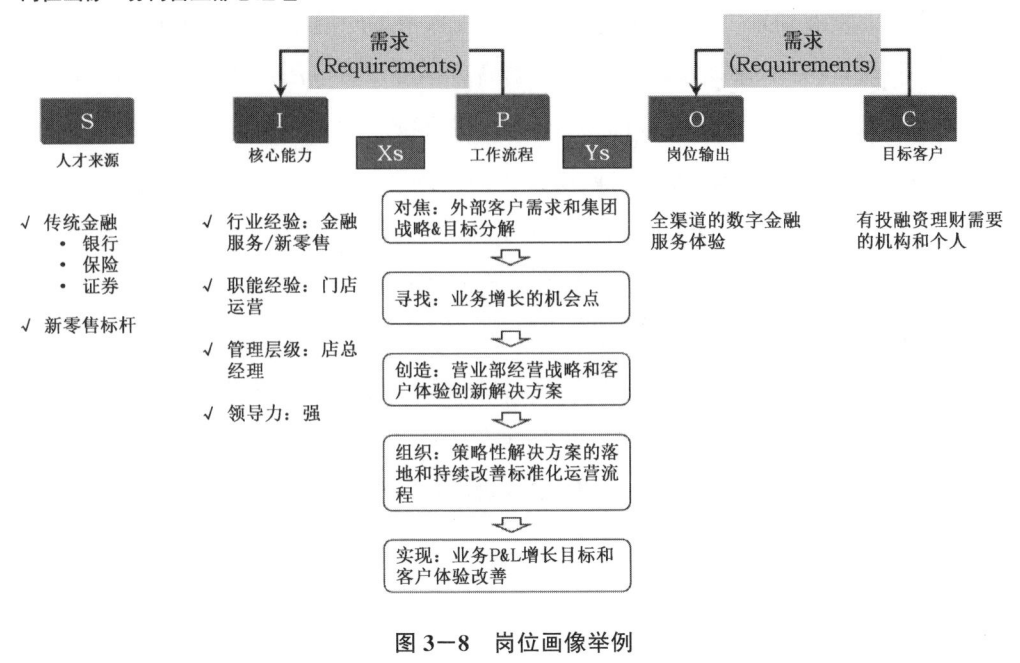

```
         需求                              需求
    (Requirements)                    (Requirements)
         ↓                                 ↓
  S      I      Xs    P     Ys     O           C
人才来源  核心能力      工作流程      岗位输出      目标客户
```

✓ 传统金融
  · 银行
  · 保险
  · 证券
✓ 新零售标杆

✓ 行业经验:金融服务/新零售
✓ 职能经验:门店运营
✓ 管理层级:店总经理
✓ 领导力:强

对焦:外部客户需求和集团战略&目标分解
⇩
寻找:业务增长的机会点
⇩
创造:营业部经营战略和客户体验创新解决方案
⇩
组织:策略性解决方案的落地和持续改善标准化运营流程
⇩
实现:业务P&L增长目标和客户体验改善

全渠道的数字金融服务体验

有投融资理财需要的机构和个人

图 3-8 岗位画像举例

四、职场应用

岗位画像,适用于求职招聘、职业发展和职业转型等不同的应用场景。业务背景的变化导致业务流程、组织生态和岗位画像的定义也随之变化,并限制了人们对岗位需求的理解。

在求职招聘场景中,人才通常更关心的是岗位所处的背景,包括促进业务成长的机会点、阻碍业务成长的挑战点、战略聚焦点等,即回答"为什么要招聘"的问题。同时,从岗位本身而言,要明确岗位所服务的客户是谁,以及要为客户输出何种解决方案,并判断与个人的职业定位是否一致。

有些招聘人员并不总是清楚岗位设计的业务逻辑,甚至在和候选人沟通时只考察是否具备相关能力,而不去探究相关能力要求是如何产生的,以及能够在具体业务场景中为组织和客户解决哪些实际的问题。由于缺乏背景知识和逻辑推导,导致有些对自我要求比较高的候选人因为缺乏对岗位画像的全面了解而失去进一步沟通或面试的兴趣。

在职业发展场景中,人们往往会在垂直或水平方向做职业的邻界拓展。垂直方向,通常指在一个职能方向拓展,即通过晋升拓展职责范围;水平方向,通常是指向不同的职能方向拓展职责范围。对于同一职能的垂直方向拓展,不同的岗位层级之间的能力要求有很大差异。以销售职能为例,销售员与销售经理之间在岗位画像的比较上就具有很大差异:销售员通常为个人的业绩指标负责;销售经理通常为团队的业绩指标负责,所以更加看重领导力。

在职业转型场景中,特别是需要跨行业和跨职能的职业转型,更需要用富有逻辑的思考,以及更全面的和更精准的理解,来判断所要转型的岗位方向。应通过基于COPIS的岗位画像和逻辑演绎,来寻找和验证与自我觉察之间的相关性,并结合个人的长期职业规划得出最有利于实现自己长期目标的决策依据。

实训与自测

1. 请用COPIS描绘你正在从事的工作或未来想从事的工作的岗位画像。
2. 在使用COPIS描绘岗位画像的过程中,你遇到了什么困难?
3. 你认为导致困难的问题是什么?
4. 针对这个问题,对应的解决方案是什么?
5. COPIS岗位画像能为个人职业发展带来什么帮助?

第四节 核心挑战

本节精要导读

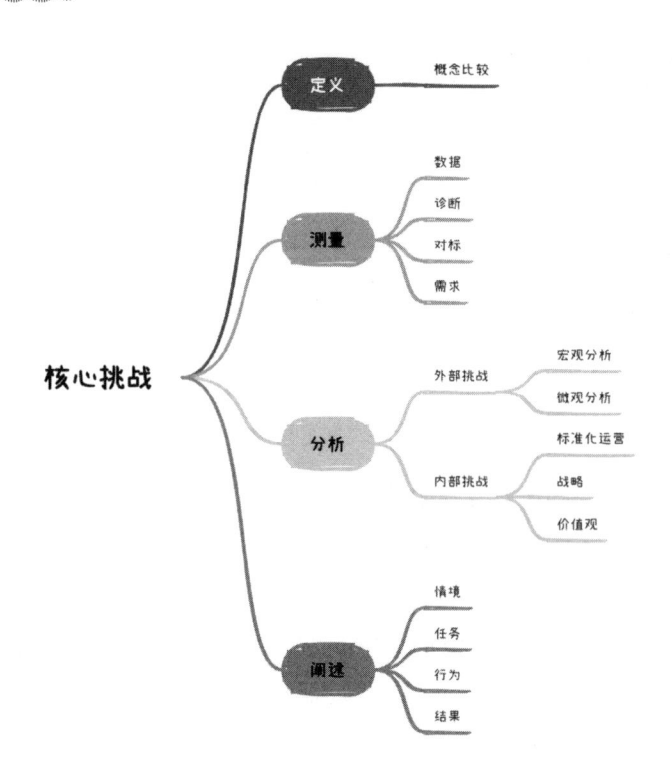

核心挑战
- 定义 — 概念比较
- 测量 — 数据 / 诊断 / 对标 / 需求
- 分析
  - 外部挑战 — 宏观分析 / 微观分析
  - 内部挑战 — 标准化运营 / 战略 / 价值观
- 阐述 — 情境 / 任务 / 行为 / 结果

挑战(Challenge),是指一个人或组织正在面对的或将要面对的困难事项,反映的是期望值与现状之间客观存在的差距。核心挑战,是指所有差距中最困难的或最痛苦的那个典型事项。核心挑战的背后,通常隐藏着有待定义的问题。挑战与问题是相对应的关系而不是相等的关系:挑战≠问题! 在职场上,很多人常常把挑战和问题混为一谈,从而无法定义真正的问题,并导致始终无法摆脱困境。只有准确和精确地定义问题,才有可能最终解决问题。

一、测量

寻找核心挑战的测量策略,如图 3—9 所示,即用四个 D 字母开头的英文单词所构成的 4D 分析法:数据分析(Data)、诊断(Diagnosis)、典型示范(Demonstrate)和需求发掘(Demond)。

4D分析	工具	提炼核心挑战
数据分析(Data) • 内部数据(Internal Sources) • 外部数据(External Sources)	√ 数字化仪表盘 √ 宏观分析/微观分析	
业务诊断(Diagnosis) • 业务健康度(Business Healthy) • 组织健康度(Organization Healthy)	√ 沉浸式体验 √ 六盒模型	
对标分析(Demonstration) • 定义标杆(Who shall be a leader?) • 最佳实践(Best Practices) • 基准比较(Benchmarking)	√ 对标法	
变革需求(Demand) • 谁发起变革?(Who is demanding the change?) • 变革所期望的成果(What standards are expected?)	√ 利益相关者分析	

图 3—9 4D 分析

数据分析,是指通过内部或外部的数据分析,来发现和定义核心挑战的过程,通常包括定量分析和定性分析。对于数据分析师而言,其除了要掌握基于统计学原理的数据分析和建模方法论与工具外,还需要学习和掌握业务知识,并在做数据分析的时候和具体的业务场景相结合,这样才能够透过客观的数据呈现,发现业务中所存在的机会或风险,并通过预防和干预防患于未然。

业务诊断,是指通过特定的诊断方法论和工具,对业务运营的健康度和组织能力的健康度加以诊断,从而发现和定义核心挑战的过程;对标分析,是指通过与标杆的对标和比较,确定目标和寻找差距的过程。六盒模型,是宾夕法尼亚大学韦斯伯德发明的诊断工具,并长期被世界标杆企业采用。

典型案例,是指通过观察法或实地考察法把感知到的客观事实用分类矩阵加以汇总,包括感知事实(Facts)的方式——看见的 vs. 听见的,以及体验的好与坏,从所有事实中提炼出体验好或体验最不好的事实选项,结合具体案例还原该选项并作为典型案例加以聚焦和阐述。一个好的典型案例,通常要体现出完整度、挑战度、典型度和相关度。

典型案例的撰写,可以采用如图 3-10 所示的 4W1H 框架进行构思。

(1)谁(Who):定义客户是谁?有哪些特征?客户的长期期望是什么?该期望值是如何产生的?

(2)背景(Where):现状是处于什么背景之下?促进增长的长短期机会在哪里?阻碍增长的威胁在哪里?战略聚焦点在哪里?

(3)目的(Why):为何要发起改变?基于什么假设?假设是如何生成的?

(4)问题(What):采取了哪些具体行为?改变过程中遇到了什么问题?如果问题不解决,会有什么后果?

(5)期望(How):如何才能实现期望值?

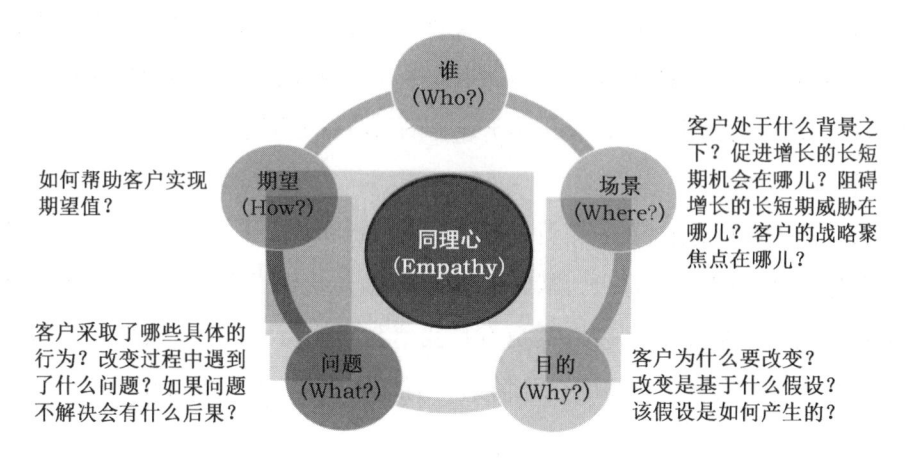

图 3-10 共感

当采用 4D 纬度分析和诊断现状时,考虑到个体偏差,对于重要任务要集思广益,以降低可能导致的诊断失误。

二、分析

一个人或组织之所以面临问题,既有外部原因,也有内部原因。外部原因,包括宏观和微观原因；内部原因，通常包括价值观、战略定位和过程能力等。在大变局时代，各种复杂因素相互叠加在一起，使正常的商业和职业面临着越来越多的不确定性和复杂性，人们要更关注于那些具有长期性和稳定性的因素。

进入2023年之后，硅谷银行、Signature银行、第一共和银行等美国区域银行先后爆雷，瑞士的第二大银行瑞信银行也发生爆雷，来自彭博社的一份研究报告显示美国还有186家银行有类似爆雷的风险。种种信号显示美国银行业倒闭的规模已经超过2008年金融危机的水平。根据《华尔街见闻》报道，美国商业地产市场正在酝酿一场风暴，随着地产价格下跌，美国银行业"充斥着不良贷款与不良资产"。

从全球范围来看，美国银行业面临的核心挑战并不是孤立存在的。从宏观层面来说，全球性的地缘经济政治博弈愈演愈烈，叠加俄乌战争对全球能源和粮食供应链的冲击等，导致全球范围的实体经济广受影响，进而影响到企业和个人的收入，甚至进一步冲击包括房地产和其他消费品领域的投资和消费。

对于银行业来说，其除了面临来自宏观经济层面的挑战外，还面临来自本行业消费习惯的改变。比如，对于银行信用卡业务，随着移动支付和数字货币的普及推广，传统信用卡的销售推广以及信用卡业务的营收普遍遭遇了严重下滑，甚至成为不可逆转的趋势。

对于具体银行企业，每家银行在不同发展阶段和背景下，所面临的核心挑战通常有共性部分，也有个性部分。从共性部分来说，传统银行企业普遍面临着数智科技驱动的数字金融时代的挑战，需要有自我革命的使命感；从个性部分来说，每家企业可能会有各自非常具体的业务场景和困难事项，以及对技术或管理创新的优先级排序也有各自不同的考量。

为了追求业务可持续性和可盈利性的增长，企业需要从宏观经济、行业动态、用户洞察等外部视角来不断升华自身能力和决策水平，同时需要前瞻性地制定规划和风控预案。定义核心挑战的能力，决定了一个人或组织预见和管理危机的能力，并最终影响业绩和回报。职场人的核心价值，是要能够感知背景的现状或潜在的变化，敏捷自适应地调整对策，并为利益相关者提供具有预测控制性的解决方案。

以首席信息官（CIO）岗位为例，很多数字化转型企业把CIO视作数字化转型的主要负责人。但是,从职场实践来看,大多数 CIO 普遍难以胜任数字化转型负责人的重任,最普遍的核心挑战是难以说服 CEO 和其他业务线领导。

David,硕士毕业于某财经 211 名校的大数据专业,累计工作时间超过了 15 年。总体来看,David 的职业经历主要分为三段:第一段是在一家头部科技金融企业从事数据分析和数字金融产品创新工作,时间为 8 年左右;第二段经历是被邀请作为联合创始人,转到一家 B 轮阶段的科技金融企业担任 CIO 职位,后由于与其他高管团队存在理念上的不合而主动离开;第三段经历是加入了一家国资背景的金融服务企业,并以项目经理的身份推动传统金融业务的数字化转型。

从 David 的职业生涯可以看出,随着他担任的角色不同,他面对的核心挑战也不同。第一段经历中,由于其相对职位层级比较低,所以其更多的精力是执行上面的战略和指令,核心挑战是在人才济济的头部大厂中,想脱颖而出和实现职业的加速成长非常困难;第二段经历中,由于担任联合创业的 CIO 身份,他需要独当一面地制定金融业务的数字化战略并驱动变革落地,但往往无法说服关键利益相关者;第三段经历中,由于企业性质、决策机制和人员背景导致的工作习惯和差异,使其跨团队的项目沟通和管理面临重重困难。

David 的案例具有一定的代表性。在数字化转型的大背景下,数智科技企业需要引进具有特定业务场景和知识背景的专业人才;传统行业转型数字化也需要从数智科技企业引入相关的人才。科技金融与金融科技之间往往有着相同的客户群体和业务场景,甚至输出的技术解决方案也是重叠的,这也为人才的相互流动提供了更多的可能性。

除了来自外因的挑战外,内因仍然是造成核心挑战的决定性因素。核心挑战总会有对应的问题,比如价值观、战略和标准化运营等。价值观,反映的是一个人或组织对是非的判断标准,并决定了一个人或组织的动机和行为,从而影响最终的结果;战略,反映的是一个人或组织去哪儿和如何赢;标准化运营,反映的是一个人或组织的过程能力。不难发现,绝大部分组织面临的核心挑战或多或少地与价值观、战略或标准化运营有关。

在数智化时代,组织生态的敏捷自适应能力和健康度,已经成为影响一个人或组织能否实现高成长和高回报的关键影响要素。

三、阐述

阐述，是一种沟通策略。阐述核心挑战，是为了更有效地动员组织其他成员参与到变革进程和解决问题。

如果把上述 David 的核心挑战转化为典型案例，可以阐述为："David，财经类 211 大数据专业硕士毕业，在数字金融产品创新和传统金融服务数字化转型等领域有累计约 15 年的实战经验。David 在以 CIO 的角色帮助传统金融进行数字化转型的过程中，所设计的数字化转型的战略性规划和路径图很难得到核心管理团队的认可，从而导致企业的数字化转型迟迟得不到有效推动。最终的结果是，除了 David 本人得不到成就感外，其所服务的企业对他也很不满意甚至终止了雇佣关系。"

以 David 为原型撰写的核心挑战案例，对大多数 CIO 来说具有典型性。虽然每个人面对的业务场景各不相同，但是在驱动数字化变革方面普遍存在类似困境。归根到底，数字化转型不仅是数智科技的变革，更是商业模式和组织的变革。显然，CIO 们所面临的核心挑战，背后的焦点问题在于他们领导组织加速变革的能力普遍存在差距。

从表 3—2 的对比可以看出，CIO 更侧重于信息化基础设施和 ERP 应用的管理，而 CDO 更侧重于通过数据资产的运营实现业务的快速增长和运营效率的提升。通常对 CDO 商业敏感度和驱动变革的能力有更高的要求。在现实的职场中，很多 CDO 来源于传统观念的 CIO，但相当比例的 CIO 不太懂业务，其无法从业务视角探索和推动基于数据资产的以增长为目标的创新活动，从而导致迟迟达不到业务期望值。但有些 CIO 已然意识到自己的短板，正在努力尝试调动群体智慧，引导业务伙伴共创数字化转型解决方案。

在数字化转型的大背景下，学会正确地阐述核心挑战并精准定义问题，以及共创新型的解决方案，有助于人们更有勇气迎接和面对外部挑战和增强职场力。比业务的数字化创新更具挑战的是驱动组织变革，包括改变人们的传统思维方式、意愿度，以及如何正确看待利益冲突，而这些远比技术更有难度。

表 3—2　　　　　　　　　　　岗位关键内容比较

角色	CIO	CDO
客户	业务部门	外部客户
输出	IT 基础设施和应用	业务加速增长解决方案
流程	1. IT 基础设施 2. ERP 应用 3. IT 应用解决方案 4. 系统维护	1. 对焦客户需求和业务战略 2. 寻找业务增长的机会点 3. 创造数字化转型策略 4. 组织数字化转型项目落地 5. 实现数据资产驱动的业绩增长和里程碑目标
能力	• 计算机软硬件知识 • 信息化系统运维 • 项目管理	• 商业敏感度 • 组织变革管理 • 群策群力 • 数字思维 • 战略思维 • 创新思维 • 领导力
人才来源	• 传统 IT 管理	• CIO＋业务创新＋组织变革

实训与自测

1. 请阐述你面临的核心挑战是什么？
2. 这个核心挑战反映的问题是什么？
3. 你得出这个结论的假设是什么？
4. 为什么会有这样的假设？
5. 问题如果得不到解决的后果是什么？
6. 是否还有其他的可能性？
7. 是否需要重新定义挑战或问题？

第五节　社会化比较

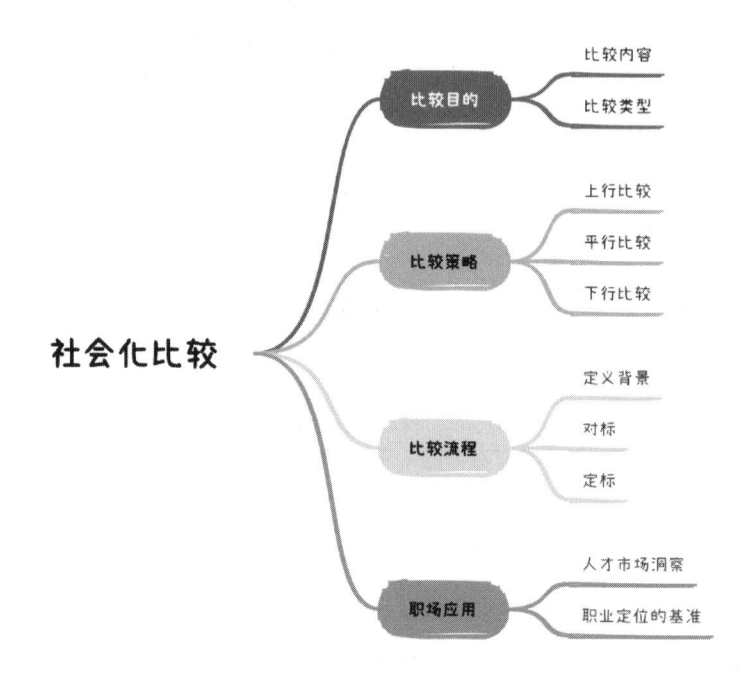

本节精要导读

社会化比较
- 比较目的
  - 比较内容
  - 比较类型
- 比较策略
  - 上行比较
  - 平行比较
  - 下行比较
- 比较流程
  - 定义背景
  - 对标
  - 定标
- 职场应用
  - 人才市场洞察
  - 职业定位的基准

一、比较目的

美国社会心理学家费斯汀格(Leon Festinger)把人与人之间与职业有关的特征进行比较的现象称为社会化比较(Social Comparison)或人际比较。这也是职场常见的社会心理现象。从应用层面来看,几乎所有的用人单位在招聘新员工时,同一个岗位要面试多个候选人并从中筛选出面试官们认为最合适的人选;个人在求职时,通常也会面试多个不同的职位并筛选出相对最适合自己的机会。这些都属于社会化比较。

对于职场人来说,社会化比较有助于更好地了解自我在职场中的合适位置,并发现可改善的领域。在职业生涯中,人们通常根据不同的时代背景定位和再定位自己的职业方向,以及得出对未来的期望值,如工作职责、行为规范、知识技能、薪酬回报等,通过社会比较来多次校准自己在相关职业分类上所处的位置,以及与职场标杆的差距,并为制定个人职业的加速成长策略提供决策依据。

社会化比较的内容,包含显性内容和隐性内容。显性内容,是指那些表面上可以直接观察到的客观事实,比如一个人的薪酬福利水平、个性特征和显性行为等;隐性内容,是指那些隐藏在可观察的客观事实和行为表现背后的,不能被直接观察但可以推导出的不可见的行为和思维方式,比如价值观、思维加工能力、动机和常识等。社会化比较维度,通常包括时间、空间和知识。

社会化比较主要有三种类型,如图3-11所示,根据改变的需求强烈程度,从低到高依次有:与组织内部成员比较,与同行业竞争对手比较,与其他行业出类拔萃者比较。

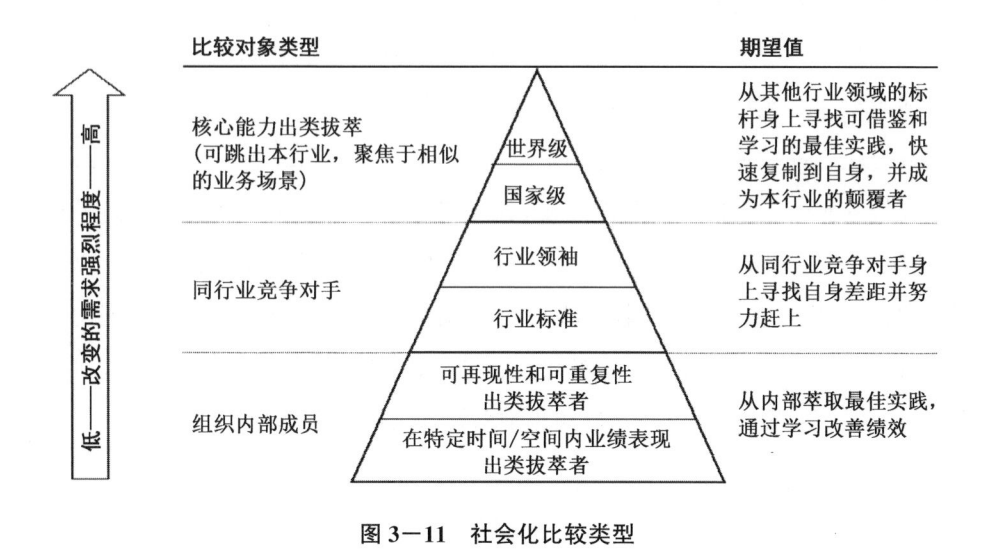

图3-11 社会化比较类型

二、比较策略

社会化比较策略,适用于个人和组织,包含平行比较、上行比较和下行比较,比较对象可能是陌生人、团队成员,也可能是其他认识的人,并根据社会化比较的结果,精准地定位自我。

上行比较是使用频率最高的社会化比较策略,是指在一个特定的品质上寻找比自己表现好的对象进行比较。这种比较策略之所以使用频率最高,是因为其反映了无论是个人还是组织,都有改善生活品质和发展个人能力的美好愿望。这也是人类社会始终得以进步的动力所在。

关于平行比较,费斯汀格(Festinger)提出了相似性假说(Similarity Hypothesis),即任何个体想了解自己的观点和能力,现实生活中往往没有直接、客观的手段,这时个体就会倾向于与自己能力和观点相似的人进行比较,因为相似的人可以提供更多真实、有效的信息,这就是"相似性假说"。如果既没有客观的标准,也没有相似的人与之进行比较,个体对自己的观点和能力的评价就是不稳定、不精确的。

下行比较,是使用频率较低的社会化比较策略,是指在一个特定的品质上寻找比自己表现差的对象进行比较。这种比较策略之所以使用频率较低,是因为其反映了无论是个人还是组织,在选择学习和模仿对象时,更认可那些比自己表现更好的人或组织,并从中发现可模仿和学习的过程能力。

社会化比较本质上也是一种测量行为,并可能带来积极的或消极的结果。社会化比较的积极意义在于有助于寻找到可改善的机会点;社会化比较的消极意义在于,除了可能的以偏概全外,还有可能损伤比较者的自我价值感、自尊心或自信心。因此,在决定将社会化比较作为测量策略时,需要采用更完整的和系统化的诊断工具,对选定的社会化比较对象进行信息的采集和加工,包括背景和环境、目标、角色、互动关系、流程和工具、支持和激励系统以及核心能力等。

三、比较流程

社会化比较的流程,主要包括定义社会化比较的背景因素、对标流程和定标流程三个主要步骤,如图 3—12 所示。

定义社会化比较的背景因素的目的,是要说明为什么要发起社会化比较项目。背景因素,既包括来自外部的因素,也包括来自内部的因素,仍然可以采用 4D 背景分析工具进行总结归纳,即从数据(Data)、诊断(Diagnosis)、示范(Demonstration)和需求(Demand)等不同角度来进行信息采集。

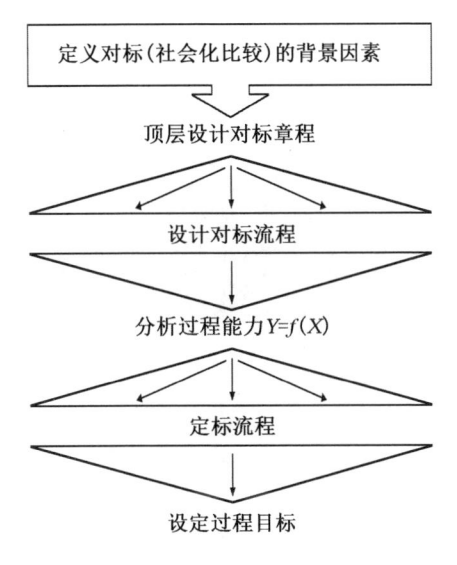

```
定义对标(社会化比较)的背景因素
          ↓
     顶层设计对标章程
          ↓
      设计对标流程
          ↓
   分析过程能力Y=f(X)
          ↓
       定标流程
          ↓
      设定过程目标
```

图 3—12　从对标到定标

对标,即对标定的对象进行分析和比较的过程,是指基于项目章程,定义对标对象和测量维度,寻找可靠的信息渠道和采集基本信息,通过定性和定量分析来比较不同测量维度的相关性,并加工成有启发性的信息报告,以及提供有启发性的直接经验和间接经验。直接经验,是指通过定量比较总结出的具有可再现性特征的行为表现;间接经验,是指通过更深刻的定性比较而推导出的具有可重复性特征的过程能力。定量比较,是指比较相关的数据,或者过程输出和输入的参数值;定性比较,是指以发现普遍的成功模式为目的而不是聚焦于个体差异,更深度地探究和分析比较底层逻辑。对标比较的核心价值,是要从与标杆的对比中寻找间接经验,并努力把标杆者的过程能力,转化为自身也可以学习和借鉴的可重复性的过程能力 $Y=f(X)$,如图 3—13 所示。

以传统银行资管部门对私理财经理岗位为例,其核心任务是开发新客户和维护老客户并完成资管产品的销售目标。从定量比较来看,同一个机构的理财经理们的销售业绩通常有较大的差异。从获客渠道来看,理财经理们的渠道转化效率各有不同。同样以现有客户转推荐渠道为例,转推荐渠道效率更高的人往往更容易取得领先业绩。假设将转推荐渠道效率最高的人萃取成标杆,通过观察和记录

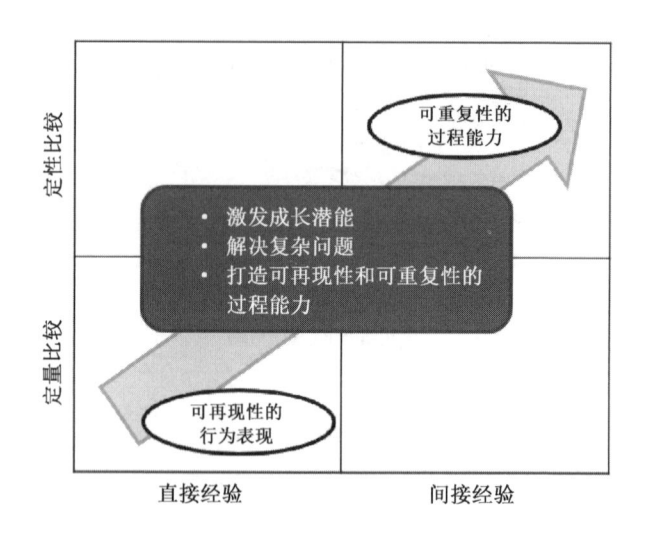

图 3—13 对标的目的

其主要的行为表现所得出的经验(包括管理推荐人的矩阵池和沟通模板等工具),就可以作为直接经验加以推广,并被其他人借鉴和使用。

如果通过观察和访谈,从标杆的行为表现中萃取出高效转推荐率背后的动机、构思和行动的过程,包括以客户为中心的创新能力,以及与客户建立长期信任关系的策略组合,并且把隐性的思维过程以工具形式进行显性化呈现,通过关键节点和标准化运营流程加以控制,那么就能把定量的直接经验上升为定性的间接经验,从而打造可复制的过程能力。显然,定性的间接经验以及由此获得的能力,比简单地模仿他人的直接经验更有价值,也是决定能否让别人的成功在自己身上可复现的关键因素。

由此可见,对标的关键是要找到从直接经验转化为间接经验的关键路径,以及可资借鉴和学习的方法论与工具。因此,对标流程通常包括以下步骤:

(1)对焦和再对焦项目章程,确保精准地理解社会化比较的整体意图;

(2)寻找对标对象和测量维度,以及可靠的信息来源渠道;

(3)创建对标报告的输出模板并进行验证;

(4)通过实地考察、人物访谈、沉浸式体验或数据挖掘等方法采集和处理数据,并生成对标比较分析报告;

(5) 根据对标比较报告,总结归纳核心观点和有启发性的建议;

(6) 定义适合自身的、可落地的目标或标准。

定标,即定义基准或过程目标的步骤,其建立在对标的基础之上,通过进一步的信息加工,以定性分析和定量分析来建立和持续优化能够体现期望值 Y 与关键影响变量 X 之间过程能力的映射函数 $Y=f(X)$。在此过程中,应遵循 SMART 原则,即具体的(Specific)、可测量的(Measurable)、可实现的(Attainable)、结果导向的(Result-oriented)和有时效性的(Timebound)。

四、职场应用

社会化比较,在职场中得到广泛应用,甚至贯穿整个职业生涯。其常见的应用场景包括:高考前填报志愿作为参考依据;大学毕业进入职场前选择职业机会的参考依据;在职业生涯不同阶段进行职业转换时的参考依据;一个人进行长期的职业生涯规划和为自己设计核心能力的进化路径图时的参考依据等。实践证明,擅长社会化比较的人,往往能够更精准地诊断自我和发展能力,通过定期地复盘、总结和反思,校准个人职场定位。

上海财经大学商学院 2020—2021 年上海部分金融服务业的岗位薪资调研报告显示,即使是同一种职业类别,比如销售或投顾,在不同的金融机构中的薪资范围也有着很大的差距,如表 3-3 所示的销售职能和如表 3-4 所示的投顾职能。

表 3-3　　　　　　　　　　不同销售岗位比较示例

岗位名称	机构类型	所在部门	主要职责	薪资范围
客户经理	中资银行	支行	为个人客户提供存贷款业务	4K/月～5K/月, 15W/年～25W/年
对私理财经理	中资银行	私人银行部	为高净值客户提供理财规划	10K/月～15K/月, 30W/年～40W/年
	外资银行	私人银行部		10K/月～25K/月, 30W/年～40W/年
	信托公司	财富管理中心		10K/月～20K/月, 30W/年～40W/年

续表

岗位名称	机构类型	所在部门	主要职责	薪资范围
机构销售经理	信托公司	营销部	面向机构客户募集资金	10K/月～20K/月，40W/年～60W/年
	公募基金	营销部		
	券商资管	营销部		
	券商	研究所	研究报告的销售	
渠道销售经理	公募基金	营销部	面向渠道客户募集资金	8K/月～15K/月，20W/年～30W/年

表3—4　　　　　　　　　　不同投顾岗位比较示例

岗位名称	所在部门	机构类型	主要职责	薪资架构
投顾	经纪业务部	券商	股票开户,投资顾问	4K/月～6K/月，20W/年～30W/年
投资经理	投行部	券商	负责IPO、并购重组项目承揽承做	10K/月～20K/月，30W/年～50W/年
	场外市场部		负责推荐挂牌项目的承揽承做等	10K/月～20K/月，25W/年～40W/年
研究员	研究所		宏观、策略、行业、量化等研究	10K/月～25K/月，25W/年～50W/年
	研究部	券商资管	宏观策略、行业等研究	10K/月～15K/月，25W/年～40W/年
		公募基金		
基金经理	权益投资部	券商资管	权益投资(公募/专户)	40K/月～100K/月，100W/年～1000W/年
		公募基金		
	固收投资部	券商资管	固收投资(公募/专户)	35K/月～70K/月，100W/年～500W/年
		公募基金		
	量化投资部	券商资管	量化投资(公募/专户)	
		公募基金		

从表3—3的比较来看,关于岗位和薪资的社会化比较的价值在于帮助相关专业的从业人员在选择职业机会时,一方面可以从薪酬范围的高低排序优先级,另一方面从主要职责来理解不同岗位所做的工作以及对应的能力要求,以便于提前进行知识和技能的储备,甚至在面试前尽可能地做好相应的准备。通过对标分析不难发现,有些类似岗位的收入差距有时会非常大。以表3—4中的基金经理岗位为

例,其年薪最高甚至可达千万以上。由此可见,简单地通过定量分析和比较以及从观察或访谈中所总结的直接经验,往往并不能帮助到其他人也获得同样的收入水平。只有定性分析和深度探索隐藏在表象背后的过程能力,包括价值观和品质、战略性思维和创新解决问题的过程能力,并与自身进行交换、比较,才能真正借鉴到其他成功者的过程能力和间接经验,进而创造类似结果。

以人力资源管理岗位为例,上海某招聘企业在 2020 年针对中国规模企业累计约 1 200 名以上的首席人力资源官进行了一次社会化比较,比较的目的是总结影响 CHO 们薪酬的关键能力要素,即以 CHO 的年薪作为 Y,需要寻找有哪些变量因素 X 会对 Y 有影响。从如图 3—14 所示的比较中,可以看出年薪位于 100 万元以内的 CHO 占总调研人数的 60%;年薪介于 100 万~300 万元之间的为 30%;年薪介于 300 万~500 万元之间的为 8%;年薪超过 500 万元的为 2%。当然,还有个别年薪超过 1 000 万元的 CHO。

年薪范围(M为million, 百万元人民币) 　占比(%)

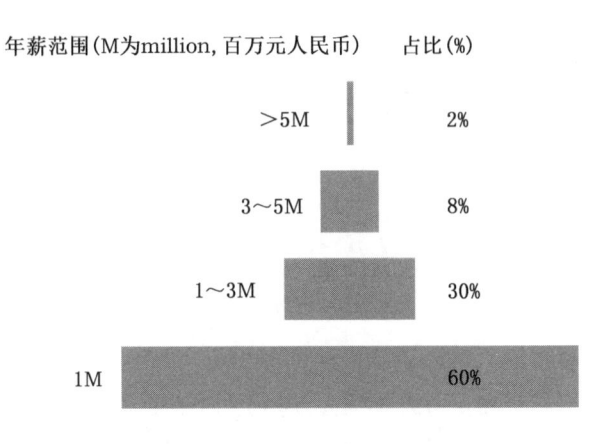

年薪范围	占比
>5M	2%
3~5M	8%
1~3M	30%
1M	60%

图 3—14　首席人力官市场薪酬对标

通过进一步的比较可以看出,影响一个人薪酬高低的主要因素有外部因素和内部因素。外部因素包括地域、行业增长率、企业性质和规模、在细分领域的盈利能力以及业务复杂度等;内部要素包括 CHO 本人的知识和技能、商业敏锐度、抗压能力、领导变革的能力等。

通过图 3—15 所示的对比分析,可以看出位于左上角象限的行业吸引力与市场份额都处于高位的组织，通常更有能力为CHO提供领先于市场的薪酬水平，而位于行业吸引力和市场份额都低的象限中的企业，能够为CHO提供的薪酬水平也偏低。这也从侧面反映了一个普遍的规律，即业务增长做得越好的企业所对应的组织能力就越强。这种类型的企业更愿意投资于优秀人才的招聘、保留和发展，并因此形成了良性的循环，即由卓越的人才组成卓越的团队，通过持续地为客户创造更多的价值从而获得更高的财务回报，并最终使每个人受益。

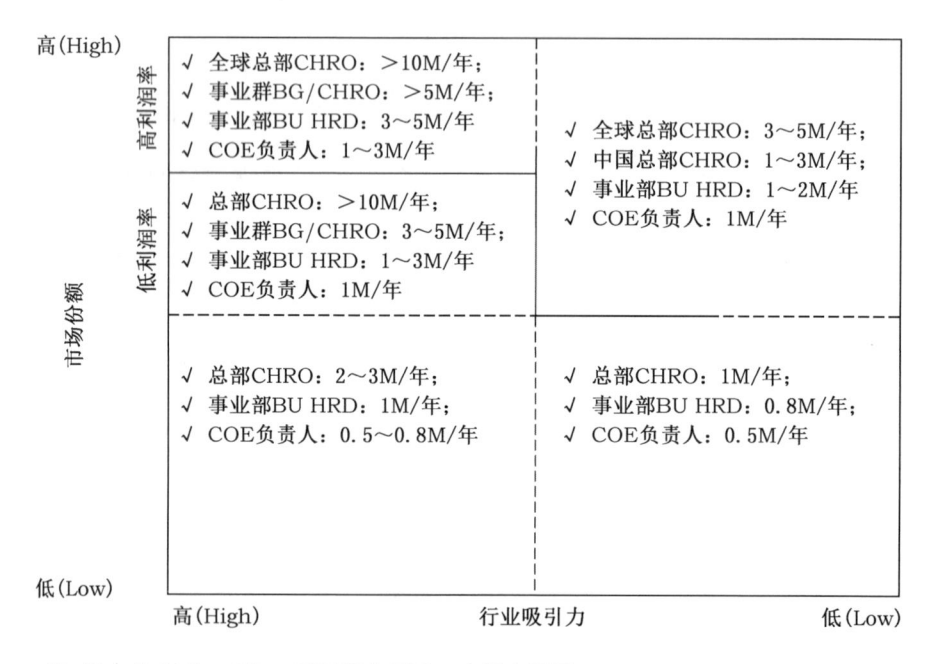

```
市场份额
高(High)
         │ 高利润率                                │
         │ ✓ 全球总部CHRO：>10M/年；              │ ✓ 全球总部CHRO：3~5M/年；
         │ ✓ 事业群BG/CHRO：>5M/年；              │ ✓ 中国总部CHRO：1~3M/年；
         │ ✓ 事业部BU HRD：3~5M/年               │ ✓ 事业部BU HRD：1~2M/年；
         │ ✓ COE负责人：1~3M/年                  │ ✓ COE负责人：1M/年
         │ 低利润率                                │
         │ ✓ 总部CHRO：>10M/年；                 │
         │ ✓ 事业群BG/CHRO：3~5M/年；            │
         │ ✓ 事业部BU HRD：1~3M/年；             │
         │ ✓ COE负责人：1M/年                    │
         ├─────────────────────────────────────────┼────────────────────────────────
         │ ✓ 总部CHRO：2~3M/年；                 │ ✓ 总部CHRO：1M/年；
         │ ✓ 事业部BU HRD：1M/年；               │ ✓ 事业部BU HRD：0.8M/年；
         │ ✓ COE负责人：0.5~0.8M/年              │ ✓ COE负责人：0.5M/年

低(Low)
         高(High)              行业吸引力              低(Low)
```

注：图中的M为million，百万元人民币。本章余图同。

图3-15 首席人力官的空间分布

从显性因素来看，处于左上角象限更容易获得高收入的原因在于：

(1) 行业吸引力高，行业的年平均成长率超过GDP或其他行业的年平均成长率，资本和人才容易往高成长性的行业和公司聚集；

(2) 市场份额排名高，公司的业务和人员规模通常会比同行业的竞争企业更大，或者技术与管理更先进；

(3) 利润率高，公司的管理运营效率更高，利润高除了有更多的管理分红或股权分红的机会外，还可以有更多的资金投入扩大再生产。

从直接观察所得出的直接经验,能够带给职场人以直观的启发。如果有两个职业机会进行比较:一个处于左上角的象限,另一个处于右下角的象限,那么从长期的高成长和高回报来看,显然选择左上角象限的职业机会更有利于个人长期的职业发展。

从隐性因素来看,如图 3-16 所示,在对 CHO 的工作职责和能力进行比较时,发现高年薪的 CHO,工作职责的重心不是聚焦于事务性的 HR 运营,而是为组织持续满足客户的期望和业务增长,搭建和持续改善组织的支持和激励系统,驱动建立通过共创模式创新解决复杂问题的机制,以及通过加强组织治理的有效性,来改善员工体验和组织效能。特别是在数字化转型成为越来越多企业的核心挑战时,如何在业务战略并不清晰的前提下,凸显群体智慧和提升决策质量,显得十分重要。人员越多、业务越复杂的企业,适应外部环境变化的要求就越严苛,CHO 面临的挑战也越大,CHO 必须具备的能力要素也就得越齐全、越高端。

	低(Low)		高(High)
工作职责(Responsibility)			
- 事务性的HR支持	✓	✓	✓
- 标准化的HR运营体系	✓	✓	✓
- 对焦内外部背景		✓	✓
- 寻找组织破局机会点		✓	✓
- 创造人才/组织治理解决方案		✓	✓
- 组织执行变革加速(数字化转型)		✓	✓
- 实现组织生态的活力(组织治理)			✓
能力要求(Requirement)			
技术职能(HR Functional)	✓	✓	✓
商业敏感度(Business Acumen)		✓	✓
变革领导力(Change Leadership)			✓
CHRO岗位所对应的年薪范围(M-百万)	1M	3M	5M

图 3-16 首席人力官的职责与能力比较

从对 CHO 们的社会化比较可以看出,如图 3-17 所示的能力模型是对标过程中 CHO 们所总结出的能力模型,也是影响到他们薪酬高低的关键变量,按照重要性和困难程度从低到高的排序为:HR 专业技能、商业敏感度、变革领导力和组织治理能力。

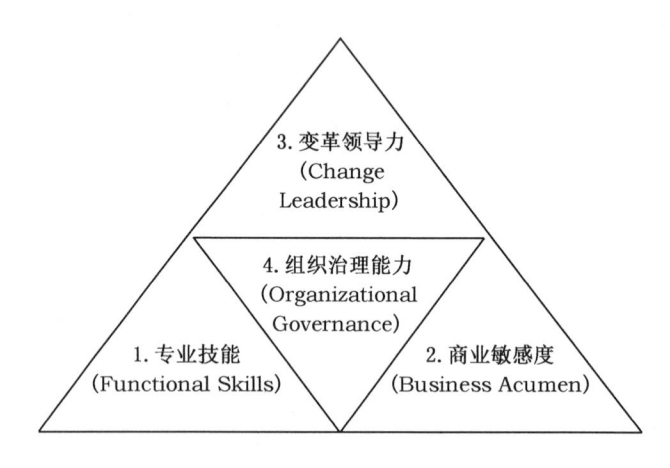

图 3—17 CHO 标杆的能力模型

从以上的案例中,可以发现社会化比较的真正价值是要透过表面的现象发现背后的规律,即要把直接经验转化为间接经验,并设定行动计划的基准和目标,再从时间维度、空间维度和知识维度全方位争取突破,从而成就自我。

实训与自测

1. 针对特定的职业类别,总结社会化比较的背景因素。
2. 设计一个与职业类别有关的社会化比较项目章程。
3. 寻找对标对象和测量维度。
4. 通过观察和访谈记录对标对象的行为表现。
5. 总结可学习的直接经验和间接经验。

第六节　岗位独特卖点

本节精要导读

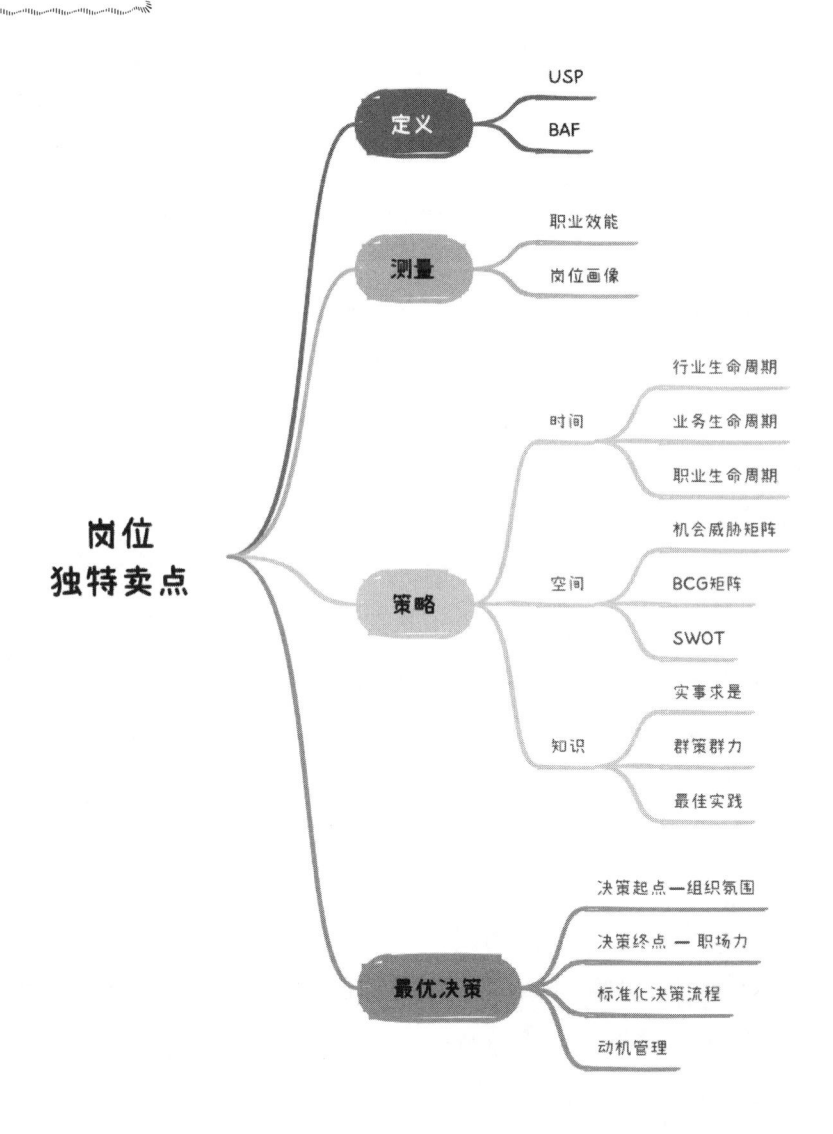

```
岗位独特卖点
├─ 定义
│   ├─ USP
│   └─ BAF
├─ 测量
│   ├─ 职业效能
│   └─ 岗位画像
├─ 策略
│   ├─ 时间
│   │   ├─ 行业生命周期
│   │   ├─ 业务生命周期
│   │   └─ 职业生命周期
│   ├─ 空间
│   │   ├─ 机会威胁矩阵
│   │   ├─ BCG矩阵
│   │   └─ SWOT
│   └─ 知识
│       ├─ 实事求是
│       ├─ 群策群力
│       └─ 最佳实践
└─ 最优决策
    ├─ 决策起点—组织氛围
    ├─ 决策终点—职场力
    ├─ 标准化决策流程
    └─ 动机管理
```

一、定义

当一个人在职场上面对多个职业机会时,往往由于信息不对称或决策偏差,导致最终的决策质量与个人长期的期望值出现背离,甚至导致重大机会成本的损失。通过岗位独特卖点分析,可以帮助个人更全面地审视职业机会对个人的长期价值。

独特卖点(Unique Selling Proposition,USP),又被称为独特营销主张,由罗瑟·瑞夫斯(Rosser Reeves)首先提出并广泛应用于广告学。从战略上讲,独特卖点是向顾客阐述"购买的理由",包括能够带给顾客的好处(Benefits)、与竞争者相比较所具有的差异化优势(Advantage),以及可支撑的特征、参数和工具等,简称为BAF法。

岗位的独特卖点,是指把独特卖点(USP)和阐述工具(BAF)与特定的工作岗位相结合并加以描述,其目的是为了吸引和保留人才而提炼出能体现特定组织的雇主品牌价值主张,以及岗位能够带给特定细分人群的个人品牌价值主张,从而使候选人或员工容易理解该岗位能够带给自己的长期或短期利益、与其他同类岗位相比所具有的差异化优势。

职业生涯的选择与决策,本质上等同于投资决策,即把自己未来的时间视作投资标的,通过比较分析决定将未来的职业生涯投资到哪个特定岗位和组织。不同的投资策略和组合,会呈现出不同的投资回报。从最大化投资回报率的角度看,基于岗位的独特卖点选择最适合自己的组织生态,并与自我职业生涯定位相结合,通常最有利于职业生涯发展。

二、测量

测量岗位独特卖点,是指通过特定的认知测量策略和工具,对特定岗位的独特卖点进行认知与决策,包括从精确度、准确度和认可度等方面认知特定岗位的独特卖点,并作为职业生涯的决策和选择依据。

测量标准,归根到底是要能给职业生涯的经营效能带来长期的好处。与品牌经营类似,衡量职业生涯经营的效能可以通过投入产出比(Return on Investment,ROI)来测量,即总共投入多长时间,换来多少回报,包括物质回报和精神回报。追求职业经营效能的最大化是职场人士的普遍目标,也是对岗位独特卖点进行测量比较时的重要依据。岗位独特卖点的测量与职场力测量具有高相关性,即岗位越有助于发展职场力,则越有吸引力。

在提炼岗位独特卖点时,需要对岗位画像有清晰的认知。它们包括:(1)客户(Customer)。谁是目标客户?客户的特征和期望值是什么?客户的期望值是如何产生的?(2)输出(Output)。为客户输出什么样的解决方案?(3)流程(Process)。什么样的关键业务流程能够持续保证为客户输出的解决方案(产品或服务)质量?(4)输入(Inputs)。岗位需要具备哪些关键能力才能保障业务流程持续有效运行?(5)来源(Suppliers)。关键能力从哪里获得?

对于某些名字相同的岗位,来自不同的组织生态下的岗位仍然具有不同的岗位画像和独特卖点。以基金公司的基金经理和科技金融企业的数字金融产品经理岗位为例,我们可以用如表3-5所示的COPIS工具分析二者的异同。

表3-5　　　　　　　　　　　COPIS工具分析岗位

COPIS	传统基金的基金经理	科技金融的数字金融产品经理
客户	泛个人和泛机构投资者	更细分的个人和机构投资者
输出	基金产品	在线的理财投资解决方案
流程	(1)对焦宏观经济/行业分析 (2)寻找差异化投资领域 (3)创造基金产品组合包 (4)组织基金产品推广销售 (5)实现销售业绩和年化收益率指标	(1)对焦大数据客户画像 (2)寻找业务增长和客户体验改善的机会点 (3)创造战略性产品规划和概念性解决方案 (4)组织新产品开发和商业落地 (5)实现业绩增长和客户满意度
输入	(1)相关地域/领域的经验 (2)宏观经济分析 (3)行业洞察 (4)金融知识 (5)新产品导入	(1)相关地域/领域的经验 (2)宏观经济分析 (3)行业洞察 (4)客户洞察 (5)金融知识 (6)新产品导入 (7)数字思维
来源	(1)传统金融机构/资管部门 (2)大型集团/产业投资部门	(1)传统金融机构/资管部门 (2)大型集团/产业投资部门 (3)科技金融/数字金融产品开发

岗位独特卖点的测量可以采用定性比较法和定量比较法,即通过定性分析和

定量分析来对不同的岗位进行独特卖点的比较分析。定性分析,推荐采用六盒模型等诊断工具,从背景、目标、角色、互动关系、流程与工具、支持与激励系统,以及胜任力等诊断维度进行系统性的诊断;定量分析,即采集与岗位有关的结果数据和关键过程参数,通过数据化呈现比较不同岗位之间的独特卖点的差异化特征。定量比较,有助于基于可直接观察到的客观事实,包括结果数据和关键过程参数,寻找相关性;定性比较,有助于萃取间接经验,并从与岗位相关的组织能力和过程能力的比较中,来综合判断岗位的独特卖点和个人期望值的匹配度。

岗位独特卖点的测量偏差,主要来自人们的立场、理性和感性的限制。当偏差超过合理范围时,可能使人做出不利于自身长期利益的决策。

三、策略

当对岗位独特卖点进行认知测量和比较时,可以从时间、空间和知识三个维度进行分析比较和博弈,从而做出有利于长期利益的最优决策。

(一)时间策略

时间策略即从生命周期的视角出发,在行业生命周期、业务生命周期和职业生命周期三者之间寻找平衡点的职业策略。一般来说,宏观生命周期影响微观生命周期。如图 3—18 所示,如果以行业生命周期为 X 轴,以产品/业务生命周期为 Y 轴,以职业生命周期为 Z 轴,那么在平衡状态下,三者的振动频率是相同的,方向是一致的,差异只在于相位和振幅的不同。

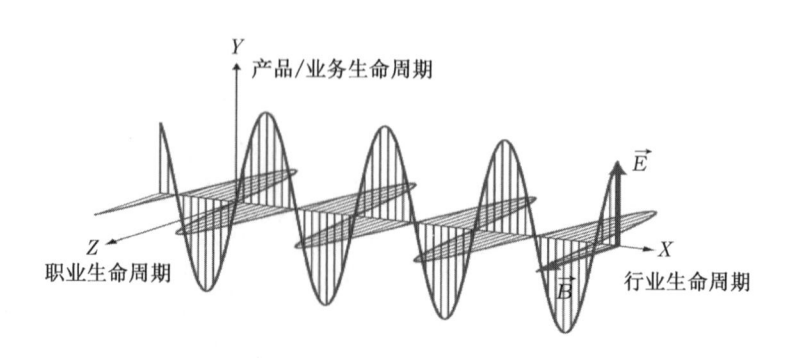

图 3—18 生命周期的和谐共振

行业生命周期与产品分类有关,并具有地域属性。比如,自改革开放以来,我国首先在东部沿海通过引进境外直接投资(FDI)发展出口加工业,使中国成为世界制造工厂。跨国公司除了带来了资金、技术、管理外,还培养了很多技术和管理人才。随着我国中西部大开发的政策陆续发布以及东部的劳动力成本越来越高,劳动密集型制造业开始逐渐向中西部转移,东部沿海地区的现代服务业、数字经济以及创新创业变得越来越活跃,并从以制造业为主的经济结构转型为以创新驱动的新型经济结构。行业景气指数,又称为景气度,是反映行业生命周期发展变化程度的指标。它是指通过对特定行业进行定性和定量的调查、分析、汇总,综合反映某一特定地域范围的社会经济现象所呈现的健康状态或发展趋势的一种测量指标。

行业生命周期影响产品生命周期,反过来产品生命周期的更新也会影响行业生命周期。比如有的地域,一个类别的产品带动了一个行业的兴起,该行业的繁盛又会促进更多的新产品开发。在单一产品类别发展壮大的过程中,又有可能拓展至其他更多的业务类别,比较典型的如汽车产业。

产品生命周期(如图3—19)包括导入期、成长期、成熟期和衰退期。每个阶段对应着不同的投入产出比,越早期阶段的投入产出比越高,同时承担的风险也越大。生命周期规律既适用于行业、产品、业务流程等,又适用于一个人的职业生涯和各个阶段。

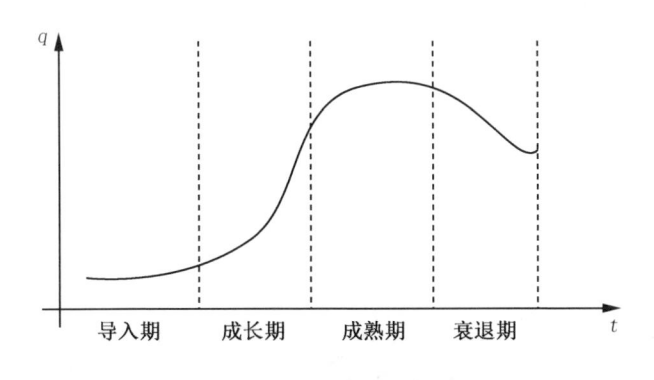

图 3—19 生命周期曲线

导入期,是指新产品或新业务刚刚投入市场的阶段。这个时期的好处是市场上同类产品或业务的竞争小。如果产品或业务被市场和客户认可和接受,就容易获得先发优势,赢取超额利润。其风险是教育市场和前期推广的费用高,以及潜在的失败风险高。

成长期,是指新产品或新业务通过了最小化的可行性验证,已经能够生存下来,接下来就是要通过投入更多的时间、金钱、精力和资源,实现快速成长。

成熟期,是指一项产品或业务已经到达了充分的市场竞争阶段,业务增长的速度已经很慢而且利润率越来越低。

衰退期,是指一项产品或业务处于负增长阶段。导致负增长的原因可能来自全球社会分工的再分配、客户需求的减少、替代性的产品或技术出现、供应链的转移等外部因素。处于衰退期的企业,要么经历痛苦的转型实现自我救赎,要么逐渐萎缩乃至消亡。

从投资分类来看,导入期对应的通常是天使投资,成长期对应的是风险投资(VC),成熟期对应的是私募股权投资(PE)。正确了解自己的职业生涯和职业生命周期,以及岗位所处的业务生命周期和行业生命周期,从而做出符合长期趋势的最优决策,是岗位独特卖点之时间策略的体现,即尽可能把自己未来的时间投入投产比最大的领域。

职业生涯,是指一个人从进入职场到离开职场的总时长,包括导入期、成长期、成熟期和衰退期等不同阶段。职业生涯中,通常包含多个具有重复性特征和情境的职业生命周期。宏观环境的变化会影响行业和企业经营环境的变化,从而影响到个人的职业生命周期和职业生涯。

对于成熟期或衰退期的岗位而言,内卷化程度会更高,对个人的职业生涯发展就会越困难;相反,对于快速成长期的业务,意味着有更多的机会和更大的想象空间。对于导入期的业务,由于发展前景尚不明朗,既有可能进入快速发展阶段,也有可能走向消亡,其可能的收益和风险是成正比的。

(二)空间策略

可从地域、行业、价值链、职能、组织、岗位等空间维度视角出发,对特定岗位进行分析并得出最优决策。空间策略的分析工具通常包括机会威胁矩阵、BCG矩阵、价值链、利润池、波特五力、邻界增长矩阵和SWOT矩阵工具等。

长短期机会威胁矩阵(见图2—23),是基于空间和时间维度,从宏观层面的地缘、政治、经济、社会和科技等方面,或从波特五力(核心竞争力、购买者议价、供应商议价、替代品和潜在进入者)等方面,对未来的商业环境或职场环境进行预测和分析。

BCG 矩阵(见图 2—28),是基于行业成长性和岗位所在的组织在市场竞争中的地位所组成的矩阵工具。由于不同的象限所对应的成长空间、速度和投入产出比不同,导致人们会做出不同的决策。从投资决策的角度来看,行业成长性和市场份额都高的象限,无论从投资回报的稳定性还是回报率来看通常也是最高的。职业生涯的决策过程,本质上与投资决策的逻辑是一致的,即把个人的未来时间作为投资标的物进行投资分析和决策。

SWOT 矩阵,如图 3—20 所示,是基于外部环境的机会和威胁与个人自身的优劣势相结合而生成的策略,体现的是差异化定位,既适用于市场营销战略设计,也适用于寻找个人的未来职业定位。在考虑外部的机会或威胁时,要重点关注长期或稳定的机会或威胁,而非短期或暂时的机会或威胁;在考虑个人优势或劣势领域时,建议重点关注优势领域,而非用自己的劣势去与其他人的优势竞争。通过基于 SWOT 的职业定位和策略,可帮助自己更聚焦于核心优势领域和赢得未来的长期机会。

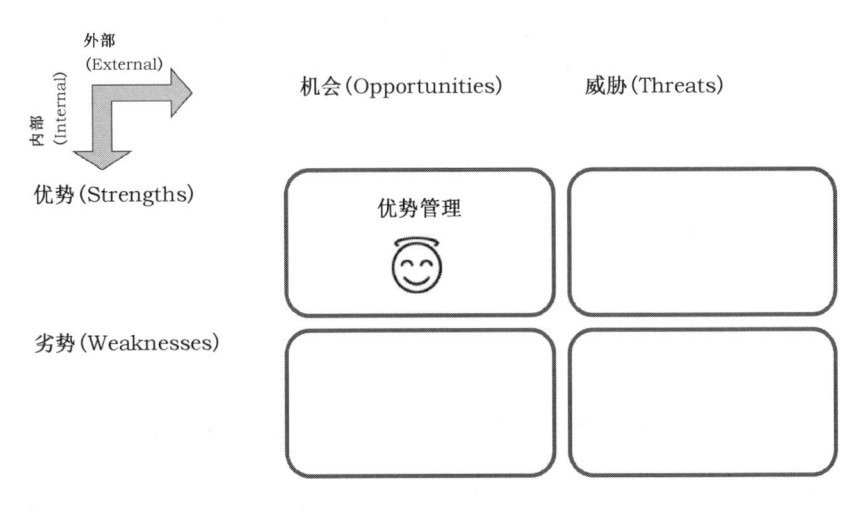

图 3—20 基于 SO 的优势管理

(三)知识策略

知识策略是一个人的商业智慧的体现,是职场力的重要构成,还是与时俱进的体现。知识策略除了与个人的学习意愿和能力有关外,还与岗位所在的组织生态息息相关。在分析岗位的独特卖点时,有必要重点评估岗位所在的组织生态是否具有良好的学习氛围和创新解决问题的机制。行动学习双环理论和群策群力,是一个以解决实际问题为导向的学习型自组织系统。

实事求是,是指要通过实地考察陈述客观事实,并探究核心挑战,再进一步发现和定义焦点问题。很多个人或组织之所以长期陷于某种困境,其根源在于问题没有定义清楚,即定义问题的精确度、准确度、认可度和完整度存在偏差,从而导致实际的问题迟迟无法得到解决。遵循实事求是原则,除了受到知识的局限外,还受到组织的文化氛围和领导力风格的影响。

群策群力,是指由决策者、资源提供者、核心成员和利益相关者所组成的人群,共同创造策略和执行落地的过程。其效能通常受两方面因素的影响:一方面,是否有一致的语言体系,包括对方法论与工具的熟练程度;另一方面,效能与参与者有关,包括参与者的立场、知识、经验和互动关系,如是否具有以客户为导向的创新机制。

最佳实践,是指在所有实践中具有最佳呈现效果的或有最好体验的实践。最佳实践中,要从定量分析和直接经验中,萃取出融合定性分析和间接经验的可重复性的过程能力,使成功可再现。

货币价值也是衡量职场力的一个重要指标。一个人现有的职场力被称为现值(Present Value,PV),未来所具有的职场力被称为未来值(Future Value,FV),如图 3—21 所示,不同的知识策略将导致不同的结果。

四、最优决策

通过基于时间、空间和知识等维度进行定性和定量的分析,以及比较不同岗位的独特卖点,最终要做出有利于自己长期利益的最优决策。由于岗位是依托于特定的组织生态而存在的,所以归根到底,选择岗位就是选择是否加入某个组织生态,以及是否被组织氛围所吸引。因此,应从背景、目标、组织结构、互动关系、业务

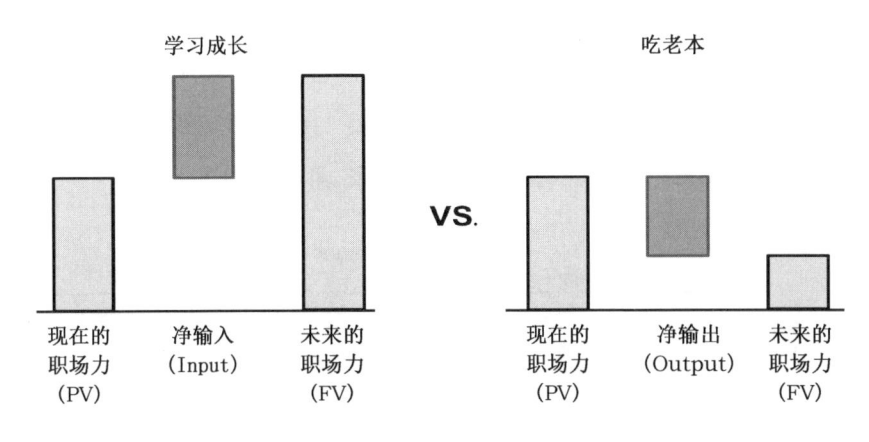

图 3—21 职场力的财务比较

流程、支持与激励、领导力等多维度和视角去定义岗位的独特卖点，从全局对一个组织生态做诊断，并与对自我诊断相互校准。二者的画像越匹配，双赢的机会就越大。

(一)把组织氛围作为决策起点

组织氛围(Organizational Climate)，是指组织的心理气候。它来源于员工从一些事件、活动、程序、组织行为中获得的感受，是在员工之间长期交流和互动过程中逐渐形成的、会对员工的选用育留造成重要影响的心理体验。

根据人以群分的规律，组织是由不同类型的人组合在一起的利益团体。在职场上，以绩效为导向的人才管理体系已成为指导个人与组织行为的基本法则并被广泛接受，并成为大多数商业组织设计战略目标、分解关键任务、建立正式组织和非正式组织，以及打造人力资源体系的出发点。此外，影响组织氛围的另一个重要维度是价值观，它反映的是一个组织内部人们判断是非的标准、原则和依据，也是一个组织的共同行为指南。

从职场观察和实践来看，虽然各个组织在招聘新员工时，试图通过各种面试流程与工具筛选和招募既能产生高绩效又符合组织价值观的人，但是从实际效果来看，理想与现实之间仍然存在偏差。为了更好地激励员工，并打造持续增长的组织生态，行业标杆企业普遍采用如图 3—22 所示的人才分类矩阵图，即从横坐标[业绩(Performance)]和纵坐标[(价值观(Values)]两个维度，从定性和定量角度测量、分析、比较和分类员工:A类,有领先的业绩,与组织价值观高度一致,策略是对其重点发展和奖励;B类,暂时未达到业绩目标但与组织价值观比较一致,策略是调整岗位或给予培训;C类,有一定业绩但价值观与组织不一致,策略是限制性使用或劝退;D类,既无业绩价值观也与组织不一致,策略是淘汰。

	业绩(Performance) Yes	No
价值观(Values) Yes	A.有业绩且有一致的价值观 (The Superstars: Bound for Key Leadership Roles)	B.无业绩但有一致的价值观 (The Second-Chancer: Given More Time or Different Role)
价值观(Values) No	C.有业绩但无一致的价值观 (Restrict: Numbers No Longer Protect You)	D.既无业绩又无一致的价值观 (The Failures: Removed with No Apology)

图3—22 价值观与绩效矩阵

组织氛围,不仅会影响一个人是否愿意加入和留在一个组织,还会影响一个人能否充分发挥潜能和创造领先业绩,更会影响一个人的精神回报和物质回报。对于那些倡导"以奋斗者为本"的企业而言,其通常会把A类和B类员工作为重点照顾的对象。D类或C类员工由于还被重视和认可,甚至有可能面临末位淘汰,所以其更容易产生对组织的抱怨,可能对组织氛围的健康发展造成不利影响。长此以往,这会对那些渴望在组织中长期奋斗和成长的人造成干扰,使其产生失望感,甚至导致优秀人才流失。

对于职场人来说,站在组织的立场理解人才管理之道有三点意义:

其一,在价值观和业绩矩阵中找到自己的合适位置;

其二,在决定是否加入一个组织和听取其他人的意见时,要清楚处于不同象限的人对组织氛围的心理状态或评价可能会截然不同;

其三,每个人既是组织氛围的贡献者,同时又反过来受其影响,并可能进一步影响个人绩效和财务回报。

在数智化时代,具备自组织学习生态特征的组织,更擅长通过团队协作来创新地解决各种复杂问题。自组织学习型组织的特征包括:(1)无边界组织(或被称为灰度组织),即从水平和垂直方向,打破个人与个人、部门与部门、组织与组织之间的边界,保留一定的模糊或灰色地带,从而发挥人的弹性;(2)博弈均衡机制,即通过 OKR 或 KPI 等激励系统,鼓励和制造不同角色的博弈均衡机制,致力于持续优化团队决策的质量;(3)创新支持系统,即通过系统化、标准化、模块化的创新工具形成统一的语言体系,提高人们的沟通效率和信息加工质量,提升人们解决实际问题的能力;(4)组织活力系统和激励,即使创新解决实际问题的能力可持续;(5)文化和价值观,即为人才的招聘、发展和保留提供系统保障;(6)领导力,即组织的灵魂,其决定未来前进的方向。

(二)把个人未来职场力作为决策终点

数智化时代下的职场环境,要求人们要把提高敏捷自适应外部环境变化的能力作为优先考虑,同时要优先考虑长期、稳定的外部变化趋势。由于不同人群的关注点不同,优势和特征各不相同,对岗位独特卖点和接受程度也各不相同。对于渴望职业成长的职场人来说,勇于拥抱变化,直面更复杂、更困难的任务,有助于增强职场人的竞争力,并最终使得未来财务回报更高。

(三)认知决策流程

认知决策流程,是连接决策起点和终点的关键路径。优化决策链路,有助于优化最终的决策质量,并促进有效落地执行。如图 3—23 所示,认知决策流程包括生成策略的三步骤(对焦、寻找和创造),以及属于执行的组织和实现。

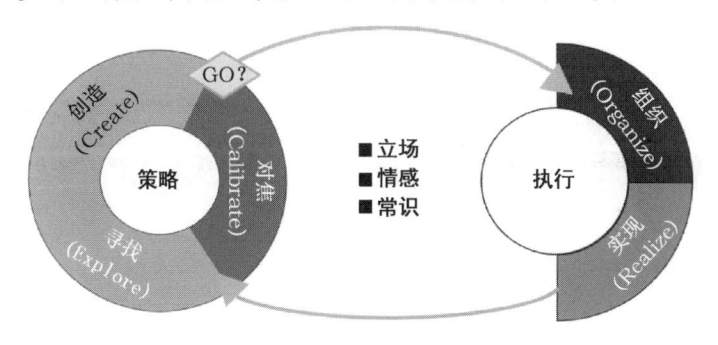

图 3—23 策略与执行

当人们在使用特定的方法论和画布工具时,可以把隐性的大脑思维加工显性化,并通过检查点控制,使每个关键节点的过程质量得到有效的控制,从而保障最终的策略质量。当然,在制定策略的时候,应尽可能地邀请未来参与执行的人参与到策略的制定之中,这会减少执行过程中所遇到的阻力。决策流程的标准化,有助于减少策略的偏差度,从而持续输出最优成果。

(四)动机归因

动机(Motivation),是促使一个人加入或留在一个组织的内在驱动力,并促使一个人持续地发生改变。当然,改变的过程会伴随痛苦,但最终会带给人们以更高的成就感和更长期的回报。容易导致混淆的词是激励(Incentive),它是指外界的刺激,包括岗位所在的组织生态、组织氛围、岗位内容、岗位层级、薪酬结构和总量,以及面试体验等各种外在因素的影响。

从动机出发做出的决策,对长期最有利;从激励出发做出的决策,通常既不利于长期也不利于短期。动机,是内因,也是潜能;激励,是外因,也是干扰。

动机归因,是指探索一个人动机生成的根本原因,也是从 Who、What、How 等几个维度来推导出一个人如何做选择的决策依据。动机归因的沟通,通常遵循以终为始和结构化提问的方式。其应该遵循以下问题:

(1)未来(十年后),你期望成为什么样的人(从地域、行业、职能、层级进行定位)?期望值的产生是否基于对外界的认知和对自我的认知?

(2)成为那样的人,具体要做什么工作?

(3)成为那样的人,能获得什么好处?

(4)要获得好处,需要付出什么?

(5)哪些内外因有助于增加收获?

(6)哪些内外因有助于减轻痛苦?

(7)将两种内外因综合在一起,你做职业选择的决策依据是什么?

实训与自测

请用 BAF 工具总结你所在的岗位独特卖点。

1. 时间分析,请用三维时间坐标(行业生命周期、业务生命周期和职业生命周期)评估自己职业生涯所处的时间状态。

2. 空间分析,请用机会威胁矩阵、SWOT 矩阵、BCG 矩阵等空间分析工具,总结或规划自己的差异化职业定位和职业轨迹。

3. 知识分析,请结合 COPIS 岗位画像,比较自己当前所在的岗位与未来目标的岗位之间有何差异。哪些知识和技能已经具备,还有哪些知识和技能需要在未来继续学习和发展?

4. 请说明通过哪些渠道和来源可以获得所需的知识和技能。

第四章　认知自己

第一节　自我突破的进取心

本节精要导读

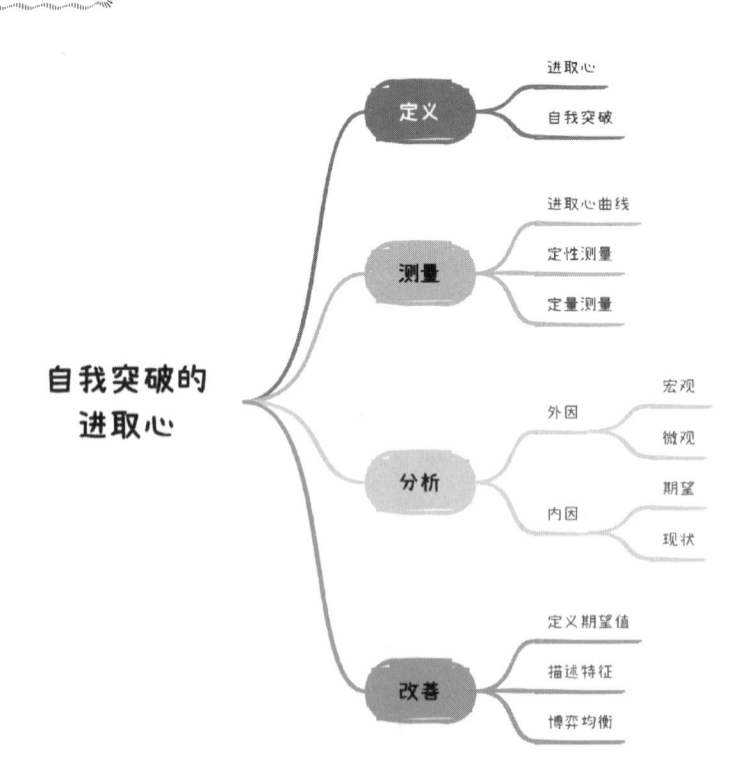

- 自我突破的进取心
  - 定义
    - 进取心
    - 自我突破
  - 测量
    - 进取心曲线
    - 定性测量
    - 定量测量
  - 分析
    - 外因
      - 宏观
      - 微观
    - 内因
      - 期望
      - 现状
  - 改善
    - 定义期望值
    - 描述特征
    - 博弈均衡

一、定义

进取心,是指一个人做成某件事情或达成既定目标的意愿,即想要什么和意愿的强烈程度,进取心的结果导向形态往往呈现为成就欲望。意愿越聚焦和越强烈,所对应的进取心就越大。畅销书作家詹姆斯·钱皮(James Champy)和哈佛商学院教授尼丁·诺瑞亚(Nitin Nohria)在《管理你的进取心》中,提出了独特的"进取心曲线"(也有译本采用了"企图心"一词),涵盖了进取心的上升、高峰和衰减三阶段,每一个阶段都需要特别的对策和处理方式,只有这样才能管理好进取心轨迹的完整和能量。[①]

进取心,是一个人从长期目标出发、发挥内在驱动力和追求知行合一,并最终实现预期目标的最大动力。人们只有充分认识到这一点,并将之融于工作、事业、生活当中,才有可能不断趋向于期望值并实现里程碑目标。

进取心,也是中华传统文化的核心组成部分,体现为追求自强不息与厚德载物的平衡,并成为推动中华民族伟大复兴和构建人类命运共同体的内在驱动力。在百年未有之大变局时代,叠加全球性的政治、经济、科技、社会和环境等各种变量,职场人所面临的严峻挑战与机遇并存。在此背景下,对美好生活的向往,对共同富裕的追求,对高质量发展的渴望,对生命价值的多元主张,使职场人的进取心呈现出越来越多元化的特征。

自我突破的进取心,是指一个人或组织为了实现持续性的业务增长,需要不断给自己设置更高的或更有挑战性的期望值和目标。在趋向目标的过程中,由于个人或组织往往会受到各种外部的或内部的客观条件限制,导致预期与现状之间必然存在差距。这就是为何要追求持续成长的个人和组织,一定要具备自我突破的进取心的根本原因。在价值主张画布中,右侧的步骤一至步骤四所定义的未来成功画像,就是指一个人自我突破的进取心;左侧的步骤五至步骤七,就是指影响进取心能够实现的关键内外部因素以及与特定的职业机会相结合所产生的动因。

自我突破的进取心,决定了一个人或组织的动因。动因是动机的起点,并决定

[①] [美]詹姆斯·钱匹、尼丁·诺瑞亚.管理你的企图心[M].赵婕,赵洪云,译.北京:中信出版社,2003:17.

了一个人是否愿意加入一个组织,是否愿意和组织一起面对各种困难和挑战,并通过持续甚至痛苦的改变,使组织具有敏捷自适应环境变化的能力和持续实现里程碑目标的能力。

二、测量

测量自我突破的进取心,是指通过定性的和定量的分析工具,从对一个人过往行为的观察中推导出一个人的进取心的过程。在职场上,进取心的测量往往被用于目标人才甄选、高潜人才发展和领导力开发等方面。越是对业务增长具有重要影响的关键岗位和角色,通常越重视考察自我突破的进取心。

测量自我突破的进取心,同样要遵循实事求是的原则,即要从客观事实的陈述中寻找典型事例,可以通过观察法、访谈法来获取信息。观察法,就是通过观察和记录一个人在一段时间范围的行为表现,特别是在面临重大挑战或困难时所采取的行动,从事实中推导其是否具备自我突破的进取心。访谈法,是指通过结构化的引导式提问,由面试官通过预设的问题来引导被问对象回答问题,面试官再从所听见的信息中推导被问者的自我突破的进取心,并记录在由横坐标(看见的、听见的)和纵坐标(体验好的、体验不好的)组成的矩阵之中。显然,对于新员工的招聘,考虑到测量策略的可操作性和成本,通常采用访谈法来测量,但这种测量方法偏差度也比较大;对于现有员工的人才选拔和发展,相对而言更多采用观察法,即通过观察一个人平时的言行,再结合访谈,来测量诊断一个人自我突破的进取心。

进取心曲线,通常也可以作为测量一个人进取心的工具。进取心曲线的横坐标为时间,纵坐标为可定量测量的绩效。在横纵坐标所共同组成的空间中,有两条线:一条是来自个人或组织的绩效期望值,另一条是个人或组织的实际绩效成长曲线。进取心曲线在人力资源管理体系中被广泛使用,主要用于个人或团队业绩目标的设定和与绩效配套的激励体系的设计。进取心曲线,在组织中的实际应用主要体现为期望值与个人绩效成长的动态适配性。实践证明,个人想要获得更高的绩效和回报时,需要接受具有挑战性的期望值和目标,并在实现目标的同时实现职场力飞跃。

(一)场景:个人绩效的上升 vs. 组织期望值的不变

如图 4—1 所示,随着时间的推移和员工经验的积累,绩效水平会像图中的粗曲线一样从零向更高的方向上升,直到有一天突破和超越组织设定的期望值。这种上升场景广泛出现在职场导入期阶段,包括大学毕业生初入职场以及职业转型到新组织的情境。当然,对于在规定时间达不到组织合理期望值的职场人来说,不同的组织会有不同的对策,比如调整岗位或末位淘汰等。

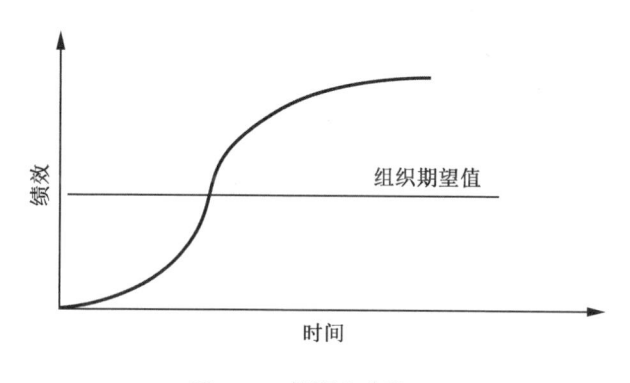

图 4—1　进取心曲线—1

(二)场景:个人绩效的衰落 vs. 组织期望值的不变

如图 4—2 所示,当组织的期望值长期保持不变时,反而会降低个人的绩效。这种现象的根本原因在于,如果一个人很容易地完成组织所交代的任务并取得不错的业绩,那么长此以往其很容易陷入无聊的心理状态。如果长期没有获得新的更有挑战性的任务刺激,那么这种无聊的状态往往会使人们失去激情,并降低工作质量,导致绩效反而降低。由此可见,追求业绩增长的组织,喜欢招聘具有自驱型人格的候选人,尤其当组织的目标与员工的意愿及能力在大方向上总体趋于一致之时。

(三)场景:个人绩效的成长与组织期望值的增加是相互促进的关系

如图 4—3 所示,追求业绩高增长的组织,总是喜欢发现那些有成长潜力的、勇于自我突破的、愿意承担更多责任的人,通过不停给予这些人以更高的期望值,以及学习、发展、授权和晋升机会,使这些人能够在不断取得个人的职业突破时,还能带动组织持续的发展,并最终实现领先业绩和回报。如果把组织的期望值比喻为水，把个人的成长比喻为船，那么水涨船高的道理也同样适用于组织与个人的关系。

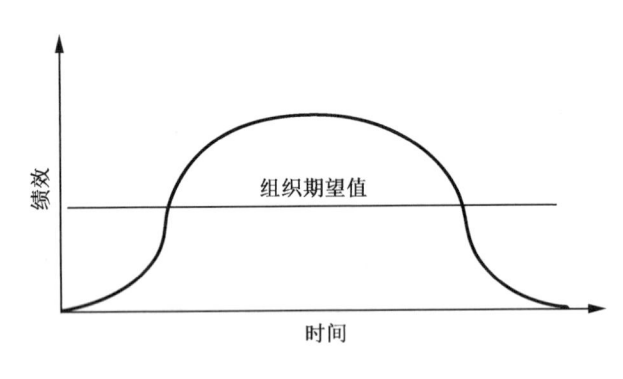

图 4—2 进取心曲线—2

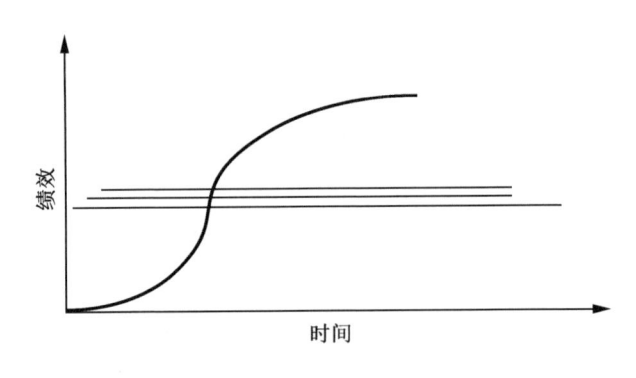

图 4—3 进取心曲线—3

(四)场景：自我突破的进取心会带来可持续的成长曲线

如图 4—4 所示，个人绩效持续成长的背后，是核心能力的进化，而不是简单重复过去的经验和技能。随着职位的升高，一个人所面临的复杂局面和要解决问题的难度都会呈几何级数增加。所以，由动态平衡的期望值与个人能力所组成的进取心曲线，可以有效地帮助个人与组织生态实现长期的共赢的发展。当个人的自我突破进取心与组织的自我突破进取心目标一致时，即便从定量来看，可能在某个时刻，一个人所承载的期望值与实际能力之间存在或高或低的偏差，但只要组织认可和鼓励个人自我突破的进取心，就可以通过有效沟通实现及时校准和反馈，并且不断优化进取心曲线的设计。

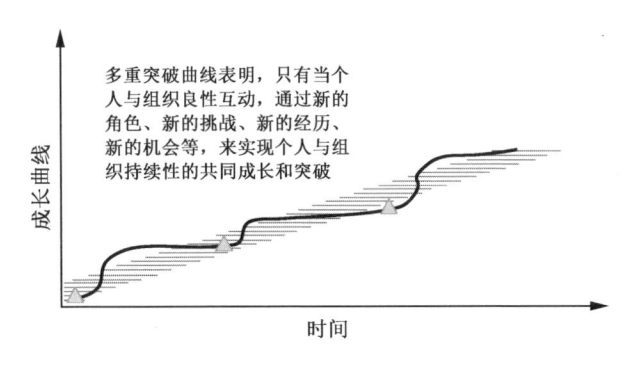

图 4—4 进取心曲线—4

在使用进取心曲线测量进取心时，往往与系统化的组织诊断和个人诊断结合。对进取心进行测量评估可以采用定性分析和定量分析两种方式。定性分析，主要分析一个人长期想要什么；定量分析，是通过量化指标对期望值进行定义和测量，反映的是愿望强烈程度。进取心的测量结果，往往会对人才招聘、人才发展和领导力开发提供一定的决策依据。

三、分析

在招聘场景中，面试官常常会问候选人对自己未来有何期望，或者希望成为什么样的人。这是比较典型的考察进取心的问题。有经验的面试官还会在候选人做出初步回答之后，继续追问这个期望值是如何产生的。其意图在于考察哪些外部或内部因素对候选人的期望值产生了影响。面试官之所以要探究和分析进取心的影响因素，除了要考察进取心陈述的真假之外，还要考察进取心是否具备长期性和稳定性。只有长期性和稳定性的进取心，才能够促使一个人足够坚韧地面对未来复杂多变且不确定的环境，勇于直面挑战和解决问题，从而取得领先业绩。

自我突破的进取心，受到外部因素（外因）和内部因素（内因）的影响。外因，是指与外部环境和组织氛围有关的因素。外因分析可以包括三个方面：一是宏观环境分析，比如从地缘、政治、经济、社会、科技等维度对未来的机会与威胁，从长期和短期进行预测分析；二是微观经济分析，是指从客户、竞争、替代品、潜在进入者和供应商等维度分析行业市场动态;三是组织生态分析,包括组织的目标、结构、互动关系、业务流程、支持和激励系统和领导力等。内因,是指从一个人内在的价值观、需求和动机等维度寻找影响自我突破的因素。一个人的自我目标的设定,往往是影响自我突破进取心的关键。人们总是对未来有美好的期望,但实际上现状与期望值之间总会存在或多或少的差距,这就会带来一定的痛苦。所以,一个人是否有意愿面对困难,是否有意愿探究困难背后的问题,以及是否有强烈的意愿通过改变去解决问题,决定了一个人自我突破的进取心的强烈程度。内因,是影响一个人自我突破进取心的关键。

进取心,属于一个人心理层面的长期稳定的因素,与一个人从小到大的成长环境、家庭背景和教育背景密切相关,并长期影响人们的动机和行为。测量一个人自我突破的进取心,可以从对一个人过去行为表现的观察,推导影响进取心的关键因素,并预测一个人未来的行为表现。从外部环境来说,人需要能够敏捷自适应外部环境的变化,这是生存的必要条件。但要想实现领先的业绩和回报,就要坚持突破个人成长的瓶颈,更新个人的商业智慧。

四、改善

自我突破的进取心是可以被持续改善的。如图 4—5 所示,通常与以 4 个 S 为开头的英文单词所组成的个人能力与组织能力有关,并形成可持续改善的自我突破进取心的关键路径图。

任何个人与组织在不同的发展阶段,都会面临不同的困难和挑战。人们的自信心的建立,往往来自战胜困难的经历。那些擅于通过 AWO 行动学习与群策群力来解决各种复杂且棘手问题的个人与组织,往往更容易建立自信心(Self-Confidence),并通过简单(Simplicity)和快速(Speed)的行动,生成和优化对策,并组织落地执行,最终持续地取得突破(Stretch)。

(一)自信(Self-Confidence)

自信,是指一个人基于对可重复性的过程能力,相信自己在多个领域都可以通过过程能力取得成功的信心。自信,来源于基于规律解决问题的成功体验和通过复盘与反思内化的商业嗅觉。偶尔的成功,有可能源自运气或其他偶然性因素,通

```
个人(Individual)    群策群力(Work-Out)    组织(Organization)
随时发起行动                              无边界组织
(Take Initiative)      自信              (Boundaryless)
                  (Self-Confidence)
自我驱动                                  价值观驱动
(Self-Motivated)       简单              (Value-Driven)
                   (Simplicity)
行胜于言                快速              标准化流程
(Walk the Talk)       (Speed)           (SOP)

                       突破
                     (Stretch)
```

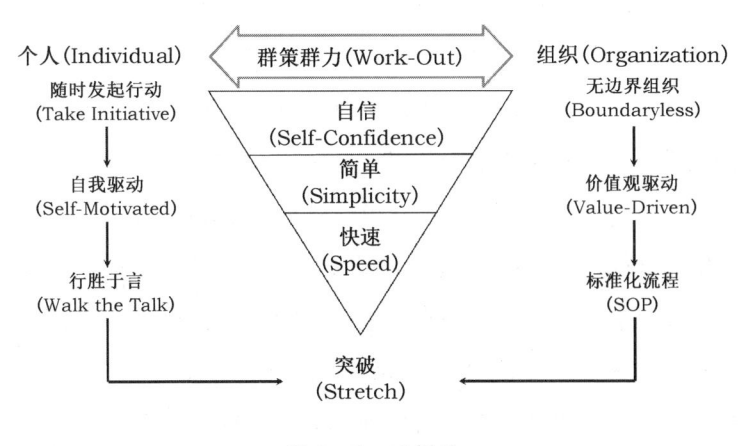

图4—5 4S漏斗

常不能带给人们勇于突破的自信；如果成功依靠的是可预测控制的且经过验证的过程能力，就有信心开启新一轮的创新尝试，并最大化成功概率。自信的个人，会随时发起新的行动；自信的组织，勇于开放内外部边界。根据熵减和耗散结构理论，越是开放的系统，越容易保持活力。

(二)简单(Simplicity)

简单，是指要专注和聚焦，并最大化潜能和最小化干扰。如果一个人专注于内在的动机，就不太容易受到外界因素的干扰，而更容易激发自身的潜能和持续实现领先业绩。如果一个组织专注于持续地为客户和员工解决最棘手的问题和创造价值，以及持续营造基于共同价值观基础之上的组织治理系统，这样的组织氛围相对就会变得简单。

(三)快速(Speed)

快速，是指要持续缩短包括决策和执行落地等价值活动所花费的时间。在数字经济时代，外部的环境变化越来越快，并反映在客户需求的变化节奏、新产品和新服务的开发周期、供应链的履约周期等方面。这就要求职场人快速提高决策能力、落地执行能力，以及复盘与学习能力。

(四)突破(Stretch)

突破，也被称为拉伸，是指个人或组织要不断打破传统边界的限制，并从垂直或水平方向持续实现突破的意愿和能力。突破的核心测量指标,是增长。对于个人来说,突破体现为职业成长;对于组织来说,突破体现为业务增长。

4S 是一个闭环,其意味着一个人取得的突破越多,就会更有自信,更专注于简单和速度,从而触发下一次的突破。长此以往,具备 4S 特征的个人和组织,除了能够持续取得领先业绩和回报之外,还更容易获得精神上的满足感和成就感。

自我突破的进取心,决定了一个人或组织未来的可想象空间。在商业领域,突破往往体现为投资决策前的尽职调查,或者求职招聘时对那些可能影响业务增长的关键岗位的人才甄选。比如,当天使或风险投资人考察一项投资标的时,除了要从商业逻辑分析商业计划书是否具备商业的和技术的可行性外,还要重点考察创始团队的自我突破的进取心,包括使命、愿景和价值观,因为后者决定了该项目未来的可想象空间。再比如,当一家以追求成长为导向的组织在招聘新员工或选拔高潜力领导人才时,通常也会重点考察候选人才是否具备强烈的自驱型人格和成就欲望,因为这会影响到未来业务增长的高度甚至上限。

实训与自测

请用如图 4—5 所示的 4S 框架,相对应地列出个人与组织的典型行为。

典型特征	个人典型行为	组织典型行为
自信 (Self-Confidence)		
简单 (Simplicity)		
快速 (Speed)		
突破 (Stretch)		

第二节 最有激情的领域

<本节精要导读>

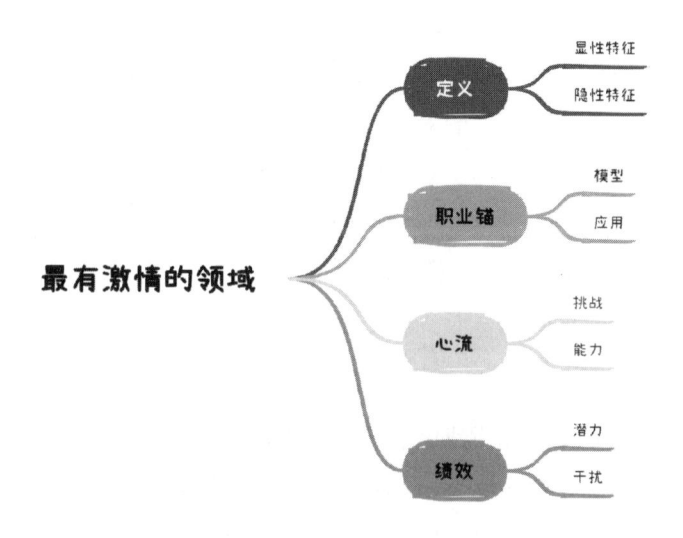

```
                        ┌─── 显性特征
              ┌── 定义 ──┤
              │         └─── 隐性特征
              │
              │         ┌─── 模型
              ├─ 职业锚 ─┤
              │         └─── 应用
最有激情的领域 ─┤
              │         ┌─── 挑战
              ├── 心流 ──┤
              │         └─── 能力
              │
              │         ┌─── 潜力
              └── 绩效 ──┤
                        └─── 干扰
```

一、定义

根据"科普中国"的定义，激情是一种强烈的、爆发性的、为时短促的情绪状态。这种情绪状态通常是由对个人有重大意义的事件引起的。

激情具有显性特征和隐性特征。杰克·韦尔奇认为，激情具有由四个由 E 开头的单词构成的显性特征：Energy（精力）、Energize（激励）、Execution（执行）、Edge（锋利），将以上四个 E 开头的单词综合在一起，叫做 Passion（激情）。在很长时间里，韦尔奇把 4E1P 作为领导力选拔和发展的重要标准，并广泛地被职场人所接受和认可。

激情，除了具备 4E 所组成的显性特征外，还具有长期性、稳定性和辐射性等隐性特征。激情，体现的是一个人内在的能量状态。就像一个正在工作的电灯泡，输入的电能会激发电灯泡的发光物质产生光和热，并向周边环境辐射光和热。对于职场人来说，激情，会促使一个人持续地生成自我突破的进取心，更勇于迎接各种意想不到的困难和挑战，并通过与他人和谐共处和协同创新，不断解决各种复杂问题并执行落地，最终实现里程碑目标。按照 4E1P 的定义，激情并不是短促的情绪状态，而是一个人基于心流、热爱和自信而长期累积的一种心理能量。

激情，就像火花一样，它可以是一个人生活暗淡时深藏在心底的光，是前路迷茫时指引未来的方向，是一个人天赋异禀的思想，是一群人彼此交互的希望。激情，并不是为少数人持有，而是存在于每个人的内心之中，需要用心去感知和发现。

激情，对于最大化一个人的潜能和最小化干扰具有重要作用。如何通过有效的策略和工具帮助个人寻找内心深处最持久的激情领域，是很多领导力专家和心理学家们致力于研究的方向。比较有代表性的、与激情有关的理论和工具包括：职业锚、心流、多元智能和高绩效模型等。

二、职业锚

职业锚，是由职业生涯规划领域著名的职业指导专家埃德加·施恩（Edgar Schein）教授领导的专门研究小组，对麻省理工斯隆商学院毕业生长达 12 年的职业生涯研究演绎生成的一套理论和工具，结合了面谈、跟踪调查、公司调查、人才测评、问卷等多种方式。

锚，是使船只停泊定位的铁制器具。职业锚，是指使一个人在职场寻找到自己职业兴趣的工具。与从职业分类来寻找职业定位不同，职业锚是从人的情绪、感受和兴趣偏好等维度出发，寻找最适合自己的职业分类和职业定位的工具。职业锚强调个人能力、动机和价值观的整合。

职业锚，也是一个人基于职业体验的反馈和总结。当一个人进入特定的工作环境后，在实际工作中获得第一手的体验，包括好的体验和不好的体验，从职场体验中习得和反思出职业兴趣和偏好。职业锚是个人同工作环境相互作用的产物，并需要在实际工作中适时加以调整。

(一)职业锚八种职业类型

根据职业锚理论，职业类型主要包括八种：技术职能型、综合管理型、自主独立型、安全稳定型、创业型、服务型、挑战型、生活型。

1. 技术职能型(TF)

技术职能型的人,追求在技术/职能领域的成长和技能的提高,以及应用这种技术职能的机会。他们对自己的认可来自他们的技术专业水平,他们喜欢面对来自专业领域的挑战。他们不喜欢从事一般的管理工作,因为这将意味着他们要放弃在技术/职能领域的成就。

2. 综合管理型(GM)

综合管理型的人,追求并致力于工作晋升,倾心于全面管理,独自负责一个部门,或者跨部门整合其他人的努力成果。他们想去承担更多的责任,并将公司的成功看成自己的工作目标。具体的技术/职能型工作,仅仅被 GM 看作是通向更高、更全面管理层的必经之路。

3. 自主独立型(AU)

自主独立型的人,希望随心所欲安排自己的工作方式、工作习惯和生活方式。其追求能施展个人能力的工作环境,最大限度地摆脱组织的限制和制约。他们宁可放弃升职机会,也不愿意放弃自由与独立。

4. 安全稳定型(SE)

安全稳定型的人,追求工作中的安全与稳定感。他们从可以预测将来的成功中感到放松。安全稳定型的人渴望确定性,厌恶不确定性,他们关心财务安全,如退休金和退休计划。稳定感,包括诚信、忠诚,以及完成老板交代的工作。尽管有时他们可以达到更高的职位,但他们并不愿意为此承担更多的风险与责任。在百年未有之大变局时代,UUCA 化的外部环境对安全稳定型的职业观造成了越来越严峻的挑战。

5. 创业型(EC)

创业型的人,希望依靠自己的能力去创建属于自己的公司,或创建完全属于自己的产品或服务,而且更愿意去冒风险并克服所有可能面临的障碍。他们想向世界证明公司是他们靠自己的努力创建的。他们可能正在为别人的公司工作,但同时他们在学习并评估将来的机会。一旦他们感觉时机到了,便会走出去创建自己的事业。

6. 服务型(SV)

服务型的人,希望从事与他们内心一直追求和认可的核心价值主张相一致的工作,如帮助他人、改善人们的安全、通过新的产品消除人们的痛苦等。他们一直服务于这种工作机会,即使变换公司,他们也不会接受和允许影响他们实现这种价值主张的工作变换或提升。

7. 挑战型(CH)

挑战型的人,喜欢解决看上去无法解决的复杂问题,战胜强硬的对手,克服常人无法克服的困难与挑战等。对他们而言,参加工作或在职场立足的原因是有机会允许他们去战胜各种不可能性或实现无限可能性。新奇、变化和困难是他们的终极目标。如果所做的事情非常容易,或重复性很高,他们马上就会觉得工作非常令人厌烦和无聊。

8. 生活型(LS)

生活型的人,喜欢允许他们按照自己的节奏和方式来平衡生活和工作,并结合个人的需要、家庭的需要和工作的需要来安排工作时间。他们相信工作是为了更好地生活,并努力使各个方面融合为一个整体。正因为如此,他们需要一个能够提供足够的弹性让他们实现这一目标的职场环境,甚至可以牺牲他们职业的一些方面,如职业晋升和转换。他们将成功定义得比职业成功更广泛。他们认为自己选择何种生活方式,在哪里居住,如何处理家庭事务,与选择职业的发展道路是不同的。

(二)职业锚案例分析

1. 案例一

何女士,年龄25岁,财经专业硕士毕业。何女士毕业后加入一家金融服务企业从事销售工作,由于该工作背负销售业绩指标和较大的工作压力,导致何女士一度深陷焦虑。经过职业锚的测试,如图4—6所示,何女士的职业锚主要长处在服务型和生活型,而挑战型相对较弱。这也解释了何女士在从事销售工作时经常感到焦虑的原因所在。后来,何女士申请转岗到销售运营岗位,为销售部门提供商业数据分析和后勤支持等服务。

2. 案例二

唐先生,本科毕业于某理工科专业,工作满5年后再攻读某财经院校MBA。

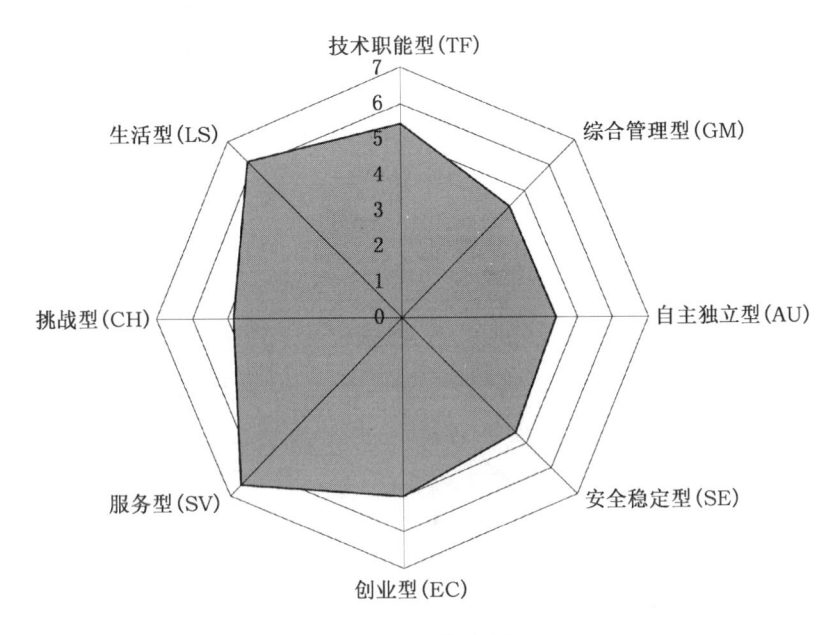

图 4—6 职业锚案例—1

唐先生的第一份工作是加入一家全球知名德企,从技术职能型岗位起步,并在 28 岁做到了亚太区产品市场经理岗位,全面负责产品生命周期管理,并为产品线的销售额、净利润、市场份额以及现金流等绩效指标负责。虽然唐先生负责的工作有很大的挑战性,所在企业的规模非常大,但他还是感受到很多想法无法得到自由施展。经过认真准备,唐先生选择在 32 岁时开始创业。

从图 4—7 的职业锚测试结果来看,唐先生是典型的创业型和综合管理型。这也解释了唐先生为何要选择自主创业的根本原因。

唐先生的案例,给了那些喜欢探究自己到底是应该继续打工还是应该选择创业的人们很好的启发。众所周知,创业是一件极具挑战和充满风险的事情,如果没有激情,在遇到极端困难时是很难坚持下去的。对于职业锚为创业型的人来说,由于其内心始终存在着对风险、自由和浪漫的渴望,导致这类人往往会奋不顾身地去追求自己的梦想和目标。

对于一个创业型职业锚的人来说,如果不圆创业梦人生就不完美;反之,对于一个极端厌恶风险和追求安全稳定的人来说,勉为其难地去创业显然会违背其本

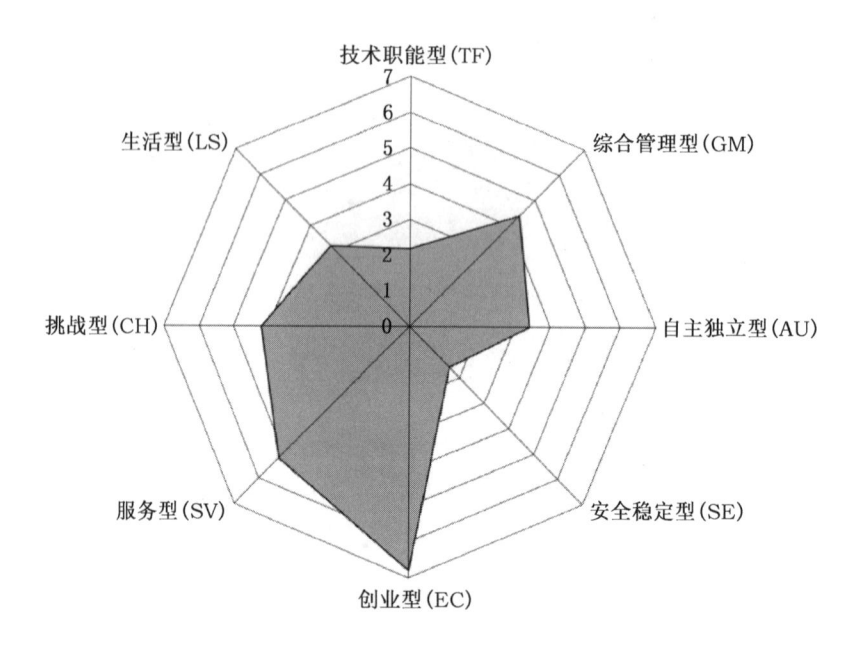

图 4—7 职业锚案例—2

性,容易使其在面临很多意想不到的困难和挑战时,缺乏坚韧从而导致失败。当然,创业也并不意味着是一个人的单打独斗,也可以依附于大平台上进行内部创业。在数智化时代,依附于一个适合自身长期发展的组织生态,同时又能够满足创业型的职业锚,也越来越多地成为创业型职业锚人的首选。

3. 案例三

周女士,本科毕业于国内头部 985 大学,后去美国获得了某 Top10 大学的 MBA 学位。她硕士毕业后就职于华尔街,在一家全球知名投行先担任商业数据分析师,后来又转到金融创新部门担任主管。由于业绩表现出色,她被派回国内担任该投行大中国区创新事业部总经理。在 35 岁左右,周女士结了婚,并成为了两个孩子的妈妈。为了有足够自由的时间来照顾年幼的孩子,同时又不想放弃职业,周女士辞掉了令人羡慕的知名投行的高薪工作,创立了一家为青少年提供创新课程的咨询公司,服务于上海的国际学校,很好地把生活和她所擅长的创新教练工作融合在了一起。

从周女士如图 4—8 所示的职业锚来看,她最突出的是生活型和技术职能型,这也能够解释她成为两个孩子妈妈之后的职业转型。周女士的案例，对于当今的职场女性也很有启发意义：职场人完全可以借助自身所积累的专业技能，自创或依附于其他可以合作的平台，实现生活与工作的平衡。

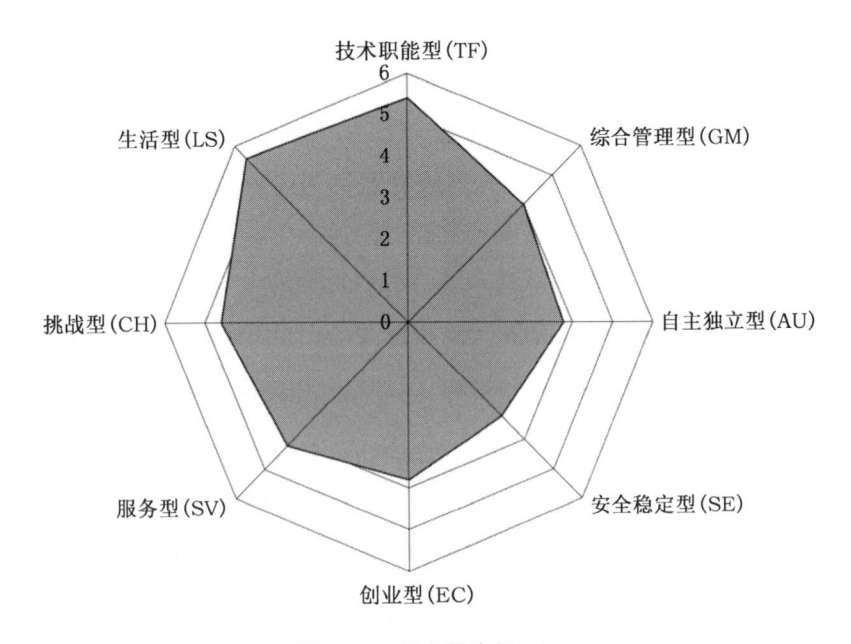

图 4—8　职业锚案例—3

从以上典型案例中，我们发现人们的职业定位和职业选择，往往会受到职业锚的影响。一个人的工作内容与职业锚越一致，就越容易使其处于持久的激情状态，这除了有助于增强幸福感之外，还有助于获得更高的绩效和回报。职业锚影响职业价值观，并进一步影响人们的行为和最终的结果。

三、心流

心流，是积极心理学奠基人米哈里·契克森米哈赖（Mihaly Csikszentmihalyi）在大量案例研究的基础上开创性地提出的概念。心流，是指我们在做某些事情时，那种全神贯注、投入忘我的状态——在这种状态下，你甚至感觉不到时间的存在，在这件事情完成之后会有一种充满能量且非常满足的感受。

米哈里·契克森米哈赖在他的《心流：最优体验心理学》一书中，系统性地阐述了心流理论，并从日常生活、休闲娱乐、工作、人际关系等各方面阐述进入心流状态的条件。本书是积极心理学领域不可或缺的理论教材，也为职场人提高工作激情、工作效率和创造力提供了行动指南。同时，心流理论也解答了困扰很多职场人的常见问题：我们倾向于从事何种工作？我们如何保持专注一致的行动？我们如何定义有清楚目标的行动？我们如何看待有回馈的行动？我们如何对行动有把控感？我们在从事行动时如何看待焦虑感？我们如何在花费很长时间做某事后却感觉不到时间的消逝？我们如何看待挑战并且通过不断学习来提升克服障碍的能力？

除了指导个体如何达到心流状态外，米哈里也给出了能够让一群人在一起工作并使得每个个体都能达到心流状态的建议，比如，有创意的空间排列和游戏场设计、平行而有组织的聚焦、目标群组聚焦、通过原型化设计改善工作、以视觉化增进效能和充分利用参与者的多元性等。

心流理论强调心流体验对人情绪和行为的影响。如图4—9所示，心流体验矩阵通过两个坐标分割成三个象限：横坐标代表的是能力，按照导入期、成长期、成熟期和再生期来排序；纵坐标代表的是挑战，按照低中高顺序排列。当挑战大于能力时，即左上角所处的象限，人们的情绪状态通常为焦虑；随着时间的推移和能力的增长，挑战也会同步降低，人们的心流体验就会沿着对角线方向从左上角的象限过渡到中间象限，这时人们的情绪状态通常为流畅；随着时间的进一步推移和能力的增长，挑战继续降低，当到达右下角的象限时，人们的情绪状态会转变为无聊。

从心流矩阵可以看出，"流畅"的心流体验通常是人们追求的理想状态。在那个状态下，人们面临的挑战和工作能力刚好处于动态平衡，人们的工作充满激情、幸福感和成就感，这种状态下的人们也最容易产生创造力。但是，在实际的职场中，这种"流畅"的心流状态往往是短期的和不稳定的。导致这种局面的原因，跟传统组织的金字塔式结构有关，层级越高的岗位人数越少，往上晋升越难。毕竟并不是每个组织都有条件给予员工随心所欲转换岗位和晋升的机会。一个人在同一个岗位上停留的时间越久，或做重复性工作的次数越多，那么工作带来的挑战性就会降得越低。当人们说"我闭着眼睛都知道明天该做什么"时，就足以说明挑战已经微乎其微了，这样就会导致人们的心流状态长期处于"无聊"象限。

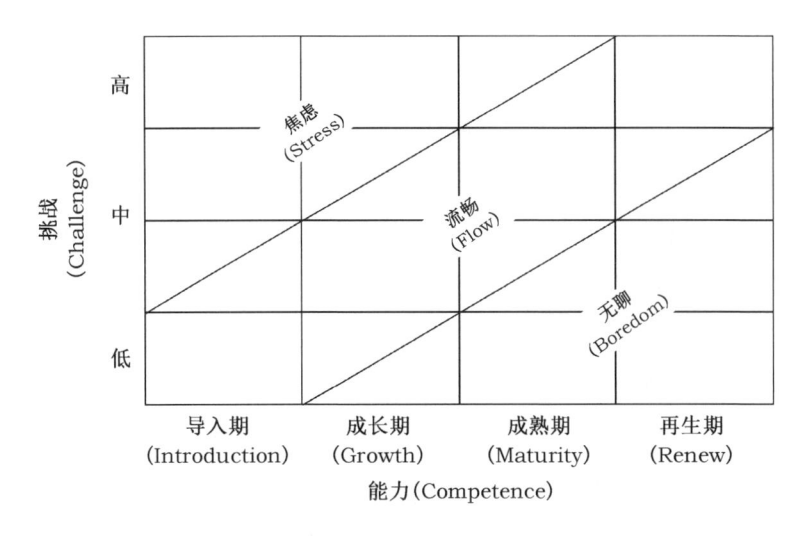

图 4—9　心流模型

"无聊"的心流状态会严重损伤人们的工作激情并削弱创造力。这也是为何那些以创新能力著称的标杆企业往往要引入员工活力曲线的根本原因,即通过基于价值观和绩效的矩阵式管理,并结合基于正态分布的活力曲线和末位淘汰机制等工具,限定一个人在同一岗位上的停留时间,其出发点就是要最大限度地减少员工的"无聊"感。无论是水平方向的轮岗机制还是垂直方向的晋升机制,本质上都是给员工增加新挑战。岗位的改变带来环境的改变,基于新的环境或背景,一个人的能力往往需要快速更新,同时挑战又会不断增加,从而导致一个人的心流状态重回"焦虑"或"流畅"的状态,并开始新一轮的心流循环。

对于组织来说,心流理论的价值,是可以通过打造组织和员工的活力引擎,激发和保持员工的工作激情,最大化发挥人的创造力;对于个人来说,它可以通过自我感知到的心流状态,主动寻求增加挑战来使自我摆脱处于无聊的心流体验,并最大化地避免损伤工作激情。数智化时代,个人与组织都在面临越来越多的不确定性和挑战,保持自我驱动更新的好奇心和激情,有助于人们更好地发现机会和创造无限可能。

四、绩效

绩效，是管理学概念，指成绩与成效的综合，是一定时期内的工作行为、方式、结果及其产生的客观影响。一个组织通常根据绩效指标法来设定员工的考核目标和测量其工作履职质量，并基于员工的绩效表现来给予其适当的奖励与回报。关于绩效公式，有不同的定义。

韦尔奇认为，$E=Q \times A$（绩效＝决策质量×接受度），是从决策质量出发来定义绩效。中欧国际商学院杨国安教授认为：绩效＝战略×组织能力。组织能力包含组织治理、员工意愿和员工能力，是把一个组织效能分成战略和组织能力两大部分并相乘。英国教授约翰·惠特默在《高绩效教练》中认为：绩效＝潜力－干扰。

惠特默认为，如果一个人同时拥有潜力和干扰，只有在最大化潜力的同时最小化干扰，才能最大化绩效。潜力与干扰不是固定的值，而是此消彼长的关系。当我们降低干扰的同时也在增加潜力，反之亦然。

影响潜力和干扰的因素，有外因也有内因。内因包括生理、心理、情绪、动机等因素，外因包括环境、组织、人际、突发事件等。唯物辩证法认为，事物的发展是内外因共同起作用的结果。内因，是事物发展的本质，是第一位的，决定着事物发展的基本趋向；外因，是事物发展的外部条件，是第二位的，对事物的发展起着加速或延缓的作用。外因通过内因起作用，内因和外因相互依赖和相互关联，在一定条件下还可以相互转化。

惠特默还在《高绩效教练》一书中给出了激发潜力和降低干扰的两个基础技能和一个核心技能：

(1) 提出强有力问题的能力。

● 开放式问题＋聚焦方案；

● 不要问：你到底为什么要这样做？

● 要问：可能会有什么问题？

(2) 积极倾听的能力。

● 重述、复述和总结对方的话；

● 不评判、不批判；

● 用心倾听(感受对方语音语调、面部表情、肢体动作)。

(3)核心技能:GROW模型。

● 目标设定(Goal):未来的目标,包括短期/长期目标;

● 现状分析(Reality):当前的状况;

● 方案选择(Options):机会点选项;

● 行动方案(5W1H):该做什么(What)、为什么做(Why)、何时(When)、何地(Where)、谁做(Who),以及如何做(How)。

惠特默的高绩效教练策略与工具,其出发点是帮助人们更深刻地觉察自己,通过寻找内心深处的激情,以及从中长期的职业目标出发,来提高感知能力,摆脱干扰并最大化释放自身潜能。当一个人陷入某种困境时,其最佳策略是寻求他人支持,寻找能够改善绩效的机会点。

综上所述,激情是隐藏在一个人内心深处的巨大能量。擅于发现和利用长期稳定性的激情,我们就能充满精力,并激励他人。

实训与自测

职业锚测试

请用下面的评分标准,标出你对下列每一项陈述的认同程度。

从不认同		偶尔认同		经常认同		总是认同
1	2	3	4	5	6

_____ 1. 我希望擅长所从事的工作,并能经常应用自己的专业知识。

_____ 2. 当我能把他人的努力结合起来,加以综合运用时,我的工作完成得最有成效。

_____ 3. 我希望拥有一个能让我按自己的方式和日程安排工作的职业生涯。

_____ 4. 对我而言,职业的保障和稳定比可提供的灵活自主性更重要。

_____ 5. 我总致力于寻求各种能帮助我创立自己企业的企划。

_____ 6. 在我的职业生涯中,只有当我感到对社会福利有所贡献时,才有成功感。

_____ 7. 我梦想获得一份这样的职业：它为我提供解决问题的机会，或让我在非常具有挑战性的情况下能够胜出。

_____ 8. 如果给我安排一份不能完全满足个人和家庭的利益的工作，我将宁愿离开这个组织。

_____ 9. 在我的职业生涯中，只有当我的技术或职能水平达到有很强竞争力的程度时，我才感到成功。

_____ 10. 我希望管理一家综合性组织，制定能影响许多人的决策。

_____ 11. 当我可以完全自主地确定工作任务、工作日程和进程时，我在工作中得到的满意度最高。

_____ 12. 我宁愿离开组织，也不愿接受可能会危害到我在组织内享有的保障的工作。

_____ 13. 对我来说，创立自己的企业，比在他人的组织里获得高级管理职位更重要。

_____ 14. 能运用自己的才能为他人服务，使我对工作的满意度最高。

_____ 15. 在我的职业生涯中，只有当我面对并克服了非常艰难的挑战时，我才感到成功。

_____ 16. 我梦想得到一份可以把我的个人、家庭及工作需要结合在一起的职业。

_____ 17. 对我而言，成为我所在的专业领域内的高级职能经理，比做总经理更有吸引力。

_____ 18. 在我的职业生涯中，只有当我成为某一组织的总经理时，我才会感到成功。

_____ 19. 在我的职业生涯中，只有获得了完全灵活自主性，我才会感到成功。

_____ 20. 我在组织内寻求能给我带来安全和稳定感的工作任务。

_____ 21. 在我的职业生涯中，当我能完全凭借个人的想法和努力完成某些工作时，我的成就感最强。

第四章 认知自己 289

_____ 22. 对我而言,运用我的能力,使世界更加适宜生活与工作,比获得一个高层管理职位更重要。

_____ 23. 在我的职业生涯中,当我能够解决一些似乎无法解决的问题,或在几乎不可能成功的情况下取得成功时,我的成就感最高。

_____ 24. 只有当我能在个人、家庭及职业的需求间保持平衡时,我才感到一生中的成功。

_____ 25. 我宁可离开组织,也不接受使我脱离我的专业领域的轮岗。

_____ 26. 对我而言,成为总经理,比在我目前的专业领域内做一名高级职能经理更有吸引力。

_____ 27. 对我而言,获得不受条例约束、按自己的方式工作的机会,比工作保障更重要。

_____ 28. 当我认为自己拥有充分的财务及就业保障时,我对工作的满意度最高。

_____ 29. 在我的职业生涯中,只有在我成功地创造或构造了某些完全属于自己的产品或设想时,我才感到自己是成功的。

_____ 30. 我希望拥有一份可以对人类和社会做出切实贡献的职业。

_____ 31. 我竭力寻找能对我解决问题的能力和/或竞争力带来挑战的工作机会。

_____ 32. 对我而言,保持个人生活与职业生涯的平衡,比获得高层管理职位更重要。

_____ 33. 当我能够应用自己的专长和才能时,我对工作的满意度最大。

_____ 34. 我宁可离开组织,也不接受将使我脱离总经理岗位的工作。

_____ 35. 我宁可离开组织,也不接受将削减我的自主性与灵活性的工作。

_____ 36. 我希望拥有一份能给我带来安全感和稳定感的职业。

_____ 37. 我希望创办属于自己的企业。

_____ 38. 我宁愿离开组织,也不愿接受可能会降低我服务他人能力的工作任务。

_____ 39. 对我而言,继续研究几乎不可能解决的问题,比获得高层管理职位更重要。

_____ 40. 我总在寻找与个人及家庭利益关联度最小的工作机会。

请查看一下你给出的评分,并找出得分最高的所有选项。从中选出3项与你想法最一致的陈述,给每一项各加4分。现在你可以计算一下你的问卷得分。

评分说明

在下一部分,你将看到对应每一项陈述都有一个空格,按相应顺序排列。你可以很方便地把标在问卷上的分数誊写到评分表上。当你记下所有的分数后,将每一栏内的分数分别加总,再除以5(每一栏内的项目数),就得到了8个职业锚纬度各自的平均分。在加总和计算平均分时,一定不要忘记将你选中的3个关键项再各加4分。

评分表

下列空格对应你刚刚评估过的陈述。请将你的答案从前面的问卷中誊写到这些空格中。不要忘记给予你想法最一致的3项再各加4分。加总每一栏的得分,再除以每一栏内的项目数(此处为5),得到的平均值就是你对各栏内所列内容认同度的自我评价。

TF	GM	AU	SE	EC	SV	CH	LS
1 ___	2 ___	3 ___	4 ___	5 ___	6 ___	7 ___	8 ___
9 ___	10 ___	11 ___	12 ___	13 ___	14 ___	15 ___	16 ___
17 ___	18 ___	19 ___	20 ___	21 ___	22 ___	23 ___	24 ___
25 ___	26 ___	27 ___	28 ___	29 ___	30 ___	31 ___	32 ___
33 ___	34 ___	35 ___	36 ___	37 ___	38 ___	39 ___	40 ___
TOTAL ___	___	___	___	___	___	___	___
÷5	÷5	÷5	÷5	÷5	÷5	÷5	÷5
Average ___	___	___	___	___	___	___	___

第三节　最有优势的领域

:::本节精要导读:::

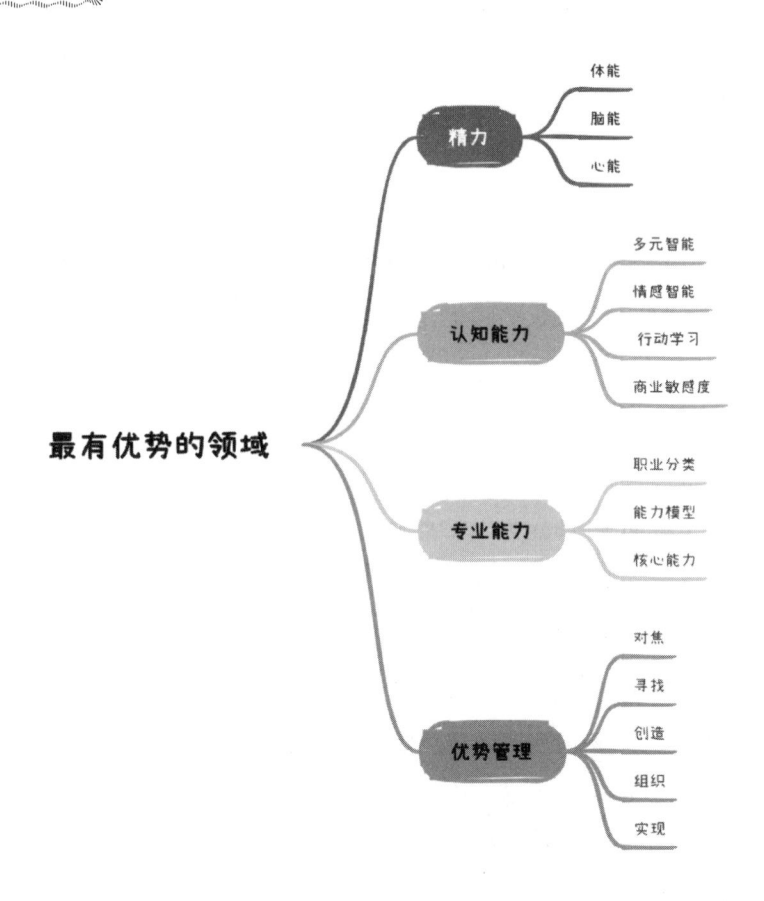

```
最有优势的领域
├── 精力
│   ├── 体能
│   ├── 脑能
│   └── 心能
├── 认知能力
│   ├── 多元智能
│   ├── 情感智能
│   ├── 行动学习
│   └── 商业敏感度
├── 专业能力
│   ├── 职业分类
│   ├── 能力模型
│   └── 核心能力
└── 优势管理
    ├── 对焦
    ├── 寻找
    ├── 创造
    ├── 组织
    └── 实现
```

优势，是基于社会化比较所得出的相对值，是指一个人与他人相比时所展现的有利形势。社会化比较作为一种测量方法，其测量的准确度和精确度通常受到测量环境/背景、测量目标、测量者和被测量者，以及测量流程和工具等影响。

一个人在职场上的优势领域，通常与一个人的精力、策略能力和执行能力有关，并通过社会化比较对一个人的核心优势进行定义和呈现。最有优势的领域，是指一个人在职场上所拥有的最具有比较优势的核心能力，是一个人职场力的体现，反映一个人被职场认可的程度,并影响一个人所能获得的财务回报。从社会化比较可以看出,针对同一个岗位,不同的人由于核心能力存在差异,导致各自所能取得的绩效和所能获得的回报也不尽相同。

德鲁克(Drucker)在《21世纪的管理挑战》中说:"我们需要知道我们的长处,这样我们才可以知道我们属于哪里。"[1]学会识别自己的核心优势,并在自己最有优势的领域持续夯实和激发潜能,这样更容易取得领先业绩和获得高回报,回报包括精神回报或物质回报。

在数智化时代,随着人工智能对越来越多的传统工作的替代性加大,岗位的能力模型也在快速进化。也许一个人过去所拥有的核心优势,并不一定适应当前或未来的职场环境。核心优势,也需要不断地通过校准反馈,做到与时俱进;否则,过去的优势可能就是未来成长的陷阱,就像"温水煮青蛙"一样,在舒适区中不知不觉地被时代淘汰。

一、精力

精力,英文单词为"Energy",即能量。人的精力,是体能、脑能、心能等能量的综合反映,体现了一个人的整体健康程度。

根据奥地利物理学家薛定谔的"生命以负熵为生的熵减理论"和普利高津的"耗散结构论",职场人要想保持旺盛的精力,就需要通过不断引入熵减行为来使个人的生命系统由无序趋向有序。应从健康饮食、运动、学习、反思等不同角度,持续地引入负熵。熵减的过程也是自律的过程,虽然其会给人带来痛苦和不适感,但长期来看有助于一个人保持更充沛的精力。

体能,从狭义上来说,是指通过力量、速度、耐力、协调、柔韧、灵敏等运动素质表现出来的人体基本的运动能力和重要构成因素,并受到年龄和性别等因素的影响。从广义上来说,体能是指与人体的形态学特征以及人体的机能特征密切相关的,能够反映一个人在生理和物理层面的能量水平的重要评价指标。体能,相当于电脑的硬件。当电脑的硬件跟不上软件的运行速度时,就会容易死机。对于个人

---

[1] [美]彼得·德鲁克.21世纪的管理挑战[M].朱雁斌,译.北京:机械工业出版社,2019:177.

来说，如果没有体能作为基础，就算再聪明再努力，都有可能导致意外发生，类似的职场悲剧已屡见不鲜。

关于体能的测量，有很多健康体检工具可以帮助人们提前发现和预防风险。例如，在宇航医学领域，通常通过电子脉诊技术和如图 4－10 所示的心率变异性（HRV）指标来测量一个人的体能健康度。心率变异性，是指通过监测基调（平均心率）、灵活性（变化系数）、动态 1（SD1）和动态 2（SD2）等指标的动态变化来综合判断一个人的体能状态。外围 60% 以外的部分显示为健康区域，靠近中心 20% 的区域为风险区域，中间部分为过渡区域。有两组雷达图，内圈为常态呼吸状态下的实测值，外圈为在深呼吸状态下的实测值。可见，深呼吸训练对于改善一个人的精力有明显帮助。

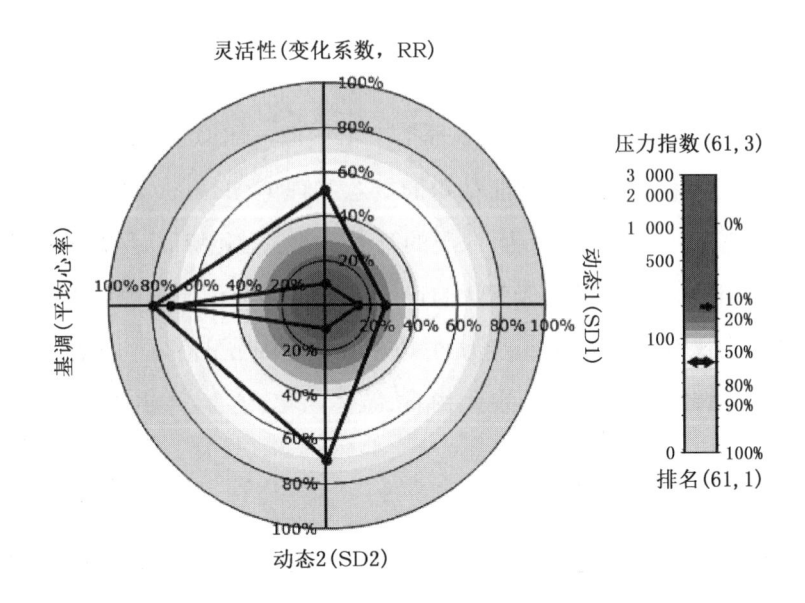

图 4－10　HRV 心率变异性报告模板

基调，是指 5 分钟内的平均心率；灵活性，是指在 5 分钟内的心跳节律的变化，它反映的是测量值过大或过小所呈现的风险；SD1，是指人体副交感神经对降低兴奋度、减压和放松的影响；SD2，是指人体交感神经对增加人们的兴奋度、消耗能量和增加压力的影响。交感神经和副交感神经，需保持相互平衡和相互制约，共同调节人体的压力指数，即 SD2/SD1 的比值。

脑能，是指一个人大脑的信息处理能力，通常包括感知能力、学习能力、记忆能力、计算能力、思维能力、情感智能等，体现了一个人的综合能力。体能，相当于电脑的硬件系统；脑能，相当于电脑的操作系统和应用程序。

心能，是指一个人从生成意图开始，到把意图坚决贯彻执行的完整过程，是一个人内在的能量和动机。心能，体现一个人自我突破的进取心、意愿度、坚韧性和努力实现愿景的努力程度，心能也是一个人能够保持可持续的激情的重要心理能量基础。

二、认知能力

认知能力，是一个人对外界和对自我的综合感知的反映，它和与生俱来的和后天习得的能力有关，包括多元智能、情感智能、行动学习等。

（一）多元智能

多元智能，是美国教育学家和心理学家霍华德·加德纳（H. Gardner）教授在1983年提出的一种有关人类智能结构的概念和理论（Theory of Multiple Intelligences，MI 理论）。[①] 加德纳认为，人类的智力呈现多元化特征，是在某种社会和文化环境的长期影响下，个体用于解决自己遇到的难题或创造某种解决方案所需要的独特能力。智力，通常是一组能力，并以相互独立的方式存在。加德纳总结了八种维度的多元智能：视觉空间、人际、内省、肢体动觉、语言、逻辑数学、自然观察和音乐等。

1. 视觉空间

通过视觉看世界的能力，体现为对色彩、形状、空间的正确感知和表达能力。其突出特征为通过视觉观察和感知外部环境，在大脑中生成图像，并通过建立三维立体的思维模型，准确感知和辨别空间物体的联系。

2. 人际

即感知他人的表情、说话、手势、动作等行为表现特征并因此作出有效反应的能力，表现为个人能觉察到他人的情绪或情感变化并做出适当的反应。

---

① ［美］霍华德·加德纳.多元智能新视野［M］.沈致隆，译.杭州：浙江教育出版社，2021：32.

3. 内省

即通过自我觉察、复盘、总结和反思,来洞察和反省自身的能力,突出特征为对自己的感觉和情绪保持敏感,表现为了解自身的优缺点,用自己的知识和技能来引导决策和设定目标。

4. 肢体动觉

即通过人的身体的总体协调、平衡能力和运动的力量、速度、灵活性等保持敏感的程度,表现为利用身体语言交流和解决问题、熟练地进行物体操作以及需要良好动作技能的活动。

5. 语言

即通过对语言的掌握和灵活运用来解决问题的能力,表现为用词语对事物进行感知和思考,通过运用语言和词汇来表达复杂意义。

6. 逻辑数学

即通过对事物的逻辑因果关系的理解和通过逻辑推理来阐述观点,从事实和数据中总结、概括和抽象提炼的能力,表现为擅于发现和总结规律并以此解决具体问题。

7. 自然观察

即通过观察大自然的各种形态对物体进行辨认和分类,表现为擅于从观察自然环境或人造系统中发现机会的能力。

8. 音乐

即通过对环境中非语言声音的敏感度来感知和表达感受,表现为欣赏、辨别、记忆和表达音乐的能力,包括对韵律和曲调、节奏、音高、音质等的敏感程度。

加德纳认为,每一种智能在人类适应和改变世界的过程中都发挥着巨大作用,具有同等重要性。多元智能不是固定的数字概念,而是开放性的概念,未来也许有更多的智能有待发现。

(二)情感智能

情感智能,也被称为情绪智商,或简称为情商(Emotional Quotient,EQ)。丹尼尔·戈尔曼(Daniel Goleman)和其他研究者认为,情商由觉察自我的情绪、管理自我的情绪、自我激励、觉察他人的情绪和处理人际关系这五种情绪特征组成。

1. 觉察自我的情绪

监视情绪随时发生的变化,能够察觉到某种情绪的出现,观察和审视自己的内心情感世界。

2. 管理自我的情绪

调控和管理自己的情绪,使之适时适度地表现出来。

3. 自我激励

依据设定的目标,自我调动情绪,努力克服困难和挑战,坚韧不拔,走出生命的低潮,重新出发。

4. 觉察他人的情绪

通过细微的观察、敏感地感受到他人的需求、欲望、情绪,这是与他人正常交往和实现顺利沟通的基础。

5. 处理人际关系

即处理好自己与他人的关系。

丹尼尔·戈尔曼在发展情商概念时继承了霍华德·加德纳的多元智能理论中关于人际关系的"能洞察、辨析他人的情绪、气质、动机以及欲望等,并能对此做适当反应"和"了解自我内在的情绪,有能力辨析这些感受,并以此引导自己的行为"等论述,并认为人际关系是情商的核心。然而,他在《情商:为什么情商比智商更重要》一书中,并没有对情商做出准确的定义。这也说明情商的定义仍然具有见仁见智的一面。

(三)行动学习

行动学习,是指人们在行动和实践过程中,通过不断复盘、总结和反思来学习和使用知识并检验其正确性,以及不断在实践中丰富和更新现有理论,并通过理论再指导新实践的循环往复的过程。人们在职场中,要时刻面对层出不穷的困难和挑战,所以保持持续的学习能力对保持职场力至关重要,也是决定人们能否获得高成长和高回报的重要因素。

关于行动学习,中国儒家经典《礼记·中庸》强调:"博学之,审问之,慎思之,明辨之,笃行之。"博学,是指学习要广泛涉猎;审问,是指有针对性地提问和请教;慎思,是指学会周全和慎密地思考;明辨,是指要能形成清晰的判断力;笃行,是指用所习得的知识和思想来指导实践,强调要学以致用。

英国著名管理思想家雷格·瑞文斯(Reg Revans)主张,学习是一个真人、真事、真时的过程(A process whereby REAL people solving and taking action on REAL problems in REAL time)。关于行动学习的理论和实践,国际上比较有代表性的观点包括以下几种。

1. 经验学习圈

经验学习圈,是美国心理学家和教育家大卫·库伯(David Kolb)在综合了杜威(Dewey)、皮亚杰(Piaget)等人的思维模式后,所提出的体验式的单环学习理论。他认为,学习的起点首先来自经验,亦即体验。应通过经验积累大量的原始素材,再对这些素材进行反思性观察,包括回想、思考、反省、整合,并从中抽象出有价值的收获和心得。接着再把这些心得进行抽象概括,上升到理论的层次,使之形成一个系统,这就是概念化的过程。最后,再将这些已经成型的理论指导实践,把知识进行巩固和迁移,检验自己是否真的做到了学以致用。在这个巩固和迁移的过程中,势必会遇到新的问题、发现新的情境、获得新的经验,再进行反思观察、抽象概括、再次总结,就构成了一个循环,如图4-11所示。

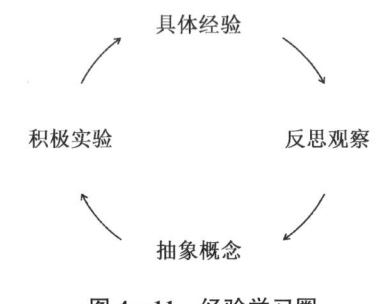

图4-11 经验学习圈

2. 双环学习

与库伯的单环学习理论强调的基于现状和体验的"认知"不同,阿吉里斯(Argyris)的"双环学习"强调的是对造成现状的问题和原因的"反思",而且是从自身和组织等不同思考维度进行的深刻反思。双环学习强调,从对问题的定义开始,以开放的质疑与讨论作为过程,最后通过克服组织的习惯性防卫所造成的障碍,从战略层面和组织成长的角度对现有问题进行反思,从而取得根本性改善。双环学习也被称为"创造性学习",如图4-12所示。它是一个不断提出问题的过程,所考虑的不仅包括事实本身,还包括事实背后的原因和动机。

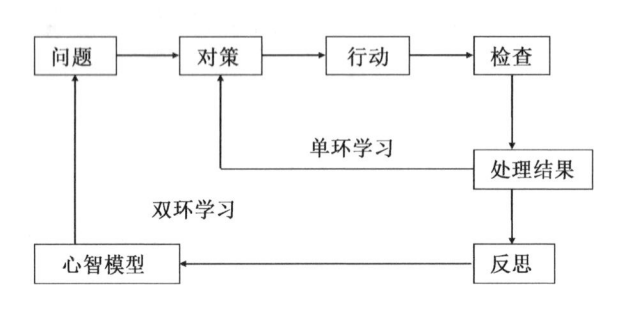

图 4-12 双环学习

3. 群策群力

群策群力,是以解决问题为导向的行动学习。它强调从实际问题出发,通过统计学原理和规律,把实际的问题转化为统计的问题和共创统计的解决方案,最后使实际的问题得以解决。

数智化时代,最大的挑战往往来自决策质量和组织变革。数字化转型能否成功,关键在于知人善任、顺畅沟通,以及使组织生态系统内的成员保持突破和创新的意愿和能力,并在实践中总结与反思,升华到理论层面,从而使个人和组织的发展有规律可循。

行动学习与群策群力(AWO),包含结构化的知识(P)、启发性提问(Q)、反思(R)和坚定的执行(I):

$$L(行动学习)=P(知识)+Q(提问)+R(反思)+I(执行)$$

为统一组织内部沟通语言,增强团队协同效率,实现精益化运营,并适用于多元业务场景,持之以恒地改善客户体验和运营效率,通常推行 AWO 的组织,会根据自身业务特点和发展阶段,共创属于自己团队的支持系统与工具,如图4-13所示。杰克·韦尔奇在 GE 推动 AWO 的20多年实践中,打造了这一创新支持系统。

(四)商业敏感度

人们在进入职场后,首先在特定行业内从事特定的职能工作,并积累一定的专

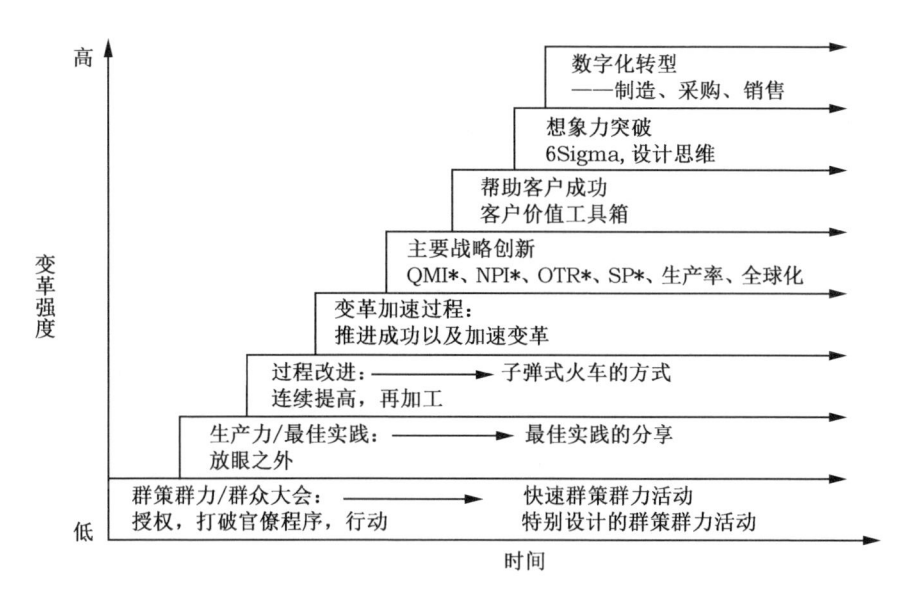

```
高 ↑
         ┌─────────────────────────────────→
         │  数字化转型
         │  ——制造、采购、销售
       ┌─┴───────────────────────────────→
       │ 想象力突破
       │ 6Sigma,设计思维
     ┌─┴─────────────────────────────────→
     │ 帮助客户成功
     │ 客户价值工具箱
   ┌─┴───────────────────────────────────→
   │ 主要战略创新
变 │ QMI*、NPI*、OTR*、SP*、生产率、全球化
革 ┌─┴─────────────────────────────────────→
强 │ 变革加速过程:
度 │ 推进成功以及加速变革
 ┌─┴───────────────────────────────────────→
 │ 过程改进: ──────→ 子弹式火车的方式
 │ 连续提高,再加工
┌┴─────────────────────────────────────────→
│ 生产力/最佳实践: ──→ 最佳实践的分享
│ 放眼之外
┌┴─────────────────────────────────────────→
│ 群策群力/群众大会: ── 快速群策群力活动
│ 授权,打破官僚程序,行动  特别设计的群策群力活动
低 └─────────────────────────────────────────→
                                         时间
```

图 4—13 GE 创新支持系统

业技能。随着经验的积累和业务范围的拓展,部分人甚至走上管理岗位,需要背负更多的绩效指标,甚至需要与内外部的客户或利益相关者进行更多的协作与沟通,并由此培养了市场导向、财务敏锐和全局思维。当然,有些人天生就有非常好的商业嗅觉,有些人是在实践中锻炼出越来越高的商业敏锐度。

三、专业技能

职业分类的属性,决定了专业能力的重要性。随着以 ChatGPT 为代表的超人工智能的应用,传统意义上的职业分类和专业技能也面临挑战。构筑在数智科技基础上的分布式新商业,业务场景越来越细分化,专业技能也越来越向精益化运营方向演化。数字化转型,也从最初的电子商务(e-Commerce)、数字营销(Digital Marketing),拓展至数字供应链领域。即使在以虚拟经济为代表的金融行业中,传统的金融分析师、保险精算师、风控岗位、基金经理、理财产品设计师等角色,也已越来越和量化分析与算法模型相融合。

图 4—14 显示了一家科技金融企业数字金融产品经理的岗位描述,主要包括七个关键能力指标:数字化思维、产品管理、数智科技基础知识、创新思维、标准化

运营、商业敏感度、供应链用户场景。可以看出，对于这种新的岗位，职场上全部具备这些能力要素的人非常有限。从事传统金融产品设计的人，要想转型数字金融产品经理，就需要有意识地学习和加强数字思维，擅于运用消费者数据资产进行金融理财产品的创新设计与开发，并能够运用算法模型持续改善新金融产品的投资回报率。

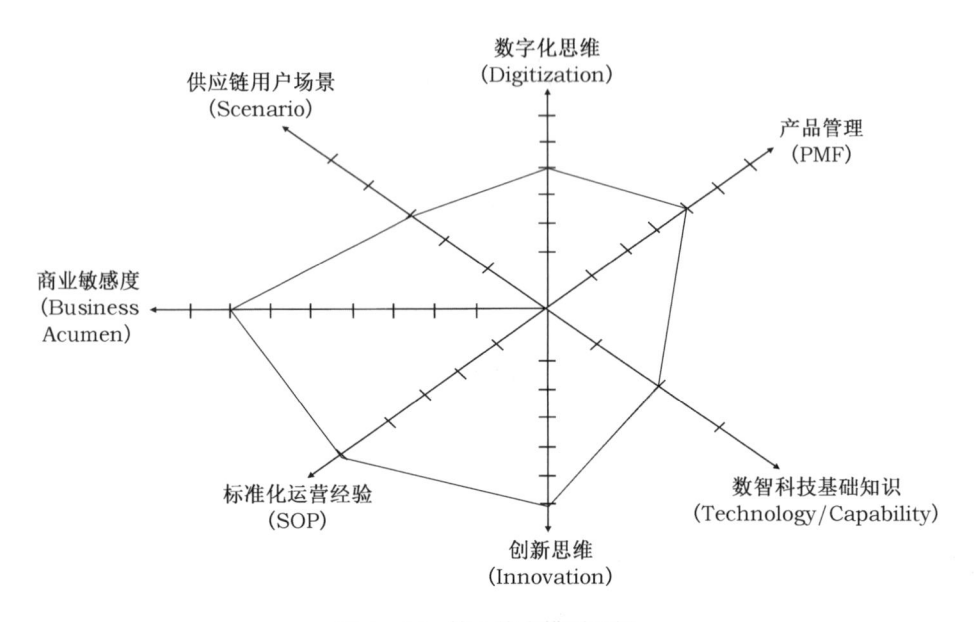

图 4—14 核心能力模型示例

除了从自身出发找到特长外，还要通过与标杆人物对标和定标，不断校准和寻找差距来定义自身的核心优势。清晰地定义核心优势，有助于一个人扬长避短，并结合 SWOT 工具来创造差异化职业定位，从而更好地规划和经营职业生涯。职场人需要正视自己的短处，但更要明晰和发挥自己的长处。

四、优势管理

优势心理学家唐纳德·克里夫顿（Donald Clifton）花费了 25 年时间，对来自不同公司、行业、国家的 8 万名优秀职业经理人进行了大量调研，并得出了两个"反常识"结论：一是不要为弥补缺陷而枉费心机；二是要多发挥现有优势。除了克利夫顿外，其他比较有名的优势理论还有迈克尔·波特的竞争优势理论，以及盖洛普的优势理论测评工具等。他们从不同的视角为人们如何发现和发展核心优势并形成竞争优势提供了相关的理论、方法论和工具。

第一，对焦——长期的职业定位。通过知己知彼，从地域、行业、价值链、职能和岗位层级等不同维度定义个人职业目标。

第二，寻找——核心优势领域。在明确了长期的职业定位后，接下来要做的就是分析具体的岗位画像以及能力模型，再通过寻找对应的标杆人物，通过对标和定标来寻找和评估自己的核心优势领域，并通过如图4－15所示的分析维度，从市场地位和成才轨迹、收入水平、竞争强度、竞争者再投资的强度和比例、相对成本，以及基于自我觉察的与目标的差距等方面，来诊断和评估个人的核心能力是否处于满负荷的运营状态，或是否还有进一步的开发潜力。

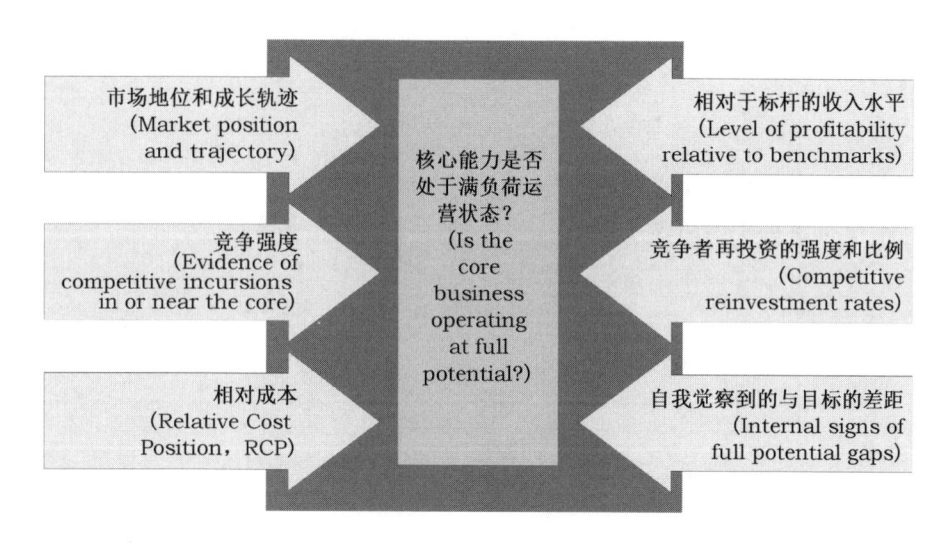

图4－15　潜力评估

第三，创造优势管理的策略和解决方案。基于所发现和验证的核心优势领域，结合SWOT工具，来为自己创造最有助于发挥核心优势的策略性职业解决方案。

第四，组织实施。一个人的核心优势能否转化为财富，必须通过行动来体现，并在行动的过程中不断回顾、总结、反思、萃取精华，使得核心优势得以保持并再上新台阶。

第五，实现核心优势的价值。核心优势是一个人获得领先绩效的重要基础，如果核心优势不能转化为领先业绩,那么说明其认知的核心优势并不能被社会认可。当然,由于实现的滞后性,一个人的核心优势可能需要经历从量变到质变,以及厚积薄发的过程,这就需要耐心等待时机。同时,应通过里程碑管理,把一项大领域分割成若干个小领域,从更容易取得突破的优势领域出发,先取得单点突破,再以点带线和以线带面,把优势领域转化为价值实现。

实训与自测

1. 请参考图4—14,画出岗位能力模型和指出核心优势领域。

2. 请参考图4—15,评估和分析核心优势的现状:

(1)市场地位和成长轨迹;

(2)竞争强度;

(3)相对成本;

(4)收入水平;

(5)竞争者再投资的强度;

(6)自我现状与期望值的差距。

第四节　可邻界拓展的领域

本节精要导读

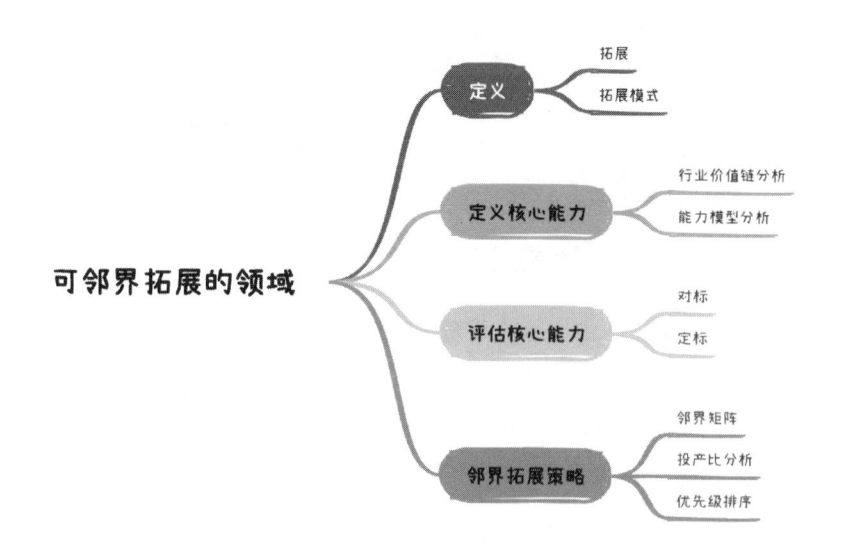

可邻界拓展的领域
- 定义
  - 拓展
  - 拓展模式
- 定义核心能力
  - 行业价值链分析
  - 能力模型分析
- 评估核心能力
  - 对标
  - 定标
- 邻界拓展策略
  - 邻界矩阵
  - 投产比分析
  - 优先级排序

一、定义

拓展，是指在原有的基础上增加新的东西。拓展的目的，是为了增长或成长。拓展，需要投入人力、物力、财力等资源，但是同时也要承担失败的风险，所以拓展本质上更像是一种投资行为。如果一个人或组织不寻求拓展，那么随着外部环境的变化，以及竞争者渗透己方原有边界，其现有业务或职业可能都难以自保。

拓展有多种策略组合，如图 4—16 所示，最内圈为核心优势（core），是指一个人或组织最具比较优势的核心能力；第一步，是指离核心圈相邻最近的领域，在这个领域进行拓展成功率能达到 38%；依此类推，离核心优势越远的拓展，成功率就越低，比如最外圈的不相关多元化，成功率小于 1%。

可以看出，最优的业务或职业拓展策略，应该是首先找到核心优势领域，再尽可能地从核心优势出发，从最近的领域进行邻界拓展，这样的拓展成功率才有可能更高。相反,在离核心优势相对较远的区域进行拓展,承担的失败风险更高,或相对应的成功概率更低。

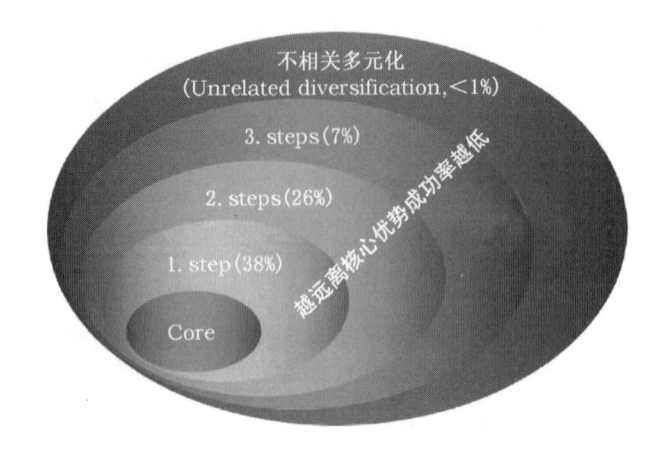

图 4—16 邻界拓展的成功率比较

每个相邻的领域,被视为邻界关系,也被称为邻接,对应的英文为"Adjacency"。邻接矩阵或邻界矩阵,在市场营销领域常常被用于寻找有机增长的机会点,其本质上就是基于核心优势的邻界拓展。邻界拓展策略是以核心优势为基础,通过比较和评估得出的增长策略组合。该策略的有效性,取决于是否能精准地评估核心优势,并将其作为邻界拓展策略的依据。如图 4—17 所示,制定邻界拓展策略的步骤,包含定义核心能力,评估核心能力,以及从更强的核心能力出发,生成邻界拓展策略。

二、定义核心能力

定义有比较优势的核心能力,通常是一个复杂的对焦过程,甚至有时需要借助外部的力量。由于知识的局限性,往往一个人对自我核心能力的了解,与其他人给出的反馈经常会存在偏差。

除了某些人先天具有的某种特定核心优势外,比如与多元智能、情感智能或身体条件有关的核心优势外,大部分职场人的核心能力往往通过职业生涯实践获得,并且体现在与特定岗位有关的领域。图 4—18 所示的价值链分析工具,可以寻找

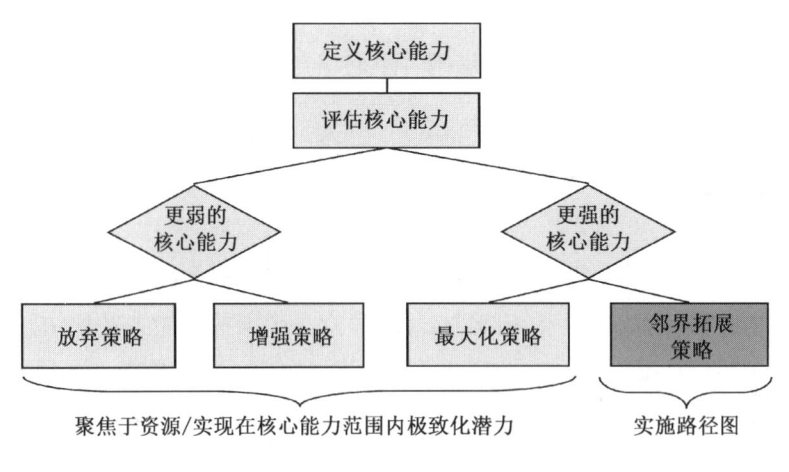

图 4—17 邻界拓展策略

和定义核心能力。

(1)定义你所参与的行业和业务价值链；

(2)定义你所服务的外部或内部客户细分；

(3)定义你为了服务客户所拥有的核心工作流程要素。

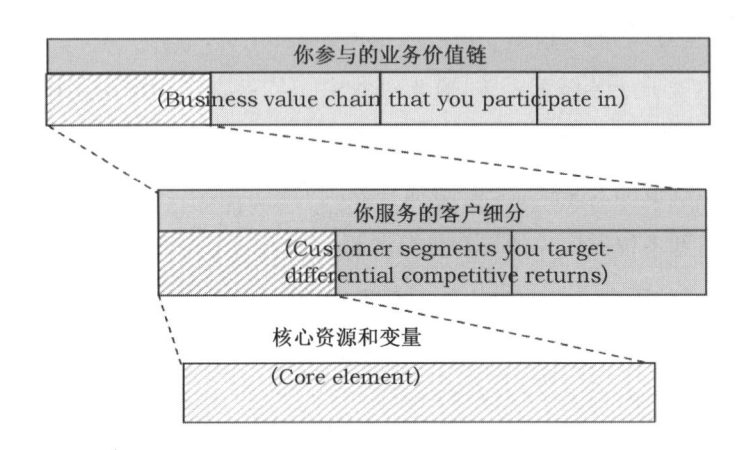

图 4—18 定义核心要素

价值链分析工具，帮助人们通过行业价值链、客户细分和职能分工等组合，对核心优势领域进行定义。在求职招聘时，面试官往往会通过人们简历中体现的行业属性、价值链属性、所服务的细分客户和业务场景，来综合判断一个人所拥有的核心优势。此外，一个人职业经历中所展现的时间、空间、雇主所具有的市场地位和品牌，以及在组织架构中所处的层级等不同组合的变量，也可以来评估一个人拥有的核心优势。

三、评估核心能力

核心能力，是指核心优势得以再现的可重复性过程能力。评估核心能力，首先要清楚评估的目的和立场。在招聘时，面试官对一个人核心能力的评估，其目的是为了招聘到与岗位最匹配的人。根据岗位画像的定义，一个岗位所对应的能力模型通常包含多个维度的能力，每个维度的能力要求并不一致。在人才甄选时，由于有些软性技能难以量化，所以面试官们通常会采用社会化比较的手段来进行评估。

基于社会化比较的标杆分析法，在分析和描述岗位的标准化能力模型，以及分析和评估个人的核心能力方面都被广泛使用。对于评估核心能力是更强还是更弱，通常有三种比较策略：平行比较、上行比较和下行比较，不同的比较策略也会得出不同结论。对于招聘方来说，其通常设定的比较模式大多属于上行比较，即他们对组织内部或行业内从事相同职业的最好的一群人进行观察和访谈，从中概括出具有共性特征的核心能力模型，并用于人才甄选。

评估核心能力的社会化比较，通常很难完全依靠自己去得出正确的判断。这是因为由于空间和社交的限制，每个人并不一定具备全面的视野。最好的方式是寻求外部相关领域的专家建议，但前提是外部专家的话语要有一定的可信度。外部专家的可信度不仅体现为他们在细分的垂直行业或业务领域有非常深厚的行业洞察和经验，而且还有一定的方法和工具来帮助职场人做核心能力的评估和诊断。

下面的案例，说明了一个人如何通过核心优势邻界拓展到新的职业领域。

阿辉，本科毕业于某理工科院校，毕业后首先加入了一家以生产和销售泵为主要业务的美资公司，担任区域销售经理岗位。7年后，阿辉觉察自己已进入职业生涯的瓶颈期，并期望转型加入股权投资领域，于是他报考了某商学院的MBA。经过2年的MBA学习，由于在学习期间做了充分的职业转型前准备，阿辉在MBA毕业后如愿以偿地实现了职业转型的愿望，加入一家以投资环保产业为主的私募股权投资企业，担任投资经理的岗位。

如图 4—19 所示,可以看出之所以阿辉能够成功地转型为私募股权投资经理,是因为其在过往的职业经历中,对环保/水处理行业价值链有一定的理解,对客户细分有一定的资源和积累,对包括从产品设计、经销/分销网络和客户关系管理等业务运营也有相应的实战经验,而攻读 MBA 的经历弥补了他在财务、法务,以及综合管理方面的不足。对于以投资环保题材为主的私募股权投资机构来说,阿辉的行业和管理背景,有效地弥补了财务或法务背景的投资人对业务不熟悉的短板。

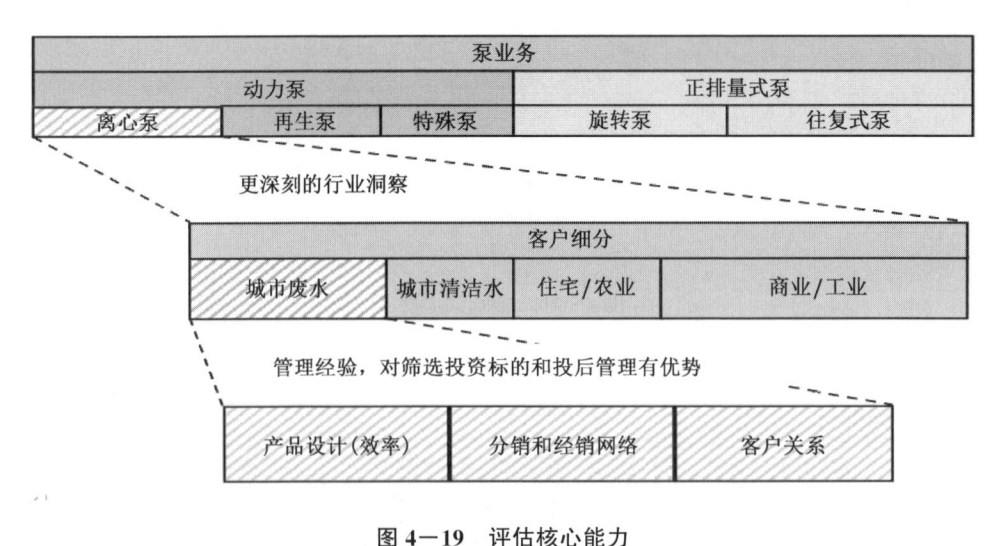

泵业务				
动力泵			正排量式泵	
离心泵	再生泵	特殊泵	旋转泵	往复式泵

更深刻的行业洞察

客户细分			
城市废水	城市清洁水	住宅/农业	商业/工业

管理经验,对筛选投资标的和投后管理有优势

产品设计(效率)	分销和经销网络	客户关系

图 4—19 评估核心能力

通过对阿辉职业转型经历的还原,可以发现,首先要寻找和定义自己的核心优势。如图 4—20 所示,通过对过去 7 年在泵公司从事区域销售经理的岗位画像和能力模型进行分析,包括地理/区域、客户关系、经销网络、配套产品和服务、解决方案设计、产品应用、分销网络、销售策略等,可以看出,阿辉的核心优势领域体现在解决方案设计、产品应用、客户关系和分销网络等方面。

四、邻界拓展策略

对于阿辉来说,过去 7 年的职业生涯使他对自我的职业兴趣和优劣势有了直观认识,但是未来是否能够转型到投资机构,以及如何才能成功转型,还是存在很多未知性。如图 4—21 所示,阿辉试图寻找可邻界拓展的领域。

在设计职业的邻界拓展策略前,首先通过采用行业和客户价值链工具,分析哪

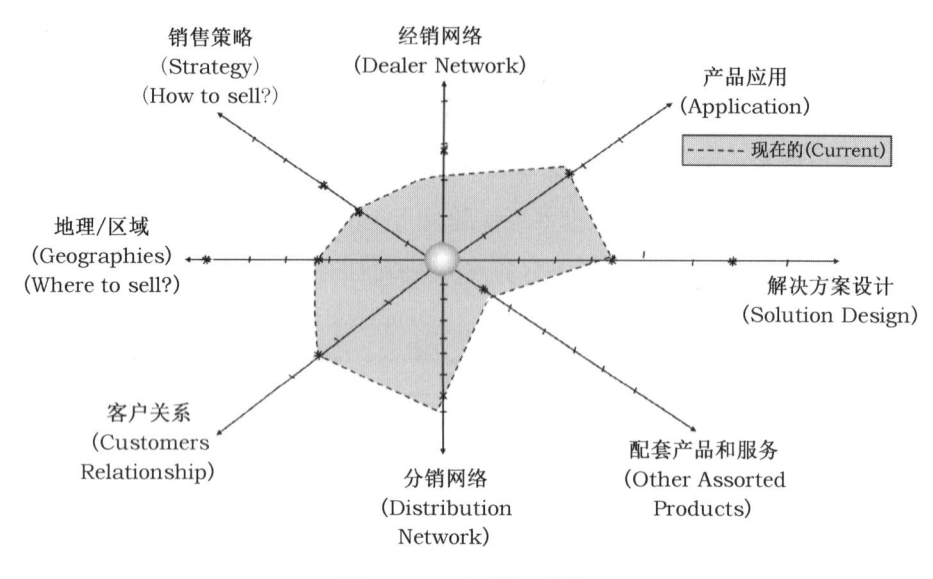

图 4—20　甄别核心优势

图 4—21　寻找邻界拓展目标

些行业/客户细分更有吸引力,其中年平均增长率是关键评价指标;其次,评估核心能力及其可转移性,对于有 7 年工作经验的人来说,其过去的职业经历所积累的核心能力,应该要能转移到下一个职业阶段;再次,从若干邻界的机会中,对可选项的优先级排序,并按如下步骤实施邻界拓展策略。

(一)步骤:设定长期职业目标

通过 SWOT 分析工具,对外部的机会(Opportunity)和威胁(Threat)矩阵,以及个人的优势和劣势进行分析,生成差异化的后 MBA 职业定位,即致力于成为中国环保行业具有行业影响力的产品经理或投资经理(参见图 4—22)。

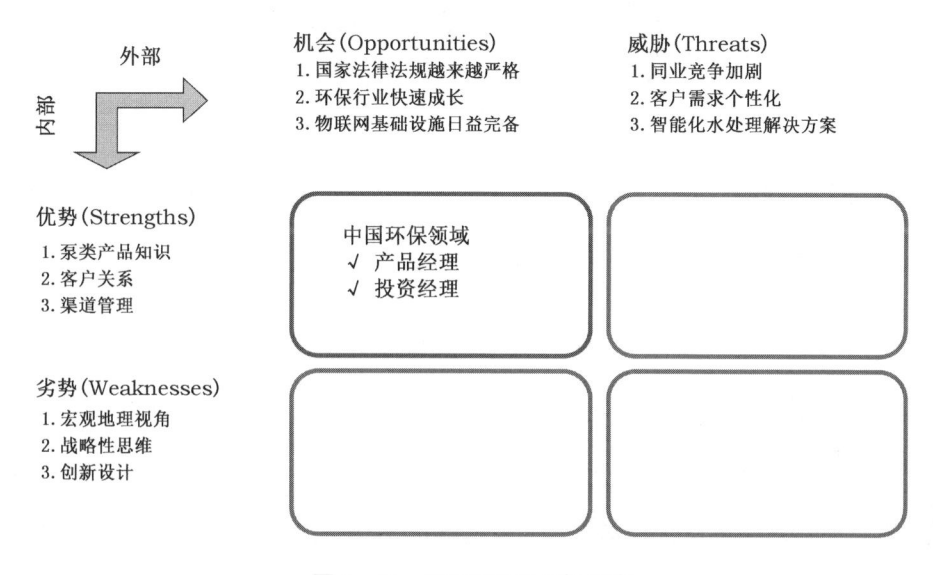

外部

内部

机会(Opportunities)
1. 国家法律法规越来越严格
2. 环保行业快速成长
3. 物联网基础设施日益完备

威胁(Threats)
1. 同业竞争加剧
2. 客户需求个性化
3. 智能化水处理解决方案

优势(Strengths)
1. 泵类产品知识
2. 客户关系
3. 渠道管理

中国环保领域
√ 产品经理
√ 投资经理

劣势(Weaknesses)
1. 宏观地理视角
2. 战略性思维
3. 创新设计

图 4—22 SWOT 职业目标设定

(二)步骤:对标核心能力

通过对产品经理和投资经理的岗位画像进行分析比较,阿辉发现这两种工作的岗位画像、工作职责和核心能力均符合他的长期职业期望,而且这两种岗位画像之间也有很多重叠之处,同时也是他最有激情的领域,即通过创造或孵化具有行业领先的环保产品,持续为客户、公司和社会创造价值,并最终体现其个人的职业价值。

阿辉同时也意识到其现有的核心能力与产品经理或投资经理的能力模型还有一定的差距。通过如图 4—23 的比较,阿辉认为他需要在宏观视野、战略性思维、创新设计解决方案等能力维度上进行拓展。基于以上分析,阿辉在执行邻界策略的同时,有意识地通过 MBA 学习积累相关人脉和弥补相关知识。

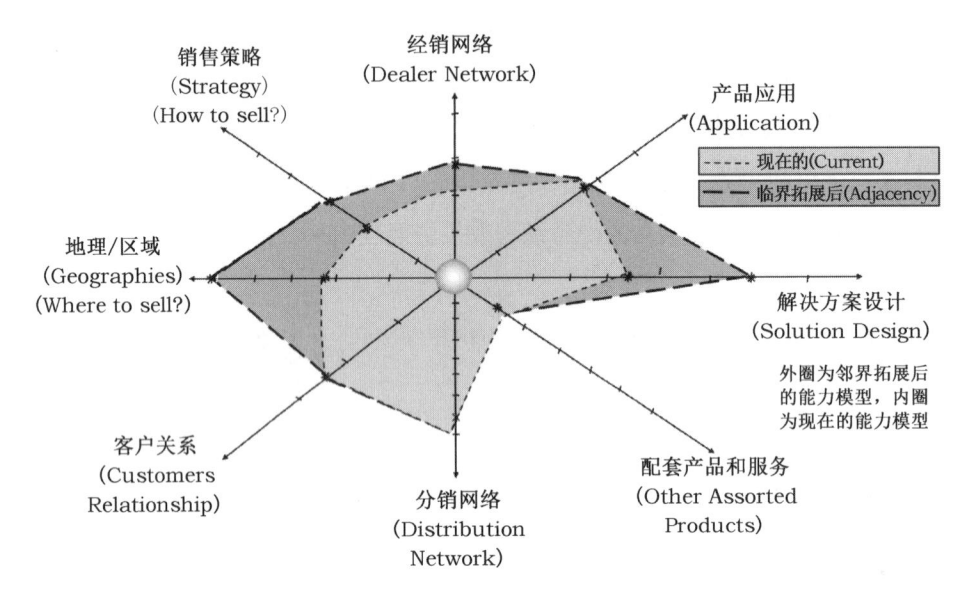

图 4—23　比较核心能力

(三)步骤:寻找邻界拓展可选项

如图 4—24 所示,邻界职业拓展,通常可以从以下 5 个象限寻找和评估可拓展的机会点。邻界拓展矩阵的横坐标为公司,包括现在的和未来可能服务的新公司;纵坐标为能力/技能,是指一个人现在所拥有的核心优势以及可拓展的知识或技能。

邻界矩阵通常有 5 种选项:

选项一,在第 1 象限内,即在现有的公司和现有的职能上,持续地发掘和夯实核心能力,把潜能充分填满,从而在职场获得比较优势。

选项二,从第 1 象限拓展至第 2 象限,即利用在现有岗位上所积累的核心能力,转换到一家更能发挥个人价值的新公司,并且现有的核心能力能够让自己在新公司得以生存并进一步获得发展机会。绝大部分职场人通常采用这种模式更换工作,这也是相对安全的职业转型。

选项三,从第 1 象限拓展至第 3 象限,这种邻界拓展属于在同一家公司内部的转岗或晋升,相对也是比较安全的职业转型。在一家公司内部获得邻界拓展机会,通常需要转岗人在之前的岗位上有良好的业绩记录和人际关系。

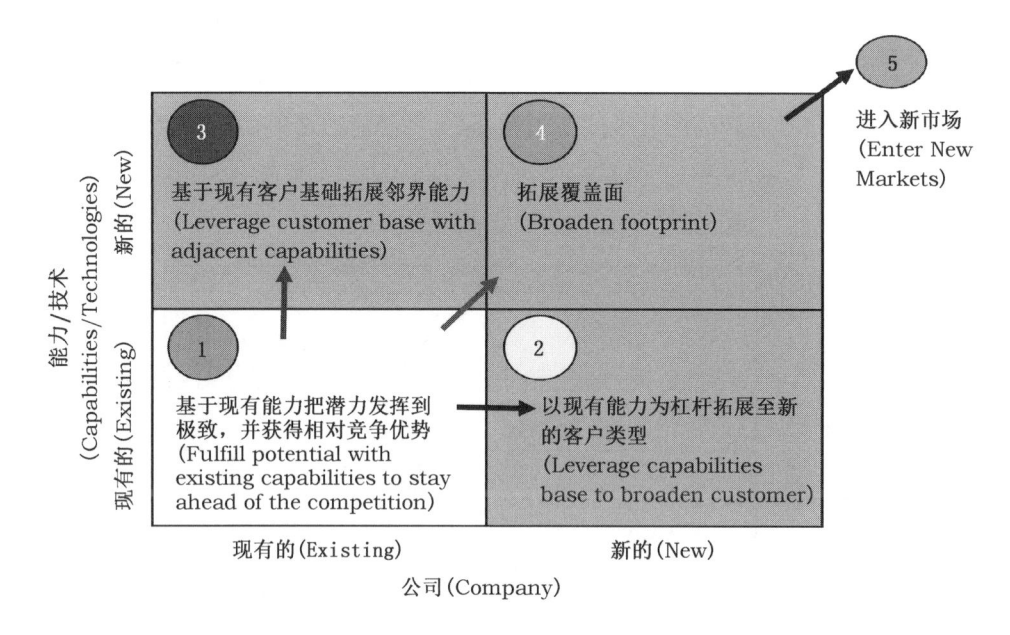

```
                                              ┌─────┐
                                              │  5  │
                                              └─────┘
              ┌─────┐              ┌─────┐      ↖ 进入新市场
              │  3  │              │  4  │        (Enter New
新            └─────┘              └─────┘        Markets)
的    基于现有客户基础拓展邻界能力    拓展覆盖面
(New) (Leverage customer base with  (Broaden footprint)
能力/技术  adjacent capabilities)
(Capabilities
/Technologies)
              ┌─────┐              ┌─────┐
              │  1  │              │  2  │
现有的        └─────┘              └─────┘
(Existing) 基于现有能力把潜力发挥到   以现有能力为杠杆拓展至新
           极致,并获得相对竞争优势   的客户类型
           (Fulfill potential with  (Leverage capabilities
           existing capabilities to base to broaden customer)
           stay ahead of the competition)

           现有的(Existing)         新的(New)
                       公司(Company)
```

图 4—24 评估邻界拓展选项

选项四,从第 1 象限到第 4 象限,这种职业拓展意味着一个人要以全新的职业技能进入一家新的公司或新的领域,这种职业拓展的成功率通常很低。

选项五,从第 1 象限到第 5 象限,这种职业拓展的挑战性和难度会更大,成功率也更低。职场人有时会受到来自外部的诱惑,如果没有充分了解或做好准备,则需要十分慎重地评估这个领域的业务场景、组织生态、岗位画像和能力模型,以及潜在的核心挑战,再慎重评估自身的核心能力是否能够胜任这个新角色。从对职场的观察来看,这种模式的职业转型失败率非常高。

(四)步骤:成本收益分析

邻界拓展策略,本质上也是个人职业生涯的投资策略,即把一个人未来的时间、精力或金钱投入一个新的领域,并承担潜在的收益和风险。投产比分析,就是要通过策略性的成本收益分析和比较,尽可能地寻找投产比最高的选项。如图 4—25 矩阵所示,横坐标是直接成本共享度,即为了发展核心能力而直接投入的成本是否可以被多个可邻界拓展的选项所共享;纵坐标是可迁移的经验或能力,即把过去所习得和积累的经验迁移到新的工作岗位上的可行性。由于职业目标清晰，阿辉在读 MBA 期间，除了按照教学大纲学习相关课程外，还重点加强战略性规划能力和财务分析能力的训练。战略性的寻访能力对于销售经理、产品经理和投资经理等岗位具有较高的共享度。当然，除了核心能力之外，人脉关系也非常重要。

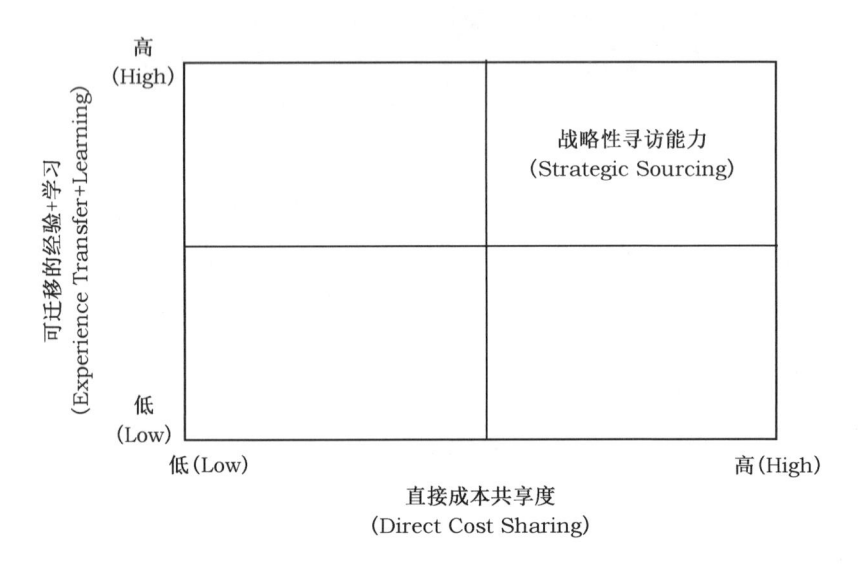

图 4—25　成本与能力共享度矩阵

(五)步骤：优先级排序

优先级排序，是指当一个人在面对多个邻界拓展的机会选项时，应该对优先级进行排序。可通过如图 4—26 所示的优先级排序矩阵，从吸引力和相关性两个维度来对各个邻界拓展选项进行排序。

横坐标为吸引力，不同的人可能对吸引力的定义并不完全一样，甚至同一个人在不同的职业生涯阶段被吸引的点也各不相同。因此，要根据个人实际情况，针对具体问题进行具体分析。人们通常定义吸引力的外部要素或分析工具包括：

(1)基于长短期的机会威胁矩阵；

(2)基于行业吸引力与市场份额的 BCG 矩阵；

(3)行业/业务价值链的分析；

(4)雇主品牌溢价；

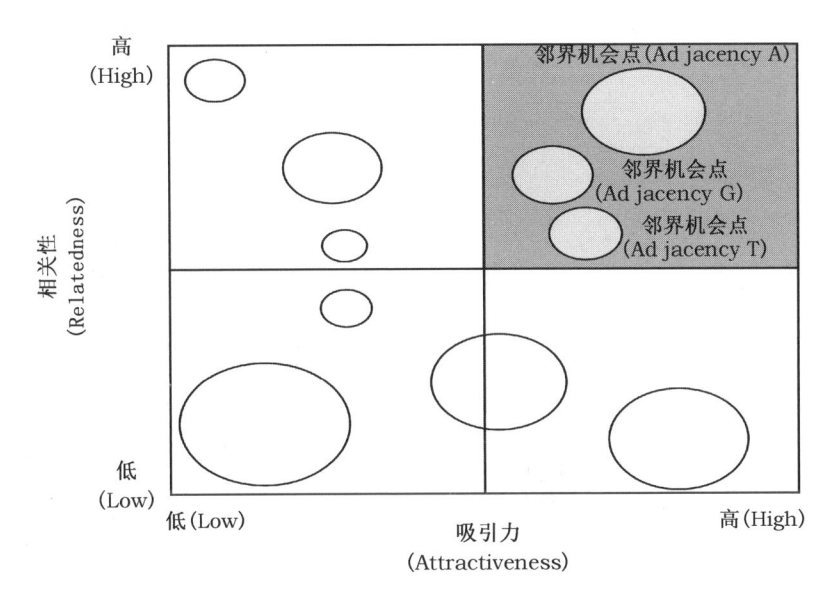

图 4—26 吸引力与相关性矩阵

(5)业务场景；

(6)组织生态；

(7)领导力；

(8)地理位置；

(9)薪酬福利。

纵坐标为相关性，体现的是与个人的职业锚、核心优势或核心能力相关的因素。不同的人可能对相关性的定义也不一样，甚至同一个人在不同的职业生涯阶段所定义的相关性也各有不同。通常定义相关性的维度包括职业锚、职业兴趣、职业目标、核心能力、家庭因素等。

如果人们审慎地定义了优先级排序矩阵的两个坐标轴以后，就可将寻找到的邻界拓展机会点选项分类放入矩阵的不同象限。右上角的象限，吸引力和相关性都很高。

由于时间和精力的限制，一个人要想同时把所有相关能力都发展为核心能力显然是不可能的，因此可以通过如图 4—27 所示的策略组合进行优化。横坐标代表的是业务能力的可用性，纵坐标代表的是资源的充裕程度，资源包含时间、精力或金钱等。按照横纵坐标,划分为三个象限,B_1 象限是业务能力的可用性和资源的充裕程度都高;B_3 象限是二者都很低,B_2 象限介于二者之间。

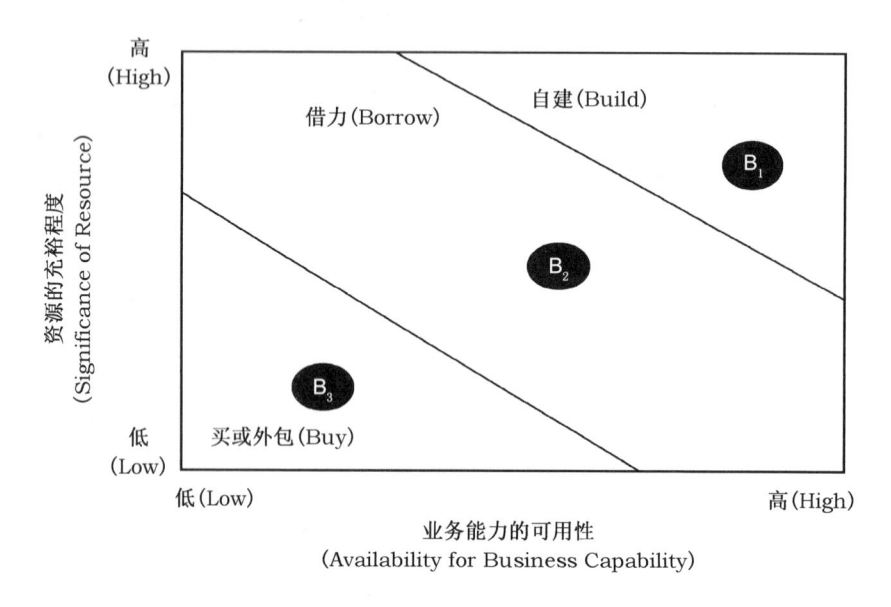

图 4—27　3B 矩阵

(1)针对 B_1 象限的业务能力,最佳策略是投入时间、精力或金钱去自建这种能力,并逐渐发展为自己的核心能力;

(2)针对 B_3 象限,最佳策略是可以购买他人的服务或把工作外包给其他的人来做,这样可以把我们有限的时间、精力等资源节省出来,投入投产比更高的能力领域;

(3)针对 B_2 象限,最佳策略是借用他人的资源和能力来弥补自身的不足,并形成战略联盟关系。

综上所述,邻界拓展策略是一个人在职场上为了更好地适应或改变环境,在现有核心优势的基础上向邻界方向拓展自己核心能力的职业拓展策略,属于相对更容易成功的职业转型。

实训与自测

1. 请用 SWOT 矩阵来分析自己未来的职业定位。
2. 请用雷达图描述自己的核心优势领域。
3. 请用邻界矩阵罗列可邻界拓展的选项。
4. 请分析比较不同选项的投产比。
5. 请对邻界拓展选项进行优先级排序。

第五节　最有回报的领域

本节精要导读

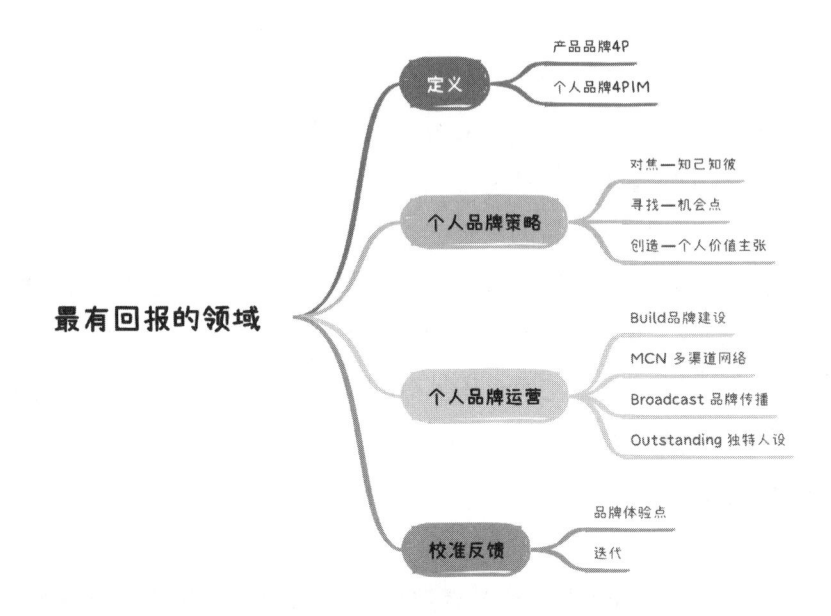

```
                          ┌─ 产品品牌4P
              ┌─ 定义 ────┤
              │           └─ 个人品牌4PIM
              │
              │                    ┌─ 对焦—知己知彼
              ├─ 个人品牌策略 ─────┼─ 寻找—机会点
              │                    └─ 创造—个人价值主张
最有回报的领域┤
              │                    ┌─ Build 品牌建设
              │                    ├─ MCN 多渠道网络
              ├─ 个人品牌运营 ─────┤
              │                    ├─ Broadcast 品牌传播
              │                    └─ Outstanding 独特人设
              │
              │           ┌─ 品牌体验点
              └─ 校准反馈 ┤
                          └─ 迭代
```

一、定义

投资回报率(ROI),是测量投入产出比的重要工具之一。它被广泛应用于市场营销策划、商业投资以及个人职业生涯规划等方面。在影响投资回报率的各个关键要素中,客户对一个品牌的认可度和忠诚度,影响到一个品牌在与其他竞品的相互竞争中所能获得的回报率。对于职场人来说,最能体现出其差异化品牌定位、能够被特定人群和机构认可的个人品牌价值,往往回报最高。

科特勒在《市场营销学》中认为,品牌是销售者向购买者长期提供的一组特征、优势和利益的组合。① 品牌是能够给品牌拥有者带来高于平均水平的溢价和使资产增值的一种无形资产。它的载体是用于和其他竞争者的产品或服务相区分的名称、术语、象征、记号或者设计及其组合,增值的源泉来自客户心智中长期以来对品牌形成的关于其载体的良好印象。品牌,反映了人们对某类产品或服务的认可程度。

从狭义上来说,品牌(Corporate Identity)是一种拥有对内对外两面性的"标准"或"规则",是通过对理念、行为、视觉、听觉四方面进行标准化、规则化,使之具备特有性、价值性、长期性、识别性的一种系统总称,简称为CI;从广义上来说,品牌是具有经济价值的无形资产,用抽象化的、特有的、能识别的心智概念来表现其差异性,从而在人们意识当中占据一定位置。品牌的价值,是一个品牌的拥有者对产品或服务的价值主张,即一个品牌能为目标客户带去何种优于竞争对手的体验或利益,包括功能性利益和情感性利益。

个人品牌,是指把品牌经营的策略与工具与个人职业生涯相结合,把一个人所拥有的外在形象与内在素质相结合,塑造一个人所能够传递的独特、鲜明、确定、易被感知的品牌形象,并保持整体性、长期性和稳定性。美国学者彼得斯(Peters)有一句被广为引用的话:"21世纪的工作生存法则就是建立个人品牌。"他认为不只是企业、产品需要品牌,个人也需要品牌。

从品牌管理的角度来看,个人职业生涯品牌化具有如下好处:

第一,品牌是唯一可识别的区分标志。每个品牌都是独一无二的,世界上没有完全相同的品牌。每个品牌只属于品牌拥有者,它能真实地反映不同品牌所主张的价值和目标客户所感受到的实际之间的差异。

第二,品牌是速记符号和有效沟通的代码。每个品牌都可能给他人留下印象,

---

① [美]加里·阿姆斯特朗,菲利普·科特勒.市场营销学(第12版全球版)[M].王永贵,编译.北京:中国人民大学出版社,2017:193.

无论是好的印象还是坏的印象,都可能会长期稳定地存在于人们的头脑之中,不容易发生改变。通过这种根深蒂固的印象,人们可以在特定的场景下,快速地对一个品牌的形象进行联想和做出快速反应。

第三,品牌的核心价值是信任。人们之所以更信任品牌,是因为品牌能够给予顾客以更多的信心、品质以及忠诚的保证。购买品牌的产品或服务,体现的是承诺、保证和契约,具有安全功能。

第四,品牌是一种无形资产并具有溢价的功能。品牌拥有者在出售自己的产品和服务时所能获得的收入,一部分来自功能性价值,另一部分来自构筑在信任基础之上的情感价值。市场营销学的理论和实践证明,人们更愿意为信任而支付额外的成本。在职场上,拥有强大个人品牌的人更容易被潜在雇主所信任,优先获得心仪的工作和高出市场平均水平的薪酬回报,并更容易获得内部晋升的机会。拥有较好个人品牌的创业者,也更容易吸引优秀新员工和投资人的兴趣。

对比市场营销的4Ps法则,我们不难发现围绕品牌营销的四个以P开头的单词同样也适用于个人的品牌营销,如图4-28所示。

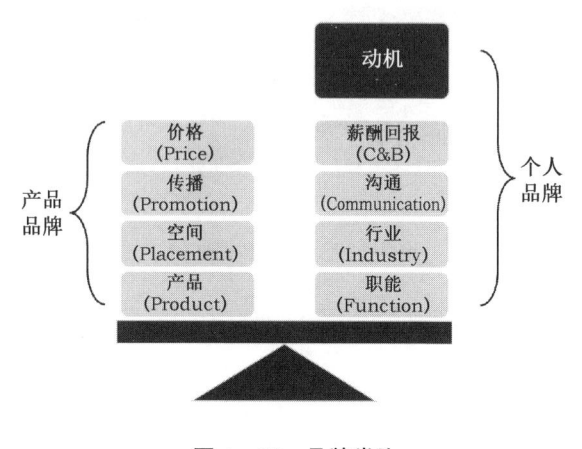

图 4-28 品牌类比

- Product vs. Function,体现了功能属性;
- Placement vs. Industry,体现了空间或地域属性;
- Promotion vs. Communication,体现了传播属性;

● Price vs. C&B，体现了功利属性。

个人品牌与产品品牌最大的不同之处在于，产品的品牌是被动的，需要靠品牌拥有人对其进行规划和管理；个人品牌则是由个人的自我驱动决定的。每个人的动机不同，会导致个人品牌的定位、策略和结果也各不相同。

从品牌经营来看，个人品牌经营首先要从动因开始，包括知和行两大部分：对焦—解彼知己、寻找—个人品牌机会点、创造—个人品牌价值主张、组织—执行、实现人设。参见图4-29所示的框架结构。

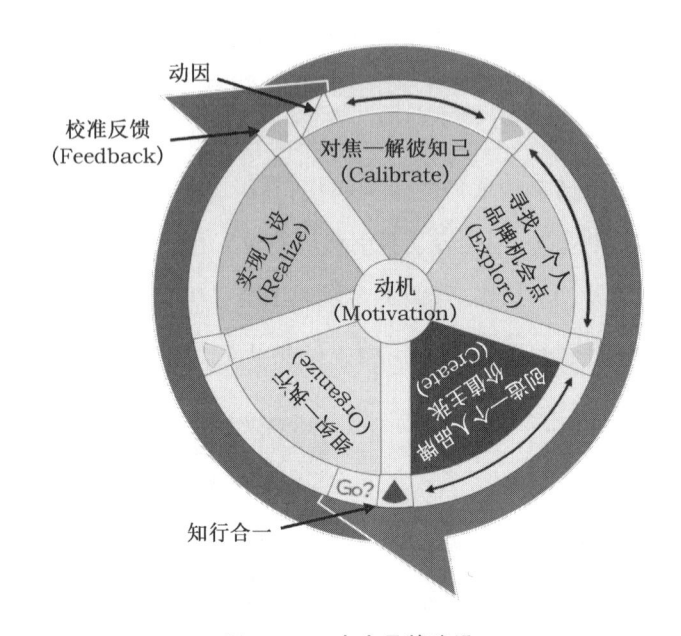

图4-29 个人品牌建设

二、个人品牌策略

个人品牌建设是个长期过程，需要靠强大的动机来自我驱动。在制定个人品牌策略之前，首先要回答以下几个问题：我为什么要打造个人品牌？个人品牌能为我带来什么好处？个人品牌的建设过程需要我承受哪些痛苦或付出哪些努力？创造个人品牌策略的具体行动步骤如下：

（一）步骤一：知彼知己

"知彼知己，百战不殆。"知彼，是指了解外部环境，即从宏观层面和微观层面了解外界，包括长期和短期的变化趋势，以及业务场景、组织生态、岗位画像、核心挑战、社会化比较和岗位独特卖点等；知己，是指了解自我，即要了解自我突破的进取心、最有激情的领域、最有优势的领域、可拓展的领域和最有回报的领域等，如图4—30所示。

认知自我 (Internal)	认知环境 (External)
√自我突破的企图心	√宏观环境分析
√最有优势的领域	√行业市场动态
√最有激情的领域	√业务场景
√邻界拓展的领域	√组织生态
√最大化回报的领域	√岗位画像
√社会化比较	√核心挑战
√个人品牌力	√职场对标
√职业体验回顾	

图4—30 认知清单

(二)步骤二：寻找个人品牌的机会点

个人品牌的关键影响要素，如图4—31所示，通常与个人和其所服务的组织有关。个人因素包括个人绩效、职业生涯和核心能力；组织要素包括组织绩效、行业成长性和组织能力。把行业成长性和组织绩效作为两个坐标轴画出BCG矩阵，可以寻找到适合个人发展的职场空间；把影响行业成长的机会和威胁要素，与组织能力的优劣势，分别作为两个坐标轴，来画出SWOT矩阵，也可以寻找到适合个人长期发展的职场空间。个人品牌建设，应该是构筑在个人职业规划和职业定位基础上的长期行为。

(三)步骤三：创造个人品牌价值主张

品牌价值主张，也被称为客户价值主张，是一种针对特定客户的价值阐述，即从客户画像和痛点出发，阐述能够引起细分客户群体共情的个性化产品和服务描述，同时也要与同类型的竞争对手具有明显差异。

价值主张画布，出自亚历山大·奥斯特瓦德的《价值主张设计》一书，是用于可

图 4—31　个人品牌溢价

视化、设计和测试产品和服务如何为用户创造价值的一种工具,如图 4—32 所示,从右侧的客户细分开始分析,再延伸至左侧的价值主张阐述。

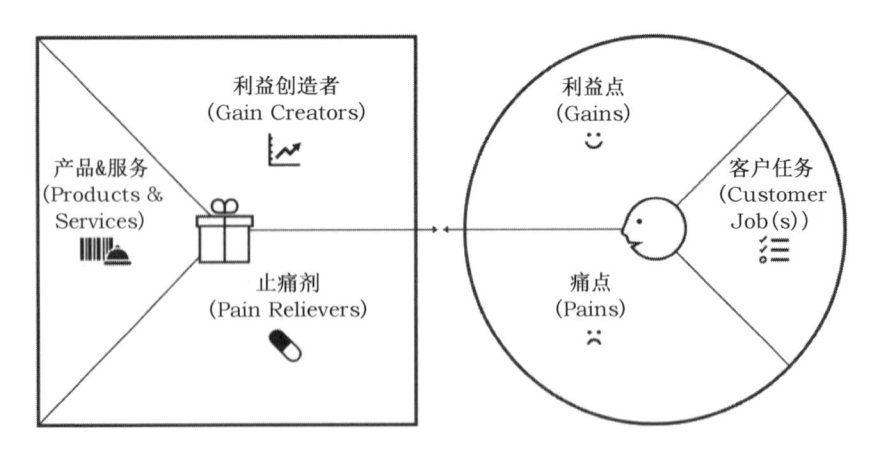

图 4—32　个人品牌价值主张设计

在使用价值主张画布来创造个人品牌的价值主张时,可以按照如下问题清单逐一进行澄清:

(1)你要长期服务的客户是谁?请尽可能用地域、行业、价值链、客户细分、业务场景等加以定义。客户可以是外部的客户，也可以是内部的客户，还可以是提供工作机会的雇主。

（2）客户任务是什么？用动宾结构描述客户在特定场景下的行动程序。

（3）客户的利益点是什么？利益点，可能是功能性的利益或情感上的利益。客户的利益点，要能够通过定性分析和定量分析工具进行测量。

（4）客户的痛点是什么？痛点，是指客户在追求利益点的过程中所衍生的痛苦或不满意。

（5）利益创造者，是指有助于增加客户利益点的因素。

（6）止痛剂，是指有助于降低客户痛点的因素。

（7）产品 & 服务，是指从利益创造者和止痛剂等要素中萃取的最重要和最优先级的解决方案，并能够通过具体的产品或服务加以呈现和输出。

个人品牌价值主张，除了要体现出为谁创造具体的价值外，还要体现出个人独特的职业定位。其阐述应尽可能简单、精炼，能够引起目标客户的共鸣和共情，并通过长期持续的品牌建设和品牌传播，最终形成被目标客户所认可、信赖的和有品牌溢价能力的个人品牌。

三、个人品牌运营

个人品牌运营，是指将个人品牌策略执行落地的过程，也是将个人品牌价值主张持续触达目标客户的过程，并在和目标客户的交互过程中，校准反馈并更新个人品牌，最终使得个人品牌价值主张与客户通过产品或服务感知到的价值体验趋于一致。

个人品牌标准化运营流程（BOMB），通常由四个英文单词组成，即 Build（品牌建设）、Outstanding（突出人设）、MCN（多渠道网络）和 Broadcast（品牌传播）。

品牌建设，是指从个人品牌价值主张出发，通过优势管理和邻界拓展等策略组合，围绕个人品牌价值主张的核心能力而努力不懈，避免个人品牌空心化。与此同时，品牌建设也要保持与时俱进，要能够反映外部环境的变化趋势和与目标客户的同理心。

品牌人设，是指从个人品牌价值主张出发的差异化表达，其核心要素包括标签、关键词或视觉识别符号等。品牌人设要保持与价值主张的一致性,并能够与目标客户的痛点产生共情。人设的打造与信任有关,信任的建立通常是长期的过程。然而,人设的崩塌往往是非常容易的,一个偶然事件可能就会让一个人长期打造的人设瞬间坍塌。

多渠道网络(Multi-Channel Network),从狭义上来说,是指一种多渠道网络形态,通过将不同类型的人和内容联合起来,以及高效地运营保障优质的内容持续输出并最终实现稳定变现。从广义上来说,职场人所工作的组织,也可以被视作MCN 机构。特别针对个人品牌建设,组织的雇主品牌溢价能力往往也会投射到员工身上。比如,当企业在招聘关键人才时,那些来自行业标杆企业的候选人更容易获得潜在雇主的青睐,其根本原因在于雇主品牌的背书效应。

品牌传播,是指通过围绕品牌价值主张所展开的沟通策略和实施,并向目标客户传输与品牌价值主张相一致的传播内容的过程。品牌传播,要明确针对谁(Who)、传播什么内容(What)以及如何传播(How)。当沟通对象为外部客户时,一个人可以选择适合该目标客户群和自身职业定位的自媒体平台来作为传播战场;当沟通对象为内部客户时,一个组织内部的网络、会议,甚至聚餐的时机,都可以进行个人曝光,展现个人形象。

四、校准反馈

校准反馈,是指一个人通过和目标客户就产品或服务的质量进行定期的测量或评估,测量个人品牌价值主张与实际接收者体验之间的偏差,来更新个人品牌价值主张或持续改善运营流程,并尽可能使客户体验与个人品牌价值主张趋向一致。

品牌体验点(Brand Experience Points,BEP),是评价客户品牌体验的重要评价指标。如图 4—33 所示,通过定性测量和定量测量,分别对客户购买产品或服务的场景,以及使用产品或服务的场景、态度等进行测量,从而得出客户的品牌体验点。品牌体验点可以用如下公式表达:

$$品牌体验点 = 接触点强度系数 \times 品牌关联度$$

接触点强度系数,是指能够与特定目标客户接触的机会;品牌关联度,是指特定目标客户购买某项产品或服务时,在大脑中是否能够快速地与某个品牌关联在一起。

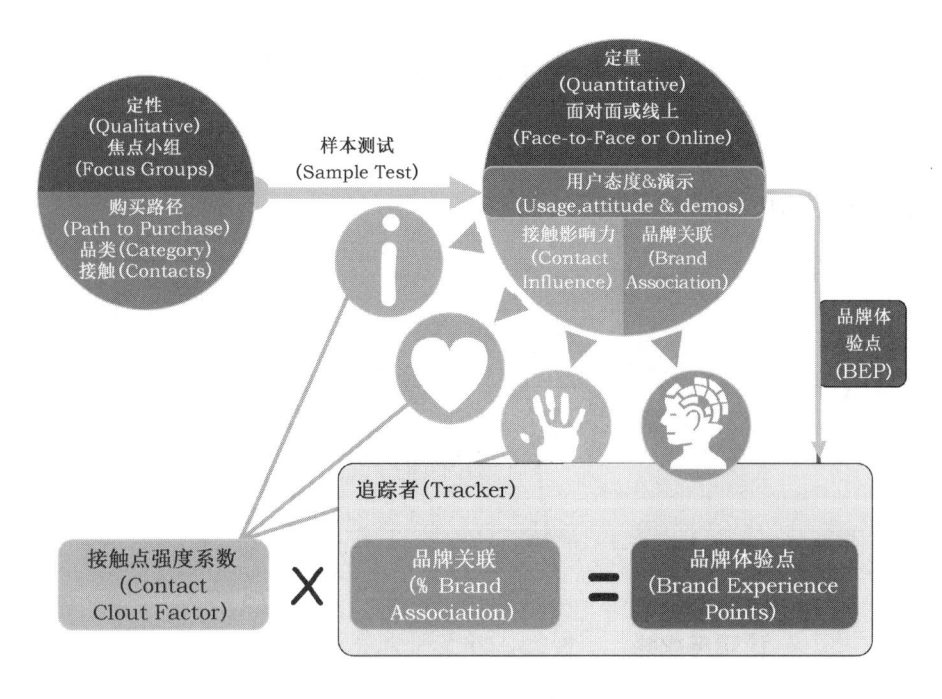

图4—33　个人品牌体验点

品牌体验点越高,说明该品牌的价值主张被客户认可和接受的程度就越高;反之就越低。品牌体验点同样也适用于个人品牌测量。当然,个人的品牌价值主张,往往也会根据时代的发展、行业的变迁以及个人职业生涯的变化而进行优化。

综上所述,最有回报的领域,是指构筑在自我定位的基础之上的,并能够最大化个人品牌价值的领域。

实训与自测

1. 请根据知己知彼清单,为个人品牌建设做必要的准备。
2. 请使用BCG矩阵和SWOT矩阵,寻找个人品牌的机会点。
3. 请用价值主张画布推导出个人品牌价值主张。
4. 请用BOMB拟定一份个人品牌运营计划。
5. 请用BEP法定期测量客户体验点。

第六节　面试成功的逻辑与攻略

本节精要导读

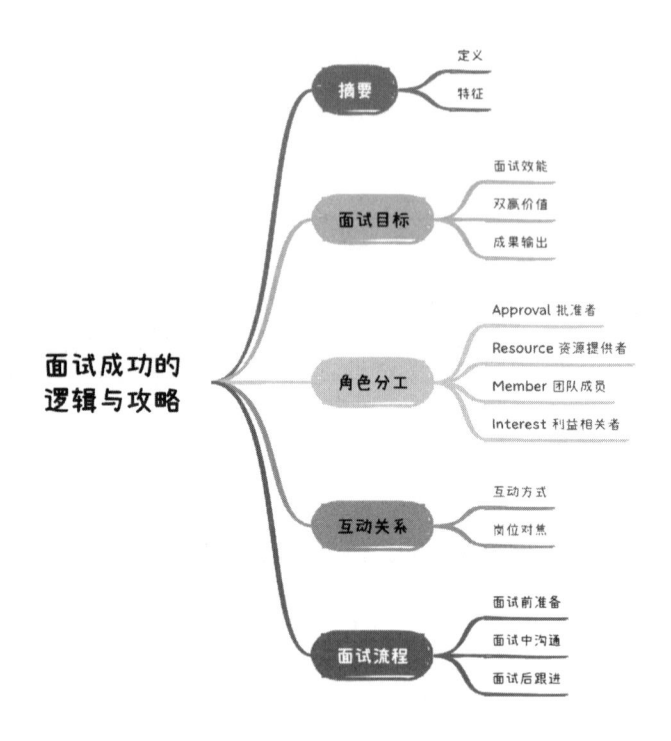

```
                          ┌── 定义
                   摘要 ───┤
                          └── 特征

                          ┌── 面试效能
                 面试目标 ─┤── 双赢价值
                          └── 成果输出

                          ┌── Approval 批准者
面试成功的       角色分工 ─┤── Resource 资源提供者
逻辑与攻略                ├── Member 团队成员
                          └── Interest 利益相关者

                          ┌── 互动方式
                 互动关系 ─┤
                          └── 岗位对焦

                          ┌── 面试前准备
                 面试流程 ─┤── 面试中沟通
                          └── 面试后跟进
```

一、面试的本质

（一）面试的场景

面试广泛应用在求学、求职、述职晋升、寻找业务合作伙伴，以及项目招投标等各种对人选资格有要求的场景中。面试技能的好坏，常常影响一个人能否把握住人生重要的关键节点，并为自己赢得宝贵的机会。纵观职场人的职业生涯，既可能被其他人面试，也可能面试其他人。所以，面试技能，是非常重要的职场技能，综合体现了思维能力和沟通能力。

(二)面试官的决策逻辑

面试,本质上属于一种测量方法,是一群人从特定目标出发,通过系列的组合要素(面试策略、面试官、面试环境、面试流程与工具、被面试人等),共同完成决策的过程。从逻辑上看,面试的过程完全符合认知信息加工理论(CIP)的金字塔模型。其中,面试参与者的立场、常识和情感,是影响最终面试决策的关键因素,如图4—34所示。

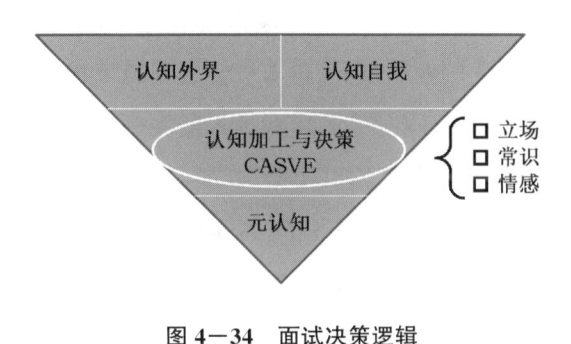

图4—34 面试决策逻辑

面试目标,是为了合作共赢。职业的属性,决定了每个人都必须学会与他人合作来完成靠个人无法完成的任务或绩效。面试,作为一种行之有效的筛选合作者的工具,常常是通过沟通访谈方式来进行测试,判断对方是否拥有相关的资格或能力,以某种角色或方式参与到一个组织生态的特定项目之中,履行相关的职责和任务,并分享未来的成果和回报,从而实现多方共赢。

(三)预测控制模式

预测控制模式(Model Predictive Control,MPC),即基于统计学规律 $Y=f(X)$ 来使未来所期望的结果可预测和可控制,即通过控制自变量 X 参数值的偏差来控制期望的目标值 Y 的偏差,或者通过改变 X 来改变 Y。

用预测控制模式来进行面试和筛选人才的前提在于,一个人的行为与结果之间有内在的逻辑,即结果是由一系列行为导致的。行为是动机导致的,动机受到内因(比如价值观)和外因的共同影响。内因,是一个人内在的驱动要素;外因,是外在刺激对一个人的影响。

在使用预测控制模式进行面试前,需要以结果为导向。即面试参与者要从彼

此的目标 Y 出发,根据数据分析或过去的经验,推导出影响 Y 的关键要素 X,再通过对应的面试问答,从以下几个 X 维度来探索 $Y=f(X)$ 的相关度,并尽可能获得高质量的决策。

(1)面试环境,包括线上、线下、电话、视频、面对面等不同的环境。面试环境会带给面试参与者不同的体验,甚至会影响最终的面试决策。

(2)面试流程与工具,包括标准化和结构化的提问、规范的记录、沟通记录分析、上下文语境等,其将各种答案综合在一起做出最优决策。

(3)面试官。随着 AI 的发展,现在和未来会出现越来越多的 AI 辅助面试官,帮助人们优化面试决策质量,同时尽可能减少人的主观判断失误导致的面试决策偏差。对关键岗位面试,为了降低面试决策失误风险,人们常采用交叉面试法,即由四种主要角色(ARMI)承担面试任务:A-Approval(决策人)、R-Resource(资源提供者)、M-Member(团队成员)、I-Interest(利益相关者),最终由面试官们共同做出决策。当然,由于面试官群体本身资历、背景、能力等参差不齐,会给面试带来一定的不可控性,参见表 4-1。

表 4-1   交叉面试法

角色	工作内容	人员背景
决策人	对面试决策具有决定权的人,或者具有一票否决权的人	直接上级、直接上级的上级,或 HR 负责人等
资源提供者	为招聘和面试,提供候选人简历、流程支持和面试协助等	HR、招聘、渠道伙伴等
团队成员	与招聘岗位同处于一个团队或项目之中,有重要合作关系	上级、下级、同级
利益相关者	按照价值链分工,与招聘岗位有一定的互动关系	岗位价值链的下游、平行,或上游关系

(4)被面试者。首先,与面试前的准备有关,即是否已提前对外界和自我有更深刻与更全面的洞察,并已找到二者之间的相关性;其次,与临场的发挥有关,要用同理心换位思考。如果自己是面试官,将会如何提问以及如何看待对应的回答,并通过问与答进行信息加工与决策。如果被面试者能够展现出自己的独特性,既与众不同又与其面试的岗位有高度的相关性,同时在后续一系列提问与回答中都能

从不同角度来论证自己的独特性,就容易获得青睐。第三,被面试者也容易受到自身立场、常识和情绪的影响,特别在与面试官互动的过程中,也可能被周边环境、会话氛围,以及面试官态度等外在因素干扰,导致无法客观真实地展现自我。

(5)决策机制,通常包括通关制和合议制。通关制使用较多,类似于打游戏闯关,一关不过即游戏终止;合议制是指所有面试结束后,再由面试官们进行集体决策。对于某些关键人才或有争议的判断,通常会结合定性分析和定量分析,利用合议制得出最优决策。

(6)决策依据,是指面试官或被面试者最终是否选择加入对方的决策依据,包括以下几个方面:

● 相关性分析,即人岗匹配度。对于社招来说,面试官会重点考察人选的工作经历,考察其业务背景、绩效目标、角色分工、互动关系、业务流程、支持与激励、胜任力、价值观等与目标岗位的匹配度;对于校招来说,面试官会重点考察人选的价值观以及学习成长潜力等。

● 独特卖点,是指能够给对方留下深刻的且与众不同的印象的特点,并促使面试双方判断对方是否能吸引自己和带来某种好处。USP,也是一种高辨识度,能让自己在面试竞争中脱颖而出,并促使对方做出最有利于自己的决策。

● 故事质量,面试官通常会让被面试者举出典型事例来说明或论证自己的独特性。比如,曾经历过什么重大困难或挑战,或体验过的最好的或最不好的经历是什么。故事质量可以用四个维度进行定性分析:完整度、困难度、典型度和相关度。

完整度,是指叙事结构是否包含完整的 STAR,即 Situation(情境,指时间、地点、人物、事件)、Task(任务,指曾经计划要做的事情)、Activity(行为,指实际的行为,包括行动过程中发生的意外事件或困难事项等)、Result(结果,指好的或坏的结果,或者如果问题不解决可能带来的严重后果)。

困难度,或挑战度,是指故事对于面试官或其他从事类似工作的人来说,难度系数是否足够大。如果故事的难度系数过低,则不足以凸显被面试者到底有什么过人的能力或打动面试官的品质。

典型度,是指故事发生的概率,若发生概率过低,则不具备代表性,面试需要展现的是必然性而非偶然性。

相关度，是指故事与个人 USP，以及与目标岗位之间的关系。故事是论据，USP 或目标岗位是论点，论据要能支撑论点。

● 可再现性与可重复性，是指从故事中能够探索或还原的，预测和控制一个人未来行为表现的过程能力。

一是价值观，既包括自我突破的进取心、激情、团队协作、结果导向和行动学习等共性特征，也包括其他由用人单位要求的价值观关键词。价值观影响动机，动机驱动行为，而行为导致结果。这也是面试官把价值观作为面试决策优先选项的根本原因。

二是战略思维，包括系统思维、前瞻性思维、动态适应思维、战略取舍思维等。岗位级别越高的人，战略性思维能力就越发重要。

三是标准化运营，其是一个团队是否具备共同语言体系，以及能否实现简单、快速和规模化增长的重要因素，岗位级别越高的人选，面试官对流程标准化的能力考察也更严格。

● 动机归因，是指一个人如何定位未来的自己，以及如何在未来的自己与所面试的岗位之间构建相关性。

一是未来（比如 5～10 年），自己希望成为什么样的人？

二是详细描述那样的人要从事什么具体工作？

三是成为那样的人能获得什么好处？

四是过程中需要付出什么努力？

五是哪些内外因素有助于增加获得感？

六是哪些内外因素有助于降低痛苦？

七是综合所有内外部因素，选择职业的决策依据是什么？

八是基于决策依据，如何看待所面试的目标岗位？

对标，是指通过比较不同的人选或岗位，进行综合的分析与评估，最终生成最优决策的过程。由于面试官的主观性，通常很难通过定量分析比较得出令人信服的判断，所以通过对标比较不同风格的人选，并从中选择相对最优的选项，也是面试时常见的决策模式。

(7)结论与选择。结论，包括定性的结论和定量的结论。定性结论，是要回答

"是"或者"否";定量结论,是要回答具体提供什么支持与激励,包括岗位定级、工作范围、薪酬组合或其他必要的支持等。

博弈均衡,是生成最优决策的关键。面试官的立场和决策,大多数情况下与被面试者的立场和结论,总会存在一定程度的偏差,这属于非常正常的现象。与理想的能力模型相比,实际的被面试者总是很难十全十美;或者,与理想岗位和薪酬条件相比,招聘方提供的岗位和薪酬也并非总是让个人满意。所以,就需要面试双方学会通过博弈均衡。当短期的定量结论达不到各自期望值的时候,应从长期的定性结论来寻找利益点。从纳什均衡来看,从利他角度出发的决策最利己,从利己角度出发的决策最不利己。

二、前期准备

面试前准备,包括知己、知彼、同理心沟通和认知加工与决策 CASVE 模拟等,其对于面试成功并获得接近期望值的录用条件至关重要。

"知己知彼,方能百战百胜"。这句话同样也适用于面试场景。如图 4—35 所示的六盒模型,可以帮助被面试者在面试前准备环节更深刻和更全面地"知己知彼",并通过分析比较(参见表 4—2),发现二者之间的相关性。

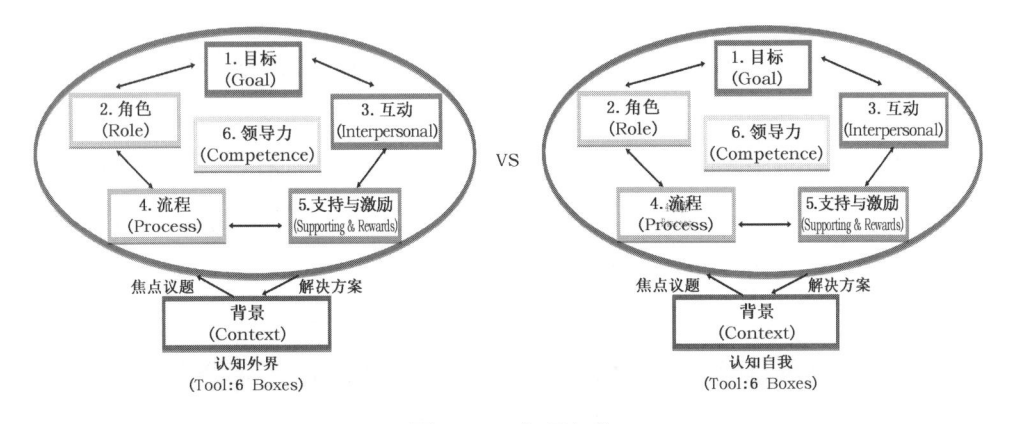

图 4—35 知己知彼

表 4—2 知己知彼

比较维度	知己(候选人)	知彼(岗位)
目标 (Goal)	· KPI/OKR · 权重占比 · 目标值	· KPI/OKR · 权重占比 · 目标值
角色(Role)	职位/层级/汇报关系	· 组织架构
互动关系 (Interpersonal)	利益相关者图谱	· 行业价值链 · 职能价值链
业务流程 (Process)	· 客户 · 输出 · 流程图 · 输入 · 来源	· 客户 · 输出 · 流程图 · 输入 · 来源
支持与激励 (Supporting & Incentive)	· 现在值(PV) · 未来值(FV) · 不同层级的需求	· 有形资源:人/财/物 · 无形资源:品牌溢价 · 时间、空间与知识 · 未来回报(FV)
胜任力 (Competence)	GIFTS · 地域(Geography) · 行业线(Industry) · 职能线(Function) · 层级(Title) · 独特标签(Specialty)	GIFTS · 地域(Geography) · 行业线(Industry) · 职能线(Function) · 层级(Title) · 特殊要求(Specialty)

(一)背景(Context)

Context,译成中文,有环境、上下文、语境、背景等含义。背景,是对上述几种内涵的综合。针对用人单位,是解释为什么(Why)要招聘或面试新员工;针对求职者,是解释为什么要谋求改变。如图 4—36 所示,通常从机会(Opportunity)、威胁(Threat)和战略/财务聚焦点对背景加以阐述。

(二)知己

即对焦自我,包括对自我的感知、校准、验证和确认的一系列过程。感知,包括从过往的职业经历和体验中发现体验好的或体验不好的事实,验证自我的职业价值观、进取心、激情领域、优劣势领域、可拓展领域、最大化回报领域等,从而为未来的面试决策提供充分的依据。

换位到招聘方立场,招聘方通常会更喜欢录用对自我有深刻且全面觉察的人,

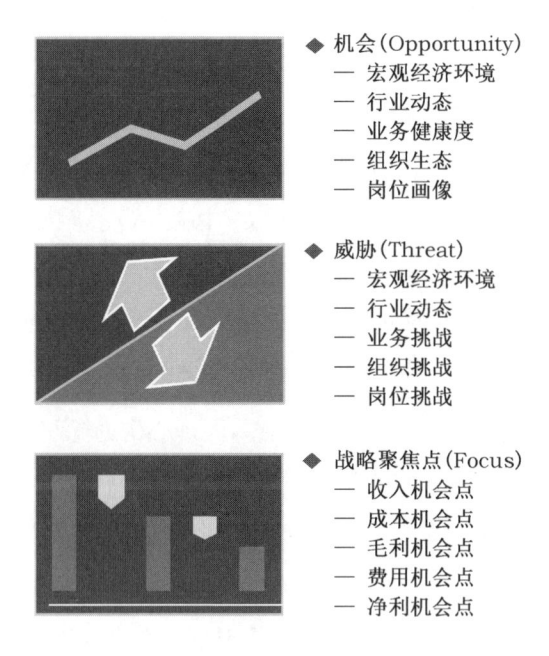

- ◆ 机会(Opportunity)
  — 宏观经济环境
  — 行业动态
  — 业务健康度
  — 组织生态
  — 岗位画像

- ◆ 威胁(Threat)
  — 宏观经济环境
  — 行业动态
  — 业务挑战
  — 组织挑战
  — 岗位挑战

- ◆ 战略聚焦点(Focus)
  — 收入机会点
  — 成本机会点
  — 毛利机会点
  — 费用机会点
  — 净利机会点

图4—36　背景综合

因为这样的人更遵循自己的内心。添·高威(Timothy Gallwey)在《教练管理：激活组织的新范式》一书中曾论述，能够最大化潜力和最小化干扰的人，最容易取得高绩效。

(三)知彼

即对焦岗位。只有从背景、目标、组织生态与架构、互动关系、关键业务流程、支持与激励和胜任力等维度全面深刻地洞悉岗位需求，才能在面试中自信地把个人与岗位之间最匹配的部分充分展现出来，凸显个人的商业敏锐度与成长潜力，并展现令人信服的动机归因。

(四)同理心沟通模拟

同理心(Empathy)，包括换位思考、设身处地、共情和感同身受等，是指要心理换位、将心比心，对他人的情绪和情感做到觉知、把握与理解。

同理心沟通，是指把自己放到对方的立场去分析沟通的内容质量，并依据该内容做出决策。与传统的沟通方式不同，同理心沟通是以引导式的结构化问题为主的沟通方式。

同理心沟通的目标是实现双赢。实际上，无论是面试方还是被面试方，都有各自的烦恼。有效的同理心沟通能够促使双方坦诚相待，各自表达尚未满足的需求或有待解决的问题，从而最终找到彼此走到一起的共赢价值。

斯坦福大学设计学院在《设计思维》中强调了创新的五大关键步骤，即 Empathize（共感）、Define（定义）、Ideate（头脑风暴）、Prototype（原型）和 Test（测试），其中第一个步骤就是基于同理心的共同感知。[①]

考虑到人们对看见的或听见的同一事物往往会有不同的理解，对语言或词汇也经常会存在理解上的偏差，导致即使用了同理心沟通，也未必就一定有质量很高的共识。为了避免误解以及最小化沟通偏差，同理心沟通除了需要换位思考外，还需要及时记录关键词，并与对方就关键词进行验证。若有分歧，则应替换成更合适的关键词并记录下来。同理心沟通可以用以下公式表达：

同理心沟通＝换位思考＋记录关键词＋验证

同理心沟通曲线，如图 4—37 所示，是斯坦福大学设计学院从大量的同理心沟通实践中总结出的最佳实践和经典曲线。从想象力看，它像一座山；从逻辑力来看，它由七个层层递进的步骤组成，参见表 4—3。

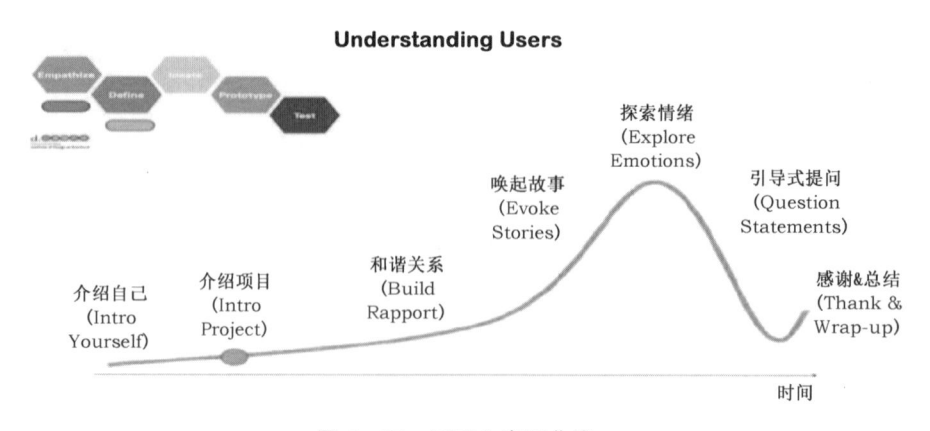

图 4—37 同理心沟通曲线

[①] ［德］迈克尔·勒威克，帕特里克·林克.设计思维手册：斯坦福创新方法论[M].高馨颖，译.机械工业出版社，2019：56.

表 4—3　　　　　　　　　　　同理心沟通曲线

七步骤	好的回答	不好的回答
介绍自己	1. 总—分—总叙事结构 2. 时间 1 分钟以内 3. 有独特卖点(USP)	1. 流水账式叙事结构 2. 时间过于冗长 3. 无独特卖点(USP)
介绍项目	1. 业务的机会 vs. 挑战 2. 战略—组织—岗位拆解 3. 突出岗位独特卖点	1. 内容杂乱无章 2. 沟通逻辑混乱 3. 说不出岗位的独特卖点
和谐关系	1. 表明意图 2. 关注对方感受 3. 双向沟通方式	1. 自说自话 2. 不关注对方感受 3. 不与对方确认
唤起故事	1. 完整度(STAR) 2. 困难度 3. 典型度 4. 相关度	1. 结构残缺不全 2. 平淡无奇 3. 极端个案 4. 不知道意义何在
探索情绪	1. 探索故事背后的必然性，包括价值观、战略思维、标准化运营 2. 探索未来愿景和职业规划路径图	1. 从故事本身探索不出有深度的过程能力 2. 无法从过去发生的事情对未来进行预测和控制
结构化提问	1. 背景阐述 2. 岗位 KPI/目标值 3. 组织结构与角色分工 4. 互动关系 5. 业务流程 6. 支持与激励 7. 胜任力	1. 绕来绕去 2. 答非所问 3. 不简单直接 4. 过于冗长 5. 重点不突出 6. 缺乏深度思考 7. 缺乏好的关键词
感谢与总结	1. 再次强调 USP 2. 表达意愿度 3. 礼貌感谢	1. 没有重申 USP 2. 没有表达意愿 3. 缺乏共情

(五)认知加工与决策(CASVE)

CASVE,代表了五个英文单词的首字母,即 Communicate(沟通)、Analyze(分析)、Synthesize(综合)、Verify(验证)和 Execute(执行)。

按照同理心沟通曲线的顺序,用心聆听和记录交流时的关键词,并与对方验证和确认。认真分析沟通记录是否能够凸显个人动机、价值观、成长潜力、独特卖点、人岗匹配度、商业敏感度、创新解决问题能力等,并基于问答结果做出综合判断,再通过验证和执行程序做出最终决策。

三、过程控制

(一) 总—分—总

总—分—总的叙事结构,是中英文阅读和写作的常见结构方式,符合大多数人的沟通习惯。第一个总,是指中心思想;分,是指分层,分论点或分论据,它们可以是并列关系、层递关系、对比关系,但不能是包含关系或交叉关系;第二个总,是指在结尾要再次总括论点(或重申论点,或总结引申)。

总—分—总叙事结构的好处,在于重点突出,容易让人们记住核心观点。由于人脑记忆能力有限,在面试过程中和面试结束后,很多内容人们已很难再回忆起来,即使间隔的时间很短。如果所表达的观点或个人特征不能打动面试官或让对方印象深刻,那么最终获得录用的机会将十分渺茫。

在面试场景中,按照总—分—总的叙事结构,"总"是个人的独特卖点 USP(见表4—4)。虽然面试官不可能记住所有答案,但是容易记住最与众不同的人和其独特卖点。

表4—4　　　　　　　　　独特卖点 USP 特征

	好的 USP	不好的 USP
字数限制	建议不超过8个字	内容过于冗长
关键词特征	1个核心关键词且有独特感	多个关键词且严重同质化
是否容易记忆	容易	不容易
上下文关系	强关系	弱关系
未来导向性	强	弱

总—分—总构思与沟通框架,见图4—38。

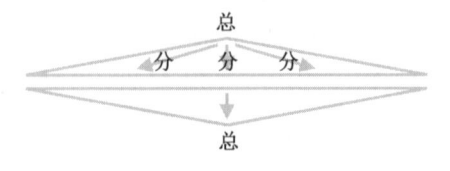

图4—38　总—分—总

(二)时间控制

大部分面试,平均时长控制在1小时以内。被面试者在回答问题时,需要合理分配时间,有些内容只要给个结论就行了,而有些内容则需要展开阐述,包括阐述典型事例。

基于面试决策逻辑,被面试者在进行面试前准备时,可以按照同理心沟通曲线设计七大步骤所对应的话术和时长,这样就可以从整体上对时间有个大致的分配。当然,在实际的面试过程中,由于面试官的个人风格和沟通方式略有不同,时间控制有一定的弹性。从共性特征来看,面试官们的意图几乎都可以从同理心沟通曲线中找到答案。

不合理的时间分配,或者该详细时不详细、该精炼时不精炼,均有可能加大面试失败的风险。

(三)关节控制

关节(Articulate),即关键节点,是指在面试过程中,抓住那些具有共性特征,且有可能影响面试官决策的关键点。

面试流程,通常从面试官要求候选人做1分钟的自我介绍开始。很多候选人往往会在作自我介绍这个环节失分。大部分候选人习惯从时间序列说起,包括教育经历、每段工作经历,具体学了什么和做了什么,等等。这种叙事方式有三大弊端:一是很多内容已经在简历上了,面试官大多会提前审核简历,过于重复简历内容完全没有必要;二是流水账叙事结构重点不突出,面试结束后很难给面试官留下深刻印象;三是时间冗长,面试官往往没有耐心聆听,甚至有时不得不打断。归根到底,在自我介绍环节,面试官最希望了解到的是候选人对自我的概括性总结,包括独特卖点USP的关键词提炼,以及3~4个最直接和最相关的证据支持。

从独特卖点USP出发,再分别叙述典型案例或核心挑战(STAR),过程中面试官可能会通过插入式追问来验证典型事例的真实性和细节,再还原到与USP的相关度。接下来面试官会探索故事背后的可再现性与可重复性,并让候选人自己总结其核心胜任力和优劣势。最后面试官会探索候选人的未来愿景,甚至分别阐述关键词标签,包括地域、行业、职能、层级或其他特殊标签(GIFTS),推导出与目标岗位之间的相关性和动机归因。

面试的关键节点,既符合通过过去预测未来的面试决策逻辑,又能够对面试的质量进行过程控制,并最小化面试官的主观判断所导致的误差。同时,面试的关节,与同理心沟通曲线中所体现的关键链路和节点也保持一致。图 4－39 是将总—分—总叙事框架与同理心沟通曲线有机结合的控制流程图。

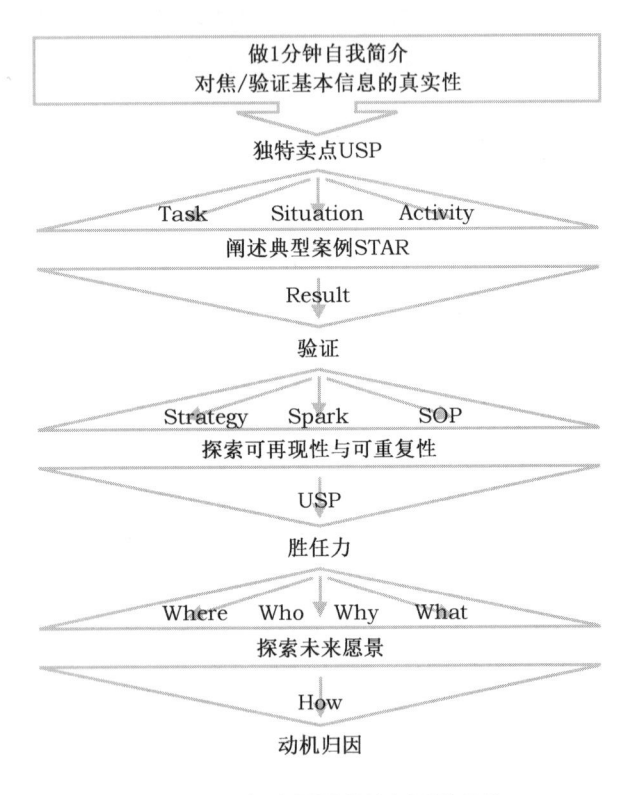

```
         做1分钟自我简介
        对焦/验证基本信息的真实性

              独特卖点USP

       Task    Situation    Activity
            阐述典型案例STAR

                Result
                 验证

       Strategy   Spark    SOP
          探索可再现性与可重复性

                 USP
                 胜任力

        Where   Who   Why   What
             探索未来愿景

                 How
                动机归因
```

图 4－39　探索可再现性与可重复性

四、后续跟进

(一)面试记录

每次面试本质上都是学习的机会。通过面试官们的各种结构化的问题,可帮助被面试者系统性地反思和总结过往经历,并更深刻更全面地探索自我和外界,综合得出对自己长期更有利的决策。所以,面试者应在面试结束后,即时做好面试记录,并从记录中认真分析面试官提出的问题,包括每个问题对应的意图,以及不同问题之间的前后顺序和相关性。同时,应结合每个问题,仔细反思自己的回答是否得当及上下文之间的相互关系是什么,是否与自己努力打造的人设保持一致。

通常,好的面试记录包括Who(谁是面试官)、What(问了什么具体问题?)、How(针对每个具体问题,你是如何回答的?)、RPN(Risk Priority Number,风险等级指数,按照1~10分来打分,分数越高说明风险越高)。面试记录模板参见表4—5。

表4—5　　　　　　　　　　　　面试记录模板

谁面试……? (Who)	什么问题……? (What)	如何回答……? (How)	风险等级指数 (RPN)
面试官的姓名、职位、DISC风格等	可以做简要自我介绍吗?		
	如何理解面试项目/岗位?		
	GRIP目标/角色/互动/流程等		
	STAR典型事例/故事		
	如何规划未来?		
	为什么要改变(动机归因)?		
	薪酬现状和期望值?		
	有什么问题问面试官?		

(二)校准反馈

考虑到面试的复杂性,在面试偏差无法避免的前提下,如何尽可能降低决策失误风险,并持续改善面试能力和最优化面试决策质量,成为众多面试官和求职者的重要目标。因此,可通过标准化的面试流程,持续改善决策依据和元认知的过程。

校准反馈(见图4—40)在面试流程中占据非常重要的地位。面试流程的输出,是指每轮次面试结束后的结论。面试流程的输入,是指前期准备阶段的知己和知彼。中间两大部分,分别为基于背景的个人诊断(GRIP),以及基于典型故事(STAR)的创新解决问题能力和独特卖点(USP)。

背景,是指岗位所处的背景,包括促进业务增长的机会、阻碍业务增长的挑战,以及战略/财务聚焦点;GRIP是四个英文词汇的首字母,分别为Goal(目标)、Role(角色)、Interpersonal(互动关系)、Process(业务流程)。这部分面试内容的作用,更多的是验证简历信息的真实性和人岗匹配度。

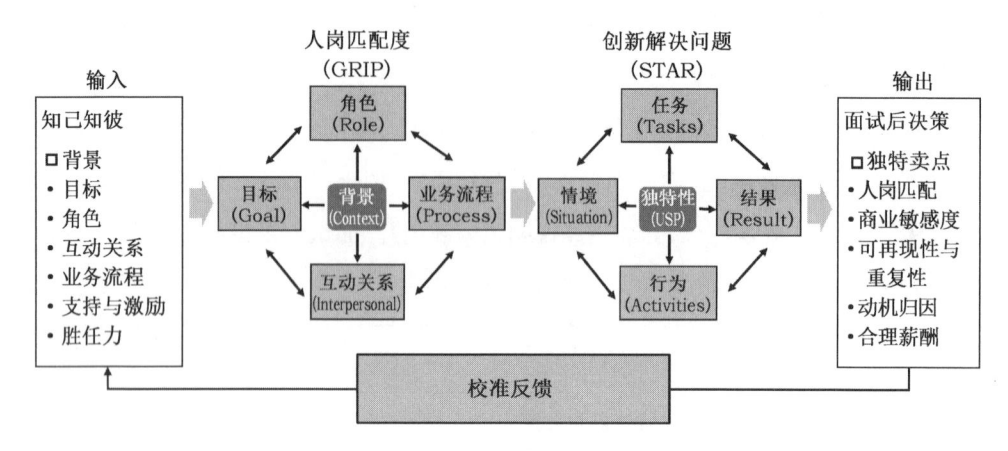

图 4—40　面试甄选框架

此外,成长潜力也是重点考察目标。对于渴望职业成长的个人来说,加入一个组织,需要凭借既有的知识储备,改进解决新问题的能力,并要在新的组织环境中保持与时俱进。

好的故事,有助于更好地展现自我和赢得机会。故事,即过去发生的典型事例,可以用 STAR 结构进行阐述,包括 Situation(情境)、Task(任务)、Activity(行为)、Result(结果)。

通过 STAR 案例,面试官通常会考察:(1)是否真实可信?(2)该典型案例反映了什么价值观或独特品质?(3)反映了什么战略性思维?(4)反映了什么标准化的运营流程、策略或工具?(5)以上反映的要素如何可复制?

面试官唤起故事的提问方式通常包括如下结构化提问:

(1)举例说明你遭遇过最大的困难或挑战是什么?

(2)Who:客户是谁?有什么特征?客户的期望值是什么?

(3)Where:该挑战发生时的业务背景是什么?

(4)Why:你为什么要改变?基于什么假设?假设是如何产生的?

(5)What:你实际上采取了哪些行为?遇到了什么问题?如果问题不解决会有什么后果?

(6)How:你如何做才能实现客户期望值?

(7)这个案例反映了什么?比如价值观、思维方式或运营能力等。

(8)说明了什么？比如意义或追求。

(9)对你有什么启发？

GRIP 是框架，STAR 是点，二者结合，能够帮助面试官把点、线、面有机地结合在一起，从而更完整地了解一个人，并做出最优的面试决策。

校准反馈有两点主要好处：一是可提前识别可能的风险点，快速优化，从而使面试者在以后的面试中有更好的表现；二是优化"知己知彼"的认知质量，尽可能无限地趋近于靶心。靶心的描述越精准，越有助于提升面试成功率。

(三)动机归因

动机，是促使一个人决定是否加入或保留在一个组织的内因，是内在的自我驱动力，也是一个人持续改变的决定性力量。动机归因，是指从一个人的未来愿景出发，按照价值主张设计画布，以终为始地推导出一个人进行职业选择的决策依据。

右侧部分，是定义 Where，即未来愿景，包括用关键词表述其特征、具体的工作内容、能获得的好处，以及要付出的时间、精力或其他痛苦。从未来愿景的构成来看，它是博弈均衡的产物。一个人想成就个人愿景，必须先舍而后得，即一分耕耘一分收获；反之，如果不肯付出或承受痛苦，则在竞争日益激烈的职场，很难成就个人愿景。

左侧部分，是定义 How，即解释如何做才能成为右侧所期望的人，包括影响增加收获的内外因，以及降低痛苦的内外因。最后，再将这两部分综合在一起，得出职业选择的决策依据。显然，第 7 个步骤所总结的决策依据，需要与右侧第 1 步总结的未来愿景保持一致。按照动因归因所得的决策依据，能够帮助一个人趋近于未来愿景。

动机归因，也是面试官做最终决策的重要依据。这是因为越是看重长期发展的个人与组织，越重视内在驱动力，而非对外界刺激。特别是对于关键人才而言，动机归因在面试决策中往往占据更多的权重。有些教育背景、工作履历非常优秀的候选人，在人岗匹配、商业悟性等方面的表现非常优秀，但是由于其无法把动机归因阐述清楚，甚至过于纠结外在的激励因素，包括头衔、层级或薪酬涨幅等，最终很可能会导致其面试失败，既损失长期利益又损失短期利益。

当然，对于有经验的面试官来说，其除了关注候选人从个人的长期愿景出发所阐述的动机归因外，还会从其过往的经历中，特别是典型困难事项或核心挑战中，来验证候选人是否能够做到"知行合一"。即根据一个人过去的行为表现，推导出影响其动因的关键因素，验证其所阐述的动因是否具有可信度。

(四) 合理薪酬

职业具有功利性特征，职场人通过劳动获得合理报酬。合理，与岗位的社会化属性有关，是社会化比较的结果。价格由市场供求关系决定，岗位的薪酬也同样由职场人的供求比决定。通常，岗位薪酬水平与以下因素有关：

(1) 特定岗位在组织结构中的层级和重要性；
(2) 相似岗位的市场薪酬水平的社会化比较与对标结果；
(3) 特定组织的人力资源战略和薪酬定位与策略；
(4) 特定候选人在面试过程中所展现的独特性和稀缺性。

面试官通常会在面试过程中，进一步了解候选人当前的薪酬构成、组合明细以及对所面试岗位的薪酬期望值，并在最终面试决策时加以考虑。不同的组织有不同的薪酬结构，并根据绩效制度和回报机制给予员工短期和长期的激励。合理薪酬，要着眼于未来。职业机会的决策过程与投资决策相似，可以通过净现值法来对未来的净现金流进行预测和贴现，并通过可预测比较的财务模型分析，对不同的职业机会进行比较。

在该财务模型中，通过预测未来的净现金流入——未来值(FV)、年平均增长率(AAGR)、可工作年限/投资期(n)，计算贴现到当前的现金净流入——现值(PV)，再用每年的贴现现金流(现值)之和减去期初投资(即当前个人在职场上的机会成本)，就可以分析比较不同的职业机会的投资价值。NPV 越大，说明长期的财务回报越高。

影响净现值的因素，如图 4-41 所示，其与雇主品牌溢价能力、公司业务在 BCG 矩阵中的位置，以及一个人的收入结构有关。在数智化时代，企业为了招聘和保留关键人才，往往会在收入的组合结构中包含固定薪资(Base)、奖金(Bonus)和长期股权激励(ESOP)等。不同的收入类别，兑现周期和回报率也不同。这就需要具备良好的认知加工与决策能力。

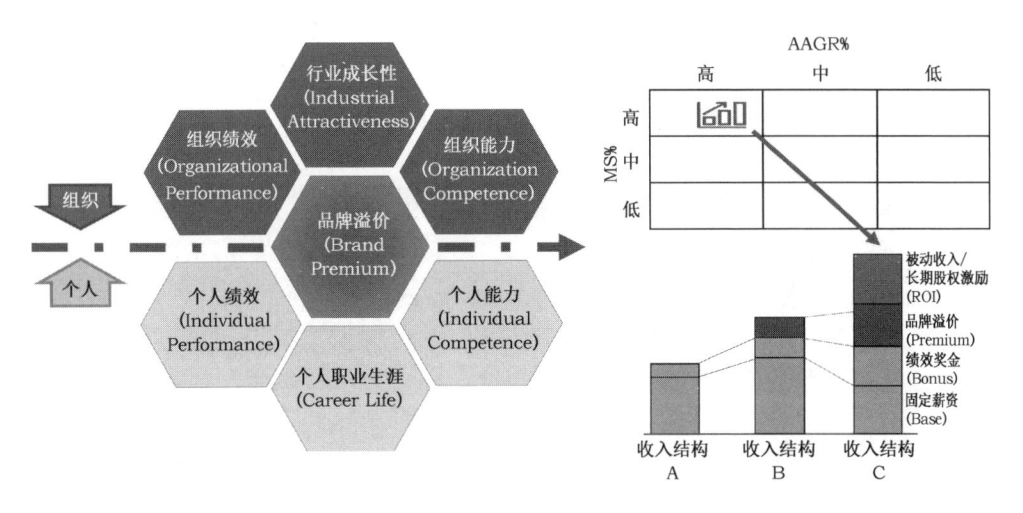

图 4—41 支持与回报

(五)商业敏感度

商业敏感度,主要包括市场导向、财务敏锐和全局思维。它体现了一个人综合处理商业信息的能力,并涉及知人善任、顺畅沟通、客户关系管理、战略性思维、创新解决问题、精益化运营以及公司理财等方面的行为表现。

商业悟性高的人也会有更高的情绪觉察和管理能力,并擅于与他人和谐共处,同时,其也擅长管理自我动机。在数智化时代,商业敏锐还体现为数字思维、生态思维、创新思维、闭环思维等,这些成为职场力的关键要素。

五、复盘与反思

(一)焦点呈现

采用焦点呈现法对面试过程和体验进行复盘与反思,首先需要从客观事实出发,进一步推导反映了什么问题、说明了什么意义或彼此在追求什么,以及后续如何安排等。

如图 4—42 所示,可以通过事实矩阵,对在面试过程中所看见的和听见的,以及体验好的和体验不好的客观事实进行分类,并从所有事实中提炼体验最好的或体验最不好的选项进行聚焦。

针对体验最不好的选项,应思考背后的焦点问题是什么;针对体验最好的选项,应思考背后能反映什么。总之,通过对客观事实和面试体验的复盘,有助于帮助面试双方发现潜在的机会或威胁,从而在面试时做出更理性的选择。

	看见的	听见的
体验好的	✓ 国家政策大力发展数字经济 ✓ 传统企业加速数字化转型 ✓ MD公司已投入上亿元建设全渠道 ✓ MD公司的数字生态建设已进入成长期 ✓ MD公司的2号位兼数字生态业务的领导 ✓ MD公司的数字生态业务团队成员规模>100人,>50%的团队人员来自数字标杆企业	✓ MD公司的愿景是建设数字生态系统 ✓ 为员工提供长期稳定的发展平台和高于市场的回报 ✓ 有股权激励,且股价长期保持平稳增长趋势 ✓ 领导团队有清晰的使命和愿景 ✓ 国内市场份额排名第一 ✓ 近3年业务年平均增长率在20%以上
体验不好的	✓ 上班地址偏僻 ✓ 晚上9点办公室仍灯火通明 ✓ 每年有10%的末位淘汰率 ✓ 更多的行业竞争对手出现	✓ 近2年数字生态团队的流动性超过20% ✓ 生态上下游伙伴加入数字生态意愿不强 ✓ 个别面试官表现不专业

图 4—42　面试体验总结

(二)持续改善

面试的整个过程,包括面试前的准备、面试过程中的互动、面试后的跟进以及反馈,这些环节都是学习与成长的机会。面试技能改善,不仅有助于求职招聘,还有助于内部晋升,甚至有助于吸引合作伙伴和招投标成功。

面试技能,与提问的技巧和回答的技巧高度相关。提问,是指面试官提出隐含某种特定意图的结构化问题并让候选人回答。意图,是指希望达到某种目的的心思或想法。由于受到知识局限,面试官的提问与意图之间会存在偏差,甚至与被面试者的理解之间也存在偏差,这些会导致面试效果大打折扣。

为了改善面试效果,面试官要学会如何针对特定意图设计有针对性的问题,并持续改善提问技巧;被面试者也要学会如何理解不同的结构化问题及其背后的意图,并做好前期准备,力求精准地呈现自己。

问题包括封闭式问题和开放式问题。封闭式问题,相当于英文的一般疑问句,比如,"你是否做过×××具体工作?"对应的回答为"是"或者"否"。开放式问题,相当于英文的特殊疑问句,即用 Who/Where/Why/What/When/How 等引出的问题。候选人首先要正确倾听面试官的问题,并理解其意图,再给予有针对性的回应。

如果被面试者对面试官的意图没有理解清楚，可以尝试用自己理解的话术反问对方，在得到证实后再予以回答，避免因为理解偏差而导致答非所问。当然，面试官有不同风格，有人喜欢开门见山，有人喜欢让候选人自己去猜。前者可能更侧重于考察候选人做事的能力，后者可能更侧重于考察候选人的人际关系敏感度。

如果被面试者对提问本身没听清或没听懂，也可以请对方再重述一遍，千万不要自说自话。导致问题不清楚的原因，可能有提问者的因素，比如方言、表达，或问题过于冗长等；也可能有候选人的因素，比如分神、语境不同步，或背景差异大等。

提问的方式，通常包括结构式提问、启发式提问和挑战式提问等。

结构式提问，是指面试官把多个问题，按照先后顺序和逻辑相关性，进行提问和追问，并记录答案，同时观察候选人的反应、身体语言、情绪状态。

启发式提问，是指面试官基于特定的意图，在没有获得满意的答案时，希望通过启发性的提问，来引导候选人对该问题的进一步思考，以便了解和验证候选人是否具备某种特质，以及是否适应未来的工作机会。

挑战式提问，是指观察候选人在面对来自面试官的压力或干扰时的具体行为表现。特别是对于工作压力很大、节奏很快的岗位，这种提问方式具有某种仿真模拟效果，可测试候选人的情绪管理能力。

总结，为了提高面试成功率，建议从以下七方面进行练习：

第一，对自我进行全面深刻的反思，包括背景、自我突破的进取心、最有激情的领域、最有优势的领域、可邻界拓展的领域、最有回报的领域和可持续行动学习的领域等。

第二，对外界进行全面深刻的洞察，包括背景、目标、角色、互动关系、业务流程、支持与激励和职场力等。

第三，基于自我定位，提炼个人品牌的独特卖点，勾勒未来愿景，设定里程碑目标。

第四，面试前期准备，包括再对焦自我和外界，以及通过同理心沟通曲线梳理关键节点的标准话术，并尽可能准备面试前的情境模拟。

第五，面试过程控制，包括总—分—总沟通、时间控制和关节控制等。

第六，面试后续跟进，记录 Who/What/How，并通过认知加工决策 CASVE 工具来验证回答的质量以及评估风险。

第七,复盘与反思。无论面试成功还是失败,都是面试者宝贵的自我学习与成长的机会,面试者要擅于萃取最佳实践,更新面试技能。

实训与自测

1. 请通过SWOT总结未来职业定位,从GIFTS(地域、行业、职能、层级和独特性)维度用关键词加以概括。

2. 请基于"知己知彼",提炼出面向未来的独特卖点USP。

3. 请从过去经历中萃取一个最具典型的故事,并用STAR法加以阐述。

4. 请从STAR结构的完整度、与USP的相关度、典型度和困难度四个维度,验证STAR的质量。

5. 从STAR中是否能还原出价值观或品质、战略性思维以及标准化运营的能力?如能,分别是什么?

6. 请用同理心沟通曲线,设计关键节点所对应的标准话术和时长。

7. 请结合同理心沟通曲线和总—分—总叙事结构,进行面试模拟并记录下每个问题的对应答案。

8. 分析每个问题、意图、答案,以及三者之间的匹配度。

9. 将所有问题与答案综合在一起,如果你是面试官,你会如何决策?

10. 请评估自己的面试技能,哪些做得好?哪些还需要再改善?

第五章 职业生命周期的挑战与对策

第一节 如何校准职业定位

本节精要导读

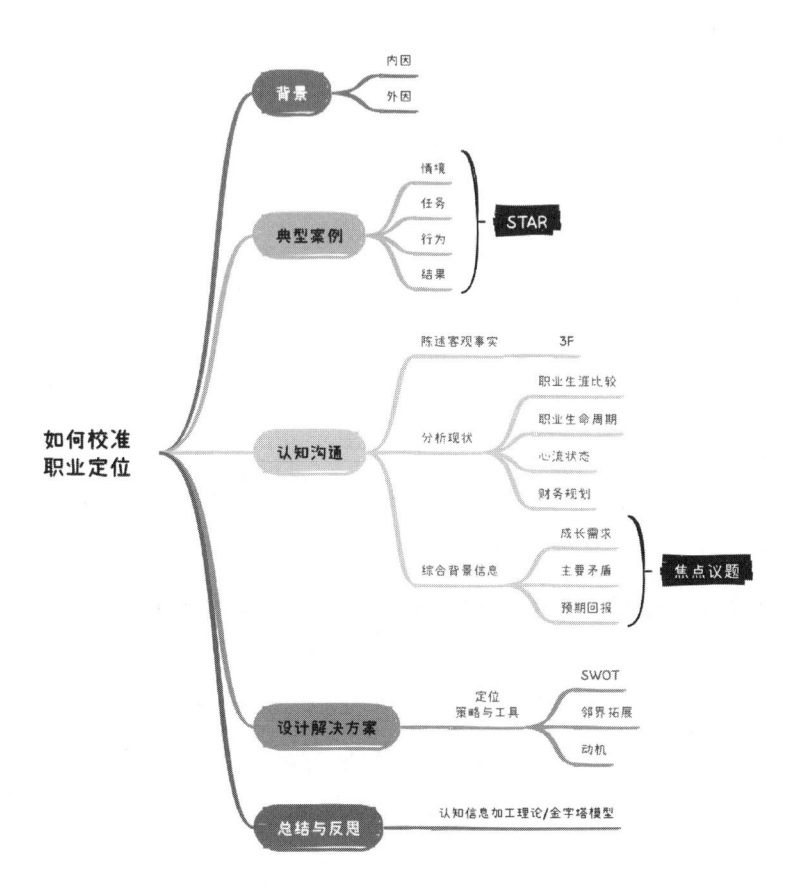

```
                    ┌── 内因
            背景 ───┤
            │       └── 外因
            │
            │              ┌── 情境
            │              ├── 任务
            典型案例 ──────┤                STAR
            │              ├── 行为
            │              └── 结果
            │
            │                  ┌── 陈述客观事实 ── 3F
            │                  │
            │                  │              ┌── 职业生涯比较
如何校准    │                  │              ├── 职业生命周期
职业定位 ───┤   认知沟通 ──────┼── 分析现状 ──┤
            │                  │              ├── 心流状态
            │                  │              └── 财务规划
            │                  │
            │                  │                  ┌── 成长需求
            │                  └── 综合背景信息 ──┤── 主要矛盾    焦点议题
            │                                     └── 预期回报
            │
            │                              ┌── SWOT
            │   设计解决方案 ── 定位策略与工具 ──┤── 跨界拓展
            │                              └── 动机
            │
            └── 总结与反思 ── 认知信息加工理论/金字塔模型
```

一、背景

职业生命周期,是指一个人职业生涯的长周期内所包含的若干个短周期。在一个职业生命周期内,有些行为特征经常会重复出现,比如重新思考职业定位、寻找机会窗口期、制定职业加速成长的策略、突破职业成长的瓶颈、持续更新职场力、成功实现职业转型等。这种周期性特征,不仅适用于尚未步入职场的学生,还适用于已身居高级管理岗位的职业经理人。

职业定位,是指一个人在自我觉察的基础上,在一定时效范围内所设计的具有相对稳定性特征的职业价值主张。人们的职业定位,随着职业体验的深入和外部环境的变化,在职业生涯内往往面临着多次对焦。

由于外部环境和人们在职业生涯不同阶段的需求层次具有复杂多变性,同时由于人们的职业体验与过往预期可能存在反差,并且随着知识与技能的发展,人们的心流状态也随之发生改变,再叠加职业锚等复杂因素的综合影响,有可能导致人们在职业生涯的不同阶段,重复出现关于自我定位的思考或烦恼,如"我是谁?"或"我理想中的职业人生到底是什么样的?"

二、典型案例

王先生,2005年本科毕业于国内一所财经类211高校,毕业后首先加入了一家国际头部的四大会计师事务所,从事审计工作。在工作满3年后,他又攻读了一个国际MBA学位。在MBA毕业后,王先生加入了HW公司消费者业务群的海外分支机构,分别被派驻到英、法、德等多个欧洲国家负责当地的销售运营工作。2018年,王先生被调回中国总部,负责消费者业务群下属某产品事业部的全球销售运营管理工作,其岗位层级属于中高层。

在外人看来,年仅38岁的王先生在令人羡慕的行业标杆企业发展得顺风顺水,并达到了很多人难以企及的目标。但王先生对自己的状态并不满意,他觉得自己还有很多潜力没有发挥出来。回顾职业生涯,王先生觉得自己的职业过于单调,大部分时间都是在做相同的销售运营工作。在HW公司,王先生一方面看不到有晋升的希望,甚至也得不到成就感。如果就这样的状态在HW公司工作到退休,王先生心有不甘。王先生也想看看外面的世界是怎样的,同时也想试试自己在 HW 公司所积累的经验和技能是否能够在其他领域发挥作用。但是,到底什么样的机会最适合自己,王先生还没有想得很清楚。

在这种情境下,王先生还是给自己定下了一个任务:去外部看看是否有更适合自己的新职业机会。于是,他更新了自己在某社交平台的简历。不久,一位猎头给他推荐了来自一家某民营食品品牌(KSF)首席增长官(CGO)的岗位,全面负责该公司的业务增长。王先生觉得该机会很有挑战性,并且对自己颇有信心,于是他欣然接受了这个机会。

然而,令王先生颇感痛苦的是,新公司的文化和管理风格与他个人的价值观和性格特质格格不入。加入这个新公司后,他始终无法和团队融合,结果不得不提前终止了试用期。未来到底该何去何从,王先生陷入了迷茫。于是,王先生决定求助于一位资深的职业教练,希望通过与教练的深度沟通帮助自己走出焦虑状态。

三、认知沟通

(一)陈述客观事实

生涯导师:我注意到你的职业轨迹,有长达 15 年的时间在 HW 工作,主要聚焦于销售运营管理工作,但是在加入 KSF 后不久就离开了,为什么呢?

王先生:主要有三方面原因:一是文化不匹配;二是岗位相关性不高;三是我对食品行业也缺乏兴趣。

生涯导师:那你当时为何要选择离开 HW,加入 KSF 呢?

王先生:我在 HW 时间太长了,工作对我而言已经没有任何挑战。我还不到 40 岁,还不想让自己处于半退休状态。KSF 公司的老板想借鉴 HW 的管理模式,而且这个岗位负责的范围和薪酬回报都还不错,所以我就加入了。

生涯导师:能否聊聊你在 KSF 的角色——首席增长官(CGO)?为什么这家公司要设置这样的岗位,招聘像你这样背景的人加入呢?

王先生:这个岗位是新增的角色,是直接向集团 CEO 汇报。在面试时,他告诉我说其目的是把市场和销售两大部门整合在一起。随着全渠道和整合营销的发展,传统的销售和市场按职能线划分和分工协作的模式,越来越不够敏捷高效,所以 CEO 希望我过来做整合。

生涯导师：这个想法听起来是符合逻辑的，而且纵观全球知名的消费品品牌，已经有多家做了类似的改变，他们的初衷也一样。那你在这家公司遇到了哪些困难或挑战呢？

王先生：从组织架构来说，我们有由资深的销售副总裁领导的销售部门和由资深的市场总监领导的市场部门，这两个部门平时就不太合作。本来期望我过来之后，能够整合这两大部门，但我做不了任何事情，他们根本不买账。

生涯导师：我基本了解了事情的经过了。你认为这次不算成功的职业转换反映了什么问题呢？

王先生：这段时间我有反思过，我觉得自己当时的确是为了改变而改变，其实我并没有想清楚自己未来到底想要什么。截止目前，我仍然不清楚未来我应该如何定位自己。

生涯导师：那我们接下来使用职业体验矩阵来对你过去的职业经历和体验做个总结，也许我们可以从中发现一些线索并推导出最适合你未来职业生涯的方向。这个体验矩阵，陈述的是看见的和听见的客观事实(Facts)，按照体验好的和体验不好的感受(Feeling)进行分类，并从所陈述的客观事实中各萃取出体验最好的和体验最不好的事实。

职业教练用如图 5—1 所示的职业体验矩阵，引导王先生总结了其过往职业生涯所看见的和听见的客观事实，并按照体验好的和体验不好的感受进行分类。从总结中发现，其体验最好的感受是和跨文化团队解决最复杂的问题；其体验最不好的感受是团队内耗和重复做毫无挑战的工作。王先生还补充道，自己是一个热爱挑战且不怕困难的人，他曾经尝试过在内部寻找可增加挑战的角色，但是一直没找到合适的机会，这也是他决定看外部机会的原因。

(二)分析现状

除了职业体验复盘外，职业教练还采用职业生涯曲线、职业生命周期情境分析、心流和财务预测等分析工具，帮助王先生更好地了解外界环境和认知自我。

1. 分析工具一：职业生涯曲线

通过如图 5—2 所示的职业生涯曲线，王先生认为自己的职业生涯发展总体上

	看见的客观事实	听见的客观事实
体验好的	☐ 全球各国加速推动数字经济发展 ☐ 数字经济基础设施日益完善和普及 ☐ 新能源/绿色环保产业得到政策大力支持 ☐ 大健康领域也是世界各国重要发展领域 ☐ 中国在全球供应链的核心地位越来越重要 ☐ 中国消费市场成为中国和全球增长新动力 ☐ 组织文化氛围对组织和个人绩效有重要影响 ☐ 群策群力解决复杂问题能培养自信心和成就感 ☐ 数字化转型的难点在于人的思想和组织有效治理 ☐ 1号位的领导力和决心对变革成功起到决定性作用 ☐ 不断增加的挑战有助于职场能力的持续提升	☐ 全球供应链在加速重构 ☐ 中国企业走向全球化是长期趋势 ☐ 共同富裕主导下的消费升级加速 ☐ 越来越多的消费电子类企业转型建设数字生态 ☐ 民营企业加强对管理系统/人力资本的投入 ☐ 周边人中联合创业的朋友越来越多
体验不好的	☐ 职位挑战会随着时间延长而降低 ☐ 团队内耗消磨人的时间和精力 ☐ VUCA的外部环境让人焦虑 ☐ 经济环境不佳给个人职业发展也带来困难 ☐ 职业转型的失败成本太高	☐ 职场环境的内卷程度越来越高 ☐ 长期从事没有挑战性工作会让人感到很无聊 ☐ 复杂的人际关系让工作难以推动 ☐ 标杆企业空降兵在第一次空降后存活率不高 ☐ 职场4050面临重新职业定位和转型压力

图 5—1　王先生的职业体验

高于职场同龄人的平均基准，且属于成熟期接近高峰期的阶段。从职业生命周期情境分析中，王先生认为自己属于定位期，即如何重新定位职业生涯下半场的职业目标。

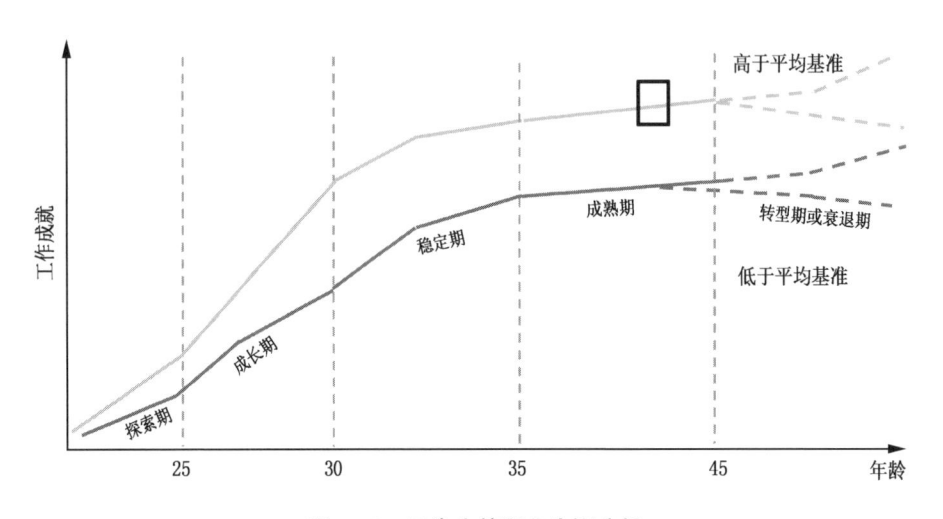

图 5—2　王先生的职业生涯分析

2. 分析工具二：心流状态

根据如图 5—3 所示的心流理论分析，王先生认为自己在 HW 公司的心流状态为无聊，即当时的挑战小于其核心能力。但是，在他加入 KSF 公司后，由于加入一个全新的行业和组织生态,导致他当时所面临的挑战大于核心能力,所以心流状态一度变得很焦虑。而在离开 KSF 后,由于还没有重新考虑清楚下一步的职业定位,所以焦虑状态还在延续中。

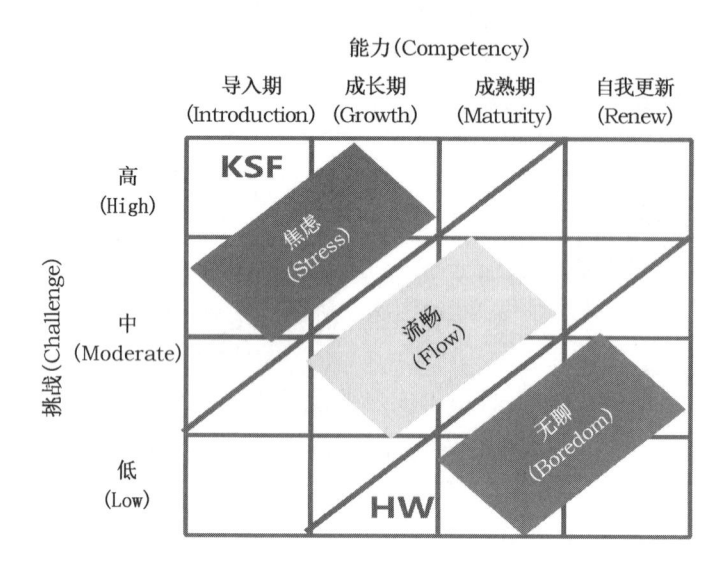

图 5—3　王先生的心流分析

3. 分析工具三:财务规划

王先生具有财经类的本科和 MBA 教育背景,这使他养成了在决策前采用财务预测模型进行财务预测和分析的习惯(如图 5—4 所示)。王先生更关注长期的财务回报,即未来的现金净收入(FV),而非当前或短期的现金净收入(PV)。在离开 HW 之前,王先生的年现金净收入为 200 万元/年,主要由基本薪资、奖金和长期股权激励组成,其中固定薪资占比约为 60%。所以,在看未来的机会时,王先生对 PV 值是否有多少涨幅并不是很在意。他更看重的是工作机会的长期性(n)和由薪酬组合带来的更高的年均增长($AAGR$)。

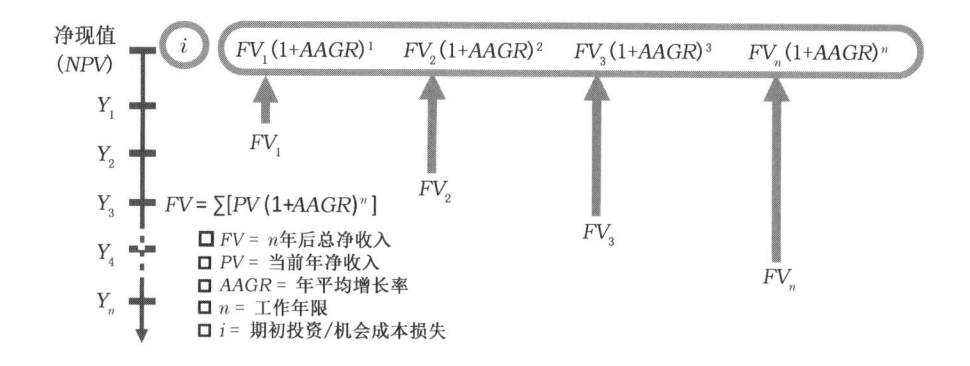

净现值 (NPV) — i — $FV_1(1+AAGR)^1$ $FV_2(1+AAGR)^2$ $FV_3(1+AAGR)^3$ $FV_n(1+AAGR)^n$

Y_1
Y_2 ↑ FV_1
Y_3 $FV = \sum[PV(1+AAGR)^n]$ ↑ FV_2
Y_4
- FV = n 年后总净收入 ↑ FV_3
- PV = 当前年净收入
Y_n
- $AAGR$ = 年平均增长率 ↑ FV_n
- n = 工作年限
- i = 期初投资/机会成本损失

图 5—4　王先生的财务规划

在做出决策前，王先生更倾向于采用以下 NPV 算法模型来比较和分析不同职业机会对自己的长期职业价值和财务回报。

$$NPV = \sum_{(1\sim n)} \frac{FV_n}{(1+AAGR)^n} - i$$

(三)综合背景信息

背景综合，是指把以上通过沟通获得的信息进行分类汇总，并综合地体现在一个页面上。如图 5—5 所示，职业教练帮助王先生总结了三点背景，并提炼了焦点议题，即如何确定职业定位。

（1）成长需求：持续自我突破；

（2）主要矛盾：渴望改变 vs. 定位不清；

（3）预期回报：不关注短期 PV，而是关注长期回报：$FV = \sum[PV(1+AAGR)^n]$。

成长需求	主要矛盾	预期回报	焦点议题 如何校准职业定位？
□ 持续自我突破	□ 渴望改变 Vs.定位不清	□ $FV=\Sigma[PV(1+AAGR)^n]$	

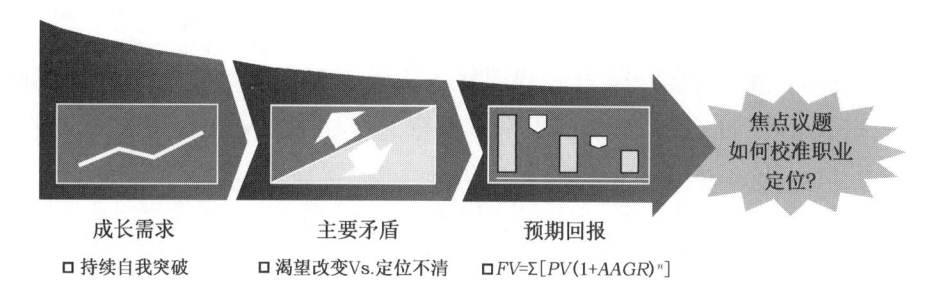

图 5—5　王先生的背景综合

四、设计解决方案

(一)SWOT 定位

基于焦点议题,即如何设定职业定位,职业教练建议王先生采用 SWOT 矩阵(见图 5—6),寻找其差异化职业定位。首先,王先生看到了长期的外部机会——消费电子行业的数字生态化趋势越来越明显,数字化的供应链基础设施越来越完善,以及中国企业不断走向全球化等。其次,王先生总结了自己最大的三点优势:长期的跨境业务管理经验、消费数码产品的行业经验和销售运营管理经验。王先生最终得出自己未来的职业定位为:全球+智能硬件或数字生态+业务/品类管理+首席运营官/增长官。

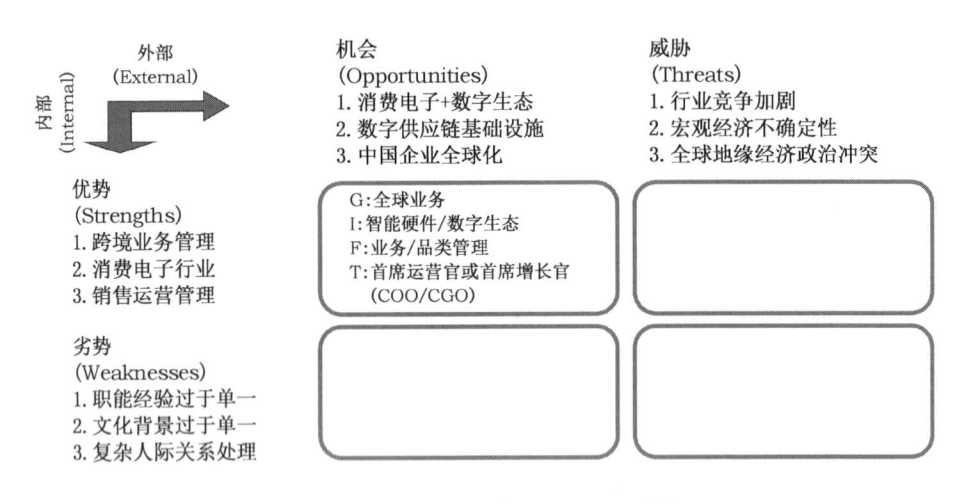

内部 (Internal) / 外部 (External)

机会 (Opportunities)
1. 消费电子+数字生态
2. 数字供应链基础设施
3. 中国企业全球化

威胁 (Threats)
1. 行业竞争加剧
2. 宏观经济不确定性
3. 全球地缘经济政治冲突

优势 (Strengths)
1. 跨境业务管理
2. 消费电子行业
3. 销售运营管理

G:全球业务
I:智能硬件/数字生态
F:业务/品类管理
T:首席运营官或首席增长官 (COO/CGO)

劣势 (Weaknesses)
1. 职能经验过于单一
2. 文化背景过于单一
3. 复杂人际关系处理

图 5—6 王先生的 SWOT 职业定位

(二)邻界拓展

考虑到职业拓展的潜在风险,职业教练推荐王先生采用如下的邻界拓展矩阵来对职业拓展的优先级排序。从行业细分/市场以及核心能力两个坐标轴所组成的增长矩阵来看(如图 5—7 所示),以第 1 象限的"消费电子+销售运营"为核心优势,可以分别向第 2 象限或第 3 象限邻界拓展。

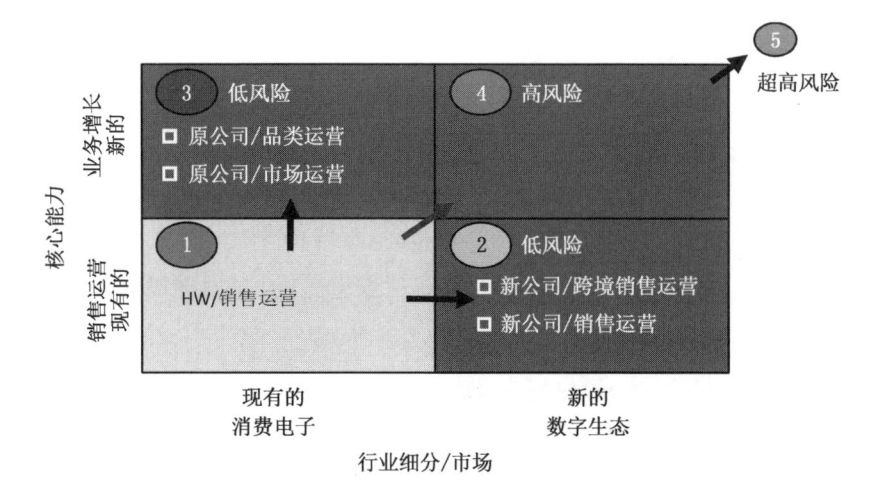

图 5-7　王先生的邻界机会分析

(三)动机管理

基于战略性的职业定位和未来 10 年的规划,王先生在职业教练的引导下,进一步做了动机归因分析,如图 5-8 所示。从右侧的未来 10 年后的成功画像来看,王先生再次确认了其希望未来 10 年在消费类的智能硬件或数字生态领域工作,打造具有行业战略影响力的品类,成为行业 KOL。按照这样的职业定位及分析,王先生得出的职业机会优先级分别包括以下两类:

(1)头部电商平台负责消费电子品类的运营岗位;

(2)头部数码/智能硬件品牌的首席增长官。

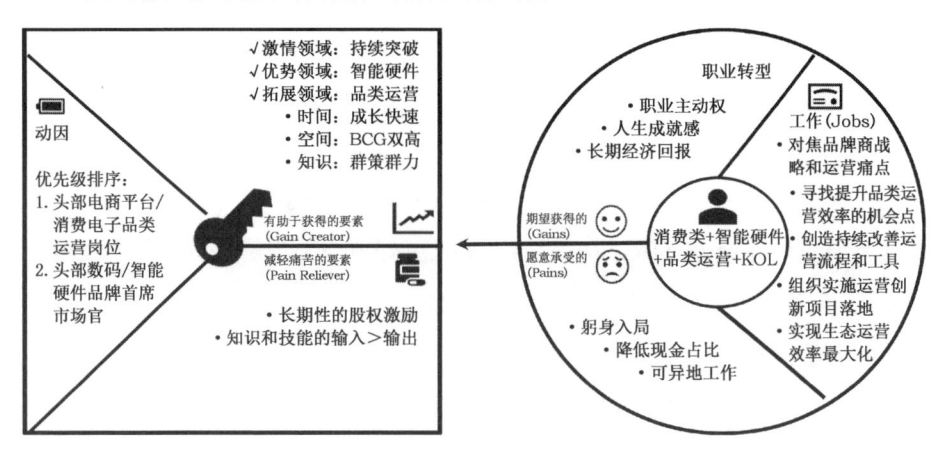

图 5-8　王先生的动机归因

通过重设职业定位,王先生最终成功加入了某电商企业,负责数码家电类品类的综合管理,并在基于数据资产打造数字生态方面做出了新的探索。

五、总结与反思

(一)谋定而后动

孙子兵法云:"谋定而后动,知止而有得。"意思是说,谋划准确周到而后行动,知道目的地才能够有所收获。这个道理也适用于职场。当一个人受困于职业定位不清晰时,谋定而后动应为最佳策略。在复杂多变的职场,职业定位不清晰的现象普遍存在。考虑到职业转型所导致的一系列机会成本,建议把谋划分为定性和定量两个部分。

定性,是指通过觉察自我和觉察外界来形成定性的职业定位与决策。其中,觉察自我基于对自我的了解,包括自我突破的进取心、最有激情的领域、最有优势的领域、可邻界拓展的领域、最有回报的领域以及最被社会所需要的领域等;觉察外界,包括从经济周期、宏观环境、行业动态、岗位画像等不同层次去了解外界。

定量,是指在定性的基础上,再进行定量的计算,包括实现长期目标的里程碑路径图、可量化测量行动计划和目标,以及可灵活调整的薪酬期望值等。定量,通常关注的是短期目标和回报。

显而易见,定性在先而定量在后,短期目标和利益要从属于长期目标和利益,而非相反。从实际发生的职业转型失败案例来看,不少人就是把定性与定量混淆,甚至让基于短期的定量比较占据了主导地位,最终损害了长期利益。

(二)认知加工与决策

本案例所涉及的沟通、分析、综合、设计、验证和实施等步骤,符合认知信息加工理论的金字塔模型(Communication、Analysis、Synthesis、Evaluation、Execution,CASVE),并结合具体工具,帮助当事人更好地加工出解决方案。

结合本文典型案例,配合 CASVE 使用的工具如下:

(1)沟通:职业体验矩阵;

(2)分析:职业生涯比较,职业生命周期的情境、心流、财务规划;

(3)综合:背景、焦点议题;

(4)评估:SWOT、邻界矩阵、动机归因;

(5)执行:头部电商/消费电子品类/行业运营。

(三)结论

不同的人在不同的职业生涯阶段都可能面临各自不同的问题。解决问题,需要逻辑力和想象力。逻辑力,是基于规律解决问题的能力,它可以使我们从 A 点到 B 点;想象力,是在大脑中生成图像的能力,它可以使我们实现无限可能。寻找个人的职业定位,本质上与市场营销学中寻找品牌或产品的定位逻辑上是一致的,所以我们完全可以把市场营销学领域的常用分析工具与个人的职业生涯相结合,并为个人解决职业问题提供方案。

第二节　如何抓住机会窗口期

本节精要导读

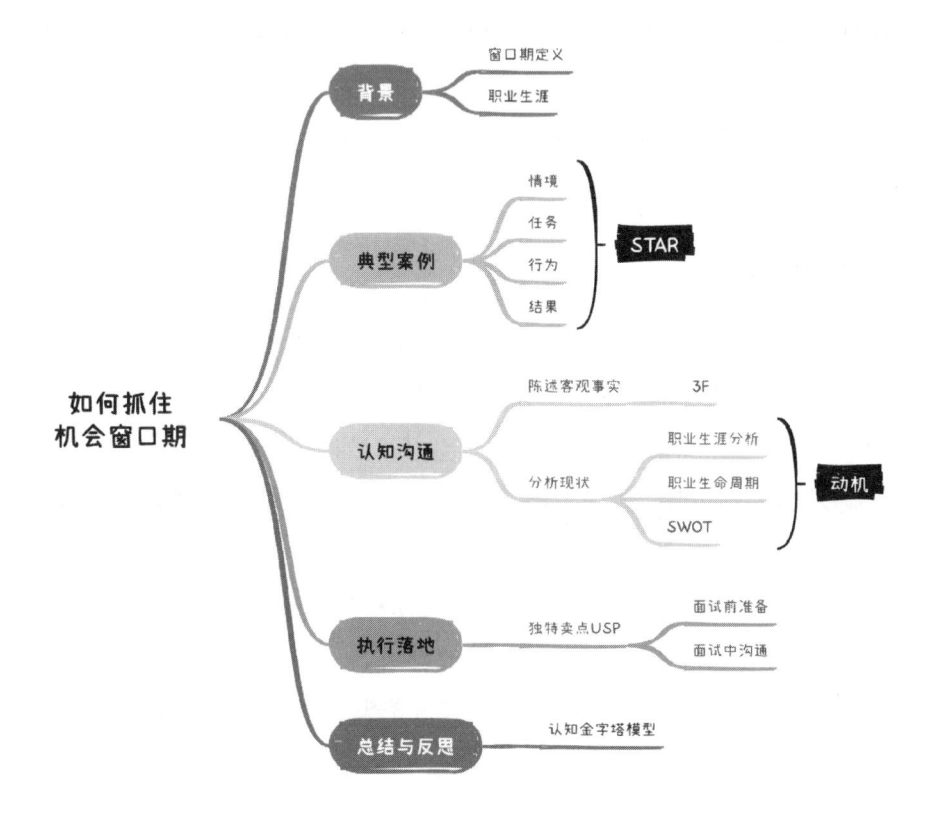

如何抓住机会窗口期
- 背景
  - 窗口期定义
  - 职业生涯
- 典型案例
  - 情境
  - 任务
  - 行为
  - 结果
  - STAR
- 认知沟通
  - 陈述客观事实 — 3F
  - 分析现状
    - 职业生涯分析
    - 职业生命周期
    - SWOT
  - 动机
- 执行落地
  - 独特卖点USP
    - 面试前准备
    - 面试中沟通
- 总结与反思
  - 认知金字塔模型

一、背景

窗口期，是指解决问题和加快发展的最佳时间节点，既是机遇期，也是攻坚期。其又特指企业或个人实际进入新市场或新职场的时间期限，这个时点后，市场或职场成熟，机会窗口期也随之关闭。

根据经济周期理论，人们将经济现象划分为超长周期、长周期、中周期和短周期，这些周期指导着人们的投资决策和职业规划。在职场上，擅用捕捉机会窗口期的人，往往更容易借助外部之势，抓住快速发展和获得高回报的机会；反之，错过机会窗口期的人，即使天赋异禀和非常努力，也可能一事无成。

从解决问题的角度出发，当一个人陷于某种困境时，在时间、精力或资源均有限的情况下，可以把整体分割成更细小的颗粒矩阵，从中发现最大化投入产出比的机会点，再集中优势资源、时间和精力于该点，从而开创以点带线、以线带面的持续突破的新局面。显然，机会点也是特定时间域和空间域的产物，如果瞻前顾后，很可能随着环境变化，机会窗口期就将不复存在。

在数智化时代，职业生涯的机会窗口期往往与年龄密切相关。如果不能在合适的年龄抓住机会窗口期，很有可能就会与某些行业领域失之交臂。如果不能在合适的年龄进入心仪的行业或平台，错过机会窗口期后，再想加入的难度就会成倍增加。

二、典型案例

Jessica，本科毕业于国内一知名985高校的信息科学专业，本科毕业后在加拿大攻读了一所头部大学的金融与大数据专业的硕士研究生，2020年毕业后开始回国寻找工作。Jessica希望加入金融科技企业从事数据分析的相关工作。

受到2020年新冠肺炎疫情影响，Jessica错过了校招季。等到下半年回国后，她只能参加社会招聘。对还没有工作经验的Jessica而言，她找工作的难度更大了。同时，新冠肺炎疫情导致企业招聘需求越来越少，用人标准越来越苛刻。

在这种背景下，Jessica还是陆陆续续地收到了一些来自金融或非金融企业的面试邀请，甚至不乏国内多家知名的数字经济领头羊企业和一些国外知名科技大厂的面试邀请。令人遗憾的是，Jessica 并没有成功通过面试并被录用。

多次面试失败让 Jessica 变得沮丧，甚至认为可能是由于自己缺乏大厂的实际工作经验，从而导致无法在国内获得被认可和录用的机会。于是，Jessica 开始继续参加考试并成功申请到一家美国 Top 10 大学的大数据相关专业的 offer，打算毕业后先在美国就业，等到有了几年工作经验后再考虑回国内发展。

但是，Jessica 也不是很确定这样的选择是否一定正确，或者从投资回报率的角度来说是否最经济。因为 Jessica 如果再读一个硕士，毕业后其年龄就接近 28 岁了，她担心会不会起步太晚了，或者错过了窗口期。于是，通过朋友介绍，Jessica 向一位生涯发展规划专家（同时也是业界资深人士）咨询自己今后一段时间的职业方向、生涯规划与发展路径。

三、认知沟通

(一)陈述客观事实

首先，Jessica 把在求职招聘过程中的客观事实和体验按照 3F 矩阵进行了阐述，并对信息进行了分类汇总，如图 5-9 所示。

	看见的事实	听见的事实
体验好的	□ 数字经济加速发展 □ 传统企业加速数字化转型 □ 传统金融企业全面拥抱数智科技 □ 数智科技企业也在拓展金融板块 □ 国家政策引导金融要为实体经济服务 □ 简历投递后几乎都能获得面试机会	□ 面试官询问如何理解业务和岗位 □ 面试官询问未来怎么规划职业 □ 面试官担心未来稳定性 □ 跨境数字供应链和金融业务对人才需求大 □ 回国发展职业的留学生越来越多 □ 在国内的数字标杆企业发展速度比在国外更快
体验不好的	□ 面试后全部被拒绝 □ 被拒绝的理由各不相同，有的说没有相关经验，有的说担心不稳定等 □ 本科同学毕业后加入大厂，有部分已做到中层管理岗，回报丰厚	□ 职场环境内卷程度越来越高 □ 有家头部科技金融企业给了5轮面试机会，其中业务部门面试官对自己很满意，但HR面试官担心自己职业规划不清晰而拒绝录用 □ 职场4050会面临职业转型的压力

图 5-9 Jessica 的职业体验

从客观事实的陈述可以看出，Jessica 在向多家头部数字标杆企业（包括金融和非金融领域的）投递简历后，基本上都能收到面试邀约，甚至有好几个机会都能面试到 4~5 轮，但在最后关头功亏一篑。职业生涯导师引导 Jessica 进行进一步反思。

生涯导师：Jessica，你曾经说过，你认为在国内加入头部数字经济体，特别是头部科技金融企业,之所以很困难,是因为你缺乏相关大厂的工作经验。但是,从你所陈述的客观事实来看,你缺乏工作经验的这个事实已经体现在你的简历中了,你所求职的企业在简历评估阶段实际上已经接受了这个事实并给了你面试,甚至多轮面试的机会。所以,你还认为缺乏相关大厂的实际工作经验,是导致你无法获得工作的真正原因吗?

Jessica:我不是很确定是不是这个问题导致的。

生涯导师:你可以换位思考一下,要是你是招聘官,如果真的很在意有无工作经验这一点,那么从你的简历上就可以看出来,所以根本就不用浪费彼此的时间来走后面的面试流程。你觉得是不是这样?

Jessica:是的。那看来是其他问题导致我面试失败了。

生涯导师:那你自己再仔细想想,面试官跟你聊完后最担心的是什么呢?

Jessica:从面试反馈来看,主要还是担心我自己的职业规划不清晰,加入企业后可能会不能适应高强度的工作而离职。他们一直强调,希望加入的人能稳定工作一段时间。

生涯导师:看来你的问题是出在了面试环节上,你过去在参加面试时无法在以下几方面让对方相信你的长期性和稳定性:

(1)独特价值点;

(2)职业价值观;

(3)岗位相关性;

(4)成长潜力;

(5)商业敏感度;

(6)薪酬规划;

(7)动机。

Jessica:我认为我的问题不是缺乏工作经验,而是面试技巧不够。

生涯导师:如果你确认问题是出在面试上,那么你即将采取的解决方案,即到美国再读一个大数据硕士,并计划毕业后先在美国找个工作,有几年经验后再回国工作,能够解决当前的问题吗?这样兜了一大圈所花费的时间和精力和财物,以及损失的机会成本,你都计算过吗?

Jessica：如果从财务的回报 ROI 来看，的确不如现在在国内找个好的工作机会。从我过去几个月找工作的经历来看，用人单位的确更看重实际的工作经验。

生涯导师：如果你认可实际的工作经验更重要，而你多个面试失败的问题不在于你是否有实际的工作经验，而在于你的面试技巧，当然还有你长期的职业定位与规划，以及建立在职业规划基础上的动机。

Jessica：您分析得对，那我该如何做呢？

生涯导师：无论从外部环境来看，还是从你个人职业生涯发展阶段来看，显然更好的策略是进入你之前设定的职业赛道，把你的独特优势与外部机会相结合，创造你独特的人设，并在接下来的面试前准备中，以人设为核心进行内容的组织，并加强面试沟通技巧的训练，抓住机会窗口期。否则，等你再花 2~3 年读完一个硕士，你很可能要错过机会窗口期了。

在经过与生涯导师的沟通和分析后，Jessica 放弃了去美国继续学习的打算，开始着手改进面试技能。她通过"解彼知己"工具，对自己的现状、面试体验和未来规划进行了系统性的复盘和总结，并结合 SWOT 分析工具，对最适合自己长期发展的个人品牌定位和动机进行了梳理。

(二)分析现状

从职业生涯分析比较来看，Jessica 认识到她自己尚处于探索期。与其本科后即工作的同学相比，其职业生涯成长曲线目前处于相对低于基准的状态。当然，其未来可以通过缩短成长期或通过知识变现加速超越同龄人，从而获得后发优势。如图 5-10 所示，生涯导师也帮助 Jessica 模拟了几种可能性。

从长期职业定位和规划来看，首先，生涯导师引导 Jessica 总结了长期的外部机会和威胁，并分别按照优先级排序挑选了各 3 项；其次，生涯导师又引导 Jessica 总结了自身的优劣势，并优先级排序分别罗列了各 3 项；最后，综合 SWOT 分析(见图 5-11)，Jessica 得出了自己最理性的职业定位，即在为跨境贸易提供数字金融支持的细分行业领域担任商业数据分析师。

基于以上现状分析，Jessica 又在职业生涯导师的引导下，按照动机模型归纳了从她未来的职业定位出发推导出的动机归因，如图 5-12 所示。从这个模型可以看出，Jessica 基于 SWOT 矩阵得出的未来职业定位、关于此定位的工作内容、期望

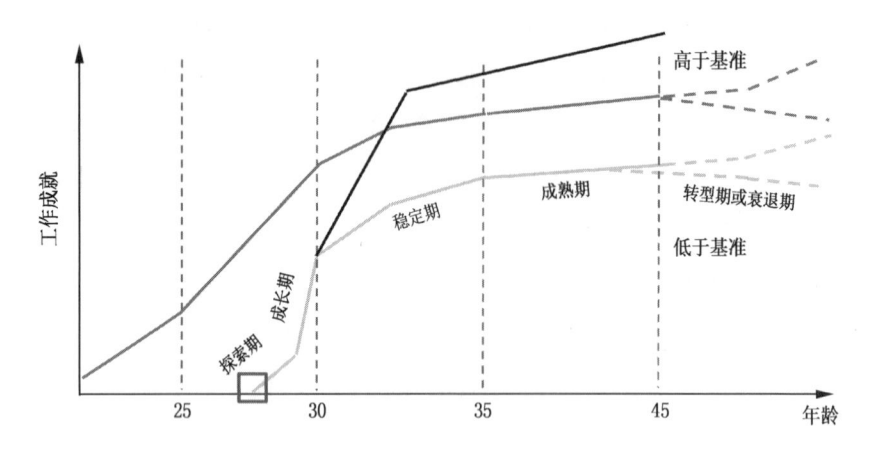

图 5—10　Jessica 的生涯曲线

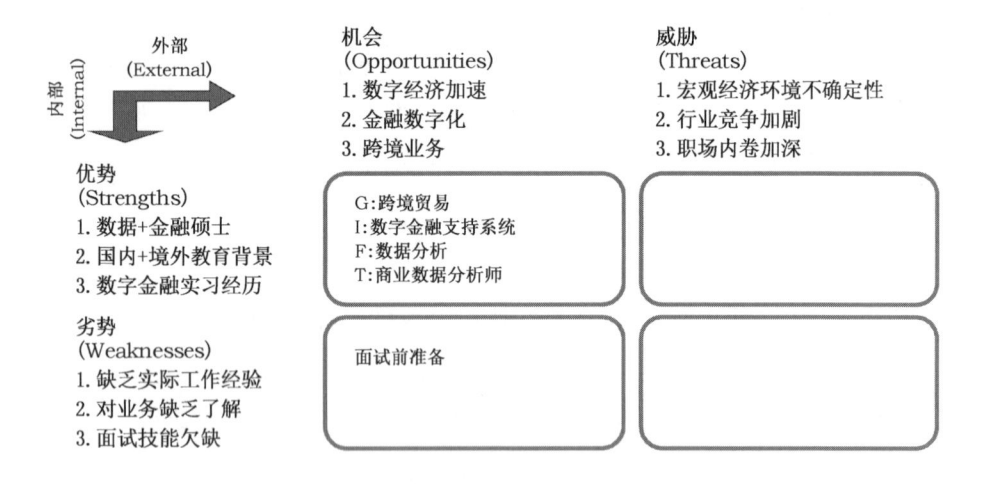

图 5—11　Jessica 的 SWOT 策略设计

获得好处以及愿意为此付出的努力或愿意承受的痛苦很清晰、很具体。同时,从未来成功画像出发,推导出左侧的关键影响因素,以及汇总所得出的动机,这有助于让面试官相信 Jessica 选择这个目标机会,是经过深思熟虑的。除了可以打消面试官关于 Jessica 稳定性的疑虑外,这个分析过程也有助于她本人更好地选择最适合其长期职业发展的职业领域。

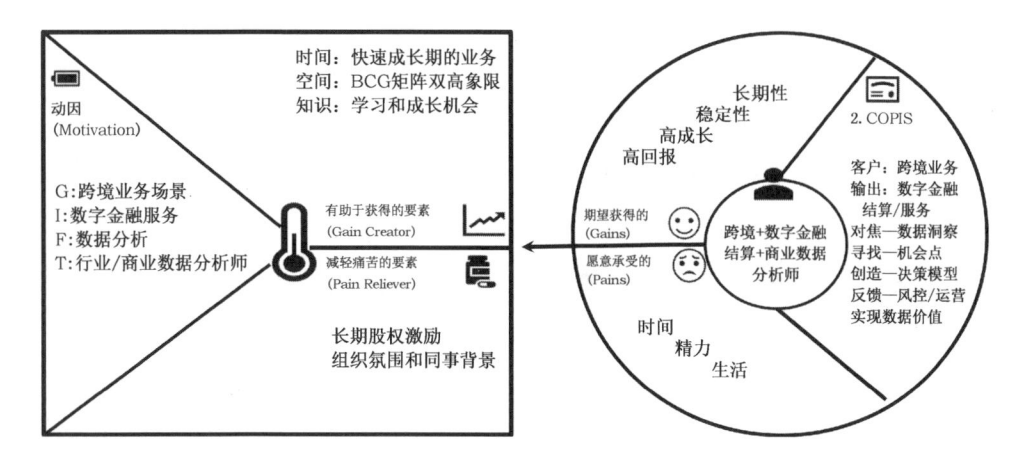

图 5—12 Jessica 的动机归因

四、执行落地

基于对现状的分析以及综合推导出的动机，Jessica 更加有针对性地寻访符合其未来长期职业定位的目标公司以及相关岗位。通过对外部环境/背景的分析，她发现在当前大环境下全球供应链被深刻地重构，中国制造的出口贸易额大增带动了跨境金融业务的发展，所以相关的工作机会还是比较容易找到。不久，Jessica 发现一家外资背景的从事跨境金融计算服务的机构正在招募数据分析背景的人才，Jessica 果断地投递了简历。

为了提高面试成功率，Jessica 进行了充分的面试前准备，首先通过六盒模型知己知彼，其次通过同理心沟通曲线认真准备每个关键节点的内容，包括介绍自己、介绍项目、构建和谐关系、准备典型案例、探索故事背后的核心能力以及动机归因、结构化问答，以及向面试官提问的问题等。此外，为了验证准备的效果，Jessica 还找了有丰富面试经验的朋友给她做了面试模拟，认真分析每个问题的对答质量，以及重点突出与未来职业定位和所要面试岗位高度相关的独特卖点。最终，Jessica 如愿以偿地得到了这家公司的工作机会，并在自己热爱的工作岗位上充分施展才华。

五、总结与反思

Jessica的案例反映了一个普遍存在的职场现象,就是当一个人陷于某种职业困境的时候,有时受制于理性局限,并不一定能够精准地定义问题。假设按照Jessica曾经以为的问题和对应的解决方案,她可能已经在美国某大学继续攻读她的第二个硕士学位,那么等她毕业后再找工作时,不见得比现在找工作更有优势。同时,这还可能导致她错失一个重要的机会窗口期。

基于信息加工金字塔模型(CASVE),学会通过有效沟通来发现和定义问题,通过分析和综合得出解决方案,排序优先级和执行落地,以及通过反馈机制优化策略和执行路径,有助于持续改善人们的决策质量,从而使真正的问题得以呈现和解决。

此外,导致认识偏差的原因通常来自知识的局限,尤其是出现情感与立场偏执之时,一个人往往难以得出最优决策。所以,最佳的策略就是找到具有相关经验的人进行生涯访谈,并通过校准反馈来提高决策水平。

总之,机会的窗口期,是在职业定位清晰基础之上的进一步延伸,可通过寻找到可突破的机会点,制定有针对性的策略来抓住窗口期。机会总是留给有准备的人,因此,应改进信息加工能力,对环境趋势的变化有前瞻性的预判,对自我有清晰的觉察,再学会制定最优策略。

第三节　如何加速职业成长

本节精要导读

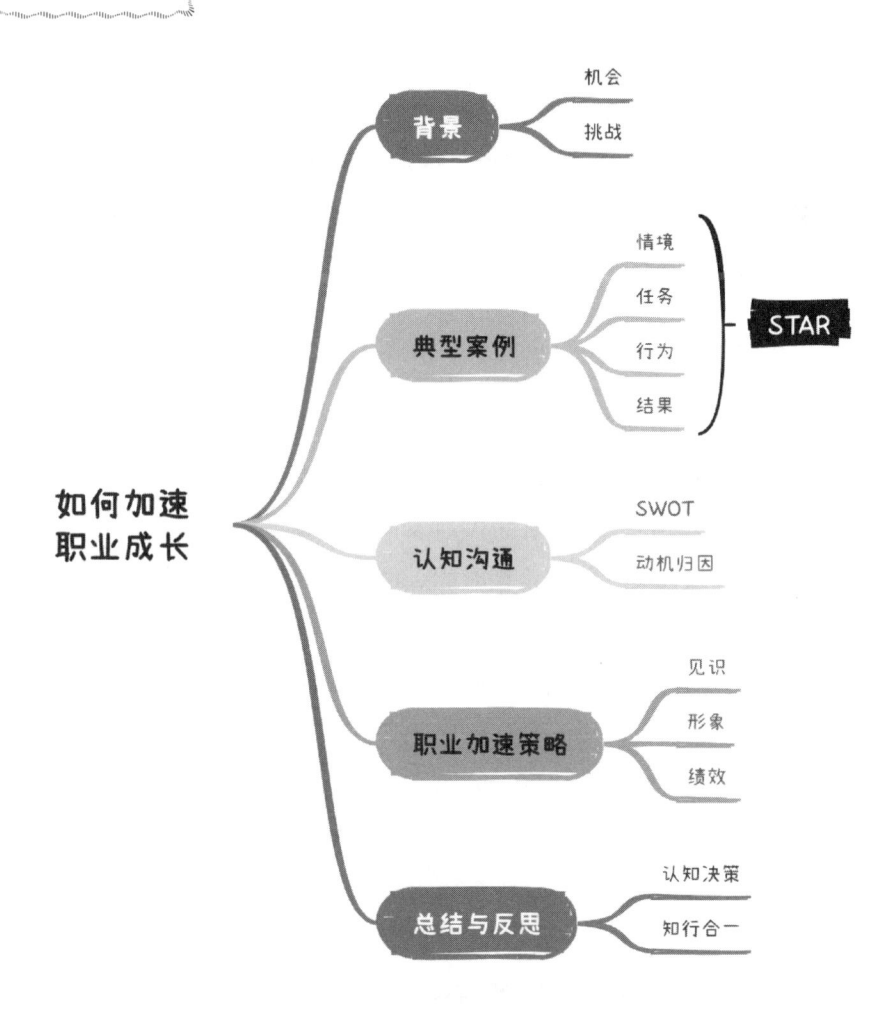

```
如何加速          ├─ 背景 ─┬─ 机会
职业成长         │         └─ 挑战
                 │
                 ├─ 典型案例 ─┬─ 情境  ┐
                 │            ├─ 任务  │ STAR
                 │            ├─ 行为  │
                 │            └─ 结果  ┘
                 │
                 ├─ 认知沟通 ─┬─ SWOT
                 │            └─ 动机归因
                 │
                 ├─ 职业加速策略 ─┬─ 见识
                 │                ├─ 形象
                 │                └─ 绩效
                 │
                 └─ 总结与反思 ─┬─ 认知决策
                                └─ 知行合一
```

一、背景

职场的过度竞争是影响一个人职业成长速度的外部背景因素。在职场上，人们普遍希望能够在与同辈的社会化比较中脱颖而出，包括获得更高的岗位层级、更多的工作职责,以及更高的财务回报。然而,金字塔式的组织结构和由此产生的过度竞争,往往限制了一个人职业的快速成长。

影响一个人成长速度的因素,既有外因也有内因。外因,是与一个人有关的外部环境,包括宏观环境也包括微观环境;内因,是与一个人自身有关的内在因素,比如体能、脑能、心能等。采取正确的职业加速成长策略,将有助于帮助处于快速成长期的职场人士加速成长。

在职业加速成长期,如果因为决策失误而做出过于追求短期利益的决策,那么很有可能会损失长期的高成长和高回报。特别是在数智化时代,有些传统岗位面临着职业生涯缩短或被 AI 替代的可能性,这就要求人们在选择职业机会时,更关注于长期价值而非短期利益。

二、典型案例

Kenny,32 岁,本科毕业于自动化专业,毕业后首先就职于上海一家国资背景的汽车零部件企业,在研发部门担任软件开发工程师;5 年后,他又转换到一家德资背景的汽车零部件企业 C 公司,在中国研发中心从事与智能驾驶有关的功能安全设计与开发工作,累计又工作了 5 年时间。Kenny 当时的年薪在 40 万元(含基本工资和奖金)。

Kenny 非常热爱智能驾驶,但让他感到最不满意的地方,就是他已在当前岗位上停留了 5 年时间,且短期内看不到任何职业晋升机会。跟加入数字经济大厂的同学相比,无论是岗位层级还是经济回报,Kenny 都发现自己落后太多。

Kenny 萌发了看外部机会的想法,于是他在招聘网站上更新了简历。不久,两个猎头顾问分别联系了 Kenny:一位猎头顾问给 Kenny 推荐了来自全球排名第一的某汽车零部件企业 B 的全球功能安全架构师的岗位,另一位猎头顾问为其推荐了一家本地民企 W 公司的汽车软件开发部项目经理的岗位。

经过多轮面试,Kenny 分别获得了这两家公司的录用意向:B 公司在 Kenny 原有薪酬包的基础上增加了 20%,达到年薪 48 万元;W 公司则比 B 公司的录用条件又多出了 10 万元年薪。对于当前年薪 40 万元的 Kenny 而言,显然 W 公司的薪酬更有吸引力。而且,W 公司承诺为 Kenny 搭建一个 10 人左右的开发团队,这对缺乏管理经验的 Kenny 来说也更有挑战性。

显然,考虑短期利益,W 公司是最佳选择。但考虑到长期利益,B 公司似乎更有优势。考虑自己处于职业生涯的关键阶段,Kenny 希望能够慎重做出决策。于是,Kenny 找到了曾经就读的商学院的职业发展老师,请老师帮助其分析比较并做出最优决策。

三、认知沟通

职发老师:根据你对客观事实的描述,你能否用"如何……"的句式来概括你最关心的焦点议题是什么?

Kenny:如何做出有助于加速我的职业成长的最优决策?

职发老师:你认为应如何测量职业成长的速度?

Kenny:根据"速度＝路程/时间"的公式,我们的职业成长速度可以参照这个测量公式吗?

职发老师:可以。关于时间,你计划考虑多少年?

Kenny:考虑到我现在的年龄为 32 岁,我认为至少 10 年后我的职业生涯才有可能到达顶峰,所以我认为至少要考虑 10 年吧。

职发老师:那如何定义"路程"呢?

Kenny:可以用财务回报来定义吗?或者用岗位层级来定义?

职发老师:其实这两个是相辅相成的。也就是说,如果你达到了某个市场上所公认的"岗位层级",并且具备了某种特定的职场力,那么自然而然也就有了相对公平的市场公允价格。

Kenny:那我理解了。关键还是取决于未来的我在职场上的职场力吧?

职发老师:对的。那我们就聊聊 10 年后的你吧,然后再从最有利于实现未来的你出发,分析比较外部的两个机会和你当前公司的机会,看看哪个更有助于实现未来的你,可以吗?

Kenny:这个分析逻辑我认可。

职发老师:那我们通过 SWOT 工具来总结一下你 10 年后的职业定位吧。

首先,按照优先级分别对 3 项最重要的外部机会和威胁进行排序;其次,再把你自己的优劣势按照优先级排序分别总结 3 项优势和劣势,并两两结合做出战略性的职业定位。

在职发老师的引导下,Kenny 总结了如图 5—13 所示的职业定位:

(1)优势与机会:负责全球范围的＋智能出行＋功能安全＋首席架构师;

(2)劣势与威胁:功能安全技术创新领域仍是有待改进的领域,如果不改进那么在未来有可能被淘汰。Kenny 目前所在公司所用的开发系统比较过时,而 B 公司采用的是更新的设计系统。

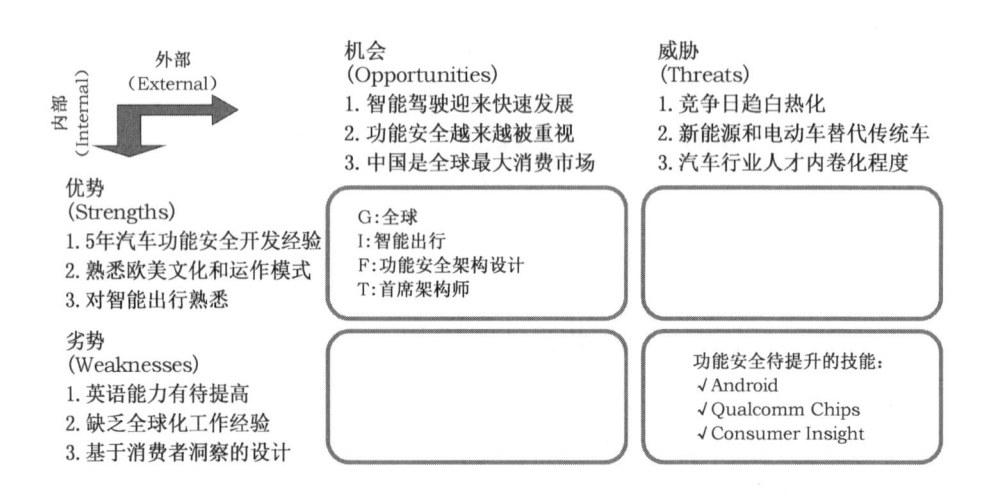

```
外部
(External)
内部
(Internal)

机会 (Opportunities)
1. 智能驾驶迎来快速发展
2. 功能安全越来越被重视
3. 中国是全球最大消费市场

威胁 (Threats)
1. 竞争日趋白热化
2. 新能源和电动车替代传统车
3. 汽车行业人才内卷化程度

优势 (Strengths)
1. 5年汽车功能安全开发经验
2. 熟悉欧美文化和运作模式
3. 对智能出行熟悉

G:全球
I:智能出行
F:功能安全架构设计
T:首席架构师

劣势 (Weaknesses)
1. 英语能力有待提高
2. 缺乏全球化工作经验
3. 基于消费者洞察的设计

功能安全待提升的技能:
✓ Android
✓ Qualcomm Chips
✓ Consumer Insight
```

图 5—13 Kenny 的职业定位

职发老师:从这份 SWOT 分析来看,你的自我职业定位还是很清晰的,而且新能源电动车和智能驾驶又属于行业发展的机会窗口期。你所专注的功能安全,又属于智能驾驶的技术核心。所以,从外部行业机会和你自身的优势来看,未来你仍将继续聚焦于这个领域显然是非常不错的选择。

Kenny:是的,我也很看好这个领域。但我就是苦恼于自己的职业成长速度为何会落后于行业的成长速度。

职发老师:在智能出行的功能安全设计开发领域的标杆人物,他们的特征和薪酬水平你有了解过吗?

Kenny:这个领域做到总工程师或首席架构师级别的人,特别是在全球范围,其年薪至少是我现在的 10 倍,当然年龄大概也比我大 10 多岁。

职发老师:那我们从 10 年后你的职业定位出发,通过价值主张画布,来推导出你的决策依据,如何?

在职发老师的引导下,Kenny 首先总结了如图 5-14 所示的右侧部分:在 45 岁的时候,成为"全球+智能出行+功能安全+总架构师",其工作职责包括:(1)对焦产品战略和消费者洞察;(2)寻找创新突破与功能安全增强的机会点;(3)创造不断优化且符合用户体验的 FS 架构和解决方案;(4)组织相关人员把架构变成产品并开发落地;(5)实现项目目标和持续改善消费者体验。

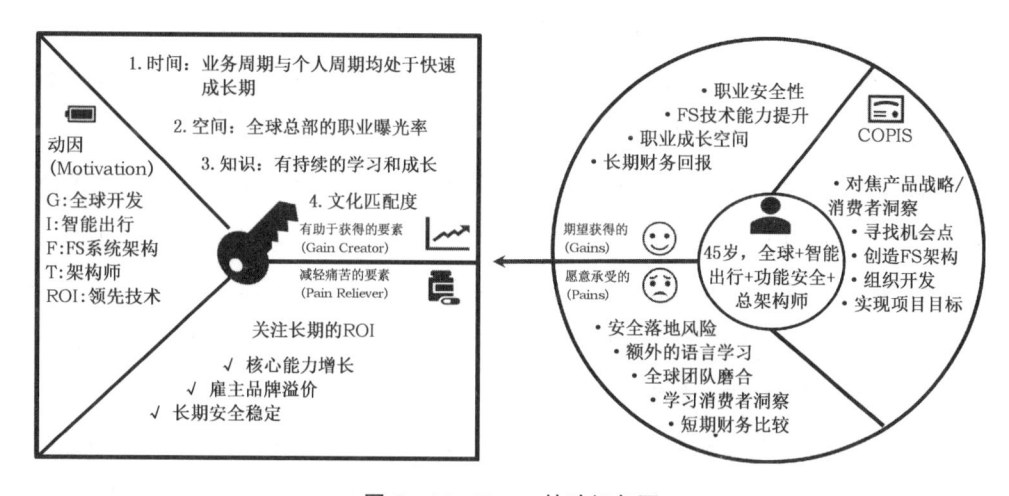

图 5-14 Kenny 的动机归因

如果实现这样的职业目标,Kenny 能收获的好处包括:长期的职业安全感、过硬的功能安全技术能力、更快的职业成长速度以及长期的财务回报。为此,Kenny 愿意付出或承担的痛苦有:安全落地的风险、额外的语言学习、全球跨文化团队的磨合、学习消费者洞察以及短期财务的比较损失等。

从右侧的成功画像出发,Kenny 在职发老师的引导下进一步推导出左侧的动机。首先,从有助于增加获得的因素,总结了基于时间、空间和知识的关键要素;其次,从有助于降低痛苦的因素,总结了基于长期性的 ROI 和雇主品牌溢价以及核心能力成长。将这两部分因素综合在一起,得出了其选择职业机会并做出决策的几个关键要素:全球开发、智能出行、FS 系统架构师、拥有领先的技术。

按照图 5-14 动机模型推导出的决策标准,Kenny 认为自己如果加入 W 公司,那么在接下来的几年内他将只有输出,而没有新知识和技能的输入。这对现在32岁的他来说是一件非常可怕的事情。同时,W公司的机会不止于功能安全,还包括导航和娱乐系统的开发,以及承担团队管理的工作。这些工作内容也将极大地分散Kenny的时间和精力,使他与长期职业目标渐行渐远。

Kenny的职业生涯正处于加速成长期,这个阶段他的首要任务还是学习与成长,同时要更聚焦于自己的优势领域与长期机会的结合点,这样他才有可能在未来不断趋近于设定的职业目标。

最终,从最有利于成为10年后的自己以及最有利于长期的职业成长加速,Kenny放弃了多10万元年薪的W公司的职业机会,而选择了B公司的负责全球功能安全设计架构师的新机会。

虽然Kenny从长期职业规划上所做的决策是加入B公司,但是仍然有三点顾虑:一是Kenny在面试的时候听到了一位面试官说"最理想的人选最好有消费电子行业的经验",而Kenny缺乏相关背景,担心不能胜任该工作;二是Kenny担心自己的英文不够好,不能胜任全球性的角色;三是Kenny之前的工作主要是技术开发,并没有做过架构设计的工作。

基于Kenny的顾虑,职发老师建议了如图5—15所示的职业转型落地指导。该图从横坐标来看,要从具体的项目(点)做起,再逐步从点扩展到线、面和局;从纵坐标来看,主要分为对事和对人。

在解决问题的时候,要先把实际的问题转化为统计的问题、统计的方案,最后加以解决。

在基于消费者体验的创新开发方面,职发老师建议Kenny在入职前,可以先自学下《设计思维》里面的知识和工具;同时,总结过往经历中对利益相关者管理的工具和项目管理的工具。

四、职业加速策略

对于像Kenny这样追求职业加速成长的职场人来说,无论是在新能源电动车领域、智能制造领域、新零售领域,还是在金融科技领域,从职业加速成长的机会窗口期来说,他们已然置身于高成长性行业,甚至市场份额较高的标杆企业之中。但

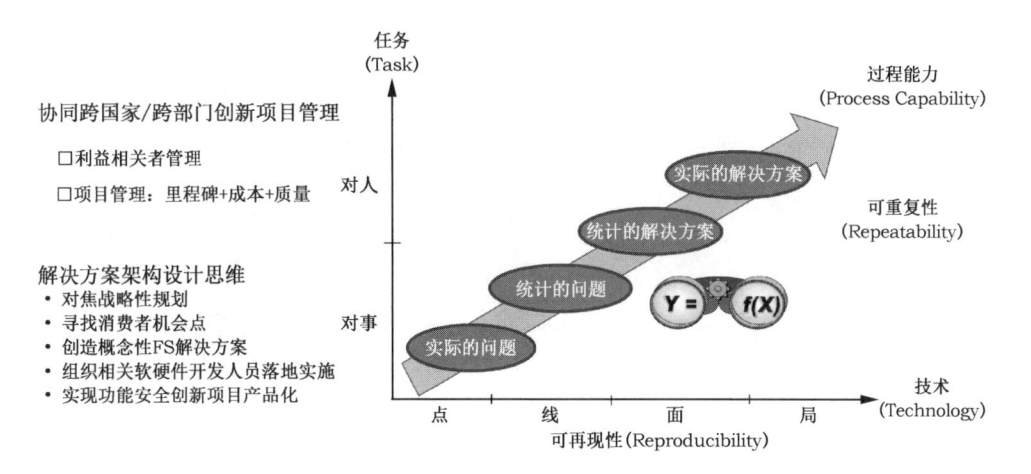

图 5—15　Kenny 的成功落地策略

是,是否所有人都能获得高于市场平均水平的职业成长速度呢？答案显然不是。

影响一个人能否加速职业成长的最关键的决定性因素始终是内因。内因,是一个人从动机出发,自我驱动地产生长期性的和持续性的行为改变。哈维·科尔曼(Harvey Colman)在 *Empowering Yourself : The Organizational Game Revealed* 一书中,给出了包括 Exposure(曝光)、Image(形象)、Performance(绩效)的职业加速发展路径图,如图 5—16 所示。

曝光,也有见识之意,是指一个人需要勇于对外展现自己,包括自己与众不同的想法、给其他人带来的好处、比较优势、独特特征等。

形象,是指一个人通过长期的稳定的行为表现在其他人脑海中形成的独特人设,包括集外在特征和内在特征于一体的差异化特质。

绩效,是长期的可持续的职业加速发展的敲门砖。对于谋求建立一个高效的且公平公正的绩效导向型文化的组织而言,其通常会根据组织自身的价值观和绩效评价标准,来定期测量和评估员工绩效,并根据一定的晋升标准给予某些高绩效者以更快的职业成长。

五、总结与反思

从职业加速的典型案例可以看出,除了在关键的时间节点上所做的决策和内

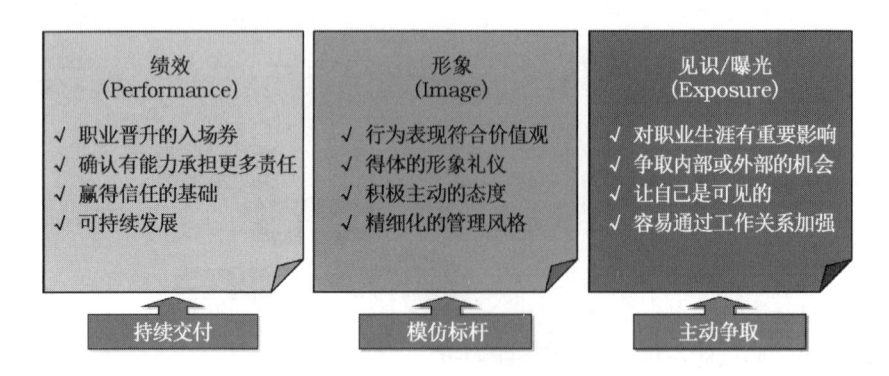

```
绩效              形象           见识/曝光
(Performance)   (Image)        (Exposure)
✓ 职业晋升的入场券  ✓ 行为表现符合价值观  ✓ 对职业生涯有重要影响
✓ 确认有能力承担更多责任  ✓ 得体的形象礼仪   ✓ 争取内部或外部的机会
✓ 赢得信任的基础   ✓ 积极主动的态度    ✓ 让自己是可见的
✓ 可持续发展     ✓ 精细化的管理风格   ✓ 容易通过工作关系加强

   ↑              ↑              ↑
 持续交付         模仿标杆         主动争取
```

图 5—16　Kenny 的职业加速策略

外部机会的选择，对一个人长期的和可持续的职业加速成长有至关重要的影响外，能否做到"知行合一"也与职业成长密切相关。

认知加工决策，始终是个需要不断修炼的过程。按照 CIP 理论，决策建立在元认知基础之上，通过对外界和自我的洞察来得出。从这个典型案例可以看出，应采用 SWOT 和动机归因等理性分析工具，单纯地从个人的长期职业目标出发推导最适合其长期职业加速成长的最优解决方案，将很有可能从短期财务比较出发选择一个对他短期有利但长期可能有害的机会。而这就有可能与职业人的长期目标渐行渐远。

总之，越清楚职业定位和长期职业目标的人，越需要保持清醒的头脑。职场人应勇于抵御来自外界的干扰或诱惑，最大化地激发职业成长潜力，充分利用时间原理、空间原理和知识原理，增强自己的职场力。

第四节 如何突破成长瓶颈

本节精要导读

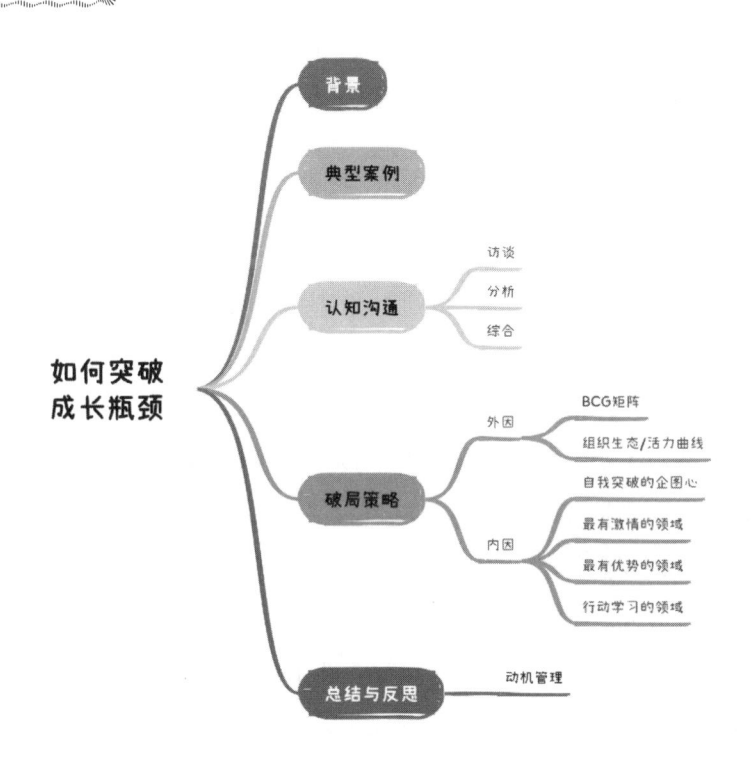

如何突破成长瓶颈
- 背景
- 典型案例
- 认知沟通
  - 访谈
  - 分析
  - 综合
- 破局策略
  - 外因
    - BCG矩阵
    - 组织生态/活力曲线
  - 内因
    - 自我突破的企图心
    - 最有激情的领域
    - 最有优势的领域
    - 行动学习的领域
- 总结与反思
  - 动机管理

一、背景

瓶颈期，是指事物在变化发展过程中遇到了一些困难（障碍），进入一个艰难时期。跨过它，就能更上一层楼；反之，就可能停滞不前。导致一个人或组织陷于瓶颈期的根本原因，既有外部环境的因素（外因），也有自身条件的因素（内因），通常内因是起决定作用的关键变量。瓶颈期能否被突破，以及突破时间的长短，取决于内外因素的变化。

对于职场人来说，目前来自全球性的地缘经济、政治和科技冲突，叠加公共的社会危机,以及俄乌冲突等对全球经济有重要影响的黑天鹅或灰犀牛事件,使商业环境和职场环境也受到波及,从而使企事业单位、政府财政收支和个人就业和收入也受到影响。与此同时,数字经济的加速、传统产业数字化转型、双碳经济与新能源发展、大健康产业发展,以及共同富裕导致的消费升级等,也给职场人带来了新的发展机遇。显然,要突破职业瓶颈,应加强对外部环境变化趋势的洞察,以及对自身优劣势的反思,并将二者有机地结合在一起。

职业的瓶颈期现象,也贯穿于职业生涯的不同阶段。如果顺利突破瓶颈期,人们往往会迎来新一轮的加速成长曲线;反之,则可能陷入衰落。

二、典型案例

吴女士,女,22岁本科毕业后加入了一家全球知名的 Saas 软件公司,专注于为金融行业的客户提供数据产品解决方案。由于工作出色,吴女士在入职 2 年后被晋升为金融事业部产品经理。

28 岁时,吴女士接到了国内某金融科技标杆企业的邀请,请她担任支付事业部的产品经理。由于技术与管理能力出色,在接下来的 10 年内,吴女士先后从 0 到 1 创立起多个创新业务,并打造了多个具有战略影响力的数字金融产品,她的工作业绩和职业发展同时取得突破。

38 岁时,吴女士已经成为该金融科技企业集团某创新事业部的 CEO,并继续引领着行业的创新实践。为了改进管理能力和战略领导力,吴女士还利用业余时间攻读了金融方向的 EMBA,为未来积蓄力量。

从吴女士的典型案例中可以看出她之所以能够不断地突破个人成长的职业瓶颈,除了与她在人生的关键阶段选择加入了处于快速成长期的金融科技领域以及该细分行业领域的标杆企业有关外,还与她内在的动机密不可分。吴女士的案例具有一定的代表性,对于即将或已经进入职场的青年学生而言,也同样具有重要的启发意义。

三、认知沟通

职业咨询师:纵观你过往的职业生涯,虽然你只服务于 2 家企业,但你的职业成长路径还是非常快的,而且工作内容也是非常丰富的,甚至还创造出多个具有行业影响力的创新项目。在你的职业生涯中,是否遇到过职业瓶颈期?

吴女士: 有的。在我的第一段职业经历中,当我在金融事业部产品经理那个岗位待满 3 年以上时,虽然不同的客户有不同的需求,但对我而言在该岗位上所从事的工作内容和业务流程基本上是一样的,所以工作本身对我而言已经没有了新挑战,而且我短时间也看不到任何晋升的希望。那个时候我切实地感受到了职业的瓶颈期。

职业咨询师: 那你加入现在这家金融科技公司已经有 10 年了,在这里你没有遇到职业瓶颈期吗?

吴女士: 你看我在这家公司有多段经历,每段经历的平均持续时间为 2~3 年左右,而且每段经历我所负责的范围和对能力的要求,都是呈现螺旋上升的态势。虽然从工作单位来看,我属于很稳定的,但从我个人的角色来看,我是在内部获得了很多的转岗和晋升机会。这就是为何我在这家公司感受不到瓶颈期的原因所在。我并不喜欢频繁跳槽,幸运的是我所在的平台规模足够大,发展也足够快,公司给我和同事们提供了具有很大空间的拓展机会。而且在这里非常鼓励行动学习和创新,这样就给我们提供了一个不断自我突破的职业平台。在这里,几乎没有什么是不可能的。

职业咨询师: 那你是如何看待职业成长瓶颈的呢?

吴女士: 我认为每个人或早或晚地都会遇到职业成长的瓶颈,这是客观事实,任何组织和个人都很难做到永远如预期般地快速成长。突破职业成长的瓶颈,可以从纵向和横向两个方向寻找机会。很多职场人认为纵向的晋升才是突破,我认为这是一个认识的误区。其实,横向的跨职能和跨业务领域的转岗,也是一种职业突破,有助于增加见识和曝光率,并最终获得螺旋式上升的职业发展机会。当然,想获得横向的转岗机会,前提条件一定是在之前的岗位上取得了出类拔萃的工作业绩。

我个人认为的突破成长瓶颈,不是指突破在岗位层级和薪酬回报上的天花板,而是要突破在知识和技能上的天花板,特别是要努力找到持续成功的规律。

职业咨询师: 你能否举个典型事例,来分析你是如何突破成长瓶颈的吗?

吴女士：在过去10年中，我做过的几个创新项目都有不同的应用场景，并且采用了不同技术实现手段。比如，为本地生活服务配套的支付产品、数字保险精算产品、信用产品、数字生态治理产品等，每种数据产品都有不同的用户群、购买方式和使用场景，因此，我采用了不同的策略和技术组合。对于我而言，我无法做到对每一种技术细节都了如指掌，但作为数据产品创新的牵头人，创造新产品和新原型的方法论和逻辑却是一样的。为了提高决策质量和认可度，我会经常组织跨职能部门的创新工作坊，甚至邀请内外部的典型用户和生态伙伴参与到共创的环节中来，这样我就可以经常引导大家一起创造深受用户喜爱的数字金融产品和解决方案。

职业咨询师：你认为横向突破对纵向晋升有何帮助？

吴女士：虽然从组织结构上来看，我做的多个项目来自不同的事业部，但它们帮助我建立了个人信用：一是增加了我在内部的曝光率和对不同业务的理解和见识；二是塑造了我的可重复性的过程能力以及可信赖的形象；三是我所打造的几个行业爆品就是敲门砖，为我赢得了更多的晋升机会。

职业咨询师：就你的观察而言，你周边的同事是否都能像你一样不断获得突破职业瓶颈的机会，还是只有少数人能获得与你一样的际遇？

吴女士：应该是少数人。就我的观察而言，大多数人还是长期重复性地做相同的工作，并且无法突破职业成长的瓶颈。

职业咨询师：那你能否综合性地概括一下：突破职业成长瓶颈的关键要素有哪几点？

吴女士：首先，要有自我突破的进取心。自我突破的进取心，包括不怕任何困难，有勇气面对各种内外部的不确定性和重大挑战；同时，还要追求个人核心能力的成长，并且尽可能做到更高、更快、更强。进取心的大小因人而异，可遇而不可求。

其次，要从事自己最有激情的领域。我是一个特别喜欢挑战的人，对创造与众不同的产品有着独特的激情，而且我也特别擅长动员和引导一群人共创产品化的解决方案。在金融科技领域，打造数字产品正好是我个人的最有激情的领域，这充分激发了我的所有潜能。我在掌握了产品创新的底层逻辑后，甚至觉得世界上没有什么困难能够再难住我。

再次，要打造自己的核心优势领域。我过去 15 年一直聚焦于针对中国消费市场的便利生活业务场景，提供数字化和产品化的金融解决方案。基于该核心，我可以不断地邻界拓展至各种创新的客户购买和使用场景，这样成功率就高出很多。

最后，要保持行动学习和解决复杂问题的能力。数字经济的本质并不是要颠覆或改变用户的购买习惯，而是通过流程创新和数字化的产品创新，为用户的购买和消费行为提供更便捷和更实惠的消费体验和解决方案。

与传统商业一样，数字经济也是要以客户为中心，通过深刻地研究客户需求和消费者洞察，寻找到用户机会点，并基于机会点和独特的价值主张创造出产品化的解决方案。借助越来越完善的数智科技和基础设施，我们可以基于数据资产，通过对客户细分和客户旅程的记录和精细化的分析，使服务运营更加精益化。

基于对客户的感知，我们可以把营销活动和供应链运营做得更有效率。对于经典的营销理论和供应链理论，我们并没有颠覆它们，甚至一直在使用它们。我们尽可能地把传统价值链中人的要素更换成基于数智科技的数据产品，以便改善系统的运营效率。技术是为商业服务的，而商业是为人服务的。对于管理而言，最关键的和最活跃的因素始终是人，人的因素同时也是挑战最大的因素。数智化时代，知人善任和顺畅沟通仍然是个人和组织的核心竞争力之一，也是领导力的基础。

四、破局策略

通过吴女士的总结，我们不难发现，那些能够不断突破职业成长瓶颈的人，普遍都具有类似的特质。从外部因素来说，他们对外部环境的变化趋势更加敏感，通过各种信息采集渠道来增加个人的见识，并前瞻性地规划未来；从内部因素来说，他们往往对自我有很高的要求，有长期且远大的职业期望，并且具有及时复盘的良好习惯，严格自律并做到"知行合一"，从而不断地实现和突破一个个里程碑目标。

(一)增强环境敏感度

如图 5-17 所示，吴女士通过持续地保持对外部环境的敏感度，从短期和长期、机会和威胁、宏观和微观等维度分析和总结趋势，前瞻性地做好业务和个人规划，从而有利于抓住机遇和规避风险。

	机会(Opportunity)	威胁(Threat)
短期 (Short-term)	✓ 国家对资本市场的监管规范 ✓ 国家/地区的经济刺激政策 ✓ 俄乌战争导致下的全球能源/商品供应链重构	✓ 中美两大经济体的贸易战和科技战 ✓ 全球地缘经济、政治、军事冲突 ✓ 国家/地区产业政策调整 ✓ 全球性通胀对产业的影响 ✓ 同质化竞争越来越激烈
长期 (Long-term)	✓ 数字经济加速 ✓ 传统产业数字化转型 ✓ 国家双循环战略 ✓ "一带一路"持续深化 ✓ 低碳经济与可持续发展 ✓ RCEP区域经济一体化 ✓ 数字人民币的国际化 ✓ 创新驱动的分布式新商业	✓ 中国人口老龄化趋势 ✓ 潜在的地缘政治和军事冲突风险 ✓ 国际金融市场的风险 ✓ 中国海外资产的安全性风险

图 5—17　吴女士的职业体验

(二)要尽可能地置身于高成长/高回报的象限

如图 5—18 所示,回顾吴女士的职业生涯,她从最初的 A 公司转到 B 公司,并在高成长和高回报的象限中充分地实现了个人职业的快速成长,并突破了一个个的职业瓶颈。因为处于该象限的组织,往往具有更高的活力曲线和组织生态,并有利于个人的快速成长。依此类推,置身于行业年平均成长率和公司市场份额双高的象限,对个人而言获得高成长和高回报的概率通常也更高。

		行业年平均增长率 (Industry AAGR)		
		高(High)	中(Medium)	低(Low)
公司市场份额 (Market Share)	高(High)	高成长/高回报 (Winner) B ←	投资/增长 (Invest/Grow) A	有问题的投资 (Questionable Invest)
	中(Medium)	投资/增长 (Invest/Grow)	平缓的业务 (Average Business)	收割/剥离 (Harvest/Divest)
	低(Low)	有问题的投资 (Questionable Invest)	收割/剥离 (Harvest/Divest)	剥离 (Divest)

图 5—18　吴女士的职业轨迹分析

(三)要保持自我突破的进取心

如图5-19所示,吴女士在每次达到一个新高度时,总是再给自己设定更有难度和挑战的新目标,在战胜一个又一个挑战的过程中,通过复盘与总结,掌握了一套理论体系,并获得了公司高层越来越多的信任和授权,从而让个人与组织共同成长。

由此可见,有勇气战胜任何困难和挑战,并通过行动学习总结规律,培植可重复性的过程能力——这既是一个人长期保持自我突破的进取心的基石,也是不断突破职业成长瓶颈的能力保障。

个人与组织的共同成长

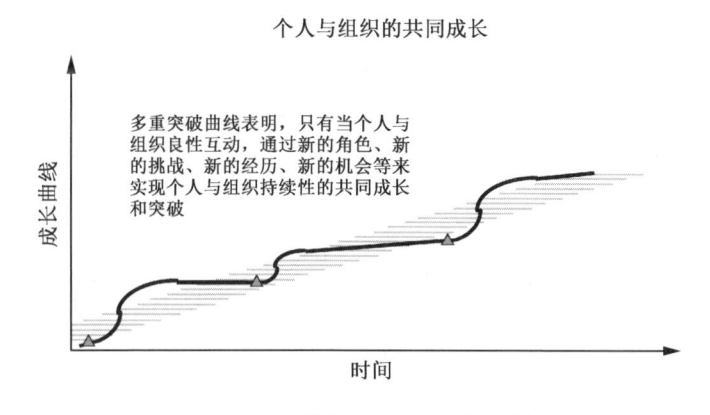

多重突破曲线表明,只有当个人与组织良性互动,通过新的角色、新的挑战、新的经历、新的机会等来实现个人与组织持续性的共同成长和突破

图5-19 吴女士的职业成长曲线

(四)要保持持续创新的激情

如图5-20所示,根据心理学家米哈里的心流理论,吴女士心流的常态区域经常在轻微焦虑与流畅之间游走,并尽可能地远离无聊区域。这就需要通过横向或纵向地改变角色,并承担越来越有挑战性的任务,使心流保持在常态区域。当然,行动学习能力就显得至关重要。

(五)发挥优势找准个人定位

如图5-21所示,吴女士基于对外部环境的预判,以及对自身优劣势的分析,总结了SWOT矩阵和独特的个人定位,并按照这个长期的定位,来持续打造和夯实个人的核心优势,从而取得了一个又一个的瓶颈突破。

(六)保持行动学习的能力

如图5-22所示,吴女士基于多年的职场实践,在阿吉里斯行动学习双循环理

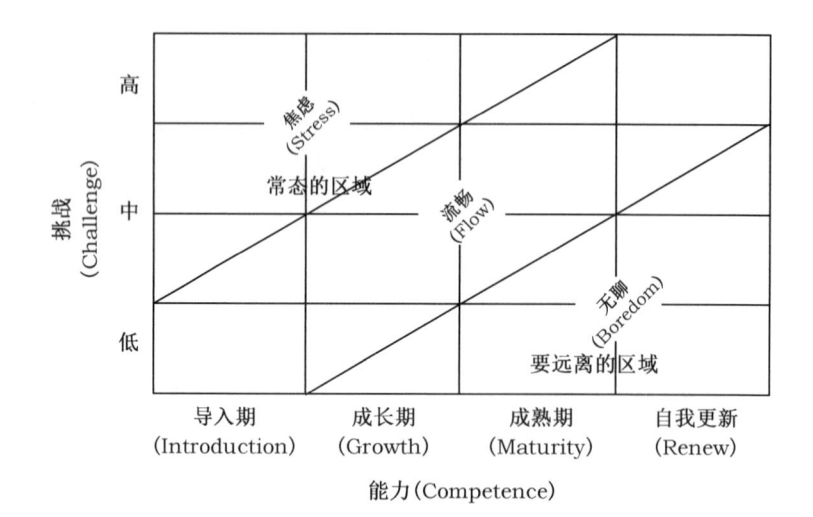

图 5-20 吴女士的心流状态

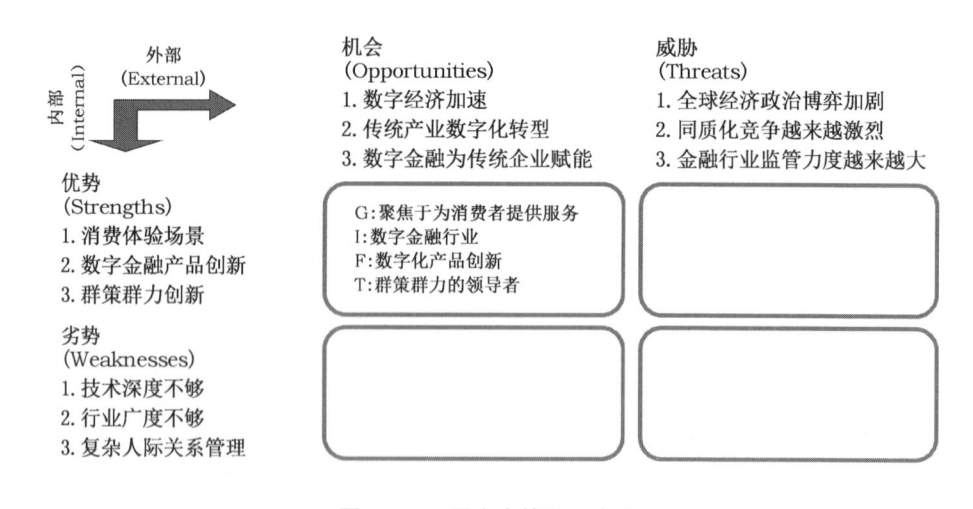

图 5-21 吴女士的职业定位

论的基础上,与自己的业务相结合,更新了适合自己和团队的行动学习流程图。

五、总结与反思

数字经济时代,传统的商业和职业边界正在变得越来越模糊,由此也为职场人带来了新的威胁和机会。威胁点在于,我们原有的阵地可能遭遇来自跨界的竞争

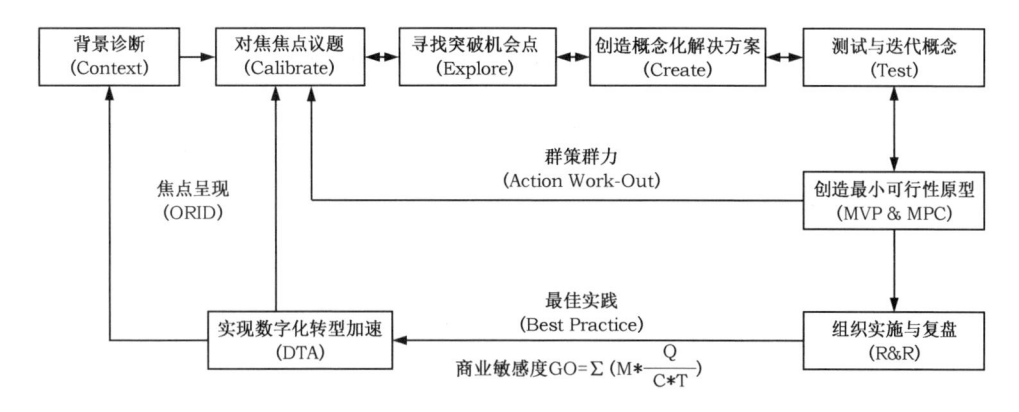

图 5-22 行动学习与群策群力框架

对手或者人工智能的冲击；机会点在于，我们可以利用创新的商业或科技，来不断拓展自己的生存和发展空间，从而突破职业成长的瓶颈。

所有的组织和个人都处于相同的外部环境之中。区别在于，有的组织和个人可以更有洞察力把握未来趋势的变化，并提前做好相关规划和布局，一旦条件成熟，就可以及时抓住机遇和规避风险。

对于个人而言，动机管理始终是一个人能否持续取得自我成长，并顺利突破职业成长瓶颈的最关键和最具决定性的影响要素。动机管理从自我突破的进取心和长期职业目标出发，包括"知"和"行"两大部分。

知，包含对焦个人职业生涯的现状，寻找突破职业瓶颈的机会点，创造突破职业成长瓶颈的解决方案，并形成一套可落地的策略组合；行，包含组织实施策略的落地并加以改善和优化，并最终实现一个又一个的里程碑目标。每个里程碑目标的实现要与长期的职业目标保持方向上的一致，并能够促进长期目标的优化。每次的职业突破都是一个闭环，随着胜任力越来越强，特别是调动团队协作的能力越来越强，项目生命周期大幅缩短，职业生涯一直保持高速成长状态。

第五节　如何持续迭代职场力

本节精要导读

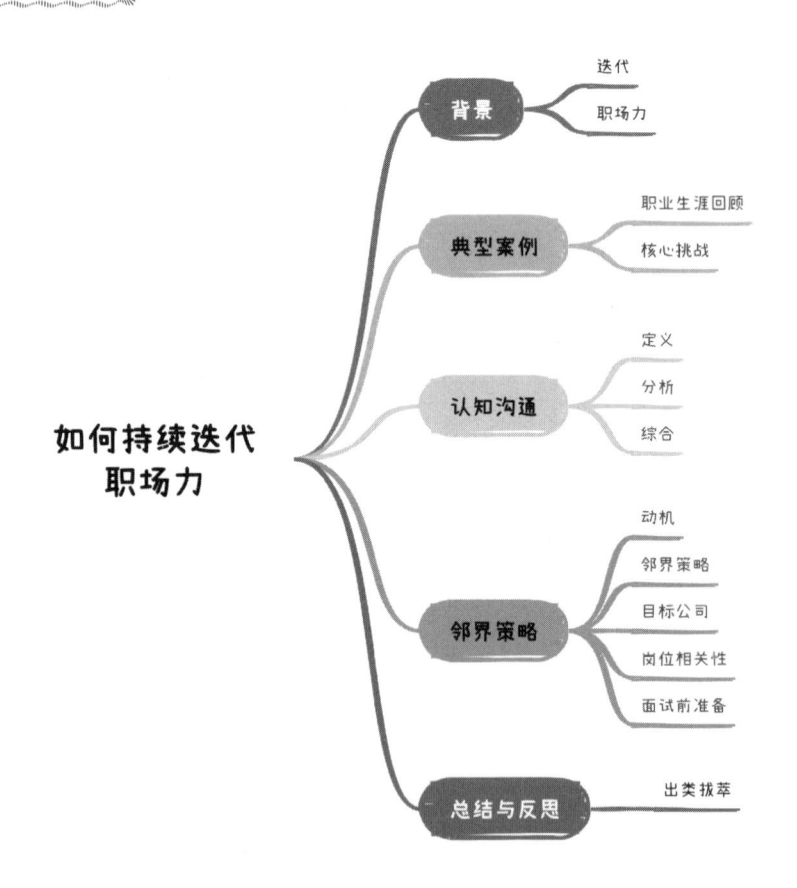

如何持续迭代职场力
- 背景
  - 迭代
  - 职场力
- 典型案例
  - 职业生涯回顾
  - 核心挑战
- 认知沟通
  - 定义
  - 分析
  - 综合
- 邻界策略
  - 动机
  - 邻界策略
  - 目标公司
  - 岗位相关性
  - 面试前准备
- 总结与反思
  - 出类拔萃

一、背景

迭代，是指重复反馈过程的活动，其目的是为了趋近所需的目标或结果。每一次对过程的重复被称为一次"迭代"，而每一次循环所得到的结果会作为下一次循环的初始值。迭代，也要基于相关性与回归分析所建立的预测控制模型，通过控制或改变自变量，来控制或改变未知量。在创新活动中，迭代强调的是小步快跑和快速试错。

职场力，是指一个人在职场上赖以生存且获得财务回报与综合成长的核心能力。根据职业分类，职场力包括空间场域、行业价值链、职能、不同岗位层级所对应的商业敏感度等评价维度。在数智化时代，随着越来越多传统岗位被 AI 所部分替代或人机共存，导致人们的职场力更新速度也越来越快。

迭代职场力，是指随着外部环境的持续变化，以及人们所感知的背景也发生变化，导致一个人的职业定位和目标，包括对应的职场力模型也需要保持动态的更新。显然，如果一个人的职场力不再适应外部环境的变化，或者不再与新的职业规范相适应，就可能被职场淘汰或与目标渐行渐远。

从职业生命周期的演进来看，如果一个人突破了某个职业成长的瓶颈期，那么就会迎来第二或第三成长曲线。当然，每个新的成长曲线，仍然不可避免地会迎来新的职业成长瓶颈期。一个人过去所积累的可重复性的成功经验并不一定总能解决未来的问题。显然，如果一个人不能与时俱进且居安思危，就容易使自己处于被动地位。

持续迭代职场力，既适用于职场上经验丰富的管理者，也适用于准备进入或刚刚进入职场的青年学生。

二、典型案例

郑先生，2004 年本科毕业于国内 985 高校的财会类专业，并加入一总部位于广东省的知名家电企业 M 公司，截止到 2019 年其已累计在该公司服务 15 年。郑先生有两个上小学的孩子，并由太太全职照顾。郑先生在 M 公司先后担任海外销售运营管理、个护事业部总经理、集团副首席人力官等不同管理岗位。

(一)海外销售运营管理

郑先生曾先后被派往中东和美国等亚太国家，负责当地的市场开拓，包括开发、维护和管理经销商，执行公司的销售政策和任务，确保完成公司的销售目标和业务回款，为当地客户和消费者提供服务保障等。凭借出色的销售业绩，郑先生逐渐带领团队，并负责所管辖市场的销售运营工作。郑先生的具体职责包括：

(1)对焦所在国/区域的营销战略、市场动态和客户需求；

(2) 寻找业务增长的机会点；

(3) 创造业务增长的策略和解决方案；

(4) 组织内外部资源协同，确保销售政策和目标能有效执行和落地；

(5) 实现销售业绩增长目标。

在多个海外国家和区域的销售运营管理岗位上，郑先生带领当地的销售团队取得非常出色的业绩，几乎每年都被评为全公司的 Top20%。

(二) 个护事业部总经理

在海外工作满 8 年后，郑先生被调回总部，担任个护事业部总经理。个护事业部包含销售、市场、产品管理，以及研发等多个职能团队。郑先生的主要工作职责包括：

(1) 对焦集团战略、市场动态和客户需求；

(2) 寻找个护业务增长的机会点；

(3) 创造业务增长的战略和创新解决方案；

(4) 组织解决方案（新产品导入和运营优化项目）的落地和执行；

(5) 实现个护业务的业绩增长目标。

新的岗位有新的挑战。郑先生过往的工作只集中在销售运营管理方面，缺乏其他职能线的运营和综合管理经验。经过短暂的适应后，郑先生发现管理的逻辑是相通的，于是他调动下面的各职能线团队去做专业的事情，而他自己主要的工作聚焦于三大领域：

(1) 传承公司价值观。这对于郑先生来说并不难。自加入 M 公司起，郑先生就已经对 M 公司的文化有了非常深刻的理解。他很清楚每个价值观的关键词所对应的行为表现是什么，并深刻认同一个高度认同的文化对于增强团队凝聚力有着重要作用。郑先生不但能够做到以身作则，成为公司文化和价值观的传承者和捍卫者，而且坚决执行总部 HR 部门制定的员工分类矩阵，即按照价值观与业绩的矩阵来评价和分类员工，并与员工活力曲线和末位淘汰机制挂钩。

(2) 制定业务增长战略。作为新兴的产品事业部，个护事业部是未来的增长引擎。当然，个护类小家电行业的竞争也非常激烈，主要竞争对手都在不断推陈出新，运用产品创新、营销创新、渠道创新、供应链创新等各种创新策略和工具，来抢

占市场份额。在此期间,郑先生面临最大的挑战来自:
- 短期目标与长期投入的矛盾;
- 战略与组织能力的矛盾;
- 事业部与平台资源限制的矛盾。

(3)持续改善标准化运营流程。在传统制造业领域,M公司已经建立了非常完善的围绕供应链和生产制造展开的标准化业务流程和工具包。但是,随着客户和渠道的分层越来越细化,导致新产品开发周期和供应链履约周期正变得越来越短,并由此对事业部的组织敏捷性、业务流程、决策机制以及员工能力等提出了越来越高的要求。显然,数字化转型已迫在眉睫。

(4)加速事业部数字化转型。个护事业部的数字化转型,首先以产品智能化作为关键抓手。通过引入智能硬件解决方案以及与消费者发生互动的App等产品,以智能硬件采集用户的使用数据并形成数据资产,是个护事业部数字化转型迈出的第一步。在用户数据资产的基础上,可以通过进一步的用户数据分析,发现改善用户体验和产品性能的机会点,并为新产品开发流程提供更多的辅助决策支持。同时,基于消费者的人群和购买渠道分析,也帮助个护事业部的供应链运营团队更高效地做出需求预测并持续改善供应链运营的流程。当然,对于郑先生而言,数字化转型最大的挑战不是来自个护产品的智能化,而是来自组织的变革,包括如何打破跨职能团队之间的边界和数据孤岛,激发跨职能团队协作解决问题,并使共创的形式以某种机制固定下来,从而使每个员工都能够具备强烈的主人翁意识,共同推动可持续的和可盈利的发展。

郑先生已经意识到,数字化转型不仅是业务和科技的变革,更是组织和人力的巨大变革。于是,郑先生对人力资源管理产生了浓厚的兴趣,并在经营个护事业部满3年后,再次申请调到了集团人力资源部门并担任副首席人力资源官。

(三)集团副首席人力资源官

作为集团副首席人力资源官,郑先生负责集团人力资源运营(HR Operation),其所管辖的团队人数超过1 000人,并分布在全球各地。人力资源运营部门负责的具体工作包括:

(1)对焦集团的业务战略和人力预算,与各国家/各区域/各事业群的人力资源部门之间协调预算和资源配置；

（2）寻找改善人力资本运营效率和员工体验的机会点；

（3）创造集团 HR 运营的战略、战术和数字化工具；

（4）组织 HR 运营的策略和创新工具在业务侧落地；

（5）实现业绩和组织能力共同成长。

在集团副首席人力资源官职位上满 4 年后，郑先生又遇到了新的职业成长瓶颈，并且短时间也看不到晋升或转岗的希望。更为关键的是，虽然郑先生在过去的 15 年伴随着 M 公司一起实现了职业的快速成长，并亲身参与和推动了事业部的数字化转型，但是由于缺乏和数字化标杆企业的对标，他并不是很确定他过去的做法是否还有改善空间，以及他自身面向未来的职场力还有哪些不足和有待改善的空间。

面对这些困惑，郑先生决定寻找一位职业导师，梳理其下一步的职业规划。

三、认知沟通

业界导师：你能否定义一下你当前的核心挑战是什么？

郑先生：我从个护事业部总经理转到集团副首席人力资源官已经 4 年了。一方面我遇到了职业瓶颈，并且短期内看不到有改善的希望；另一方面，我本来是想在人力资源部门推动集团的数字化转型，但我的主要工作是负责人力资源运营，对整个集团数字化转型贡献并不大。

业界导师：如果从上面的两点挑战中选择一个，你倾向于选哪一个？

郑先生：角色和职责。我自己从事业部总经理转岗到 HR，本来希望承担集团数字化转型的重任。传统企业数字化转型在未来很长时间内都将是主旋律，我迫切希望培养加速数字化转型的核心能力。

业界导师：你现在主要遇到了什么困难？

郑先生：我目前所在的公司属于传统制造业，虽然这几年也在努力推动数字化转型，包括引入新零售渠道、整合营销，以及产品的智能化等，但是在实现组织的敏捷性方面还是面临很多难以突破的障碍。由于我个人和核心团队能力范围的局限性，我们暂时还没找到合适的路径图来加速数字化转型。

业界导师：针对你自己来说，你在推动数字化转型方面举步维艰的原因是什么？主要是因为你目前的职场力还不足以支撑你承担起数字化转型关键驱动者这样的角色，对吗？

郑先生：可以这样认为，我自己的职场力也亟需迭代。

业界导师：你当前的公司是否有机会帮你升级数字化转型的职场力？

郑先生：我暂时看不到有这样的机会。我是不是应该去看看外面的机会，特别是到数字化标杆企业，尤其是那些通过数智科技来重构传统商业的企业，去学习它们是如何实现业务的数字化和打造敏捷组织的？

业界导师：对于你这样的传统制造业背景的高管来说，你想转型到数字标杆企业并不容易，建议你采用邻界拓展策略来尝试转型。

四、邻界拓展策略

（一）澄清要改变的动机

如图 5—23 所示，郑先生通过 SWOT 分析，对自己的长期职业目标定义为：在 5～10 年时间内，成为中国新零售数字化转型领域具有行业战略影响力的专家（KOL）。之所以选择新零售，是因为郑先生认为自己所在的家电行业或制造业，从价值链来看，最终也是通过电商平台或线下渠道等全渠道卖给终端的消费者，从本质上来说，其销售渠道也属于新零售。郑先生认为这种专家角色所承担的具体职责包括以下几个方面：对焦内外部的动态，寻找业务指数级增长机会点，创造数字化转型战略路径图和策略性的解决方案，组织实施具体方案落地，实现业务和组织的加速成长。如果成为这样的人，郑先生期望能够获得包括成就感、长期财务回报和个人品牌等长期的职业价值，并愿意为此付出和承受包括短期不适应、异地工作和现金收入减少等痛苦。

有助于增加获得感的要素包括：从时间维度抓住数字经济的窗口期；从空间维度进入行业高成长率和公司市场份额都处于高位的象限；从知识维度看重持续学习与绩效导向的组织氛围。有助于减轻痛苦的要素包括：学习到与长期目标相一致的新知识和技能，以及长期性的股权激励等。将有助于增加获得感和降低痛苦的因素综合在一起，郑先生的目标聚焦于新零售标杆企业，包含"创新引领者""敏

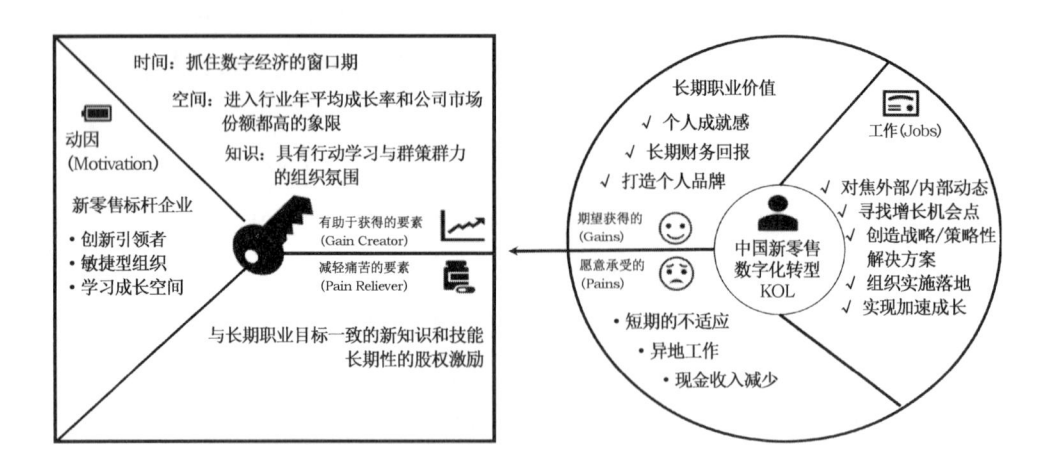

图 5－23 郑先生的动机归因

捷型组织""学习成长空间"三个标签。

(二)邻界拓展策略

如图 5－24 所示,郑先生采纳了业界导师建议的邻界拓展策略,即以 HR 运营职能线的高管作为切入点,努力转型到新零售标杆企业。

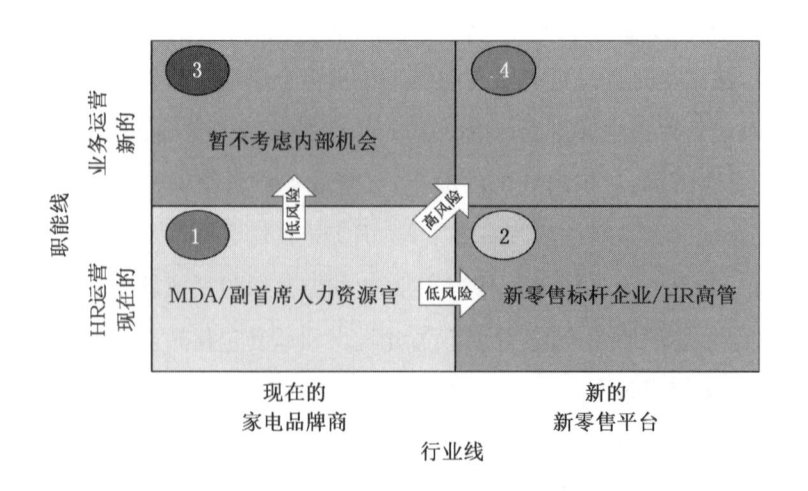

图 5－24 郑先生的邻界拓展

(三)目标公司

符合中国新零售标杆地位的企业屈指可数。在经过详细分析和比较各家的关键指标,包括商业模式、市场份额、年平均成长率、会员数、门店数和员工总数等指标后,郑先生将目标公司锁定到市场份额第一的 D 公司,并用 COPIS 梳理出其业务场景和数智化的创新支持系统,如图 5-25 所示。

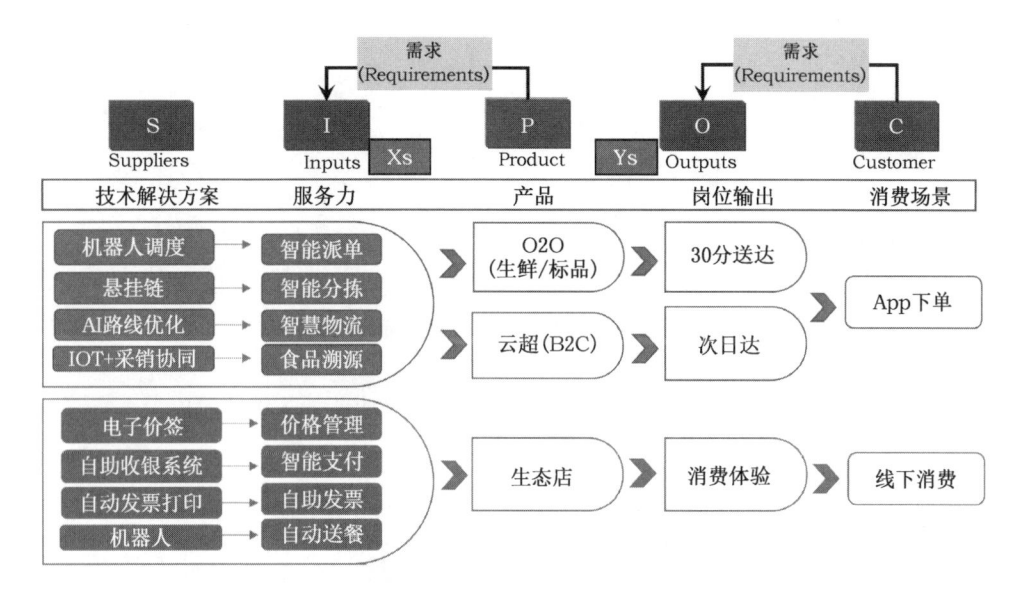

图 5-25 郑先生的目标公司

(四)岗位相关性

随着 D 公司业务的高速发展,其员工总数也以非常快的速度扩张,亟需引入更多具有丰富管理经验的 HR 高管。在此背景下,郑先生通过猎头渠道被推荐到 D 公司副首席人力资源官的岗位上。鉴于行业跨度太大,为了更容易获得面试机会,郑先生用如图 5-26 所示的岗位相关性对比表格,详细地比较了 D 公司和 M 公司在副首席人力资源官岗位上的相似性。

(五)面试前准备

在猎头的努力争取下,D 公司的招聘官虽然仍觉得行业跨度过大,但还是决定给郑先生安排一次面试机会。为了赢得面试机会,郑先生按照如图 5-27 所示的面试框架认真地做了准备,并在接下来的 5~6 轮面试过程中,给每位面试官都留下了非常深刻的印象。郑先生发现,第二轮以后的面试官们并没有过多地关心岗位相关性,而是更侧重于考察其如何解决复杂的新问题,以及个人最稳定的动力系

网位相关性比较	D公司/副首席人力资源官	M公司/副首席人力资源官
服务人群(Customer)	✓ 数以万计的基层员工 ✓ 数字科技人员 ✓ 总部/区域职能线运营管理	✓ 数以万计的基层员工 ✓ 数字科技人员 ✓ 总部/区域职能线运营管理
输出的解决方案(Output)	基于员工体验的HR共享服务	基于员工体验的HR共享服务
产品组合(Portfolio)	✓ 工资福利支付 ✓ 员工生命周期 ✓ HR信息系统 ✓ 员工体验创新	✓ 工资福利支付 ✓ 员工生命周期 ✓ HR信息系统 ✓ 员工体验创新
输入的关键能力(Input)	✓ HR运营的标准化工具化（SOP） ✓ HR共享服务的数字化创新 ✓ 领导力	✓ HR运营标准化工具化（SOP） ✓ HR服务的数字化产品化创新 ✓ 领导力
能力怎么来的(Suppliers)	✓ 熟悉相关行业/业务场景 ✓ HR共享服务中心管理经验	✓ 14年的跨职能线管理经验 ✓ 近4年的相似岗位的经验

图5-26 郑先生目前所处岗位与目标岗位的比较

统与中长期职业目标。最终，郑先生赢得了面试并成功地加入D公司。

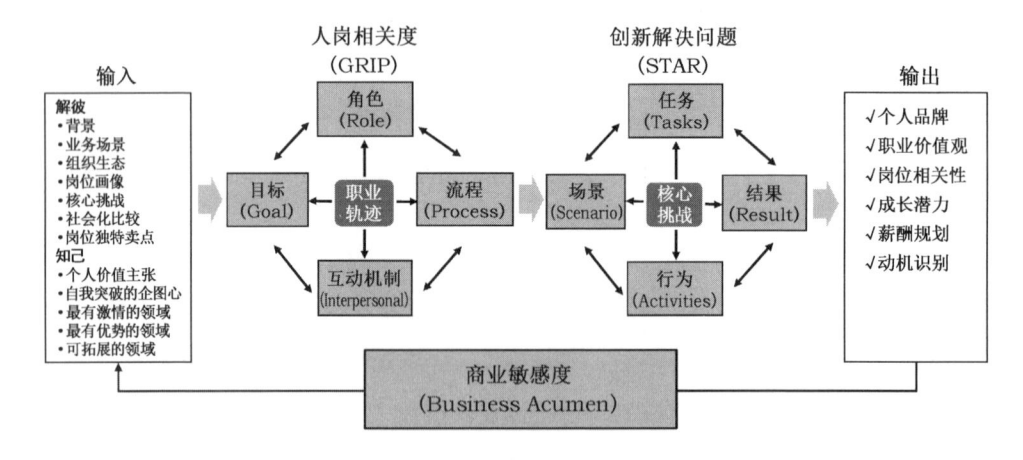

图5-27 郑先生的面试前准备

五、总结与反思

从这个典型案例我们可以发现，有一些人总在追求卓越。从A到A+，就是他们的人生信念与人生轨迹。追求出类拔萃的组织与追求出类拔萃的个人，本质上都具有共同的特征。这些出类拔萃者最终的成就往往也由一系列要素组合而成，包括商业敏感度、自我驱动，以及可再现和可重复的过程能力。

第六节　如何成功职业转型

本节精要导读

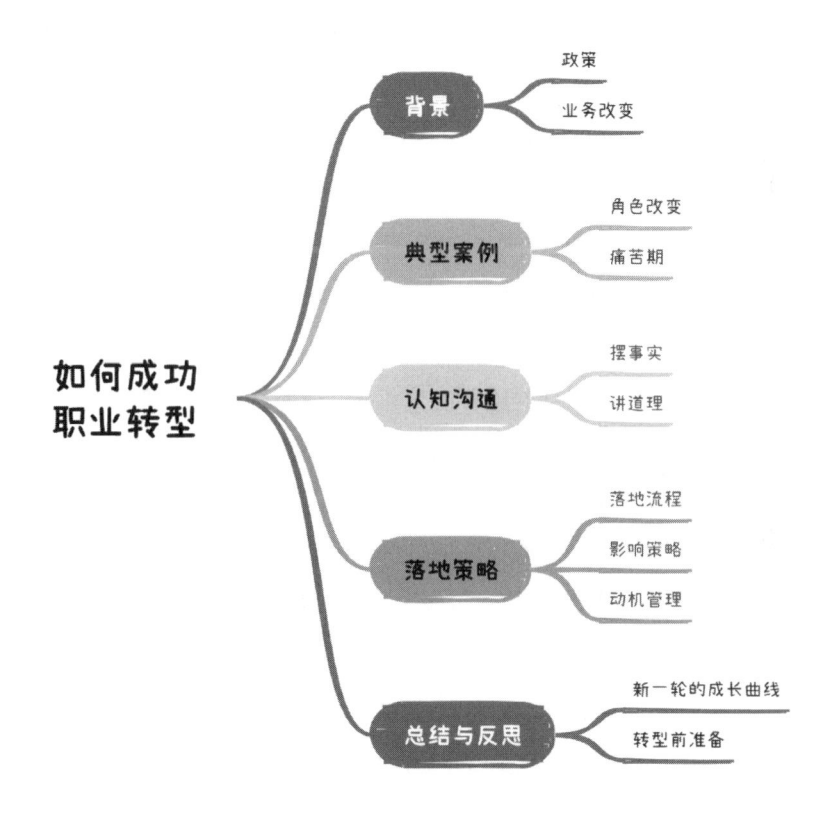

```
                          ┌─ 政策
           ┌─ 背景 ────────┤
           │              └─ 业务改变
           │
           │              ┌─ 角色改变
           ├─ 典型案例 ────┤
           │              └─ 痛苦期
           │
如何成功    │              ┌─ 摆事实
职业转型 ───┼─ 认知沟通 ────┤
           │              └─ 讲道理
           │
           │              ┌─ 落地流程
           ├─ 落地策略 ────┼─ 影响策略
           │              └─ 动机管理
           │
           │              ┌─ 新一轮的成长曲线
           └─ 总结与反思 ──┤
                          └─ 转型前准备
```

一、背景

转型,是指事物的结构形态、运转模式和观念等随着外部环境的变化所对应发生的转变。职业转型,是指人们根据职场环境的变化或内在需求的改变,主动地或被动地调整和转变自己的职业定位,并选择加入、保留或离开某个组织和特定岗位,甚至改变与他人的互动关系和获得劳务回报的方式。

职业转型可以发生在一个人职业生涯中的任何阶段。无论是正准备进入职场的青年学生还是已处于职场高位的人,都要实时根据外部环境或内在动机的变化,来转变既定的职业定位和职业发展轨迹。

在数智化时代,分布式新商业加快了业务、组织和个人职业生命周期迭代的速度。职业转型,是针对职业分类的自变量,如地域、行业、价值链、职能、组织生态或角色等所做的相对应的改变。职业转型,通常也会伴随一定的风险。职业转型者的准备越充分,采取的策略越有针对性,职业转型成功落地的概率就会越高。

二、典型案例

Tina,2014年毕业于某国内知名财经大学的金融硕士专业,毕业后加入一家国内知名的资产管理公司担任消费金融事业部的助理产品经理岗位,参与设计和开发金融理财产品。除固定薪酬外,Tina还有部分收入与理财产品的销售业绩相挂钩的绩效奖金。毕业不久,Tina的年薪就已经超过了百万元。

4年后,随着宏观环境和行业监管的变化,Tina所在的资产管理公司的战略和业务结构也面临调整,Tina也开始面临职业生涯的第一次转型。

Tina的首选目标是进入券商的投行部或者投资银行的资管部,她所申请的岗位集中于助理基金经理或助理理财产品经理,她还是希望能够延续前4年的金融产品开发经验。不过,由于工作经验尚浅,导致半年之内Tina连面试的机会都很难获得。

Tina后来调整了职业目标,改为申请加入大型多元化集团的投资部门,并最终被一家有数千亿元资产的大型企业集团的投资部录用,担任消费品板块的投资项目经理。该岗位的具体职责包括:对焦消费品板块的战略性业务规划,寻找有投资价值的潜在标的,生成收购兼并的计划书,组织相关部门(产业运营、财务和法务等)完成尽职调查,实现投融资项目的ROI最大化。

Tina加入新公司后,明显有三点不太适应:

(1)总收入比之前减少了一半以上;

(2)通常一个投资项目的落地周期需要1~2年时间,节奏太慢;

(3)决策流程过于冗长,且涉及的人太多,缺乏灵活自主性。

在入职新公司3个月后,Tina就陷入了迷茫:一方面她不确定这份工作是否适合自己；另一方面，她感受到了自己的状态已经影响了自己在试用期的表现，担心自己通不过试用期。于是，Tina向一位业界资深的校友学长请教咨询。

三、认知沟通

学长：你能否描述一下你当前的困境？

Tina：我对目前的工作不太满意，除了薪水比我之前降了一大半外，工作内容也让我缺乏成就感，因为我无法在短期内看到成功投资或并购的可能性，而且很多决策我都无法施加影响。

学长：我们回到你的职业生涯曲线，你认为自己现在处于什么阶段？

Tina：从工作经验来看，我只有4年多的经历，应该处于起步期到成长期吧。不过，我之前的收入比我现在公司的领导都要高。

学长：我们先来谈谈收入，互联网金融、消费金融趋于规范，以往乱象之时的普遍超高收入难以持续，金融业也已逐步进入拼内功的下半场。对此你能认可吗？

Tina：这点我同意。这也是我接受较大降薪愿意加入F公司的原因。

学长：我们再来谈谈工作内容。你最优先的选择，是到券商投行部或投行资管部从事消费金融理财产品的设计和开发工作，和你之前的工作内容类似，只是从第三方财富管理公司到券商或银行等机构而已。在你离开原公司的半年时间里，你认为是什么问题导致你无法加入心仪的机构呢？

Tina：一方面，可能跟学历有关，可能博士学历会更有优势；另一方面，可能也跟我自己在这个领域的经验太少有关。

学长：假如你选择离开现在的F公司，那么你觉得是否更有机会进入那些心仪的机构呢？

Tina：估计还是不可能。

学长：你之前所从事的设计理财产品的工作，其目的主要是融资。作为金融学硕士，你认为对于金融机构而言，是靠融资赚钱还是靠投资赚钱呢？

Tina：应该是靠投资来赚钱，毕竟融资来的那些钱还是要找到合适的投资标的，通过投资获取更高的投资回报率。

学长：按照赚钱的逻辑，你认为投资部门对于一家金融投资机构或者产业集团的投资板块,是否是关键盈利部门?

Tina:这么来说是的。

学长:你认为一个优秀的投资人应该具备哪些特质?

Tina:根据对前辈的观察,我总结了几点:第一,要聚焦于特定的细分行业或赛道;第二,要有很强的认知能力,要能够对宏观经济背景、行业市场动态、消费者需求的变化,以及企业的经营状况和成长潜力等有很强的认知能力;第三,要有较完整的知识体系,包括财务、法务,以及市场营销思维等基本知识;第四,要有优秀的沟通能力,能够影响和改变利益相关者的认知。

学长:我基本同意你的这些分析,看来你的自我认知与岗位认知都似乎比较清晰。按照你所认可的这些能力要素,你认为一个金融硕士大概要花多久才能通过培养和磨炼得以胜任?

Tina:因人而异。不过,至少也要5～10年以上吧。

学长:无论从校园走进职场,还是职业转型,更多沉淀跟与时俱进是一种策略,也是一种能力和智慧。我相信你能更加理性处理好目前的转型问题。

Tina:我明白了,不能急于求成。接下来我暂定会在投资精力的道路上继续深耕。

学长:你的专业能力、综合能力、终身学习能力都很强。只要能够选准赛道,坚持不懈,日积月累创造更多时间复利价值与可叠加的提升发展,相信一定能够再创辉煌。

四、成功落地策略

(一)成功落地流程

如图5—28所示,学长建议Tina按照如下的流程图来对自己试用期前3个月做些总结与反思,形成沟通文档,并寻找机会与直接领导和关键人进行一次有策略的沟通。

试用期作为招聘面试的延续,其目的是进一步验证人与岗之间的匹配度,即图5—28中的输出内容。输入,是以候选人在面试期间所展现的,并被面试官们所认知的特质,包括个人品牌或独特人设、价值观、岗位相关性、成长潜力、动机和合理

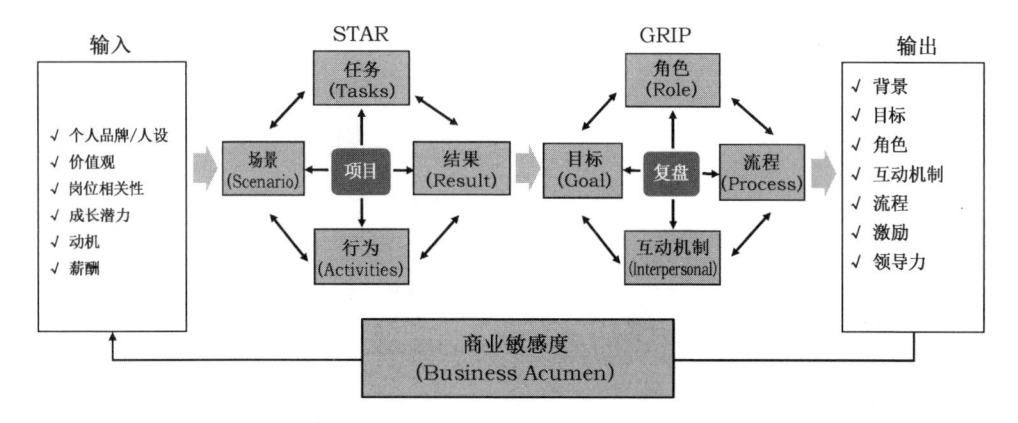

图 5-28 Tina 的成功落地策略

薪酬等；STAR，是指一个人在试用期内被安排的任务或项目，通常是以点状存在；GRIP，是指从个性化的点所总结和提炼的具有共性化特征的线或面，体现的是一个人的复盘和总结归纳，以及举一反三的能力；商业敏感度，是指一个人对特定领域的商业信息进行认知加工的效率和效果。

由于投资决策周期的限制，虽然无法在试用期内成功完成投资并购的案例，但是 Tina 还是可以通过展现投资项目的进度里程碑，以及对不同项目的认知诊断，展现出其投资并购领域的专业性和项目管理能力，以及成长潜力，并在合适的时机，通过召集利益相关者开会推动项目进程和增加曝光率。

(二) 影响策略

如图 5-29 所示，学长建议 Tina 通过两个维度不断提升影响力。横坐标是能力维度，纵坐标是人际关系维度。能力维度，是指从项目出发，逐渐过渡到标准化的流程、战略思维和洞察力等不同层次的能力展现；人际关系维度，是指要逐步从基于项目的人际关系管理过渡到基于商业的组织生态管理。

(三) 动机管理

职业转型往往是痛苦的过程，会使人产生不满意和不舒服的感觉。如果动机不坚定，往往会半途而废。如图 5-30 所示，要从长期的职业目标出发，通过"知行合一"，勇于迎接和战胜困难，最终使职业转型成功落地。

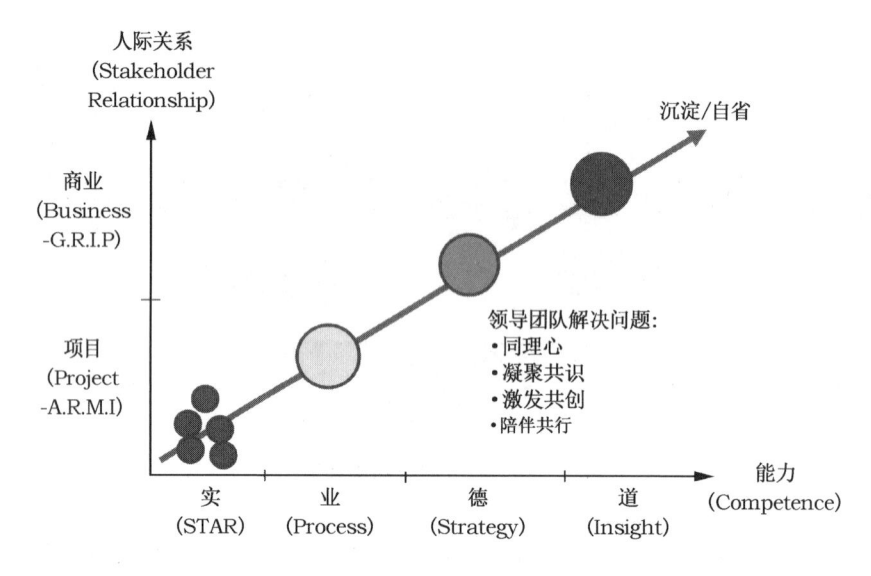

图 5—29　Tina 的影响策略

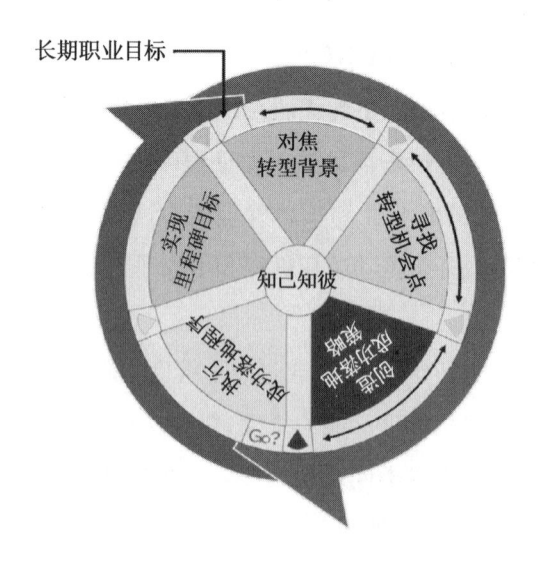

图 5—30　Tina 的动机管理

五、总结与反思

Tina 的职业转型案例具有很强的代表性。在数智化时代,商业环境和职场环境的变化周期在加快,职业转型越来越成为年轻的职场人士面临的生命周期现象。找到适合自己的策略性的职业转型解决方案,将有助于帮助自我快速平稳地渡过职业转型的阵痛期,并迎来职业生涯的第二或第三曲线。

Tina 在职业转型期所遇到的困境,归根到底是认知的问题,特别是元认知的问题,包括元认知体验、元认知监控和元认知知识三部分,它们彼此成就且相互影响。当然,立场、常识和情绪依然会影响一个人在特定情境下做出的决策质量,并对职业转型能否成功产生重要的影响。比如,Tina 在试用期内的不良体验,很大程度上归因于她对外界和对自我的认知,特别是长期视角的认知存在一定的局限,进而影响其转型期体验。幸好 Tina 通过与学长的沟通,从更全面的视角认知到当前的不舒服状态是实现未来个人愿景的必经阶段,这个过程监控有效地帮助她避免了错误决策对其未来可能带来的负面影响。

成功的职业转型,需要更多地考虑长期价值而非短期利益。它需要投入时间和精力,来提升对外界和对自我的认知能力,做好动机管理,而且要勇于承受痛苦和坚韧不拔,不能轻言放弃。同时,职业转型也是一件非常复杂的任务,对个人和家庭都会有重要影响。所以,需要投入更多的精力在认知阶段,并勇于排除外在的干扰和短期的诱惑,努力做到"知行合一"。当然,任何人都不可能永远只做对的决策,特别在数智化时代,外部环境的变化和创新迭代的速度都越来越快,在职业转型阶段,职场人也要学会小步快跑,快速试错和迭代。

结　语

我们以数智化时代的职场环境为大背景,以认知信息加工金字塔模型为主框架,以战略性地规划职业生涯和解决职业生命周期中的实际问题为目标,通过引入认知信息加工的基本策略和典型案例,旨在为数智化时代的职场人提供实用工具,共创可落地的解决方案,并使职场人成为自信(Self-Confidence)、简实(Simplicity)、快速(Speed)和突破(Stretch)的"4S"职场人。

(一)自信

自信,是一种发自内心的自我肯定与自我信任,并且富含正向积极的自我评价。缺乏自信的积极,是软弱的、低效的、不彻底的积极。自信的重要性表现在学习、工作、生活的方方面面,并能给自己和他人带来力量、激情、愉悦与希望。自信也是来自外部的信任得以建立的基础。同时,自信与谦逊、自信与合作也并不矛盾。

自信的建立与经历有关。在数智化时代的大背景下,每个人面临的外部机会与挑战不再具有天壤之别,更主要的区别在于每个人对外界的认知以及对自我的认知存在差异,制定的目标、应对的策略、采取的行动存在差异,进而产生不同的人生轨迹与不同的职业生涯体验。能够利用客观规律解决实际问题的人,更容易在相关重要领域取得突破,并实现领先的业绩,使得成功具有可再现性。在不断突破的刺激下,人就容易形成"我可以学""我可以适应""我可以胜任""我可以领导"的自信。反之,如果一个人不擅长从实践中学习和总结规律,或者过于依赖外部红利和偶然的运气,就难以建立对未来的可预测性和可控制性,从而无法建立长期稳定的自信。

(二)简实

简实,是一种重要的做人态度与人生智慧,不硬矫情、不搞复杂、不乱折腾。真诚地立人、真情地交流、真正地成事,达到一种平实、简捷、有效的状态。简实,通常会带给人们"专气致柔"的体验,可以极大地降低来自外部的干扰,专注于提升工作与生活效率,降低博弈成本,并最大化开发个人的潜能,获得高成长与高回报。尤其当我们身处一个波动的、不确定的、复杂的、模糊的VUCA外部环境之时,自身简实并拥有稳定的世界观、价值观、人生观显得尤为重要。

过于"复杂"就无法做到"简实","不简实"背后的原因、结果、逻辑往往是"不信任"。《团队协作的五大障碍》一书中,列出的第一大障碍就是"缺乏信任"。正因为缺乏信任,才导致了"惧怕冲突""欠缺投入""逃避责任""无视结果",并不断增加人际沟通成本。杰克·韦尔奇在《赢》的第二章也讲到了"缺乏坦诚是商业生活中最卑劣的秘密",本质上也是强调由于信任不足导致人与人之间坦诚不够,从而导致不简实。

对个人来说,构建在对外界和对自我认知基础上的职业定位和动机归因,能够帮助一个人从内在驱动力出发采取行动而非轻易地被外在刺激干扰,这就容易更简实、更专注,也更容易取得突出的绩效和回报。对组织来说,如果员工普遍认同和接受同一种文化系统,就容易形成强大的凝聚力,做到"更简实"。

(三)快速

速度,是表征动点在某瞬时运动快慢和方向的矢量。数智化时代的典型特征之一,就是变化和进化的速度越来越快,因此适应环境变化的速度对个人与组织都非常重要。速度,包括认知信息加工的速度、行动的速度、反馈的速度与迭代的速度等。如果我们自身变革、进化的速度低于行业内平均水平或社会平均水平,实际上就处于原地不动甚至退步的状态。

"行胜于言"在变化越来越快的数智化时代显得尤为重要。人们对认知的校准,越来越多地来自"知行合一"的实践反馈与迭代速度。我们必须时刻保持对环境的自适应状态,并且不断提升信息加工和快速落实行动的能力。当独自无法立即认清事物本质的时候,借用组织力量就可以助力我们尽快理清思路并转化为高效行动。

数智化时代创新解决问题,强调小步快跑、快速试错和迭代。对个人来说,体现为勇于试错,并在实践中通过行动学习持续提升商业敏感度。这其中,在校期间的试错成本往往低于毕业之后的试错成本,单位外部的试错成本往往低于单位内部的试错成本。通过观察和调研我们发现,文理兼修、中西合璧、善于理论联系实际、专业能力与综合能力并重的职场人,往往能以速度取胜。对组织来说,速度快慢往往体现在持续建设、持续优化组织的运营流程、预测控制系统、共识共创共行的组织氛围等诸多方面。

(四)突破

突破本意包括舒展、拉伸、有弹性等,运用于职场,我们将其解读为坚持刚柔相济并能突破原有的边界限制。追求成长是绝大多数个人和组织的共同追求。这就需要从内到外不断拉伸和突破原有的条条框框。突破不同于一般的单向被拉伸被推动,它是一种意志坚定而身段柔软的主动突破,并且具有可往原状态全部或部分回复的纠偏功能。

突破原有边界的限制并获得可持续的增长,体现了人类自强不息的禀赋,并有助于收获更高的回报,包括精神回报和物质回报。实践证明,越经常取得突破的人越容易获得自信,也就越相信某些规律的重要性,从而就更加简实、快速、高效,长此以往,则容易形成正向激励、正向循环以及相对标准化的运营能力。

展望未来,数智化时代赋予职场人前所未有的新机遇和新挑战。当行业生命周期、业务生命周期、产品生命周期和职业生命周期的变化速度越来越快时,唯一不变的是要不断进化以认知信息加工能力为核心的职场力,从而以不变应万变,掌握职业的主动权。这其中我们特别强调全面结果导向的系统思维,需要摈弃"头疼医头脚疼医脚"的点状思维。对于那些短期内确实难以解决的局部难题,要学会在发展中转移,在发展中覆盖,用发展的眼光、发展的方法来取得突破。

虽然认知信息加工与决策是非常复杂并且耗能的脑力工作,但这对个人职业生涯有着至关重要的影响。"欲速则不达,欲达则不速"是很多成功职场人的共识。急功近利往往导致决策错误与成长受阻。相反,怀着谦卑的心态,通过行动学习掌握事物运行的普遍规律,有意识地提升认知信息加工能力,且善于跨团队协作解决复杂问题,最终所沉淀的商业智慧一定会助力个人和组织收获超出平均水平的增长与回报。

在数字经济创新与发展加速、马太效应加剧、利益再分配价值导向显著的时代背景下,本书将助益莘莘学子以及处于职业生涯不同阶段的各位人士在参与时代转型的实践过程中不断突破过时思维的束缚,提升职场力,成为出类拔萃、"知行合一"的职场人。"知行合一"是人类永恒的难题与永恒的目标。我们强调"以知为行,知决定行",就是强调要建立起理性的认知体系;同时,我们强调"知中有行,行中有知",认知要通过行动才能实现价值,在基于行动的反馈中得到校准,并在行动学习中精益求精、相辅相成。

除了经济管理类的在校生和校友等读者之外,本书可供职业发展领域的各位专家学者、职场精英,以及其他从业人员或相关人员参考,热忱期待社会各界共同促进更全面和更深入的探讨,进而推动数智化时代职业发展理论与实践的持续进步。

参考文献

[1]G E Learning, Crotonville(2001), "Change Acceleration Process Toolkit", *AORN Journal*.

[2]Herbert A. Simon(1979), *Models of Thought*, Yale University Press.

[3]Leslie J. Fyans(2013), *Achievement Motivation*, JR. Springer.

[4]Narasimhan K(2003), *Implementing Six Sigma: Smarter Solutions? Using Statistical Measures*, Tqm Magazine.

[5]Taylor, John R(1997), *An Introduction to Error Analysis-The Study of Uncertainties in Physical Measurements-2nd Edition*, University Science Books.

[6][奥]埃尔温·薛定谔.薛定谔生命物理学讲义[M].北京:北京联合出版社,2017—4.

[7][奥]维克托·迈尔-舍恩伯格,[法]肯尼斯·库克耶,[法]弗朗西斯·德维西库.框架思维[M].北京:中信出版社,2022.

[8][比]阿尔努·德·梅耶尔,[英]彼得·J.威廉姆森.生态型组织[M].北京:中信出版社,2022.

[9][德]博多·舍费尔.财务自由之路[M].刘欢译.北京:现代出版社,2017.

[10][德]哈肯、郭治安.信息与自组织[M].成都:四川教育出版社,2010.

[11][德]哈肯.协同学[M].上海:上海译文出版社,2013.

[12][法]托姆.突变论思想和应用[M].上海:上海译文出版社,1989.

[13][美]R.布莱恩·斯坦菲尔德.学问ORID[M].北京:电子工业出版社,2016.

[14][美]埃德加·H.沙因.职业锚[M].北京:电子工业出版社,2016.

[15][美]埃伦·伯斯奇德、帕梅拉·丽甘.人际关系心理学[M].李小平、李智勇译.上海:上海教育出版社,2019.

[16][美]埃米·威尔金森.创新者的密码[M].杭州:浙江人民出版社,2015.

[17][美]安杰拉·达克沃斯.坚毅[M].安妮译.北京:中信出版社,2017.

[18][美]保罗·多尔蒂.机器与人:埃森哲论新人工智能[M].北京:中信出版社,2018.

[19][美]伯纳德·韦纳.归因动机论[M].北京:中国人民大学出版社,2020.

[20][美]布莱恩·贝克尔,马克·休斯里,理查德·贝蒂.重新定义人才[M].杭州:浙江人民出版社,2016.

[21][美]戴维·A.弗里德曼.统计模型[M].北京:机械工业出版社,2019.

[22][美]戴维·尤里奇等.无边界组织[M].北京:机械工业出版社,2016.

[23][美]丹尼尔·戈尔曼.情商[M].杨春晓译.北京:中信出版社,2018.

[24][美]丹尼尔·卡内曼.思考快与慢[M].北京:中信出版社,2012.

[25][美]菲利普·科特勒,凯文·莱恩·凯勒,亚历山大·切尔内夫.营销管理[M].北京:中信出版社,2022.

[26][美]盖伊·格朗兰德.聚焦式观察[M].北京:教育科学出版社,2017.

[27][美]吉姆·克劳斯.视觉设计法则[M].北京:机械工业出版社,2019.

[28][美]杰克·韦尔奇,苏茜·韦尔奇.商业的本质[M].北京:中信出版社,2016.

[29][美]杰克·韦尔奇,苏茜·韦尔奇.赢[M].余江、玉书译.北京:中信出版社,2017.

[30][美]卡雷西尔弗.价值链[M].宋涛、黄建军译.北京:经济管理出版社,2004.

[31][美]坎贝尔.激励理论:动机与信息经济学[M].王新荣译.北京:中国人民大学出版社,2013.

[32][美]克莱·舍基.认知盈余[M].北京:北京联合出版公司,2018.

[33][美]库尔特·乐温.人格的动力理论[M].北京:中国传媒大学出版社,2018.

[34][美]库尔特·乐温.心理力量的概念表征与测量[M].北京:中国传媒大学出版社,2018.

[35][美]拉姆·查兰.CEO说[M].北京:机械工业出版社,2020.

[36][美]理查德·巴克敏斯特·富勒.关键路径[M].桂林:广西师范大学出版社,2020.

[37][美]罗伯特·清崎.富爸爸,穷爸爸[M].萧明译.成都:四川人民出版社,2019.

[38][美]罗伯特·索尔斯等.认知心理学[M].上海:上海人民出版社,2019.

[39][美]罗伯特·里尔登.职业生涯发展与规划[M].北京:中国人民大学出版社,2018.

[40][美]马文·韦斯伯德.组织诊断:六个盒子的理论与实践[M].北京:电子工业出版社,2020.

[41][美]玛格丽特·惠特利.领导力与新科学[M].杭州:浙江人民出版社,2016.

[42][美]迈克尔·S.斯威尼.大脑全书[M].南京:江苏凤凰科学技术出版社,2021.

[43][美]迈克尔·波特.竞争战略[M].北京:中信出版社,2014.

[44][美]迈克尔·马奎特等.行动学习实务操作[M].北京:中国人民大学出版社,2021.

[45][美]米哈里·契克森米哈赖.创造力[M].杭州:浙江人民出版社,2015.

[46][美]米哈里·契克森米哈赖.心流[M].北京:中信出版社,2017.

[47][美]诺伯特·维纳.控制论[M].北京:北京大学出版社,2020.

[48][美]史蒂芬·柯维.高效能人士的七个习惯[M].高新勇、王亦兵、葛雪蕾译.北京:中国青年出版社,2020.

[49][美]汤姆·齐格弗里德.纳什均衡与博弈论[M].北京:化学工业出版社,2011.

[50][美]托马斯·C.谢林.微观动机与宏观行为[M].北京:中国人民大学出版社,2013.

[51][美]维姆·J.范·德·林登.项目反应理论手册[M].哈尔滨:哈尔滨工业大学出版社,2020.

[52][美]亚伯拉罕·马斯洛.动机与人格[M].北京:中国人民大学出版社,2012.

[53][美]伊莱亚斯·M.斯坦恩.傅里叶分析[M].北京:机械工业出版社,2020.

[54][美]约瑟夫·阿洛斯·熊彼特.经济周期循环论[M].北京:中国长安出版社,2009.

[55][日]大岛祥誉.麦肯锡图表思考法[M].朱悦玮译.北京:北京时代华文书局 2012.

[56][瑞士]亚历山大·奥斯特瓦朗.价值主张设计[M].北京:机械工业出版社,2015.

[57][英]安迪·克拉克.预测算法[M].北京:机械工业出版社,2023.

[58][英]奥利弗·约翰逊.信息论[M].北京:世界图书出版公司,2023.

[59][英]蒂姆·布朗.IDEO,设计改变一切[M].杭州:浙江教育出版社,2019.

[60][英]凯伦·霍姆斯.职场力[M].北京:世界图书出版公司,2019.

[61][英]齐亚丁·萨达尔.混沌学[M].重庆:重庆大学出版社,2019.

[62][英]亚当·斯密.道德情操论[M].桂林:广西师范大学出版社,2013.

[63][英]亚当·斯密.国富论[M].北京:中华工商联合出版社,2017.

[64][英]英格里德·本斯.引导:团队群策群力的实践指南[M].任伟译.北京:电子工业出版社,2019.

[65][英]约翰·惠特默.高绩效教练[M].北京:机械工业出版社,2019.

[66][英]约翰·梅纳德·史密斯.演化与博弈论[M].上海:复旦大学出版社,2010.

[67]阿里研究院.互联网+ 从IT到DT[M].北京:机械工业出版社,2015.

[68]何辉.知行[M].北京:机械工业出版社,2019.

[69]姜璐.钱学森论系统科学[M].北京:科学出版社,2022.

[70]蒋祖华.人因工程[M].北京:科学出版社,2021.

[71]帅健翔.优势成长[M].长沙:湖南文艺出版社,2019.

[72]孙力科.任正非:商业的本质[M].北京:北京联合出版公司,2016.

[73]魏航等编著.上财商学评论[M].上海:上海财经大学出版社,2021.

[74]吴声.场景革命[M].北京:机械工业出版社,2015.

[75]徐飞.战略管理[M].北京:中国人民大学出版社,2022.

[76]杨志明、张雷.测评的概化理论及其应用[M].北京:教育科学出版社,2003.

[77]虞梁、夏庆东.商科专业学位硕士职业发展与生涯管理[M].上海:上海财经大学出版社,2017.

[78]湛垦华等编.普利高津与耗散结构论[M].西安:陕西科学技术出版社,1998.

后　记

能够参与此书编写,首先要感谢联合作者——上海财经大学商学院职业发展老师虞梁,虞老师也委托我作为两人代表来写后记。我跟虞老师的结识源于一次学术论坛上的偶遇。上海财经大学商学院和虞老师后来多次邀请我为莘莘学子分享职场最新实践、担任职业导师并给学生提供个性化的职业咨询服务。从学生的评教反馈中,虞老师敏锐地发现我有那么一点与众不同,就是常常把经营商业和管理产品生命周期的认知信息加工理论,应用在个人的职业生涯规划和解决实际的职业问题上。从实践成果来看,这套理论和工具体系的确真正帮助到很多陷于困境的职场人去聚焦核心、激发潜能、借用资源、解决问题。作为中国高校的首届EMBA,我在20世纪90年代中期先后加入几家标杆性的跨国公司,担任过产品管理、市场营销、创新与发展等业务部门的职业经理人,以致后来成为一名连续创新创业者,再到成为分布式创新课程教授,并经常受邀到各大名校商学院/经管学院给MBA或企业中高管授课,指导学员如何通过元认知、行动学习与群策群力(AWO)突破成长瓶颈。虞老师和上海财经大学商学院也一直想把多年来相对零散的教学、辅导及咨询的大量素材和大量思考进行体系化。于是5年前虞老师和我一拍即合,决定把这套既有强大理论基础又能实操落地的系统内容出版成书,并结合数字经济长周期大背景,为中国职场人提供"数智化时代的职业生命周期管理"的标准范式。

本书所采用的方法论与工具箱,验证过去基本没有问题,比如80年代的实业人、90年代的外贸人、00年代的金融人、10年代的互联网人等,以及过往若干年代各行各业的科技创新与产业升级所带来的职业机会,总体都可适用。但是,能够验证过去不代表一定可以指导现在与预测未来,为了实现后者,在过去5年中,我们克服了疫情所带来的各种不便,通过在上海财经大学、上海交通大学、复旦大学、同济大学等院校举办的150多场线上线下职业讲座,以及为1 000多名白领提供的个性化职业咨询服务,验证、优化和迭代方法论与工具,积累了大量成功案例。

授人以鱼,不如授人以渔;除了授人以渔,还须助人自我求渔。作为通识教育类的工具书,本书强调培养同时包含逻辑力和想象力的职场力,因为它们可以使我们能够基于规律解决复杂的问题,同时创造无限的可能,并最终成为具有高商业敏感度、高自我驱动,并使成功可再现可重复的出类拔萃者。数智化时代,叠加"百年未有之大变局"带来的各种结构化挑战,就是当代和未来中国职场人所面临的大背景,终身学习的重要性不言而喻,关键问题在于"学什么"和"如何学"。从纵向看,我们仍然要努力学习各种基础性的学科知识与技能,但也要认识到,"数字人"同样可以把学科类的知识和技能学会,甚至通过强大的机器学习,比人类学得更快和更好,从而在某些职业分类方面,全部或部分地替代人类;从横向看,可通过项目打通各学科的藩篱与界限,通过综合运用多种知识与技能,以分布式创新的方式来解决实际问题。同时,我们再通过行动学习实现知识与技能的更新,已被普遍认为是更符合未来趋势的学习方式。为了实现纵横交错与知行合一,越来越多的有识之士把具有通识特征的认知信息加工能力作为底层逻辑或能力基座来看待,需要学会归因到事物的本源,即第一性原理,从而更好地认知外界和认知自我,持续加工输出最优决策,这样才有助于解决各种业务问题,以及个人的职业生涯问题。

本书二十多万字,但前后删掉的累计有三十多万字。没有博观就没有约取,没有试错就没有精华,没有教训就没有经验。在最后一稿修改之际,颠覆性创新的ChatGPT等人工智能横空出世,虞老师和我一致商定,这次我们不借助AI外力,我们依然坚持用传统方法悉心完成,把我们多年积淀与思考奉献给读者,而读者可以借助不断升级的AI去仔细比较、去通盘考察。这样的创作方法跟我们积极拥抱新科技并不矛盾,反而正是人机交互的天平两端。

感谢上海财经大学常务副校长徐飞教授与知名投资人陈小刚先生在百忙之中为本书撰写了推荐序,感谢上海财经大学魏航老师、曹洁老师的审阅与指导,感谢上海财经大学商学院职业发展中心葛老师、范老师、孙老师的比对与修改,感谢出版社王永长等编审专家的严格把关与专业校稿。此外,还要感谢其他高校及社会各界的专家学者,包括但不限于刘少轩老师、唐宁玉老师、于国庆老师等。还要特别感谢自 2008 年以来邀请我担任他们职业导师的 MBA 和本硕学生,以及邀请我辅导咨询的职场白领,让我在多次望闻问切以及后续跟踪过程中积累了很多知性与悟性。上海财经大学商学院也提供了许许多多在校生与校友的解决方案,曾在政府人社部门领导岗位挂职的虞老师还补充了其他群体非常丰富的系列素材。教学相长,他们既是我们的学生和服务对象,也是我们的伙伴和学习对象。

最后要感谢本书联合作者虞梁老师,他对俗利有多超脱,对专业就有多顶真,对育人就有多用心。我俩一直在彼此修改、校对、融合对方的文字,很多时候其难度远远超过自己重写,但现在我俩可以问心无愧地说一声"我努力读懂了你,我努力补充了你"。在书稿写到一半的时候,我的孩子和虞老师的孩子都从小学升入初中,未来如果他们能够有所继承,那最宝贵的一定不是父辈或前人留下的作品,而是父辈或前人探索的精神与方法。就职业发展而言同样如此,我们欣喜地发现太多青年才俊身上那种鲜明并可致胜的个人职业标签,但更深层次的价值在于创立这种个人职业品牌的本真信念与文化系统。

限于作者水平,书中存在不足,欢迎读者指正,以便持续改进。

是为跋。

杨　龙
2023 年 8 月于上海